Die Botschaft des Neuen Testaments

Herausgegeben von Walter Klaiber

Walter Klaiber
Die Offenbarung des Johannes

Vandenhoeck & Ruprecht

Walter Klaiber

Die Offenbarung des Johannes

2., durchgesehene Auflage 2023

Vandenhoeck & Ruprecht

Bibliografische Information der Deutschen Nationalbibliothek
Die Deutsche Nationalbibliothek verzeichnet diese Publikation in der
Deutschen Nationalbibliografie; detaillierte bibliografische Daten sind im
Internet über https://dnb.de abrufbar.

2., durchgesehene Auflage 2023
© 2019 Vandenhoeck & Ruprecht,
Robert-Bosch-Breite 10, D-37079 Göttingen,
ein Imprint der Brill-Gruppe
(Koninklijke Brill NV, Leiden, Niederlande; Brill USA Inc., Boston MA,
USA; Brill Asia Pte Ltd, Singapore; Brill Deutschland GmbH, Paderborn,
Deutschland; Brill Österreich GmbH, Wien, Österreich)
Koninklijke Brill NV umfasst die Imprints Brill, Brill Nijhoff, Brill Hotei,
Brill Schöningh, Brill Fink, Brill mentis, Vandenhoeck & Ruprecht,
Böhlau, V&R unipress und Wageningen Academic.

Alle Rechte vorbehalten. Das Werk und seine Teile sind urheberrechtlich
geschützt. Jede Verwertung in anderen als den gesetzlich zugelassenen
Fällen bedarf der vorherigen schriftlichen Einwilligung des Verlages.

Umschlaggestaltung: Grafikbüro Sonnhüter, www.sonnhueter.com
DTP: Volker Hampel, Neukirchen-Vluyn
Druck und Bindung: Hubert & Co, Göttingen
Printed in the EU

Vandenhoeck & Ruprecht Verlage
www.vandenhoeck-ruprecht-verlage.com

ISSN 2567–9155
ISBN 978–3–525–50041–5

Vorwort

Die Offenbarung des Johannes auszulegen ist eine besondere Herausforderung. Kaum ein Buch der Bibel wird so kontrovers beurteilt wie das des Sehers von Patmos. Spricht Gott hier ganz direkt zu den Menschen oder handelt es sich um Rachefantasien eines urchristlichen Sektierers?
Dieses Buch zeigt ganz verschiedene Gesichter. Die Offenbarung ist
– schon immer *ein umstrittenes Buch* gewesen: Ob sie ins Neue Testament gehört, darüber wurde lange diskutiert, und es gibt Kirchen, die sie bis heute nicht als Teil der Bibel betrachten. Zwingli meinte, sie sei kein biblisches Buch, Calvin hat sie in seiner Auslegung des Neuen Testaments übergangen, und Luther fand, dass in ihr Christus »weder gelehrt noch erkannt wird«;
– dennoch für viele *ein faszinierendes Buch*: Ihre Bilder haben Künstler aller Zeiten zum schöpferischen Nachvollzug und zu neuen Visionen inspiriert. So fremd diese Bilder scheinen, sie berühren bis heute tiefe Schichten in unserer Seele;
– zugleich *ein befremdendes Buch*: Die drastischen Schilderungen der Bestrafung der Ungläubigen, der Ruf nach Rache und Vergeltung und das Bild eines Gottes, dessen Sieg über das Böse mit Strömen von Blut erkauft ist, sind verstörend und schwer zu verstehen;
– darum oft *ein vergessenes Buch*: Auch viele, die gerne in der Bibel lesen, kennen es nicht. Es gibt große theologische Systeme, in denen es keine Rolle spielt. Und doch wird es in Krisenzeiten immer wieder neu entdeckt und mit heißem Herzen gelesen;
– aber auch *ein höchst aktuelles Buch*: Naturkatastrophen häufen sich, das System einer globalisierten Wirtschaft nimmt bedrohliche Züge an, die Möglichkeiten der totalen Überwachung, wie sie die Offenbarung schildert, werden perfektioniert und die Verfolgung von Christen nimmt weltweit zu;
– nicht zuletzt *ein herausforderndes Buch*: Es konfrontiert uns mit der verführerischen Wirklichkeit gottfeindlicher Mächte und mit dem Bild eines Gottes, der es um der Menschen willen ernst meint mit seiner Herrschaft über die Welt. Indem sie aber auch die Halbherzigkeit und Unentschiedenheit einer etablierten Christenheit in Frage stellt, ist die Offenbarung zugleich ein durch und durch *unbequemes* Buch;

– vor allem aber *ein gutes Buch*: ein Buch, das die Verfolgten und Ohnmächtigen in dieser Welt tröstet und Mut macht, Gott und seiner Sache auch unter schwierigen Bedingungen die Treue zu halten.

Das Buch erhebt den Anspruch, direkte Offenbarung Jesu Christi zu sein, und redet doch wie kaum ein anderes im Neuen Testament in Bildern und Begriffen, die von alttestamentlichen Vorlagen vorgegeben und durch zeitgenössische Ereignisse geprägt sind. Dass Gottes Wort im Wort von Menschen zu uns spricht, zeigt sich in keiner anderen neutestamentlichen Schrift so spannungsvoll.

In den letzten zwei bis drei Jahrzehnten ist die Zahl wissenschaftlicher Veröffentlichungen zur Offenbarung enorm angewachsen. Doch die zentrale theologische Frage, ob sie uns heute noch etwas zu sagen hat, wird selten angesprochen. So bleibt eine Auslegung der Offenbarung, in deren Zentrum die Frage nach ihrer Botschaft steht, ein Wagnis. Dabei sind die Ergebnisse der historischen Erforschung auch für unsere Auslegung grundlegend. Wo aber Ausleger auf dieser Basis auch nach der Botschaft der Offenbarung und ihrer Bedeutung für heute fragen, habe ich ihre Impulse dankbar aufgenommen und zitiert.

Auch sonst habe ich viel zu danken: Frau Christina Cekov hat diesen Band wieder mit wachen und kritischen Augen durchgesehen, im neuen Verlag Vandenhoeck & Ruprecht haben Frau Dr. Elisabeth Hernitscheck, Herr Christoph Spill und Frau Miriam Espenhain das Manuskript betreut, und Herr Dr. Volker Hampel hat auch noch im Ruhestand wertvolle Ratschläge gegeben und mit gewohnter Sorgfalt die Druckvorlage erstellt. Ihnen allen gilt mein herzlicher Dank.

Dass die Jahreslosung für 2018 eine Zusage Gottes vom Schluss der Offenbarung aufgreift, war ein wichtiger Ansporn für meine Arbeit. Dieses Wort soll auch am Beginn dieses Kommentars stehen. Gott spricht: »*Ich will dem Durstigen geben von der Quelle des lebendigen Wassers umsonst*« (Offb 21,6).

Tübingen, im Advent 2018 Walter Klaiber

Noch ein *formaler Hinweis*: Zitate aus Kommentaren werden mit Verfassernamen und Seitenzahl nachgewiesen, Zitate aus Monographien und Aufsätzen mit Verfassernamen, Stichwort aus dem Titel und Seitenzahl. Die vollständigen bibliographischen Angaben finden sich unter *Weiterführende Literatur* unten S. 329–333. Kursivierte Stellen im Text der Offenbarung verweisen auf wörtliche Zitate aus dem Alten Testament.

Inhalt

Vorwort		5
Einleitung		11
Die Auslegung		17
1,1–20	Botschaft und Auftrag – die Hinführung	17
1,1–3	Worum es geht – Überschrift und Inhaltsangabe	17
1,4–8	Wen es betrifft – die briefliche Einleitung	23
1,9–20	Wie es dazu kam – die Beauftragung des Propheten	33
2,1 – 22,5	Die Botschaft	45
2,1 – 3,22	Worauf es ankommt – Gemeinden auf dem Prüfstand (Die sieben Sendschreiben)	45
2,1–7	Verlust der ersten Liebe – die Gemeinde in Ephesus	50
2,8–11	Arm und doch reich – die Gemeinde in Smyrna	57
2,12–17	Treue ohne letzte Konsequenz – die Gemeinde in Pergamon	63
2,18–28	Falsche Toleranz – die Gemeinde in Thyatira	70
3,1–6	Nur schein-lebendig – die Gemeinde in Sardes	79
3,7–13	Klein und doch treu – die Gemeinde in Philadelphia	84

3,14–22	Weder heiß noch kalt – die Gemeinde in Laodizea	89
	Die sieben Sendschreiben und die Gemeinde von heute	97
4,1 – 22,5	**Was geschehen muss – Visionen von Gottes Wirklichkeit und Zukunft**	101
4,1 – 5,14	*Wie im Himmel so auf Erden – die Thronsaalvision*	101
4,1–11	Der himmlische Lobpreis: Gott allein gebührt die Ehre	102
5,1–14	Das Lamm und das Buch mit den sieben Siegeln	109
	Die Plagenreihen der Offenbarung	119
6,1 – 8,5	*Die Öffnung der sieben Siegel – Warnung und Ermutigung*	120
6,1–17	Die ersten sechs Siegel	121
7,1–17	Die Bewahrung des Volkes Gottes	131
8,1–5	Das siebte Siegel	138
8,6 – 11,19	*Die sieben Posaunen – Ruf zur Umkehr*	142
8,6 – 9,21	Die ersten sechs Posaunen	142
10,1 – 11,14	Die Aufgabe der Prophetie	153
10,1–11	Der bleibende Auftrag des Propheten	153
11,1–14	Die beiden letzten Zeugen	158
11,15–19	Die siebte Posaune	169
12,1 – 14,20	*Der Drache und das Lamm – Bedrohung und Bewahrung der Gemeinde*	173
12,1–18	Die Frau und der Drache	174
13,1–18	Die beiden Tiere – die Selbstvergötterung menschlicher Macht	185
13,1–10	Das Tier aus dem Meer	186
13,11–18	Das Tier vom Land	191
14,1–20	Heil und Gericht	196
14,1–5	Das Lied der Erlösten	197
14,6–20	Der Ausblick auf das Gericht	201

Inhalt

15,1 – 16,21	*Die sieben Schalen – die kommende Zerstörung*	211
15,1–8	Die Vorbereitung	211
16,1–21	Die Ausgießung der sieben Schalen	216
17,1 – 19,10	*Das Gericht über die große Stadt*	224
17,1–18	Die Hure Babylon und das Tier	225
18,1–24	Die Klage über den Sturz Babylons	234
19,1–10	Der Jubel im Himmel	243
19,11 – 22,5	*Die Vollendung*	248
19,11–21	Der Sieg des wiederkommenden Christus	248
20,1–10	Das Tausendjährige Reich und das Ende Satans	254
20,11–15	Das Weltgericht	261
21,1 – 22,5	Die neue, heile Welt Gottes	264
21,1–8	Die neue Schöpfung	265
21,9 – 22,5	Das neue Jerusalem	272
22,6–21	**Was noch zu sagen ist – wichtige Hinweise zum Schluss**	285

Die Botschaft der Offenbarung – eine Zusammenfassung 297

I.	Was der Geist den Gemeinden sagt – das Zeugnis des Johannes	297
1.	Ein prophetischer Brief	297
2.	Der Betreff: Warnung und Ermutigung	300
3.	Das Thema: Gott und seine Gerechtigkeit	302
4.	Der Vollstrecker: Christus – Richter und Retter	303
5.	Die Gegenspieler – Satan und Imperium	306
6.	Die Menschen – Sieger oder Besiegte?	308
7.	Das Ziel – Gericht und Heil	312
II.	Wer ein Ohr hat, der höre – die Herausforderung für uns und unsere Zeit	314
1.	Die Offenbarung verstehen	314

2.	Sich Gott anvertrauen	316
3.	Der Gekreuzigte als Sieger	317
4.	Der Blick in den Gemeindespiegel	318
5.	Konsequenz oder Toleranz	319
6.	Die Botschaft der Katastrophen	320
7.	Gottes Zukunft und die Zeit dieser Welt	321
III.	Die Botschaft der Offenbarung und das Neue Testament	324

Weiterführende Literatur 329

Abkürzungen 333

Register 337

Einleitung

I. Wer ist der Autor?

In den ältesten Manuskripten lautet die Überschrift des Buchs: *Offenbarung des Johannes*. Die Masse späterer Handschriften ergänzt dies zu *Johannes des Theologen*. Aber der Text selbst beginnt mit den Worten *Offenbarung Jesu Christi* (1,1). Ein Nachsatz ergänzt: *die Gott ihm gab*. Das zeigt, es geht um die Enthüllung einer Botschaft Gottes durch Jesus Christus. Das Buch erhebt also den Anspruch, dass sein eigentlicher Autor Jesus Christus ist, der aber nur weitergibt, was Gott ihm aufgetragen hat.

Doch das Buch verleugnet seinen menschlichen Verfasser nicht. In 1,4 nennt er seinen Namen: *Johannes* (so auch in 1,9 und 22,8). Die Offenbarung ist die einzige der Johannes zugeschriebenen Schriften des Neuen Testaments, in der sich der Verfasser selbst mit diesem Namen vorstellt. Doch welcher Johannes ist gemeint? Er bezeichnet sich weder als Apostel noch als »der Alte/Älteste« (so 2Joh 1; 3Joh 1). Nach kirchlicher Tradition stammt die Schrift wie das Johannesevangelium und die Johannesbriefe von dem Apostel Johannes, dem Sohn des Zebedäus, einem der Zwölf (vgl. Mk 3,17; Mt 10,2; Lk 6,14). Er soll später nach Ephesus gekommen sein und dort bis ins hohe Alter gewirkt haben.

Die Frage der Verfasserschaft des Evangeliums und der Briefe muss hier auf sich beruhen. Im Blick auf die Offenbarung kann ein Doppeltes gesagt werden. Einerseits ist es unwahrscheinlich, dass es sich bei dem Autor um den Apostel Johannes handelt. Er nennt sich nie Apostel, sondern sieht offensichtlich in den zwölf Aposteln eine vergangene heilsgeschichtliche Größe (vgl. 21,14). Andererseits ist es aufgrund großer Unterschiede in Sprache und Begrifflichkeit so gut wie unmöglich, dass die Offenbarung vom gleichen Verfasser wie das Evangelium und die Briefe geschrieben wurde.

Die Offenbarung beansprucht auch nicht, von einem Apostel geschrieben zu sein. Der Verfasser nennt sich schlicht *Johannes* und wird in 1,1 als *Knecht* bzw. *Diener* Gottes bezeichnet. Dieser Titel wird im Alten Testament oft für die Propheten verwendet (vgl. Am 3,7; so auch Offb 10,7; 11,18; 22,6). Johannes war also ein urchristlicher Prophet, der in den kleinasiatischen Gemeinden gewirkt hat

und dort auch als Autorität bekannt war. Er befand sich bei der Abfassung dieser Schrift auf der Insel Patmos, vermutlich weil er von den römischen Behörden wegen seiner Wirksamkeit in den nahegelegenen Gemeinden Kleinasiens dorthin verbannt worden war (1,9). Er gibt dem Buch die Gestalt eines Briefs an *die sieben Gemeinden* in der Provinz Asia (1,4; 22,21) und unterstreicht damit die Dringlichkeit und Aktualität seiner Botschaft.
Nach frühkirchlicher Tradition ist das Buch in den letzten Jahren der Regierung des Kaisers Domitian (ca. 94–96 n.Chr.) geschrieben worden, eine Datierung, die auch von vielen heutigen Auslegern für wahrscheinlich gehalten wird. Doch gibt es auch frühere oder spätere Ansätze, vom Ende der Herrschaft Neros (68 n.Chr.) bis zum Beginn der Herrschaft Hadrians (ab 117 n.Chr.).
Nach dem Zeugnis der frühen Kirchenväter war die Offenbarung zunächst weit verbreitet, aber ab Ende des 2. Jahrhunderts vor allem im griechischsprachigen Osten aus verschiedenen Gründen umstritten. Es war ihre Beliebtheit im lateinischsprachigen Westen, die dazu geführt hat, dass sie als einzige urchristliche Apokalypse in den Kanon aufgenommen wurde. Luther hat dennoch in seiner Vorrede von 1522 zu dieser Schrift gemeint, dass in ihr Christus »weder gelehrt noch erkannt wird«, während Zwingli sogar befand, dass sie »kein biblisches Buch« sei (nach Roloff, 10). Sie wurde deshalb oft zum Buch von Sektierern und endzeitlichen Enthusiasten degradiert, hat aber in Notzeiten immer wieder zur ganzen Kirche gesprochen.
Zwei Eigenarten müssen kurz erwähnt werden: Die Botschaft des Buches wird vor allem durch die Schilderung einer Vielzahl von Visionen vermittelt. Diese erscheinen heutigen Lesern und Leserinnen oft als bizarr und schwer nachzuvollziehen. Sie haben aber vom frühen Mittelalter an bis in die neueste Zeit viele Künstler zu bildlichen Darstellungen angeregt. Das Bildmaterial dazu stammt vielfach aus vergleichbaren Visionen in den prophetischen Büchern des Alten Testaments, vor allem aus Ezechiel und Daniel.
Das führt zur Frage: Hat der Seher diese Visionen so geschaut, wie er sie schildert, oder sind die Berichte darüber als Collagen alttestamentlichen Materials am Schreibtisch entstanden? Auf eine mögliche Antwort verweist eine zweite Eigenart: In dem ganzen Buch findet sich kein einziges Zitat aus dem Alten Testament, das als solches gekennzeichnet wäre. Aber es gibt in ihm mehr – teilweise auch wörtliche – Anspielungen auf alttestamentliche Texte als in jedem anderen neutestamentlichen Buch. Johannes hat in den prophetischen Texten des Alten Testaments gelebt. Und unter dem Eindruck der Situation der Gemeinden haben sich für ihn die Bilder, die er dort fand, zu neuen Visionen geformt, die er weitergab.

Einleitung 13

II. Welche Hilfen zur Deutung der Offenbarung gibt es?

Unsere Auslegung der Offenbarung ist von einer doppelten Leitfrage bestimmt: (1) Welche Botschaft wollte Johannes den Gemeinden seiner Zeit übermitteln? (2) Was bedeutet diese Botschaft für uns heute? Beide Fragen hängen eng miteinander zusammen, sind aber gerade bei diesem Buch klar zu unterscheiden. Wie sehr das der Fall ist, hängt freilich davon ab, welchen Schlüssel zur Deutung der Offenbarung man wählt. Es hat in der Geschichte ihrer Auslegung verschiedene *Interpretationsmodelle* für ihre Deutung gegeben.

1. *Welt- und kirchengeschichtliche Deutung*
Die Offenbarung sagt in verschlüsselter Form die Geschichte der Welt und der Kirche von der Zeit des Johannes bis zum Ende voraus. Schlüssel für die Auslegung ist meist die Gleichsetzung des Tieres mit den 10 Hörnern und den 7 Köpfen mit dem Römischen Reich und seinen Nachfolgestaaten. Diese Deutung war seit dem Mittelalter bis in die Neuzeit vorherrschend. Eine Variante ist die *reichs- oder heilsgeschichtliche Auslegung*: Die Offenbarung zeigt nicht den Verlauf der Geschichte, sondern die Hauptwendepunkte der Heilsgeschichte auf.

2. *Endgeschichtliche Auslegung*
a) *Im engeren Sinn*: Die Offenbarung sagt in verschlüsselter Form die Endereignisse ab einem bestimmten Zeitpunkt in der Geschichte voraus. Dieser muss durch Entschlüsselung des Codes (z.B. der Zahl 666) herausgefunden werden. Sie war schon im frühen Mittelalter beliebt, hat seit den Weltkriegen in konservativen Kreisen viel Zustimmung erhalten, muss aber immer wieder korrigiert und »aktualisiert« werden.
b) *Im weiteren Sinn*: Die Zukunft der ganzen Welt wird in der Perspektive christlicher Vollendungshoffnung aufgezeigt. Für die christliche Gemeinde liegen darin sowohl die Warnung vor höchster Gefährdung als auch die Gewissheit letzter Bewahrung.

3. *Zeitgeschichtliche Auslegung*
a) *Im engeren Sinn*: Die Visionen der Offenbarung sind Einkleidung von Ereignissen aus der Zeit ihrer Entstehung (starke Erdbeben, Hungersnöte, Tod Neros und Erwartung seiner Wiederkunft; Krieg mit den Parthern u.ä.).
b) *Im weiteren Sinn*: Ihre Aussagen sind auf dem Hintergrund der Situation der damaligen bedrängten Gemeinde zu verstehen (Aufkommen des Kaiserkults und Verfolgung unter Nero oder Domitian). Sie weisen aber über diese historische Situation hinaus.

4. *Religions- und traditionsgeschichtliche Deutung*
Die Darstellung der Offenbarung ist nicht vom Gang erwarteter Ereignisse bestimmt, sondern von den Vorgaben traditioneller, teilweise mythologischer apokalyptischer Vorstellungen aus dem Alten Testament, dem apokalyptisch geprägten Judentum, aber auch Mythen der Religionen des Alten Orients.

5. *Übergeschichtliche Deutungen*
Die Offenbarung beschreibt keine zukünftigen geschichtlichen Ereignisse, sondern grundsätzliche Sachverhalte der Existenz der Gemeinde in der Welt. Mit ihren zukünftigen Bildern stellt sie dar, was der Sinn und Wesen des Glaubens in Vergangenheit, Gegenwart und Zukunft ist.
Eine Variante ist die sog. *typologische Auslegung*. Die Offenbarung zeichnet keine Abfolge zukünftiger Ereignisse nach, sondern entwirft Wesenszüge der Endgeschichte. Dieses Modell berührt sich mit der endgeschichtlichen Deutung im weiteren Sinne.
Nicht eigentlich »übergeschichtlich« ist die *sozialgeschichtliche* oder *politische* Auslegung. Aber auch sie sieht in den Visionen der Offenbarung keine Schilderung zukünftiger Ereignisse. Sie berührt sich mit der zeitgeschichtlichen Auslegung darin, dass sie die sozialen Spannungen der damaligen Zeit analysiert und ihr Echo im Zeugnis der Offenbarung aufspürt. Der Widerstand gegen die göttliche Verehrung der imperialen Macht Rom und des von ihr beherrschten Marktes ist Impuls zum Widerstand gegen alle Systeme, die Menschen ausbeuten und unterdrücken. Die Verheißung einer neuen Schöpfung zeichnet die kreative Utopie einer besseren Welt, in der alle an der Macht teilhaben und ohne Entfremdung leben.
Hierher gehört auch die *tiefenpsychologische Deutung*, die aber auf einer ganz anderen Ebene ansetzt. Die Bilder der Offenbarung stammen aus dem kollektiven Unbewussten und schildern die Dramatik der Befreiung der Seele von der Angst. Sie zielen auf die Therapie psychisch Kranker und die Reifung seelisch Gesunder.
Heutige historisch-kritische Exegese arbeitet meist auf der Grundlage der zeit- und endgeschichtlichen Deutung im weiteren Sinne mit Aspekten der religionsgeschichtlichen und typologischen Interpretation. Dieser Ansatz bestimmt auch die Auslegung in diesem Kommentar. Aber auch Erkenntnisse der sozialgeschichtlichen Auslegung und Elemente tiefenpsychologischer Einsichten sollen Beachtung finden. Dabei ist wichtig, dass der gewählte methodische Weg offen bleibt für neue Erkenntnisse, die unter Umständen auch in eine andere Richtung weisen.
Eine besondere Herausforderung besteht darin, die Bilder der Visionen zu interpretieren. Es kann nicht einfach darum gehen, ihre

Einleitung 15

Botschaft mit Hilfe eines Codes zu entschlüsseln und in theologische Sätze oder allgemeine Wahrheiten umzusetzen. Wir müssen sie gerade als Bilder zu uns sprechen lassen. Das mit geschriebenen Worten zu tun ist freilich keine leichte Aufgabe.

Noch ein Wort zur *Sprache* der Offenbarung. Das Griechisch, in dem sie geschrieben ist, weist manche sprachlichen Härten auf. Man hat lange angenommen, dass es sich dabei um Fehler des Autors handelt, der die griechische Sprache nur mangelhaft beherrschte, weil seine Muttersprache Aramäisch war und er erst spät (vielleicht erst nach der Zerstörung Jerusalems) von Palästina ins griechischsprachige Kleinasien gekommen war. Heute ist aber allgemein anerkannt, dass viele der sprachlichen Besonderheiten des Textes nicht auf das Unvermögen des Autors zurückzuführen sind, sondern auf seine Absicht, bestimmte Aussagen besonders hervorzuheben. Wir werden daher versuchen, auch in der deutschen Übersetzung manche dieser Eigentümlichkeiten nachzubilden.

III. Wie gliedert sich das Buch?

Am Anfang steht eine Einführung in Form einer Überschrift (1,1–3). Darauf folgen Briefkopf und Briefeinleitung (1,4–8) und der Bericht von der Beauftragung des Sehers (1,9–20). Dem entspricht der Schlussabschnitt mit abschließenden Hinweisen und einem brieflichen Gruß ganz am Schluss (22,6–21).
Dazwischen steht die eigentliche Botschaft, die der Seher weiterzugeben hat (2,1 – 22,5). Sie gliedert sich in zwei sehr ungleich lange Teile: Die sieben Sendschreiben, in denen den Gemeinden gesagt wird, worauf es wirklich ankommt, stehen am Anfang (2,1 – 3,22). Darauf folgt als zweiter Hauptteil der Bericht von den Visionen über Gottes Ringen um die Zukunft dieser Welt (4,1 – 22,5). Das Rückgrat dieser Schilderung sind die drei großen Visionsreihen *6,1 – 8,5: Die sieben Siegel, 8,6 – 11,19: Die sieben Posaunen* und *15,1 – 16,21: Die sieben Schalen*. In bzw. zwischen sie eingeschoben sind Ausblicke auf das Geschick derer, die zu Gott gehören: *7,1–17: Die Bewahrung des Volkes Gottes, 10,1 – 11,19: Die Aufgabe der Propheten* und als Fortsetzung der Schalen-Vision und *17,1 – 19,10: Das Gericht über die große Stadt.*
Die tragenden Pfeiler der Botschaft aber sind die Eröffnungsvision *4,1 – 5,14: Wie im Himmel so auf Erden – die Thronsaalvision,* dann das zentrale Mittelstück *12,1 – 14,20: Der Drache und das Lamm – Bedrohung und Bewahrung der Gemeinde* und der Schluss, auf den alles zielt, *19,11 – 22,5: Die Vollendung.*
Das ergibt folgendes Schema:

1,1–20		**Botschaft und Auftrag – die Hinführung**
	1,1–3	Worum es geht – Überschrift und Inhaltsangabe
	1,4–8	Wen es betrifft – die Briefeinleitung:
		Johannes an die 7 Gemeinden: Gnade und Friede
	1,9–20	Wie es dazu kam – die Beauftragung des Propheten
2,1 – 22,5		**Die Botschaft**
	2,1 – 3,22	*Worauf es ankommt – Gemeinden auf dem Prüfstand (Die sieben Sendschreiben)*
	4,1 – 22,5	*Was geschehen muss*
	4,1 – 5,14	Wie im Himmel so auf Erden – die Thronsaalvision
	4,1–11	Der himmlische Lobpreis
	5,1–14	Das Lamm und das Buch mit den sieben Siegeln
		GOTT UND DAS LAMM (5,13)
	6,1 – 8,5	Die sieben Siegel
	6,1–17	Die ersten sechs Siegel
	7,1–17	Die Bewahrung des Volkes Gottes
	8,1–5	Das siebte Siegel
	8,6 – 11,19	Die sieben Posaunen
	8,6 – 9,21	Die ersten sechs Posaunen
	10,1 – 11,14	Der bleibende Auftrag des Propheten und die beiden *letzten Zeugen*
	11,15–19	Die siebte Posaune
	12,1 – 14,20	Der Drache und das Lamm
	12,1–18	Die Frau und der Drache
	13,1–18	Die beiden Tiere – Selbstvergötterung menschlicher Macht
	14,1–20	Das Lied der Erlösten und der Ausblick auf das Gericht
		GOTT UND DAS LAMM (14,4)
	15,1 – 16,21	Die sieben Schalen
	17,1 – 19,10	Das Gericht über die große Stadt
	17,1–18	Die Hure Babylon und das Tier
	18,1–24	Der Sturz Babylons
	19,1–10	Der Jubel im Himmel
	19,11 – 22,5	Die Vollendung
	19,11–21	Der Sieg des wiederkommenden Christus
	20,1–10	Das Tausendjährige Reich und das Ende Satans
	20,11–15	Das Weltgericht
	21,1 – 22,5	Die Bewahrung des Volkes Gottes
		GOTT UND DAS LAMM (22,1.3)
22,6–21		**Was noch zu sagen ist: Der Briefschluss**
		Die Gnade des Herrn Jesus sei mit allen (22,21)

Die Auslegung

1,1–20
Botschaft und Auftrag – die Hinführung

1,1–3
Worum es geht – Überschrift und Inhaltsangabe

1 ¹Offenbarung Jesu Christi, die ihm Gott gab, um seinen Dienern zu zeigen, was in Kürze geschehen muss, und die er durch Entsendung seines Engels seinem Diener Johannes mitteilte. ²Er hat das Wort Gottes und das Zeugnis Jesu Christi bezeugt, alles, was er gesehen hat. ³Glücklich, wer die Worte der Prophetie vorliest, und die, die sie hören, und die bewahren, was in ihr geschrieben ist, denn die Zeit (ist) nahe.

Schon der Anfang zeigt, worum es in dieser Schrift geht. Sie beginnt mit einer Überschrift (V. 1), die in eine knappe Inhaltsangabe übergeht (V. 2) und in ein kurzes Vorwort in Form einer Seligpreisung (V. 3) mündet. Auch dass dieser Anfang an die Einleitung mancher Prophetenbücher erinnert, setzt ein Signal (vgl. Jes 1,1; Hos 1,1).

Die Kennzeichnung des Buchs mit den Worten *Offenbarung Jesu Christi* ist freilich ganz einzigartig und hat keine Parallele (1). Das ist der eigentliche Titel der Schrift, auch wenn sie später die Überschrift *Offenbarung des Johannes* erhalten hat. Was aber bedeutet er?

Das Wort *Offenbarung* (griechisch: *apokalypsis*) ist im Neuen Testament noch nicht mit der großen Bedeutungsfracht beladen, die es in der späteren Dogmatik gewinnt. Die Grundbedeutung ist »Aufdeckung von Verborgenem« (Roloff, 28). Im griechischen Alten Testament ist es selten und bezeichnet z.B. das *Aufdecken* der Taten am Lebensende (Sir 11,27) oder eines Geheimnisses (Sir 22,22). Im Neuen Testament bezieht sich das Wort immer auf geistliche Aussagen, wird aber für sehr unterschiedliche

Vorgänge verwendet. So bei Paulus für die *Enthüllung* himmlischer Geheimnisse (2Kor 12,1.7), aber auch für das Charisma der *Einsicht* in Gottes Wirken (1Kor 14,6.26; vgl. Eph 1,17) oder eine konkrete Weisung von Gott (Gal 2,2). Sehr viel grundsätzlicher spricht Röm 16,25 von der *Enthüllung* des Geheimnisses des verborgenen Heilsplans Gottes im Evangelium (vgl. Eph 3,3). Nach Gal 1,12 hat Paulus sein Evangelium durch eine *Offenbarung Jesu Christi* empfangen. Das bedeutet, dass ihm der gekreuzigte Jesus als auferstandener Sohn Gottes erschienen ist und ihm so die Bedeutung seines Lebens und Sterbens enthüllt hat (Gal 1,15f).
Von einer zukünftigen Offenbarung sprechen Röm 2,5 (die *Enthüllung* des gerechten Gerichts Gottes), 8,19 (das *Offenbarwerden* der Kinder Gottes) und vor allem 1Kor 1,7 mit der Erwartung *des Offenbarwerdens*, d.h. des endzeitlichen *Erscheinens unseres Herrn Jesus Christus* (vgl. 2Thess 1,7; 1Petr 1,7.13; 4,13). *Offenbarung Jesu Christi* kann also eine doppelte Bedeutung haben: Das endgültige *Offenbarwerden Jesu Christi* und der Bedeutung seiner Person für das Heil der Welt (Genitivus objectivus) *oder* die *Enthüllung* von Gottes künftigem Plan für diese Welt *durch Jesus Christus* (Genitivus subjectivus).

Aufzudecken und zu *enthüllen*, wie Gott sein Werk mit dieser Welt ans Ziel bringt, das ist Aufgabe der Schrift, die mit dem Titel *Offenbarung Jesu Christi* eingeleitet wird. Autor dessen, was sie enthält und enthüllt, ist *Jesus Christus* selbst. Dieser Name identifiziert ihn als die geschichtliche Person des Jesus von Nazareth, der Titel *Christus* aber weist ihn als den *Gesalbten* Gottes aus, den *Messias* und endzeitlichen König Israels, von dem das jüdische Volk Befreiung und Erlösung erwartete (vgl. 11,15; 12,10; 20,4).
Aber die eigentliche Quelle dessen, was berichtet wird, ist *Gott*. Er hat Jesus Christus *gegeben*, was er aufdecken und offenbaren sollte. Das aber geschah mit einem klaren Ziel: *um seinen Dienern zu zeigen, was in Kürze geschehen muss*. Gott und Christus werden in der Offenbarung klar unterschieden und bilden doch in ihrem Wollen und Tun eine unauflösliche Einheit. So bleibt offen, ob von *Dienern Gottes* oder *Christi* gesprochen wird. *Diener* sind sie, wörtlich *Sklaven*, also Menschen, die ganz Gott gehören, auf ihn ausgerichtet sind und für ihn da sind. Weil das Wort in der Offenbarung aber weniger den Aspekt der Leibeigenschaft, sondern vor allem den der Treue und des Dienstes (19,2; 22,3) betont, übersetzen wir es mit *Diener*.
Als *Diener* oder *Knechte Gottes* werden in der Bibel besondere Beauftragte Gottes wie Mose (Ex 14,31; Num 12,7; vgl. Offb 15,3) oder David (Ps 89,4.21) und vor allem die Propheten bezeichnet (vgl. Am 3,7: »Gott der HERR tut nichts, ohne seinen Dienern, den Propheten, seinen Plan offenbart zu haben!«, ZB). Auch die Offenbarung bezeichnet die Propheten als Diener Gottes (10,7; 11,18; 22,6; ähnlich die Gemeinschaft von Qumran: 1QS 1,3). Aber sie nennt auch

alle, die zu Gott gehören, seine Diener (2,20; 7,3; 19,2; 22,3). Hier, am Anfang des Buches, sind die Letzteren gemeint. Als Schreiben an die sieben Gemeinden (V. 4) wendet es sich an alle Christen. Ihnen soll gezeigt werden, *was in Kürze geschehen muss.* Diese Formulierung erinnert an Dan 2,28 (Gott lässt Nebukadnezar wissen, »was am Ende der Tage geschehen wird«). Aufzuzeigen, »was kommen wird« und »am Ende der Tage« geschieht, ist Anliegen vieler apokalyptischer Schriften aus neutestamentlicher Zeit (vgl. 1Hen 91,18; 1QpHab 2,5f). In der Offenbarung wird es in zwei Punkten verschärft. Statt »am Ende der Tage« heißt es *in Kürze.* Das wird am Ende des Buches ausdrücklich wiederholt (22,6) und in ähnlichen Wendungen immer wieder eingeschärft (3,11; 22,7.12.20). Christen leben in der Endzeit. Ob damit eine chronologische Feststellung getroffen wird oder eher eine Aussage über die Qualifikation dieser Zeit gemacht wird, muss unsere Auslegung zeigen. Es geht auch nicht nur um das, was geschehen *wird,* sondern was geschehen *muss.* Alles, was geschehen wird, geschieht nach Gottes Plan – auch dort, wo widergöttliche Mächte zu herrschen scheinen!

Diese Botschaft muss ihre menschlichen Empfänger erreichen. Das geschieht durch zwei Überbringer: *Er* – das ist nach dem Zusammenhang Jesus Christus – *teilte sie durch Entsendung seines Engels seinem Diener Johannes mit.* Ein *Engel* oder *Bote* als Übermittler himmlischer Botschaften findet sich häufig in der Bibel und in apokalyptischen Schriften (vgl. Gen 19; Ez 40,3; Sach 1,9; 4,1ff; Mt 2, 13.19; 1Hen 12,3; 4Esr 7,1). Doch bleibt die Rolle des Engels in der Johannesoffenbarung begrenzt. Erst ab 17,1 tritt ein Engel in Erscheinung, der das Geschaute deutet (vgl. 19,10; 21,9; 22,6–9.16).

Erster Adressat der Offenbarung Jesu ist *sein Diener Johannes.* Die Bezeichnung *Diener, Knecht* oder *Sklave* hat ein weites Bedeutungsspektrum: Christen werden so genannt, aber auch Propheten (siehe oben). Auch Paulus bezeichnet sich als *Sklave* oder *Knecht* Christi Jesu (vgl. Röm 1,1; Phil 1,1). Der Begriff ist also kein fester Titel, der für eine bestimmte »amtliche« Beauftragung steht.

Während sich aber viele vergleichbare Schriften (die sog. Apokalypsen) auf Gottesmänner der Vergangenheit wie Henoch, Mose, Daniel oder Esra als fiktive Verfasser berufen, nennt der Autor der Offenbarung seinen Namen und stellt sich als Bruder und Mitgefährte ohne einen weiteren Titel neben die Adressaten (1,4.9). Das spricht neben vielen anderen Gründen gegen eine Verfasserschaft durch den Apostel Johannes, den Sohn des Zebedäus (siehe Einleitung). In jedem Fall liegt darin ein bewusster Verzicht auf einen amtlichen Autoritätsanspruch. Was den Worten des Johannes allein Gehör verschafft, »ist der Umstand, dass Christus selbst durch sie zu Wort kommt« (Roloff, 28).

Damit aber stehen wir beim Inhalt der Botschaft des Johannes (2): Er hat *das Wort Gottes und das Zeugnis Jesu Christi bezeugt*. Mit *Wort Gottes* ist nicht der Kanon der biblischen Bücher gemeint. Gott spricht in seinem Wort ganz aktuell in eine bestimmte Situation (vgl. Ri 3,20; 1Kön 12,22; 1Chr 17,3; Jer 1,2) und durch Verheißung und Gebot immer wieder neu zu den Menschen (Ps 56,5; Jes 40,8; Mt 4,4; Mk 4,14; Lk 5,1; Apg 4,31; 6,2.7). Vor allem aber ist Jesus Christus selbst *das Wort Gottes* (19,13; vgl. Joh 1,1.14). Er ist das entscheidende Wort, das Gott zu dieser Welt spricht. So ist er beides, Bringer *und* Inhalt der Offenbarung.
Darum bedeutet auch die parallele Wendung *Zeugnis Jesu Christi* nicht das Zeugnis *von* Jesus Christus, das von ihm und seinem Handeln berichtet, auch wenn das grammatikalisch möglich wäre (Genitivus objectivus). Die Aussagen über Jesus als den »treuen Zeugen« (1,5; 3,14) machen vielmehr wahrscheinlich, dass das Zeugnis gemeint ist, das Jesus durch seine Verkündigung und sein ganzes Leben und Sterben abgelegt hat (Genitivus subjectivus). Er ist der Zeuge, der sich durch seine Lebenshingabe für die Wahrheit und Verlässlichkeit des Wortes Gottes verbürgt. *Wort Gottes und Zeugnis Jesu* werden in der Offenbarung zum Inbegriff für das Ganze der christlichen Botschaft (vgl. 1,9; 6,9; 20,4, weiter 12,17; 19,10).
Dieses Zeugnis Jesu hat Johannes aufgenommen und *alles* bezeugt, *was er gesehen hat*. In der Schau des Sehers, den Visionen, die ihm geschenkt werden, konkretisiert sich die Botschaft Jesu an die Gemeinden seiner Zeit. Die Vergangenheitsform *hat bezeugt* blickt wohl nicht auf eine frühere Verkündigungstätigkeit des Sehers zurück (doch vgl. zu 1,9), sondern auf das fertige Buch, über das die Überschrift gestellt wird. Aus der Perspektive der künftigen Leser ist dieses Zeugnis schon Vergangenheit.
Die Einleitung endet mit einer *Seligpreisung* (3). Sie enthält eine Verheißung für alle, die sich der Botschaft des Buches öffnen: *Glücklich, wer die Worte der Prophetie vorliest, und die, die sie hören, und die bewahren, was in ihr geschrieben ist, denn die Zeit ist nahe*. Sieben solche Seligpreisungen stehen in der Offenbarung, und zwar vor allem in der zweiten Hälfte (1,3; 14,13; 16,15; 19,9; 20,6; 22,7; 22,14). Damit wird eine Redeform aufgenommen, die auch für die Verkündigung Jesu eine große Bedeutung hat.

Seligpreisungen oder (nach dem griechischen Begriff) *Makarismen* finden sich in der ganzen antiken Welt. Bei den Griechen sind solche Sätze ein Glückwunsch, der beschreibt, wer es gut hat und wessen Leben gelingt. Auch im Alten Testament gibt es eine solche »Gratulationsformel«. Seit Luther wird sie meist mit »Wohl dem ...« wiedergegeben. Man kann aber auch übersetzen: »Glücklich ist ...« Denn es kann dabei um ganz irdische Dinge gehen: »Wohl dem, der eine verständige Frau hat ...« (Sir 25,8).

Meist aber ist es die Beziehung zu Gott, an der sich das Gelingen des Lebens entscheidet: »Wohl dem, dessen Hilfe der Gott Jakobs ist« (Ps 146,5). Inhalt des Glückwunsches kann sein, was Gott tut: »Wohl dem, dem die Übertretungen vergeben sind!« (Ps 32,1), aber auch das richtige Verhalten des Menschen: »Wohl dem, der sich des Schwachen annimmt« (Ps 41,2). Eine Seligpreisung verbindet deshalb den Zuspruch oft mit einer Mahnung: Wessen Leben gelingen soll, sollte sich so verhalten, wie es die Seligpreisung beschreibt. Jesus hat die Form der Seligpreisung einerseits verwendet, um die bedingungslose Heilszusage Gottes auszudrücken (vgl. die Seligpreisung der Armen in Lk 6,20f). Andererseits benutzt er sie auch, um einladend und ermutigend zu beschreiben, wem Gott ein Leben in seiner Gemeinschaft zusagt (Mt 5,3–10; 11,6). Die traditionelle Übersetzung *selig* (LÜ, EÜ, ZB) ist missverständlich, weil sie den Eindruck erweckt, es gehe nur um die himmlische »Seligkeit«. Manche schreiben *glückselig* (REB, BasisBibel), was recht emotional klingt. Auch die Übersetzung *glücklich* ist nicht ohne Probleme, aber sie hat den Vorteil, dass sie zeigt: Hier geht es um das Leben des Menschen als Ganzes, um sein Gelingen und seine Erfüllung vor Gott und den Menschen. Und nicht zuletzt macht diese Übersetzung bewusst, wie gewagt die Aussage Jesu ist, gerade die Armen oder die Trauernden glücklich zu preisen.

Seligpreisungen sind Einladungen zu gelingendem Leben. Sie sprechen Menschen wahres Leben zu, auch in Situationen oder wegen eines Verhaltens, bei denen das nicht immer auf den ersten Blick einsichtig ist. Gerade die Seligpreisungen der Offenbarung senden wichtige Signale aus. Inmitten der bedrohlichen und ängstigenden Szenarien von Gericht und Schrecken wird gewiss gemacht, dass die Treue zu Gott und seinem Wort nicht enttäuscht wird. Die erste Zusage, ganz am Anfang des Buchs, gilt darum denen, die diese Botschaft weitergeben und sich an sie halten. Wie wichtig das ist, zeigt sich daran, dass die erste Seligpreisung ein Gegenstück am Schluss des Buchs hat, die Zuspruch und Mahnung erneuert (22,7): »Glücklich, wer die Worte der Prophetie in dieser Buchrolle bewahrt!«
In beiden Seligpreisungen wird der Inhalt des Buchs als *Worte der Prophetie* (LÜ: *Weissagung*) bezeichnet. Zwar nennt sich Johannes selbst nie Prophet, aber er stellt damit seine Worte neben die der Propheten im Alten Testament. Und wie für sie gilt auch für Johannes: Prophetisch sind seine Worte nicht vor allem deshalb, weil sie zukünftige Ereignisse vorhersagen, sondern weil durch sie Gott wegweisend in die Gegenwart der Adressaten hineinspricht.
Dass es um eine Botschaft für jetzt und heute geht, zeigt auch die nächste Aussage: Das Buch soll *gelesen* (LÜ), genauer gesagt: *vorgelesen werden* (ZB, EÜ). Wie Paulus erwartet auch der Verfasser der Offenbarung, dass sein Brief in der Gemeinde vorgelesen wird (1Thess 5,27; vgl. Kol 4,16). Die Aussage der Seligpreisung *Glücklich, wer liest* zielt also nicht nur auf Einzelne, die das Buch im stil-

len Kämmerlein lesen, sondern appelliert an die Verantwortung gemeindeleitender Personen für die Weitergabe seiner Botschaft.
Aber Lesen oder Vorlesen sind nur die Voraussetzung für das, worauf dieses Buch eigentlich zielt, nämlich das *Hören und Bewahren* dessen, *was in ihr* (d.h. der prophetischen Weisung) *geschrieben ist.* Was in dem Buch schriftlich niedergelegt ist, soll im Hören und Befolgen seiner Botschaft lebendig und wirksam werden. Damit ist die Verantwortung der Einzelnen angesprochen. Sie sind aufgefordert, das, was sie lesen und hören, aufmerksam aufzunehmen und zu *bewahren,* das heißt: diese Worte zu *behalten* und die entsprechenden Weisungen zu *befolgen.* In diesem Sinn heißt es schon in einem Wort Jesu: »Glücklich sind, die das Wort Gottes hören und bewahren« (Lk 11,28; vgl. 8,15.21; weiter Joh 12,47). Nicht nur der Wortlaut der Botschaft soll treu bewahrt werden; es geht vor allem darum, sich mit dem ganzen Leben an ihr zu orientieren und sich an ihre Weisung zu halten.
Warum das so wichtig ist, sagt die Begründung: Denn *die Zeit ist nahe.* Johannes benutzt hier das griechische Wort *kairos,* mit dem der *entscheidende Moment,* der *richtige Zeitpunkt* bezeichnet wird (so auch Mk 1,15; 2Kor 6,2; 1Petr 1,5). Es geht um die entscheidende Zeit, in der Gott seine Geschichte mit dieser Welt zum Ziel bringt. Nicht nur die Wiederkunft Jesu ist im Blick (vgl. Phil 4,5), auch nicht nur die Schrecken der Endzeit, sondern das Ganze des Endgeschehens, der Zeit, in der die letzte Entscheidung über Heil und Unheil fällt.
Denn die Zeit ist nahe – das wird am Ende des Buches noch einmal gesagt werden. Es begründet dort, warum das Buch der Offenbarung – anders als andere Apokalypsen – nicht für kommende Zeiten versiegelt werden soll (22,10). Die Zeit drängt, nicht nur in chronologischer Hinsicht, dass man die Tage bis dahin am Kalender abzählen könnte, sondern in der Sache: Die andringende Gegenwart Gottes und die Erschütterung des Weltgebäudes, die sie mit sich bringt, das ist die entscheidende Zeit von der Johannes spricht. Die Zukunft hat für ihn schon begonnen.

Bescheiden scheint der Anspruch zu sein, den der Seher Johannes erhebt. Nichts anderes als das, was er gesehen hat, will er weitergeben, ein zuverlässiger Berichterstatter sein, nicht mehr und nicht weniger. Aber zugleich gibt er dem, was er berichtet, das größtmögliche Gütesiegel: Es ist *Offenbarung Jesu Christi,* d.h. die Enthüllung des göttlichen Willens und Plans für diese Welt, die sich seiner Herrschaft entzogen zu haben scheint. Und der, der das im Auftrag Gottes enthüllt, ist Jesus selbst. Was er aufdeckt, ist authentisch, denn er selbst wird Gottes Werk zum Ziel führen.

Was Jesus enthüllt, müssen die wissen, die zu ihm gehören. Angesichts von Unterdrückung und Verfolgung von außen und von Fragen und Zweifeln von innen ist es für sie überlebenswichtig. Es ist eine kritische und konstruktive Botschaft, die Johannes weitergibt, eben: *Worte der Prophetie*. Auf sie zu hören und sie zu befolgen ist entscheidend für Zeit und Ewigkeit. Darin liegt eine ermutigende Zusage, aber auch eine ernste Mahnung. Sie betrifft nicht nur die sieben Gemeinden in Kleinasien am Ende des ersten Jahrhunderts. Denn dass die entscheidende Zeit nahe ist, gilt immer wieder neu für die Gemeinde Jesu.

1,4–8
Wen es betrifft – die briefliche Einleitung

⁴Johannes an die sieben Gemeinden in der (Provinz) Asia: Gnade euch und Friede von (dem, der heißt:) »der Seiende und der (immer) war und der Kommende« und von den sieben Geistern, die vor seinem Thron (sind), ⁵und von Jesus Christus, (der) der treue Zeuge (ist), der Erstgeborene der Toten und der Herrscher über die Könige der Erde. Dem, der uns liebt und uns von unseren Sünden durch sein Blut befreit hat ⁶– und er hat uns zur Königsherrschaft gemacht, zu Priestern für Gott und seinen Vater –, (ihm gebühren) Ruhm und Macht von Ewigkeit zu Ewigkeit. Amen.
⁷*Siehe, er kommt mit den Wolken, und es wird ihn sehen jedes Auge und die ihn durchbohrt haben, und es werden über ihn alle Stämme der Erde wehklagen. Ja, Amen.* ⁸Ich bin das Alpha und das Omega, spricht Gott, der Herr, der Seiende und der (immer) war und der Kommende, der Allherrscher.

Der Anfang dieses Abschnitts überrascht. So beginnt ein Brief. Das antike Briefformular nennt zunächst den Absender, dann den oder die Adressaten und schließt mit einem kurzen Gruß (als Beispiel Apg 23,26: »Claudius Lysias dem edlen Statthalter Felix: Zum Gruß!«; vgl. Jak 1,1). Juden benutzten als Gruß meist den im semitischen Sprachbereich üblichen Friedenswunsch. Johannes hält sich an die von Paulus geschaffene Erweiterung: »Gnade sei mit euch und Friede von Gott, unserem Vater, und dem Herrn Jesus Christus« (vgl. Röm 1,7), allerdings mit charakteristischen Veränderungen (s.u. zu 4b.5a).
Anstelle der Danksagung, die in paulinischen Briefen oft dem Briefkopf folgt, geht der Friedensgruß in ein Lob Jesu Christi über (5b.6; ähnlich in 2Kor 1,3). Ein feierliches Amen beendet diesen Teil. Doch überraschenderweise folgt noch der Ausblick auf das künftige

Kommen Jesu und eine Selbstvorstellung Gottes (7f). Von Anfang an soll klar sein: Im prophetischen Wort spricht Gott selbst.
Die Gestaltung des ganzen Schreibens als Brief wird am Schluss des Buchs noch einmal aufgenommen. In 22,21 endet es mit einem Gnadenwunsch, der auch für den Schluss der paulinischen Briefe typisch ist (vgl. 1Kor 16,23).

Nachdem Johannes schon in der Überschrift als menschlicher Autor des Schreibens genannt worden war, stellt er sich nun selbst als Absender und Verfasser vor (4a). Er tut das mit der einfachen Nennung seines Namens: *Johannes*. Kein Titel wird genannt, keine Näherbestimmung seiner Identität oder Autorität, der Name genügt. Das zeigt, dass der Verfasser eine in den Gemeinden bekannte und wohl auch anerkannte Person war.
Adressaten sind *die sieben Gemeinden in der (Provinz) Asia*. Es sind dieselben Gemeinden, die in V. 11 namentlich genannt werden und an die in Kap. 2 und 3 besondere Botschaften, die sog. sieben *Sendschreiben*, gerichtet werden: Ephesus, Smyrna, Pergamon, Thyatira, Sardes, Philadelphia und Laodizea. Es gab damals mehr als sieben Gemeinden in der römischen Provinz Asia. *Die sieben Gemeinden* stehen also exemplarisch auch für andere Gemeinden und – wie die Zahl sieben andeutet – für die christlichen Gemeinden überhaupt. Und doch werden sie, wie die Sendschreiben zeigen werden, auch als individuelle Gemeinden mit ihren speziellen Problemen angesprochen. Zugleich aber macht dieser Anfang klar: Nicht nur die Sendschreiben gehen an diese Gemeinden; das ganze Buch ist ein Brief an sie, ein Schreiben, das sie warnen, trösten und ermutigen soll.
Aber bevor den Adressaten irgendetwas Spezielles mitgeteilt wird, gilt ihnen der Gnaden- und Friedensgruß (**4b.5a**). Seit Paulus ihn so formuliert hat, beginnen viele christliche Briefe mit ihm (vgl. außer den Paulusbriefen 1Petr 1,2; 2Petr 1,2; 2Joh 3): *Gnade euch und Friede*. In Anlehnung an die jüdische Segensformel *Erbarmen und Friede* (vgl. Jud 2) wird benannt, was Gott denen schenkt, die zu ihm gehören. *Gnade* beschreibt die gnädige Vergebung und Verarbeitung von Schuld und Sünde. Aber Gnade ist mehr als *Begnadigung* und Erlass von Strafe. Es umfasst Gottes ganze liebende Zuwendung zu den Menschen, die *Begnadung* ihres Lebens durch seine heilvolle Gegenwart, die sie in das Licht seiner Liebe stellt.
So mit Gott versöhnt öffnet sich für die Menschen eine neue Lebenswirklichkeit: *Friede* mit Gott (vgl. Röm 5,1) und mit sich selbst oder – mit dem hebräischen Wort für Frieden umschrieben – *Schalom*, umfassendes Heil und ein Leben, das mit seinem Ursprung und seiner Bestimmung im Einklang steht. *Gnade und Friede*, das

ist die Wirklichkeit, die von Gott her das Leben der Adressaten bestimmt und bestimmen soll. Das Verb fehlt im Griechischen, man kann also ergänzen: *Gnade sei* oder *ist mit euch.*
In den paulinischen Briefen wird immer betont, dass diese neue Lebenswirklichkeit »von Gott, unserem Vater, und unserem Herrn Jesus Christus« kommt. Diese Formulierung steht auch hinter den Worten des Johannes. Er aber spricht von einem dreifachen Ursprung des Segens: Gnade und Friede kommen *von Gott, von den sieben Geistern und von Christus.*
Dabei wird Gott nicht durch einen Begriff oder Namen benannt, sondern durch sein Wesen und Tun vorgestellt, und zwar in einer für die Offenbarung außerordentlich typischen Weise. Die Besonderheit geht bis hinein in die griechische Satzkonstruktion. Gegen die grammatikalischen Regeln stehen die Näherbestimmungen im Nominativ an Stelle des im Griechischen eigentlich erforderlichen Genitivs. Das ist nicht sprachliches Unvermögen, sondern soll die Unveränderlichkeit des Seins und Handelns Gottes und Jesu ausdrücken, die nicht »gebeugt« und manipuliert werden können.
Gnade und Friede kommen *von (dem, der heißt:) der Seiende und der (immer) war und der Kommende.* Damit wird auf die Selbstbezeichnung Gottes in Ex 3,14 angespielt. Auf die Frage Mose nach dem Namen Gottes antwortet dieser mit der Aussage: »Ich werde sein, der ich sein werde« (LÜ, ZB) bzw. »Ich bin, der ich bin« (EÜ, REB). In der griechischen Übersetzung des Alten Testaments wird das mit »Ich bin *der Seiende*« wiedergegeben. Das ist auch die erste und grundsätzliche Beschreibung Gottes in der Offenbarung. Gottes Sein umgreift alles andere, was ist, es hat keinen Anfang und kein Ende; alles, was geworden ist, verdankt sein Dasein der Wirklichkeit seines Seins.
Das wird nun nach zwei Seiten hin entfaltet: Gott ist damit auch der, *der war.* Gottes Sein ist zwar grundsätzlich zeitlos, jenseits allen Werdens und Vergehens; aber zugleich gibt er sich in seinem Handeln in Schöpfung und Geschichte hinein in die Dimension der Zeit. Er *war* gegenwärtig im Entstehen des Universums und der Erde und *war* aktiv in seinem Handeln an seinem Volk Israel und der ganzen Menschheit. Und so hat Gott selbst eine Geschichte, in der er aber nicht aufgeht.
Denn Gott ist auch *der Kommende.* Anders als in vergleichbaren jüdischen oder griechischen Aussagen über Gott heißt es nicht: *der sein wird,* auch nicht *der kommen wird,* sondern *der kommt.* »Gott kommt ... schon jetzt mit seiner liebenden Sorge auf die Seinen zu« (Giesen, 74). »Die Zusage der Gnade und des Friedens findet in der Begegnung, zu der Gott unmittelbar und schon jetzt, nicht erst künftig kommt, ihre Kraft und Tiefe« (Karrer I, 215).

Ähnliche Erweiterungen von Ex 3,14 finden sich im Targum, der aramäischen Übersetzung des Alten Testaments (TJonDtn 32,39: »Ich bin der, der ist, und der war, und ich bin der, der sein wird«; ähnlich TPsJonDtn 32,39) oder im Midrasch, jüdischen Kommentaren zum Buch Exodus (ShemR 3,6: »Ich bin, der ich war und ich bin jetzt und bin in der Zukunft«). Aber auch im Bereich der griechischen Literatur werden für Beschreibung von Göttern ähnliche Formeln gebraucht, so für Zeus: »Zeus war, Zeus ist, Zeus wird sein« (Pausanias, Descriptio X,12,5/10) oder Isis: »Ich bin alles, das war, ist und sein wird« (Plutarch, Mor 26,9; DeIside 9). Es liegt offensichtlich nahe, die Raum und Zeit umgreifende göttliche Wirklichkeit so zu beschreiben. Ganz eigentümlich freilich ist, dass an unserer Stelle Gott als *der Kommende* beschrieben wird, denn im Neuen Testament und auch in der Offenbarung wird sonst Christus *der Kommende* genannt (vgl. Mt 11,3; Lk 7,19f; Offb 3,11; 22,7).

Gnade und Friede kommen auch von *den sieben Geistern, die vor seinem Thron (sind).* Das ist die größte Überraschung dieses Textes. An zweiter Stelle steht nicht Christus, auch nicht ausdrücklich der Heilige Geist, sondern diese außergewöhnliche Formulierung. Noch dreimal werden die *sieben Geister* in der Offenbarung genannt: Nach 3,1 ist Christus der, »der *die sieben Geister Gottes* und die sieben Sterne hat«, und in 4,5 werden die sieben feurigen Fackeln, die vor dem Thron brennen, wie in 5,6 die sieben Augen des Lammes mit den *sieben Geistern Gottes* identifiziert. Der Hinweis auf die sieben Augen bzw. auf die sieben Fackeln lehnt sich an Bilder aus Sach 3,9; 4,2.10 an. Aber wer ist mit den *sieben Geistern* gemeint?
Die Ausleger sind sich nicht einig. Die Mehrzahl sieht darin einen Verweis auf die sieben Engel, »die vor Gott stehen«, die auch »Thronengel« oder Erzengel genannt werden (Offb 8,2; vgl. Tob 12,15; Lk 1,19). Auch in 1Tim 5,21 werden Engel als Autorität neben Gott und Christus genannt (vgl. auch Offb 3,5). Die sieben Sterne, die der erhöhte Christus in der Hand hat (1,16; 3,1), sind nach 1,20 Engel, und nach jüdischer Überlieferung sind es Engel, die als Gottes Diener vor seinem Thron stehen (vgl. 8,2; 1Hen 14, 22f; 39,12f). Auch dass die sieben Geister unmittelbar nach Gott genannt werden, könnte dafür sprechen, dass die Engel gemeint sind, die »vor seinem Angesicht stehen«.
Aber gerade deshalb, weil die sieben Geister zwischen Gott und Christus genannt werden, ist eine Reihe von Auslegern der Überzeugung, dass es sich dabei um eine Umschreibung der Fülle des Geistes handelt. »Die sieben Geister sind als die himmlische Erscheinungsform ... des einen Geistes zu betrachten, der auf der Erde wirkt« (Satake, 130; vgl. 5,6: »ausgesandt über die ganze Erde«). Vermutlich aber widerspricht ein solches Entweder-oder dem We-

sen johanneischer Bilder. Selbst wenn man sich die Geister als Engelwesen vorstellen muss, »so symbolisiert ihre Siebenzahl den Geist Gottes in seiner Fülle und Abgerundetheit« (Müller, 73).
Gnade und Friede kommen aber nicht zuletzt von Jesus Christus (5). Sein Name wird genannt, aber zugleich sein Wesen und Wirken durch drei Aussagen umschrieben: Er ist *der treue Zeuge, der Erstgeborene der Toten und der Herrscher über die Könige der Erde.* Jesu Treue zu seinem Auftrag in Leben und Tod, seine Auferweckung und seine Erhöhung und Bevollmächtigung charakterisieren, wer er ist und was er bedeutet. Im Hintergrund könnte auch Ps 89 stehen. In ihm wird David – und damit dem messianischen König – zugesagt: »Ich will ihn zum Erstgeborenen machen, zum Höchsten unter den Königen der Erde« (V. 28), und in V. 38 wird »der treue Zeuge in den Wolken« erwähnt.
Dieser *treue, zuverlässige Zeuge* ist Jesus. Nach 1Tim 6,13 hat er »vor Pontius Pilatus das gute Bekenntnis bezeugt« (REB). Er wurde »ein treuer Hoherpriester vor Gott« und hat so durch seinen Tod die Sünden des Volks gesühnt (Hebr 2,17). Im Sendschreiben an die Gemeinde in Laodizea stellt er sich vor als der, »der Amen (heißt), der treue und wahrhaftige Zeuge« (3,14). Und als der erhöhte Christus steht er mit seinem Zeugnis auch für die Wahrheit der Botschaft der Offenbarung ein (22,16.20).
Jesus ist zweitens *der Erstgeborene der Toten.* Diese Bezeichnung verbindet Jesu Auferweckung mit der Hoffnung auf die Auferstehung aller. Nach Paulus ist er als »Erstling der Entschlafenen« auferweckt worden (1Kor 15,20) und sollte damit zum »Erstgeborenen unter vielen Brüdern und Schwestern« werden. Und nach Kol 1,15. 18 ist Christus sowohl »der Erstgeborene vor aller Schöpfung« als auch der »Erstgeborene aus den Toten«. Einerseits verbindet ihn das Bild vom *Erstgeborenen* mit den Menschen und ihrem Geschick, andererseits macht es im Rahmen antiken Erstgeburtsrechts auch seine absolute Vorrangstellung deutlich.
Nicht zuletzt ist dieser Christus, der Gnade und Friede schenkt, *der Herrscher über die Könige der Erde.* »Christus ist durch seine Erhöhung zum Herrn über den Kosmos und über die Geschichte eingesetzt worden« (Roloff, 33). Das gehört zu den Grundüberzeugungen der Urchristenheit (vgl. Phil 2,11; Eph 1,20f; Mt 28,18). Dass das keine leere Behauptung ist, sondern sich gegen alle Widerstände verwirklichen wird, ist das Thema, auf das die Botschaft des Sehers von Anfang bis zum Ende zielt (vgl. 19,16). Die *Könige der Erde* sind die Repräsentanten und Werkzeuge der politischen und geistigen Mächte, die gegen Gott und seine Herrschaft kämpfen (vgl. 6,15; 17,2.18; 18,3.9; 19,19). Dass Christus über sie herrschen wird, wird nicht ihre Vernichtung bedeuten (trotz 19,19–21), son-

dern ihre Hinwendung zu Gott und seiner Gegenwart bewirken (21,24).
In den paulinischen Briefen folgt nach dem Friedensgruß meist der Dank des Apostels für das, was in der angeschriebenen Gemeinde geschieht. In besonderen Fällen steht dafür der Lobpreis Gottes und seiner Gnade (vgl. 2Kor 1,3; Eph 1,3). Hier antwortet auf den Friedensgruß eine Doxologie, d.h. ein Lobpreis Christi und dessen, was er für uns getan hat.

Dies ist die erste einer Reihe von Doxologien in der Offenbarung. Diese Form des Lobpreises Gottes findet sich – oft als Abschluss eines Gebets – schon vielfach im Alten Testament. In ihr werden nicht einzelne Taten Gottes gerühmt, sondern sein göttliches Wesen und seine Herrlichkeit (griechisch: *doxa*, daher *Doxologie*): »Denn des Herrn ist das Reich« (Ps 22,29), »Dein Herr ist die Majestät und Gewalt, Herrlichkeit, Sieg und Hoheit« (1Chr 29,11; Dan 2,20), »Ihm sei der Ruhm in die Ewigkeiten der Ewigkeiten« (4Makk 18,24). In der Doxologie wird Gott von Menschen zugesprochen, was seinem Wesen nach ihm und nur ihm gehört, also vor allem *doxa* = Herrlichkeit, Ruhm, Ehre.
Ursprünglich wird in einer Doxologie Gott gepriesen (Röm 11,36; 16,27; Offb 4,11). In späteren Schriften des Neuen Testaments wird auch Christus zum Adressaten (2Tim 4,18; Hebr 13, 21; 1Petr 4,11; 2Petr 3,18; Offb 5,12f). Innerhalb der Offenbarung sind die Berichte von den Doxologien, die vor Gottes Thron gesungen werden, ein wichtiges Element: Hier geschieht schon jetzt, was Ziel auch für die Menschheit ist: Gott die Ehre zu geben (4,11; 5,12f; 7,12; 19,1; vgl. weiter 11,13; 14,7; 16,9; 19,7).

Wieder sind es drei Merkmale des Handelns Jesu, die in der Doxologie hervorgehoben werden. Das Lob gilt (1) *dem, der uns liebt und* (2) *uns von unseren Sünden durch sein Blut befreit hat*. Damit wird beschrieben, was Jesus für die Menschen getan hat. In einer neuen Satzkonstruktion wird als Drittes angefügt, wofür Jesus die Seinen bestimmt hat, wozu er sie »gemacht« hat: (3) *Er hat uns zur Königsherrschaft gemacht, zu Priestern für Gott und seinen Vater.*
Die beiden ersten Aussagen berühren sich eng mit einem Wort des Paulus in Gal 2,20. Paulus spricht von seinem »Glauben an den Sohn Gottes, der mich geliebt und sich selbst für mich hingegeben hat« (so auch Eph 5,2). Beide Motive gehören im Neuen Testament ganz eng zusammen: Die Liebe Jesu findet ihren entscheidenden Ausdruck in seiner Lebenshingabe (Joh 10,11; 13,1; 15,13). Eigentümlich für unsere Stelle ist, dass nicht nur von dem einmaligen Akt der Liebe Jesu in seinem Tod gesprochen wird (*geliebt hat* Gal 2,20; Eph 5,2.25; Joh 13,34; vgl. Joh 3,16), sondern von seiner Liebe im Präsens. Diese Liebe umgreift alles, was Gott durch Jesus Christus tut; sie »ist von allem Anfang und wird in Ewigkeit nicht enden«

(Maier I,98; vgl. Joh 15,9f). Was in Jesu Tod geschehen ist, wird zu Unterpfand und Bürgschaft dafür, dass seine Liebe auch in Zeiten der Bedrängnis und des Kampfes gilt.
Die Offenbarung teilt auch die urchristliche Grundüberzeugung, dass durch Jesu Lebenshingabe in seinem gewaltsamen Tod (*durch sein Blut*) die drückende Last menschlicher *Schuld* verarbeitet und die Menschen aus ihrer Gefangenschaft unter der Macht der Sünde befreit worden sind (vgl. Röm 3,24f; 5,9; Eph 1,7; Hebr 9,12; 1Petr 1,18f; 1Joh 1,7). Diejenigen, die zu ihm gehören, leben schon jetzt als Befreite und Erlöste.
Das hat Konsequenzen: Der Freispruch von der Schuld der Sünde ist verbunden mit einer neuen Bestimmung derer, die zu Christus gehören: *Er hat uns zur Königsherrschaft, zu Priestern für Gott und seinen Vater gemacht* (ähnlich 5,9f). Das ist in Anlehnung an Ex 19,6 formuliert, wo Gott am Sinai zu Israel sagt: »Ihr aber sollt mir ein Königreich von Priestern sein und ein heiliges Volk«. Diese Zusage wird in Jes 61,6 erneuert und in 1Petr 2,9 wie hier auf die christliche Gemeinde bezogen.
Johannes gibt dieser Aussage ein eigentümliches Profil (6). Christus hat die Seinen zur *Königsherrschaft* bzw. zum *Königreich* gemacht; also nicht zu Königen, obwohl das Motiv des Mitherrschens noch wichtig werden wird (20,6; 22,5). Sie wurden zu »Gottes Herrschaftsbereich; da wo sie sind, ist jetzt schon, inmitten der ihrem Ende zueilenden Welt, etwas von der endzeitlichen Neuschöpfung Gottes verwirklicht« (Roloff, 34). Zugleich hat Christus die Seinen *zu Priestern für Gott und seinen Vater* gemacht. Als Gottes Königreich sind sie unmittelbar in die Gegenwart Gottes gestellt und wie Priester ganz auf ihn ausgerichtet. Dass Gott ausdrücklich *Vater* Jesu genannt wird, unterstreicht die enge Verbundenheit ihres Handelns. Diesem Gott sind sie zugewandt, diesem Gott dienen sie. Ob ihre priesterliche Aufgabe auch eine Mittlerschaft für andere bedeutet, wie manche annehmen, bleibt offen.
Dem, der so handelt und für die Seinen da ist, dem *(gebühren) Ruhm und Macht von Ewigkeit zu Ewigkeit*. Das ist die Grundform der neutestamentlichen Doxologie, des Lobes Gottes und Christi (vgl. 1Petr 4,11). Es ist das Wesen einer Doxologie, dass Menschen Gott zusprechen, was sein Wesen und Sein auszeichnet. Zentral ist dafür der griechische Begriff *doxa*. Im Griechischen wird damit das hebräische Wort übersetzt, das den *Glanz*, die *Herrlichkeit*, das *Gewicht* des Wesens und Wirkens Gottes beschreibt. Zu bekennen: *ihm sei Ruhm* oder *Ehre* (LÜ) bzw. *Herrlichkeit* (EÜ, ZB), heißt, ihn in seinem Gottsein anzuerkennen.
Daneben tritt der Begriff der *Macht*. Luther übersetzt *Gewalt*, und zwar in dem Sinn, in dem es im Grundgesetz heißt: »Alle Staats-

gewalt geht vom Volk aus« (Art. 20,2). Dass alle Macht und alle Gewalt Gott gebührt, bedeutet: Er ist die letzte und entscheidende Autorität in allen Dingen. Dies alles aber wird hier von Christus ausgesagt! Weil er die göttliche Liebe in die Welt getragen und sein Leben für die Sünder gegeben hat, darum gebührt auch ihm göttliche Ehre und Autorität. Er hat teil an Gottes Herrlichkeit und Macht.

Das gilt *von Ewigkeit zu Ewigkeit* (wörtlich: *in die Ewigkeiten der Ewigkeiten* bzw. *die Äonen der Äonen*; vgl. EÜ, ZB: *in alle Ewigkeit*). Diese »Ewigkeitsformel«, die auch in jüdischen Doxologien auftaucht (4Makk 18,24; vgl. 1Petr 4,11), betont: Was hier gesagt ist, gilt für alle Zeiten, ja über unseren gegenwärtigen Zeithorizont hinaus. Bekräftigt wird dies durch ein feierliches *Amen*, gewissermaßen die vorweggenommene Antwort der Gemeinde, auf Deutsch: *Es gilt! So sei es!*

Aber noch steht all das den Menschen nicht vor Augen. Für sie ist der Gekreuzigte ein gescheiterter Mensch, seine Lebenshingabe das Ende eines politischen Aufrührers, den die Römer mit gewohnter Effektivität liquidiert haben. Das aber wird sich ändern. Denn: *Siehe, er kommt mit den Wolken, und es wird ihn sehen jedes Auge und die ihn durchbohrt haben, und es werden über ihn alle Stämme der Erde wehklagen* (7).

Diese Zusage beruht auf der Kombination von zwei alttestamentlichen Stellen. Die eine steht in einer Vision Daniels (Dan 7,13): »Siehe, mit den Wolken des Himmels kam einer wie der Sohn eines Menschen« (REB), eine Aussage, die sehr früh im Urchristentum auf das Kommen Jesu bezogen wurde (Mk 13,26; Mt 26,64). Die andere ist ein prophetisches Wort aus Sach 12,10: »Sie werden auf mich blicken, den sie durchbohrt haben, und werden über ihn wehklagen, wie man über den einzigen Sohn wehklagt« (REB). Es wird auch in Joh 19,37 auf Jesus gedeutet.

Beide Stellen sind in Mt 24,30 zusammengefasst: »Dann werden alle Stämme auf der Erde klagen, und sie werden den Menschensohn auf den Wolken des Himmels kommen sehen mit großer Macht und Herrlichkeit« (ZB). Diese Formulierung weist bemerkenswerte Gemeinsamkeiten zu unserer Stelle auf. Anders als in der alttestamentlichen Vorlage werden *alle Stämme der Erde* den kommenden Menschensohn sehen. Offensichtlich greift Johannes auf eine Tradition zurück, die auch in Mt 24,30 aufgenommen wurde.

Das *Kommen mit den Wolken des Himmels* weist nicht auf meteorologische Begleiterscheinungen hin. *Wolken* markieren den Grenzbereich zwischen der Welt Gottes und der der Menschen (vgl. Ps 104,3; Mk 9,7; Apg 1,9). Aus der Welt Gottes heraus wird Christus sichtbar werden, und zwar für *jedes Auge*, vor allem für die, *die ihn*

durchbohrt haben. Dabei denkt die Offenbarung sicher nicht nur an die Männer des Hinrichtungskommandos, sondern an alle, die Jesus bekämpft haben und bekämpfen. Das zeigt die Fortsetzung: *alle Stämme der Erde werden über ihn wehklagen*, genauer: sich *voll Trauer an die Brust schlagen.* Beim Anblick des wiederkommenden Christus, der bleibend als der Gekreuzigte und *Durchbohrte* zu identifizieren ist, wird den Menschen bewusst, dass sie sich an ihm verfehlt haben.
Offen bleibt freilich: Ist diese Trauer der erste Schritt zur Umkehr und Hinwendung zu Gott oder bleiben die Trauernden gefangen in der Klage über die nicht wieder gut zu machende Verfehltheit ihres Lebens. Wichtig ist zunächst vor allem die universale Anerkennung der Herrschaft Christi: *alle Stämme.* Aber in dieser Schilderung liegt zugleich der Keim zur Hoffnung, dass Jesu Kommen nicht nur Gericht, sondern auch Anstoß für eine Einsicht bedeutet, die zum Heil führt.
Diese Vision wird ausdrücklich durch ein *Ja, Amen* bestätigt. Allerdings ist dies nicht abschließende Reaktion der hörenden Gemeinde, sondern Beginn der anschließenden Gottesrede (zu Amen als Beginn einer Aussage vgl. 7,12; 22,20). Denn ganz überraschend ergreift Gott selbst das Wort (**8**): *Ich bin das Alpha und das Omega, spricht Gott, der Herr, der Seiende und der (immer) war und der Kommende, der Allherrscher.*
Hier redet *Gott, der Herr.* So heißt auch der Schöpfer in Gen 2,7f. 15f. Drei Aussagen kennzeichnen ihn und sein Wirken. Die mittlere wiederholt noch einmal die umfassende Beschreibung des Wesens Gottes aus V. 4. Gott selbst stellt sich vor als der, der alle Zeit umgreift und doch auf seine Schöpfung zukommt.
Davor und dahinter stehen zwei weitere Selbstbezeichnungen Gottes, die für die Botschaft der Offenbarung zentral sind. Ungewöhnlich ist die erste: *Ich bin das Alpha und das Omega.* Mit ihr beginnt auch die Rede Gottes in 21,6, der einzig anderen Stelle in der Offenbarung, an der Gott selbst spricht. *Alpha und Omega* sind der erste und letzte Buchstabe im griechischen Alphabet. Hinter diesem Bild steht die Aussage von Jes 44,6: »Ich bin der Erste, und ich bin der Letzte, und es gibt keinen Gott außer mir« (vgl. Jes 41,4; 48,12). Gott ist Anfang und Ende allen Geschehens und allen Seins. Es ist bezeichnend, dass in der Offenbarung auch Christus in diese göttliche Wesensbeschreibung eingeschlossen wird (vgl. 1,17; 2,8 und vor allem 22,13).
Beschreibt diese erste Selbstbezeichnung Gottes sein alle Zeit übergreifendes Wesen, so die dritte die Vollmacht und Autorität seines Wirkens. Er ist der *Allherrscher* (der *Allmächtige,* LÜ, REB; der *Herrscher über das All,* ZB bzw. *über die ganze Schöpfung,* EÜ). In

der griechischen Übersetzung des Alten Testaments wird mit diesem Wort die Gottesbezeichnung *Herr Zebaoth, Herr der Heerscharen,* wiedergegeben. Im Neuen Testament kommt sie sonst nur in 2Kor 6,18 vor, in der Offenbarung dagegen sehr häufig (4,8, 11,17; 15,3 u.ö.). Damit wird ein entscheidender Akzent ihrer Botschaft gesetzt: Gott ist der, der alles bestimmt und beherrscht. »Mögen auch menschliche Machthaber die totale Herrschaft über die Welt beanspruchen und sich als Lenker der Geschichte feiern lassen, mögen auch dämonische Gewalten die Gemeinde Gottes bedrängen – in Wahrheit ist es doch Gott allein, dem die Herrschaft über Welt und Geschichte gehört und der sie auch durchsetzen wird« (Roloff, 37).

Absender: Johannes. Mehr ist nicht zu sagen. So schlicht und bescheiden erscheint der Verfasser im Briefkopf dieses Schreibens. Am Ende der brieflichen Einleitung aber steht die Selbstvorstellung des allmächtigen Gottes. Das Schreiben ist ein Brief, kein versiegeltes Buch, sondern lebendige Kommunikation. Sein Anspruch aber ist, dass in den Worten dieses Briefs Gott und Jesus Christus zu Wort kommen. Wer Johannes ist, scheint uninteressant. Aber wer hier wirklich spricht, wird eindeutig identifiziert. Es ist der allen Raum und alle Zeit umgreifende Gott, es ist sein vielfältig wirkender Geist und es ist Jesus Christus, durch den Gott mit der Macht seiner Liebe in Zeit und Welt handelt. Mit Jesu Lebenshingabe hat er heilvoll in das Geschick der Menschen eingegriffen, im Wort des Propheten spricht sein Geist die Gemeinden ganz persönlich an und mit Jesu Wiederkunft wird er sich als der Herr aller Herren erweisen. Jesus bleibt auch als der Wiederkommende der Gekreuzigte, der Durchbohrte. Die Schuldfrage ist gelöst, die Machtfrage grundsätzlich schon immer entschieden, aber noch nicht vor aller Augen durchgesetzt. Dennoch preist die Gemeinde Gott schon jetzt als den, der alles in guten Händen hält.
Wer spricht in der Offenbarung? Ein urchristlicher Prophet namens Johannes oder der dreieinige Gott? Das ist eine Frage, die im Grunde an jede Predigt zu stellen ist. Schon bei der Bildung des biblischen Kanons war sich die Kirche nicht ganz sicher, wie diese Frage für die Offenbarung zu beantworten ist, und so bedeutende Theologen wie Luther und Zwingli haben ihre Zweifel daran ausgedrückt, dass hier Christus zu Wort kommt. Aber dadurch, dass das Buch doch in den Kanon aufgenommen wurde, sind wir mit dem positiven »Vorurteil« konfrontiert, dass dieser Brief auch uns gilt und Gott durch ihn auch zu uns spricht. Es wird also gut sein, zunächst einmal zu hören, was er sagt.

1,9–20
Wie es dazu kam – die Beauftragung des Propheten

⁹Ich, Johannes, euer Bruder und Mitteilhaber an Bedrängnis und Königsherrschaft und im Ausharren in (der Gemeinschaft mit) Jesus, war auf der Insel, die Patmos genannt wird, um des Wortes Gottes und des Zeugnisses Jesu willen. ¹⁰Ich wurde am Herrentag vom Geist ergriffen und hörte hinter mir eine laute Stimme wie die einer Posaune, ¹¹die sprach: Was du siehst, schreibe in eine Buchrolle und schicke (sie) den sieben Gemeinden, nach Ephesus und nach Smyrna und nach Pergamon und nach Thyatira und nach Sardes und nach Philadelphia und nach Laodizea. ¹²Und ich wandte mich um, um die Stimme zu sehen, die mit mir sprach, und als ich mich umwandte, sah ich sieben goldene Leuchter ¹³und mitten zwischen den Leuchtern (einen, der) einem Menschensohn gleich (war), bekleidet mit einem langen Gewand und um die Brust mit einem goldenen Gürtel umgürtet. ¹⁴Aber sein Haupt und seine Haare (sind) weiß wie weiße Wolle, wie Schnee, und seine Augen wie Feuerflammen ¹⁵und seine Füße gleich Libanonerz, wie es im Schmelzofen glüht, und seine Stimme wie (Rauschen) vieler Wasser, ¹⁶und in der rechten Hand hält er sieben Sterne und aus seinem Mund geht ein scharfes, zweischneidiges Schwert hervor und sein Gesicht (strahlt), wie die Sonne leuchtet in ihrer Kraft.
¹⁷Und als ich ihn sah, fiel ich wie tot zu seinen Füßen nieder, und er legte seine rechte Hand auf mich und sagte: Fürchte dich nicht! Ich bin der Erste und der Letzte ¹⁸und der Lebendige, und ich war tot, und siehe, ich lebe von Ewigkeit zu Ewigkeit, und ich habe die Schlüssel des Todes und des Totenreichs. ¹⁹Schreibe also, was du gesehen hast und was ist und was danach geschehen wird. ²⁰Das Geheimnis der sieben Sterne, die du in meiner Rechten siehst, und der sieben goldenen Leuchter (ist): Die sieben Sterne sind Engel der sieben Gemeinden, und die sieben Leuchter sind die sieben Gemeinden.

Wen sieht Johannes? Erst in V. 18 wird klar: Es ist der erhöhte Christus, Jesus von Nazareth, der ihm in ganz neuer Gestalt und Funktion begegnet! Der Bericht von der Beauftragung durch ihn steht am Beginn des Briefs. In mancher Hinsicht gleicht er einer prophetischen Berufungsvision (vgl. besonders Jes 6). Aber es geht nicht um die Berufung in ein Amt, sondern um einen speziellen Auftrag: Johannes soll aufschreiben, was er gesehen hat, und es an die genannten sieben Gemeinden senden.
Die V. 9–11 schildern die äußeren Umstände der Beauftragung und nennen ihren Inhalt. Die V. 12–16 beschreiben, wie Johannes den

erhöhten Christus sah, und in den V. 17–20 erneuert und präzisiert Christus selbst seinen Auftrag und erklärt Einzelheiten der Vision. Von vielen wird der Abschnitt nur als Einleitung zu den sieben Sendschreiben gesehen. Vor allem V. 20 legt dies nahe. Aber V. 19 weist auf den Inhalt des ganzen Buchs. Nicht nur die sieben Sendschreiben, nein, die ganze Schriftrolle soll an die Gemeinden gesandt werden (V. 11). Die sieben Gemeinden sind also die Erstadressaten des ganzen Buches, stehen aber – wie die Zahl sieben zeigt – zugleich für die Christenheit als Ganzes.

Noch einmal stellt sich Johannes vor (9). Er nennt sich *euer Bruder* und reiht sich damit als Mitchrist unter die Adressaten ein. Eine zweite Selbstbezeichnung unterstreicht das. Er hat Anteil an dem, was sie erleben und erdulden: Er ist ihr *Mitteilhaber an Bedrängnis und Königsherrschaft und im Ausharren in (der Gemeinschaft mit) Jesus*. Drei Begriffe kennzeichnen die gemeinsame Situation: *Bedrängnis* umschreibt all das, was Christen in dieser Welt an Ausgrenzung, Unterdrückung und Verfolgung erleiden (vgl. Mt 13,21; Mk 4,17; Joh 16,33; Apg 14,22; Röm 5,3; 8,35 u.ö.). Davon zu unterscheiden ist die *große Bedrängnis* oder *Trübsal*, die Jesu Jünger in der Endzeit bestehen müssen (Mt 24,21; Mk 13,19; Offb 7,14). Doch nicht nur sie ist hier gemeint, sondern alles, was Christen Tag für Tag beschwert (Röm 12,12; Offb 2,9).

Wie ein Kontrastprogramm steht daneben die gemeinsame Teilhabe an der *Königsherrschaft*. Auch hier ist nicht nur die Hoffnung im Blick, im künftigen Reich Christi mitregieren zu dürfen (20,6). Christus hat nach 1,6 die Seinen schon jetzt zur *Königsherrschaft gemacht*. Für sie ist seine Herrschaft gegenwärtige Realität. Das heißt nicht, dass sie selbst schon zur Herrschaft gelangt wären (dagegen Paulus in 1Kor 4,8). Aber ihr Leben ist umfangen und getragen von der Gewissheit, dass die Herrschaft schon jetzt Gott und Christus gehört (11,15; 12,10; vgl. Kol 1,13).

Diese Spannung zwischen Bedrängnis und Herrschaft auszuhalten erfordert *Geduld* (LÜ), genauer: *Standhaftigkeit, Ausdauer, Ausharren* (REB). Auch darin weiß sich der Seher solidarisch mit denen, die den Brief erhalten. Er teilt ihr Ausharren *in Jesus*, das heißt: *in der Gemeinschaft mit ihm*. Sie ist Grundlage und Raum für die gemeinsame Teilhabe an Bedrängnis, Herrschaft und Ausharren, also an all dem, was christliche Existenz ausmacht. Wie seine Adressaten lebt der Seher in einer Welt voll Bedrohung und Anfechtung. Aber er lebt auch zusammen mit ihnen in der Gemeinschaft Jesu, der die Bedrängnis durchlitten hat und dem schon jetzt die Herrschaft gehört. Das befähigt ihn, an sie weiterzugeben, was Gott in dieser Welt tun wird.

Nun folgt eine doppelte Ortsbestimmung, im Griechischen ganz parallel formuliert, während man im Deutschen unterschiedlich übersetzen muss. Die erste nennt einen geographischen Ort: *Ich, Johannes, ... war auf der Insel, die Patmos genannt wird.* Offensichtlich lebt der Verfasser nicht schon lange auf der Insel, sondern war dort hingekommen, bevor er seine visionären Erfahrungen machte. Deshalb übersetzen manche: *Ich ... kam auf die Insel* (vgl. ZB).

Patmos ist eine kleine Insel (45 km²), die zur Gruppe der südlichen Sporaden vor der Westküste Kleinasiens gehört. In der Antike gehörte sie politisch und verwaltungsmäßig zu der ca. 65 km entfernten Stadt Milet, hatte aber selbst keinerlei Bedeutung. Für die oft zu lesende Behauptung, sie habe als Verbannungsort für Strafgefangene oder missliebige politische Gegner gedient, gibt es keine Belege durch zeitgenössische Dokumente.

Johannes nennt auch den Grund für seinen Aufenthalt auf der Insel. Er war dort *um des Wortes Gottes und des Zeugnisses Jesu willen*. Diese Wendung ist uns schon in 1,2 begegnet. Dort haben wir gesehen, dass *Wort Gottes und Zeugnis Jesu* in der Offenbarung zum Inbegriff für das Ganze der christlichen Botschaft werden (vgl. 6,9; 20,4, weiter 12,17; 19,10). Was aber ist hier gemeint? Drei Möglichkeiten werden diskutiert: (1) Johannes ist auf die Insel gegangen, um dort das Wort Gottes und das Zeugnis von Jesus zu verkünden oder (2) um die Botschaft der Offenbarung zu empfangen, oder (3) Johannes wurde auf die Insel gebracht, weil er die christliche Botschaft predigte und es zum Konflikt mit den Behörden kam.

Gegen die ersten beiden Möglichkeiten spricht, dass die Wendung *um des Wortes Gottes und des Zeugnisses Jesu willen* in der Offenbarung nie das Ziel einer Handlung, sondern den Grund für das Martyrium bezeichnet (6,9; 20,4). Gegen die Annahme einer missionarischen Tätigkeit spricht auch, dass die Insel damals nur sehr dünn besiedelt war. So wird meist angenommen, dass Johannes für eine gewisse Zeit auf die Insel verbannt worden war, weil er aufgrund seiner Verkündigung und seiner kompromisslosen Haltung gegenüber dem Kaiserkult in Konflikt mit den Behörden geraten war.

Zwar gibt es dazu einige juristische Fragen: Eine solche zeitweilige Verbannung wurde nur bei hochgestellten Persönlichkeiten angewandt und dann an sehr viel entlegenere Orte. Deshalb wird auch erwogen, dass sich Johannes selbst auf die Insel zurückgezogen hat, weil er sonst mit einer schwereren Strafe hätte rechnen müssen. In jedem Fall war sein Aufenthalt auf Patmos dadurch verursacht, dass Inhalt oder Art seiner Verkündigung Anstoß erregte.

Aber nun folgt eine zweite »Ortsangabe« völlig anderer Natur. War sein Wirken durch die Platzanweisung auf Patmos »geerdet«, so wird nun seine Verbindung mit Gott geschildert (10): *Ich wurde vom Geist ergriffen.* Der Seher war *im Geist* (so wörtlich), also hineingestellt in die Wirklichkeit Gottes. Das bedeutet nicht die Entrückung in die himmlische Welt wie in 4,2 oder bei Paulus in 2Kor 12,2–4. Das Wirken des Geistes eröffnet dem Seher den Zugang zu einer »Realität, die dem natürlichen Menschen verborgen ist« (Satake, 140), und ermöglicht ihm, von der wahrnehmbaren Welt in die Welt visionärer Erfahrungen hinüberzuwechseln (vgl. Ez 2,2; 3,12).

Das geschah *am Herrentag* oder *Tag des Herrn,* dem ersten Tag der Woche, dem Tag der Auferstehung Jesu (Mt 28,1; Mk 16,2; Lk 24,1; Joh 20,1), an dem sich die christliche Gemeinde zu versammeln pflegte (Apg 20,7; vgl. 1Kor 16,2). Es ist dieser Tag, an dem der auferstandene und erhöhte Herr spricht und seine Gemeinde durch seinen Boten wissen lässt, wie er sie und diese Welt ans Ziel führen wird.

Zunächst aber bleibt offen, wer spricht. Der Seher *hörte* nur *eine laute* (wörtlich: *große*) *Stimme,* die *hinter* ihm erklang. Aber diese Stimme war klar und deutlich vernehmbar *wie* der Ton *einer Posaune.* Damit ist ein Blasinstrument gemeint, das in Israel und auch sonst in der Antike für Signale und Heroldsrufe im Gottesdienst, aber auch im Alltag oder in der Schlacht eingesetzt wurde. Im griechischen Alten Testament wird mit diesem Wort der *Schofar* bezeichnet, d.h. das Widderhorn, das ertönt, wenn Gott nahe ist (vgl. Ex 19,16; Jos 6,4f; Jes 18,3; Joel 2,1), aber auch die *Trompeten* oder *Posaunen,* die im Kampf geblasen wurden (Num 10,9f). Im Neuen Testament wird durch das Signal der Posaune die Wiederkunft Jesu angekündigt (Mt 24,31; 1Kor 15,52; 1Thess 4,16). Sie gilt als Instrument, das einen klaren, eindeutigen Ton von sich gibt (1Kor 14,8).

Aber – wie oft in der Offenbarung – geht es auch hier um einen Vergleich. Es ist eine Stimme *wie* der Schall einer Posaune. Ihr Ruf signalisiert Gottes Nähe und hat doch einen für Menschen verstehbaren Inhalt. Johannes erhält einen Auftrag (11). Der ist freilich zunächst noch sehr vage: *Was du siehst, schreibe in eine Buchrolle.* Noch hat der Seher nichts gesehen! Das wird sich gleich ändern; aber dieser Auftrag bezieht sich nicht nur auf das, was Johannes gleich sehen wird (V. 12–16), sondern auf alles, was ihm noch gezeigt werden wird. 41mal wird es heißen: »und ich sah«! Deshalb braucht er eine ganze *Buchrolle,* um niederzuschreiben, was ihm aufgetragen ist. Das ist das Besondere an der Offenbarung: Die Botschaft wird sichtbar gemacht, »visualisiert«. Zu erkennen, was

das theologisch bedeutet, ist die große Herausforderung für ihre Auslegung!
Aber trotz seines Umfangs bleibt das Schreiben ein Brief, der versandt werden soll: *Schicke (die Buchrolle) den sieben Gemeinden.* Diese Gemeinden werden auch sogleich mit Namen genannt: *Ephesus, Smyrna, Pergamon, Thyatira, Sardes, Philadelphia* und *Laodizea.* Schaut man auf die Karte, stellt man fest, dass die genannten Städte von Ephesus ausgehend einen großen Halbkreis bilden (siehe die Karte auf S. 47). Ein Bote konnte also leicht die Buchrolle bzw. ihre Abschriften von einer Gemeinde zur anderen bringen. Warum von *den* sieben Gemeinden gesprochen wird, obwohl es in der Provinz Asia und darüber hinaus noch mehr Gemeinden gab, ist eine offene Frage. Offensichtlich sollen diese sieben die Gesamtheit der Kirche Jesu repräsentieren. Darum gehen nicht nur die einzelnen Sendschreiben an die jeweilig angesprochenen Gemeinden, sondern das ganze Buch.
Wem gehört die Stimme, die hier spricht? Wer erteilt diesen Auftrag? Der Seher muss das wissen (**12**): Er wendet sich um, *um die Stimme zu sehen,* die mit ihm spricht. Eine merkwürdige Formulierung – einerseits verkürzt für *die Person sehen, die spricht,* andererseits treffender Ausdruck dafür, dass in der Offenbarung das *Wort* Gestalt annimmt und zum anschaulichen *Bild* wird!
Aber das erste, was der Seher sieht, sind *sieben goldene Leuchter.* Genau genommen handelt es sich um Lampenständer, auf die eine Öllampe gestellt wird, die den Raum beleuchtet (vgl. Ex 27,20). Sie sind aus Gold wie der siebenarmige Leuchter in der Stiftshütte (Ex 25,31–39; 37,17–24) und die 10 Leuchter vor dem Allerheiligsten im Tempel (2Chr 4,7) – Symbol für absolute Reinheit und Zugehörigkeit zu Gott. Die Leuchter (und die dazugehörigen Lampen) umschreiben also den Raum des Heiligen, dessen, was ganz Gott zugehört. In V. 20 wird ihnen dann noch eine überraschende Deutung gegeben!
Aber *mitten zwischen den Leuchtern* sieht Johannes *(einen, der) einem Menschensohn gleich (war)* (**13**). Diese Schau greift ein Bild aus Dan 7,13 auf, wo es heißt »Da kam mit den Wolken des Himmels einer wie ein Menschensohn« (EÜ). Der Begriff *Menschensohn* ist hier kein messianischer Titel, sondern bezeichnet im Hebräischen und Aramäischen den einzelnen Menschen, während das Wort *Mensch* eher die Gattung Mensch bedeutet (vgl. Ps 8,5). Im Zusammenhang von Dan 7 wird damit der Gegensatz zwischen den durch Tiere symbolisierten Weltreichen und der menschlichen Gestalt der kommenden Herrschaft Gottes veranschaulicht (ZÜ: »kam einer, der einem Menschen glich«). Johannes greift also nicht direkt den aus den Evangelien geläufigen messianischen Titel *Menschen-*

sohn auf, sondern spricht in geheimnisvoller Weise von *(einem, der) einem Menschensohn gleich (war)*, d.h. von jemand, der in menschlicher Gestalt begegnet.
Nun aber folgt die Beschreibung des Aussehens dieser Gestalt. Sie lehnt sich in manchen Einzelzügen an Dan 10,5f an. Dort begegnet der Engel Gabriel dem Propheten in der ehrfurchtsgebietenden Erscheinung eines »Menschen« (so die Septuaginta). So erinnert das *lange Gewand* und der *goldene Gürtel um die Brust* an Engelerscheinungen (vgl. auch Ez 9,2f), aber auch an die Gewandung des Hohepriesters (Ex 28,4; 29,5).
Das nächste Motiv (**14**) beschreibt *sein Haupt und seine Haare*. Die Haare sind *weiß wie weiße Wolle, wie Schnee*. Damit wird ein Kennzeichen dessen, »der uralt war« (LÜ) bzw. des »Hochbetagten« (EÜ, ZB) von Dan 7,9 aufgenommen. Das verleiht der Gestalt des Menschensohngleichen göttliche Züge. Auch die nächste Angabe *seine Augen (sind) wie Feuerflammen* kombiniert Motive von Dan 7,9 und 10,6, dort Attribute göttlicher Gegenwart und Kennzeichen der durchdringenden Sicht himmlischer Wesen.
Die weiteren Details (**15**) stammen vor allem aus Dan 10,6: *seine Füße* (sind) *gleich Libanonerz, wie es im Schmelzofen glüht*. Allerdings ist der Begriff, der hier für *Erz* steht, sonst unbekannt. Die Übersetzungen raten: *Golderz* (LÜ, ZB, EÜ), *glänzendes Erz* (REB). Auf dem Hintergrund von Dan 10,6 (*Bronze*, EÜ, ZB bzw. *Kupfer*, LÜ) »ist jedenfalls an ein wertvolles, kostbares, besonders reines, glänzendes und durch die Gewinnung im Schmelzofen auch entsprechend hartes Material zu denken« (Huber, Menschensohn 157f).
Noch einmal wird der Ton der *Stimme* beschrieben: Sie klang *wie (Rauschen) vieler Wasser*. Hier klingen Ez 1,24 und 43,2 an: Die Flügel der Gestalten, die die Herrlichkeit Gottes begleiten, »rauschen wie große Wasser, wie die Stimme des Allmächtigen« und die Herrlichkeit Gottes brauste, »wie ein großes Wasser braust«. Auch das ist ein indirekter Hinweis auf die Gegenwart Gottes!
Am Schluss der Beschreibung stehen drei Merkmale, die etwas von der Vollmacht dessen aussagen, den der Seher schaut (**16**). Erstens: *In der rechten Hand hält er sieben Sterne*. Die *rechte Hand* ist nach antikem Verständnis »Symbol für Aktivität, Stärke und Macht« (Huber, Menschensohn 161). Insbesondere ist im Alten Testament Gottes *rechte Hand* Zeichen für sein wunderbares, rettendes Eingreifen (Ex 15,6; Ps 20,7; 45,5; 63,9), allerdings auch für sein souveränes Handeln in Schöpfung und Geschichte (Jes 48,13; Ps 89,14; 98,1).
Dagegen gibt es für das Bild der *sieben Sterne* keine unmittelbare Entsprechung im Alten Testament. Es ist aber in der Antike »ein

universales Herrschermotiv. Ausgedrückt wird damit die Weltherrschaft, die sich in der Macht über die sieben Planeten [zu denen damals auch Sonne und Mond zählten] ausdrückt« (Lichtenberger, 77). Eine Goldmünze aus dieser Zeit zeigt einen als Kleinkind verstorbenen Sohn des Kaisers Domitian umgeben von sieben Sternen. In V. 20 wird den sieben Sternen noch eine spezielle Deutung gegeben werden. Zunächst aber signalisieren sie: Die wirkliche Macht über das Universum hat der, der einem Menschensohn gleicht.
Um Macht geht es auch bei dem zweiten Merkmal: *aus seinem Mund geht ein scharfes, zweischneidiges Schwert hervor.* Das seltsame Bild von einem Schwert, das aus dem Mund hervorgeht, könnte auf Jes 49,2 zurückgehen: »Er hat meinen Mund wie ein scharfes Schwert gemacht«. Auch sonst wird die Wirkung des Wortes oft mit der eines *scharfen* oder *zweischneidigen Schwertes* verglichen (und zwar positiv und negativ: Ps 57,5; 59,8; Spr 5,4). So wird es zum Bild für die »einschneidende« Wirksamkeit des Wortes Gottes (Weish 18,15f; Eph 6,17; Hebr 4,12). Das zweischneidige Schwert im Mund Christi zeigt: Er ist der, der durch sein Wort richtet (2,16). In 19,15.21 wird mit diesem Bild auch sein Gericht über die Völker beschrieben werden – und zwar mit äußerst blutigen Farben. Dort wird zu fragen sein, wie weit dieses Bild und das Richten durch das *Wort* zusammenstimmen!
Ein drittes Merkmal wird genannt: *und sein Gesicht leuchtet wie die Sonne in ihrer Kraft.* Möglicherweise bezieht sich diese Aussage nicht nur auf das *Gesicht,* sondern auf das ganze *Aussehen,* die *Erscheinung* dieser Gestalt. Auch hier ist Dan 10,6 mit Aussagen wie Ps 84,12 (»Gott, der Herr ist Sonne und Schild«) oder Ri 5,31 (»die ihn lieben, sollen sein wie die Sonne in ihrer Pracht«) verbunden. Das göttliche Licht und sein Widerschein im Angesicht derer, die zu Gott gehören, verbindet sich in der Erscheinung Christi (vgl. auch Mt 17,2).
Zwei Beobachtungen zur Eigenart dieser Vision sind von Bedeutung:
1. Die deutlichen Anspielungen auf alttestamentliche Vorbilder zeigen, wie sehr Johannes in der Vorstellungswelt prophetischer Verheißungen lebt. Indem er ihre Bilder in sich bewegt und meditiert, verdichten sich für ihn entsprechende Motive zu einer neuen, von seinem Christuserleben geprägten Schau.
2. Diese Vision ist ein erstes Beispiel für die Tendenz der Johannesoffenbarung, »Christus ganz nahe an Gott heranzurücken« (Lichtenberger, 76). In der Beschreibung dieser Gestalt verkörpert Jesus Gottes Wesen und Macht und wird doch als eigenständige Person dargestellt und wahrgenommen. Die gleiche Tendenz zeigt sich auch in der folgenden Selbstvorstellung Jesu.

Zunächst aber schildert der Seher seine Reaktion auf diese Begegnung (**17**): *Und als ich ihn sah, fiel ich wie tot zu seinen Füßen nieder.* Wo der Mensch Gott und seiner Gegenwart in seinen Boten begegnet, erschrickt er zu Tode (vgl. Gen 32,31; Jes 6,5; Ez 1,28 und besonders Dan 8,18; 10,9). Es ist die helfende Berührung mit der rechten Hand, die den Seher wieder aufrichtet (so auch Dan 10,10. 18). »Der Herr der Welt, dem Macht über alles gegeben ist, ist derselbe, der sich in fürsorglicher Liebe seinem Diener zuwendet; die Hand, die die Sterne hält, übt den Segensgestus« (Roloff, 44). Und dann folgt das Wort, das immer wieder ausgesprochen wird, wo Menschen über der Begegnung mit Gottes Gegenwart erschrecken: *Fürchte dich nicht!* (Gen 21,17; Lk 2,10; 5,10).

Endlich stellt sich der, der einem Menschensohn gleicht, selbst vor: *Ich bin der Erste und der Letzte.* Das sagt in Jes 44,6 (vgl. 48,12) Gott von sich! Der, der hier spricht, umgreift wie Gott alles Sein und war am Anfang, wie er auch am Ende allen Geschehens sein wird (vgl. Joh 1,1). Ein drittes Merkmal tritt hinzu (**18**): *und der Lebendige.* Auch das ist eine Aussage, die im Alten Testament den Gott Israels kennzeichnet: Er ist der lebendige Gott im Gegensatz zu den toten Götzen (vgl. Dtn 5,26; Jos 3,10; 2Kön 19,4; Ps 42,3). Auch die Offenbarung spricht in 7,2 von Gott als dem »lebendigen Gott«.

Aber für den, der hier spricht, gilt dieses Merkmal in ganz besonderer Weise. Das zeigt der zweite Teil seiner Selbstvorstellung. Damit wird zweifelsfrei klar, dass kein anderer redet als Jesus Christus. Allein er kann von sich sagen: *und ich war tot, und siehe, ich lebe von Ewigkeit zu Ewigkeit.* Ganz knapp wird das Faktum seines Todes am Kreuz (wörtlich: *ich wurde ein Toter*) neben die Wirklichkeit seines neuen Lebens mit und in Gott gestellt. Denn »der lebt von Ewigkeit zu Ewigkeit« ist in der Offenbarung ebenfalls eine wichtige Bezeichnung Gottes (4,9; 10,6; 15,7).

Der dritte Teil der Selbstvorstellung des erhöhten Christus spricht aus, welche Bedeutung das für die Menschen hat: *und ich habe die Schlüssel des Todes und des Totenreichs.* Das *Totenreich* (griechisch: der *Hades*) wird im Alten Testament wie der Tod als lebensbedrohliche Macht gesehen (vgl. Jes 28,15; Hos 13,14), aber auch als Ort, an dem die Toten weilen (vgl. Num 16,30; 1Sam 2,6; Ps 16,10; 139,8; Am 9,2).

Damit verbunden ist die Vorstellung von den Toren des Totenreichs, die sich hinter den Verstorbenen schließen (Jes 38,10; Weish 16,13; Mt 16,18). Dies lässt zunächst vermuten, dass es um die *Schlüssel zum Tod und zum Totenreich* geht (vgl. die Schlüssel zum Himmelreich in Mt 16,19). Aber Offb 20,13f zeigt, dass Tod und Totenreich in der Offenbarung als persönliche Mächte gesehen werden. Darum sind mit *Schlüssel des Todes und des Totenreichs* wohl die Schlüssel gemeint, mit denen Tod und Hades die Menschen vom Leben ausschließen. Diese Schlüssel hat jetzt Jesus in Händen! Wie immer aber das Bild zu verstehen ist, im Zentrum steht die Aussage: Jesus ist der Lebendige, der den Tod besiegt und entmachtet hat.

Ist das klargestellt, kann noch einmal der Auftrag genannt werden (**19**), diesmal jedoch ausführlicher formuliert als in V. 11: *Schreibe also, was du gesehen hast und was ist und was danach geschehen wird.*

Manche Ausleger sehen in V. 19 eine detaillierte Inhaltsangabe des Ganzen: *Was du gesehen hast* würde sich auf die V. 12–16 beziehen, *was ist* auf die Kap. 2 und 3 und *was danach geschehen wird* auf die Kap. 4–22. Aber diese schematische Einteilung kann nicht der Sinn dieser Inhaltsangabe sein. Denn auch im Folgenden wird Johannes immer wieder berichten, was er gesehen hat, und die Durchblicke in die himmlische Welt (z.B. Kap. 4 und 5) beschreiben nicht nur, was geschehen wird, sondern auch, was in der Welt Gottes schon *ist*.

Johannes bietet ja keine klassische Dreiteilung der Zeit wie z.B. in der jüdischen Apokalypse 2Hen 39,2: »was gewesen ist, und was jetzt ist und was sein wird bis zum Tag des Gerichts«. V. 19 umschreibt vielmehr grundsätzlich »den Auftrag des Johannes, die Geschichte in ihrer Ganzheit und Tiefe zu erkennen und über sie Enthüllungen zu machen« (Roloff, 45).

Was du gesehen hast, bezieht sich also nicht nur auf die eben berichtete Vision, sondern schließt im Vorgriff all das ein, was Johannes als sichtbar gemachtes Evangelium schauen wird. *Was ist* verweist auf die Realität der Gemeinden, ihre Bedrängnis und ihre Erprobung (Kap. 2–3), aber auch auf die Wirklichkeit der gegenwärtigen Gottesherrschaft, die sich in der Schau des himmlischen Gottesdiensts offenbart (Kap. 4–5). *Und was danach geschehen wird* (vgl. Dan 2,29.45) umschließt alles, was unmittelbar *danach* (V. 1: in Kürze) zu erwarten ist: die äußerste Steigerung von Bedrängnis und Bedrohung, aber auch das Handeln Gottes, sein Sieg über gottfeindliche und menschenverachtende Mächte und die Vollendung seiner Herrschaft.

Offensichtlich als Überleitung zu den folgenden Sendschreiben werden noch zwei einzelne Motive der vorangehenden Vision gedeutet (**20**). *Das Geheimnis der sieben Sterne* in der rechten Hand des erhöhten Christus *und der sieben goldenen Leuchter* wird gelüftet: *Die sieben Sterne sind Engel der sieben Gemeinden, und die sieben Leuchter sind die sieben Gemeinden.* Der zweite Teil dieser Deutung ist unmittelbar einleuchtend: Der auferstandene und erhöhte Christus steht inmitten der sieben Gemeinden, an die dieser Brief gerichtet ist (1,13; 2,1). Sie sind die *Leuchter,* auf denen die Lampen mit dem Licht seiner Botschaft leuchten und die dunkle Welt erhellen sollen. Stellvertretend für alle Gemeinden gilt ihnen die Botschaft dieses Buches.

Sehr viel größere Schwierigkeiten bereitet die Frage, wer mit den *Engeln der sieben Gemeinden* gemeint sein könnte, die hinter dem Bild von den sieben Sternen stehen. Die Antwort ist wichtig, weil jedes der folgenden Schreiben mit den Worten beginnt: *Dem Engel der Gemeinde in X schreibe,* obwohl im folgenden Text immer die Gemeinde als Ganzes angeredet wird. Wer sind die *Engel der Gemeinden?*

Das griechische Wort *angelos,* von dem das deutsche Lehnwort *Engel* abgeleitet ist, bedeutet *Bote.* Damit können irdische wie himmlische Boten gemeint sein. Auch an unserer Stelle werden beide Möglichkeiten erwogen. Ist ein Mensch gemeint, so gibt es zwei Möglichkeiten: Es handelt sich um Boten der Gemeinden, die das Schreiben überbringen. Es ist aber unwahrscheinlich, dass sie stellvertretend für die Gemeinde angesprochen und mit Sternen verglichen werden. Daher nehmen viele an, es handle sich um eine Bezeichnung für die Hauptverantwortlichen in den Gemeinden, möglicherweise um eine Art »Decknamen« für den Bischof. Allerdings gibt es dafür keine Beispiele in jüdischer oder frühchristlicher Literatur.

So denken die meisten Ausleger an eine himmlische Gestalt. Auch hier werden zwei Möglichkeiten erwogen: Entweder handelt es sich um eine Art Schutzengel. So wie nach Mt 18,10; Apg 12,15 einem Menschen ein persönlicher Engel zugeordnet ist, so auch jeder Gemeinde. Oder diese Engel sind eine Art himmlischer Repräsentanten der Gemeinden vor Gott, die sie vor Gott vertreten. Eine Kombination beider Möglichkeiten stellt die Vorstellung von »Völkerengeln« dar, die sich in Dan 10,13–21 findet. Der Erzengel Gabriel hat zusammen mit dem Erzengel Michael, dem »Fürsten« Israels, gegen die (Engel-)Fürsten von Persien und Griechenland gekämpft. Dies scheint die nächste Parallele zu der Vorstellung von den Engeln der Gemeinden in Offb 1–3 zu sein. Aber diese ist letztlich einzigartig und wird nach Kap. 3 auch in der Offenbarung nicht mehr aufgegriffen.

Mit den *Engeln der sieben Gemeinden* greift Johannes eine sonst nicht bezeugte Vorstellung auf, dass die Gemeinden bei Christus durch himmlische Gestalten repräsentiert werden. Wir werden bei der Auslegung von 2,1 zu fragen haben, welche Funktion diese Figuren haben und ob sie indirekt auch für die Verantwortlichen einer Gemeinde stehen.

Jedenfalls ergibt sich durch die Deutung der Vision in V. 20 eine eigentümliche Bildverschiebung: Aus dem Symbol universaler

Herrschaft, das durch das Bild der sieben Sterne in der Rechten des erhöhten Christus angedeutet schien, wird der Hinweis, dass die himmlischen Repräsentanten der Gemeinden in seiner Hand sind. Die Herrschaft des erhöhten Christus über die Weltmächte gewinnt »in der Gegenwart bereits sichtbare Gestalt ... in seiner Herrschaft über die Kirche« (Roloff, 46).
Das Geheimnis, das in V. 20 aufgedeckt wird, ist also nicht nur die Deutung einzelner Motive der Vision, sondern die Tatsache, dass es in der alles umgreifenden und überragenden Schau des erhöhten Christus um die Beziehung zu seiner Gemeinde geht. Das aber leitet unmittelbar zu den sieben Sendschreiben an diese Gemeinden über.

Der Verfasser der Offenbarung will sich vorstellen. Diesen Eindruck erweckt jedenfalls der Anfang dieses Abschnitts. Johannes gibt ganz knapp Auskunft über seinen Aufenthalt auf Patmos und wie es dazu kam. Doch ihm ist es wichtiger, seine Gemeinschaft mit den Adressaten zu betonen, als die besonderen Umstände der Entstehung des Buchs zu erklären.
Aber nach wenigen Sätzen verändert sich die Perspektive völlig. Der eigentliche Autor der Schrift stellt sich vor. Es geht um die *Offenbarung Jesu Christi*, wie es in 1,1 hieß.
Wer ist dieser Christus? Das wird durch den Bericht über das, was der Seher geschaut und gehört hat, in aller Klarheit herausgestellt. Er ist der, *der einem Menschen gleicht*. Dennoch erscheint er nicht in der Gestalt des irdischen Jesus. Er zeigt auch nicht die Wundmale des Gekreuzigten. Seine Erscheinung gleicht der Beschreibung himmlischer Gestalten und Engel, ja Gottes selbst, im Alten Testament. Sie zeigt priesterliche und herrscherliche Züge. Er ist *der Erste und der Letzte und der Lebendige*, ist wie Gott vor allem Anfang und wird immer sein. Er ist Träger und Quelle des Lebens und hält in seinen Händen die Ordnung des Kosmos. Und dennoch bleibt er derjenige, der *einem Menschen gleicht*, bleibt der Gekreuzigte, der *tot war und wieder lebendig wurde*, der den Tod durchlitt und ihn doch besiegt hat.
Diese neue Schau Jesu stellt den erhöhten Christus an die Seite Gottes, und macht ihn doch nicht zu Gott. Auch in seiner himmlischen Existenz bleibt er der, der als Mensch das Geschick der Verfolgten und zu Tode Gequälten auf sich nahm. Weil er Gott so nahe geworden ist, liegt in seiner Person und ihrem Weg auch für die bedrängten Gemeinden eine Zusage Gottes, die sie in der Hoffnung auf ihn zu geduldigem Ausharren bestärkt.
Darin zeigt sich freilich eine Spannung, die die ganze Offenbarung durchzieht: Wie verhält sich das Festhalten an Jesus, dem Gekreu-

zigten, zu der Hoffnung auf seinen Sieg über die Feinde Gottes. Diese Spannung bleibt bis heute: Wie können wir Jesus als Sieger glauben und verkünden, ohne einem Triumphalismus zu verfallen, der seine Menschlichkeit verleugnet?

2,1 – 22,5
Die Botschaft

Mit 2,1 beginnt die eigentliche Botschaft des Briefs an die Gemeinden, die der Seher weitergeben soll. Sie gliedert sich in zwei Teile von sehr unterschiedlichem Umfang: Die Kap. 2 und 3 bilden einen klar abgegrenzten und einheitlich gestalteten ersten Teil mit den sog. Sendschreiben an die sieben Gemeinden, an die der ganze Brief gerichtet ist. Er steht unter dem Thema: *Worauf es ankommt – Gemeinden auf dem Prüfstand*. Der sehr viel umfangreichere zweite Teil umfasst Kap. 4,1 – 22,5. Wir haben ihn überschrieben mit: *Was geschehen muss – Visionen von Gottes Wirklichkeit und Zukunft*.

2,1 – 3,22
Worauf es ankommt – Gemeinden auf dem Prüfstand
(Die sieben Sendschreiben)

Sieben Schreiben an sieben Gemeinden in der römischen Provinz Asia werden dem Seher diktiert. Die Städte, in denen sich die Gemeinden befinden, bilden einen Halbkreis um die Stadt Ephesus, der das erste Schreiben gilt. Von dort führt der Weg an der Küste entlang in den Norden nach Smyrna und Pergamon, sodann ins Landesinnere nach Thyatira und wieder nach Süden bzw. Südosten nach Sardes, Philadelphia und Laodizea (siehe die Karte auf S. 47).
Es werden also bestimmte Gemeinden in ihrer ganz speziellen Situation angesprochen. Aber die Schreiben werden nicht einzeln versandt. Sie sind Teil des ganzen Briefs. Alle sollen alles hören, und die Zahl Sieben signalisiert, dass diese Gemeinden zugleich die Kirche als Ganzes repräsentieren.
Das zeigt auch der sorgfältige Aufbau der sieben Schreiben. Sie folgen nicht dem üblichen Briefformular, sind jedoch nach einem festen Schema gestaltet. Es wird zwar variabel gehandhabt, aber doch sehr konsequent festgehalten (siehe das Schaubild unten auf den S. 48f).

Es beginnt mit dem *Schreibbefehl* (*An den Engel der Gemeinde in X. schreibe*), ihm folgt die *Selbstvorstellung* des Auftraggebers (*dies sagt der ...*) und darauf die *Beschreibung der Situation* (*Ich kenne deine Werke*).
Bei vier der Gemeinden gibt es einen *Einwand* zum gegenwärtigen Verhalten (*aber ich habe gegen dich*) und bei fast allen eine entsprechende *Mahnung* (oft: *kehre um*). Bei zwei Gemeinden (Smyrna und Philadelphia) steht an dieser Stelle eine *Ermutigung* mit der Zusage von Bewahrung und Hilfe (2,10; 3,10).
Dem folgt meist als *Drohung* oder *Zuspruch* die Ankündigung *Ich komme*, was *Drohung* aber auch tröstlicher *Zuspruch* sein kann. Hinzu tritt in vielen Fällen eine unterschiedlich formulierte *Anerkennung* und *Verheißung*.
Am Ende steht ein stereotyp formulierter *Weckruf* (*Wer ein Ohr hat*), der bei den vier letztgenannten Gemeinden ganz an den Schluss tritt. Damit wird die Bedeutung der Sendschreiben für alle, die sie hören, unterstrichen.
Wichtig als Abschluss ist der individuell gestaltete sog. *Überwinderspruch* (*Wer den Sieg behält ...*). Hier wird mit unterschiedlichen Bildern die künftige Gemeinschaft mit Gott beschrieben, die für die offen steht, die bis zum Ende am Bekenntnis zu Jesus festhalten.
Es handelt sich also bei den *Sendschreiben* nicht um ad hoc formulierte Briefe, sondern um ein sorgfältig gestaltetes Ensemble von sieben Schreiben. Ihre Form erinnert in manchem an den prophetischen Botenspruch (*So spricht der Herr*, 1Kön 11,31; Jer 2,2; Am 1, 3) und entsprechende Schreibbefehle im Alten Testament (Jer 30,2; 36,2; Hab 2,2).
Trotz der Sonderstellung dieses ersten Teils ist die Verbindung zum übrigen Text der Offenbarung sehr eng: In den Selbstvorstellungen des erhöhten Christus werden Schritt für Schritt Motive aus der vorangehenden Vision aufgenommen. Und in den Verheißungen der sog. Überwindersprüche werden Elemente der Schlusskapitel 19–22 vorweggenommen. Inhaltlich aber geht es um eine Art Visitation der Gemeinden durch ihren Herrn und die Beurteilung ihrer Arbeit durch ihn, modern gesprochen um ihre Evaluation.

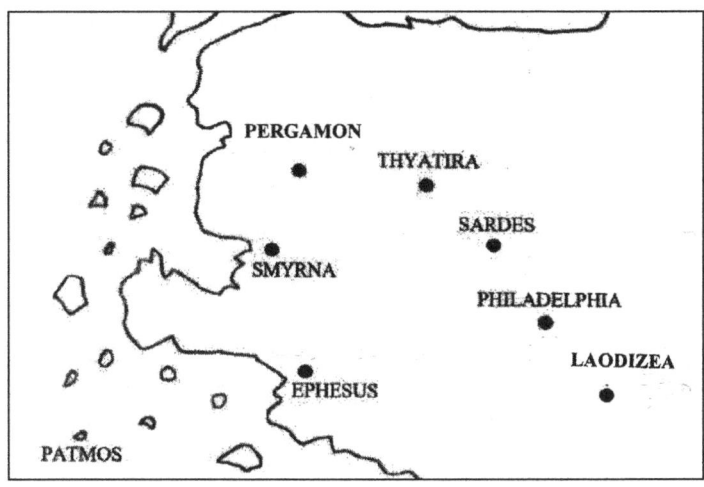

Die sieben Gemeinden in der römischen Provinz Asia

Das Schaubild auf den folgenden beiden Seiten stellt die Struktur der sieben Sendschreiben in einer synoptischen Zusammenschau dar.
Dieser Überblick zeigt eindrücklich,
– wie einheitlich der Aufbau der sieben Schreiben ist. Fast alle Elemente kommen in jedem von ihnen vor;
– wie sorgfältig insbesondere die Aussagen am Anfang und am Schluss gestaltet sind. Die Selbstvorstellung Jesu und die Überwindersprüche sind ganz individuell formuliert und bilden doch ein zusammengehöriges Ensemble;
– wie zentral die Grundaussage *Ich kenne / ich weiß* (im Griechischen dasselbe Verb) ist: Der erhöhte Christus kennt seine Gemeinden durch und durch;
– wie flexibel und wie eindringlich bestimmte Grundmotive (z.B. *Kehre um; ich komme*) eingesetzt werden, um den Gemeinden die Botschaft Jesu nahezubringen.

Die sieben Sendschreiben

	Ephesus	*Smyrna*	*Pergamon*
Schreibbefehl	An den Engel ...	An den Engel ...	An den Engel ...
Selbstvorstellung Dies sagt	der die 7 Sterne hat und zwischen den 7 Leuchtern wandelt	der Erste und der Letzte, der tot war und wieder lebendig wurde	der das scharfe zweischneidige Schwert hat
Situation (1)	Ich kenne deine *Werke* und deine *Mühe*	Ich kenne deine *Bedrängnis* und deine *Armut*	Ich weiß, wo du wohnst, wo der Thron des Satans ist, und hälst an meinem Namen fest
Einwand (2)	*Aber ich habe gegen dich*, dass du deine erste Liebe Liebe verlassen		*Aber etwas habe ich gegen dich*: Du hast Leute, die sich an die Lehre Bileams halten
Mahnung (3)	Erinnere dich, wovon du abgefallen bist und *kehre um*	Fürchte nichts, was du leiden wirst *Siehe*, der Teufel wird einige von euch ins Gefängnis werfen	*Kehre nun um*
Drohung (4)	Wenn aber nicht, *werde ich kommen* und deinen Leuchter wegstoßen		Wenn aber nicht, *komme ich bald* zu dir mit dem Schwert meines Mundes
Anerkennung und Verheißung (5)	Aber das hast du, dass du die Werke der Nikolaiten hassest	*Sei getreu* bis zum Tod, und ich werde dir den Kranz des Lebens geben	
Weckruf	Wer ein Ohr hat	Wer ein Ohr hat	Wer ein Ohr hat
Überwinderspruch	Wer überwindet, dem will ich zu essen geben vom Baum des Lebens	Wer überwindet, dem soll kein Leid geschehen vom zweiten Tod	Wer überwindet, dem will ich vom verborgenen Manna geben
Weckruf			

(Synopse)

Thyatira	Sardes	Philadelphia	Laodicea
An den Engel ...	An den Engel ...	An den Engel ...	An den Engel ...
der Sohn Gottes der Augen hat wie Feuerflammen	der die 7 Geister hat und die 7 Sterne	der Heilige, der Wahrhaftige, der den Schlüssel Davids hat	der Amen heißt, der treue Zeuge, der Anfang der Schöpfung
Ich kenne deine Werke und deine Liebe und deinen Glauben und deinen Dienst und deine Standhaftigkeit	*Ich kenne deine Werke;* du hast den Namen, dass du lebst und bist doch tot	*Ich kenne deine Werke.* Sieh, ich habe vor eine geöffnete Tür gegeben	*Ich kenne deine Werke;* dass du weder kalt noch heiß bist
Aber ich habe gegen dich, dass du die Frau Isebel gewähren lässt			Weil du aber lau bist ... Weil du sagst, ich bin reich und bin reich geworden
Ich habe ihr Zeit gegeben **umzukehren**, aber sie will nicht von ihrer Hurerei **umkehren**	Werde wach und stärke das Übrige. Besinne dich, wie du empfangen und gehört hast. Und **kehre um**	Du hast mein Gebot bewahrt und meinen Namen nicht verleugnet ... So werde ich dich bewahren ...	So sei eifrig und **kehre um**. *Siehe,* ich stehe vor der Tür und klopfe an
Siehe, ich werfe sie aufs Krankenbett	Wenn du aber nicht aufwachst, *werde ich kommen* wie ein Dieb	*Siehe, ich komme bald*	[Ich rate dir, von mir Gold zu kaufen und weiße Kleider und Augensalbe ...]
Euch aber, den Übrigen, sage ich: Was ihr habt, das **haltet fest**	Aber du hast einige wenige Namen, die ihre Kleider nicht beschmutzt haben	*Halte, was du hast,* damit niemand deinen Siegeskranz nimmt	Wenn jemand auf meine Stimme hört und die Tür öffnet, werde ich zu ihm hineingehen
Wer überwindet, dem will ich Macht über die Völker geben	Wer überwindet, wird so mit weißen Kleidern bekleidet werden	Wer überwindet, den will ich zu einer Säule im Tempel meines Gottes machen	Wer überwindet, dem werde ich gegeben, mit mir auf meinem Thron zu sitzen
Wer ein Ohr hat	Wer ein Ohr hat	Wer ein Ohr hat	Wer ein Ohr hat

2,1–7
Verlust der ersten Liebe – die Gemeinde in Ephesus

2 ¹Dem Engel der Gemeinde in Ephesus schreibe: Das sagt, der die sieben Sterne in seiner Rechten hält, der mitten unter den sieben goldenen Leuchter umhergeht: ²Ich kenne deine Werke und deine Mühe und deine Standhaftigkeit und (weiß,) dass du Böse nicht ertragen kannst und die auf die Probe gestellt hast, die sagen, sie seien Apostel und sind es nicht, und sie als Lügner entlarvt hast, ³und (dass du) Standhaftigkeit besitzt und (vieles) ertragen hast um meines Namens willen und nicht müde geworden bist. ⁴Aber ich habe gegen dich, dass du deine erste Liebe verlassen hast. ⁵Denke also daran, von wo du gefallen bist, und kehre um und tue deine ersten Werke. Wenn aber nicht, komme ich zu dir und werde deinen Leuchter von seinem Ort wegrücken, wenn du nicht umkehrst. ⁶Aber das hast du, dass du die Werke der Nikolaiten hassest, die auch ich hasse.
⁷Wer ein Ohr hat, höre, was der Geist den Gemeinden sagt. Wer den Sieg behält, dem werde ich vom Baum des Lebens zu essen geben, der im Paradies Gottes ist.

Dem Engel der Gemeinde in X. schreibe (1), so beginnen alle sieben Sendschreiben. Wer ist damit gemeint? Eine himmlische Gestalt oder – wie zwei zuverlässige alte Handschriften andeuten – doch eher eine Person, die zur Gemeinde gehört und in ihr entscheidende Verantwortung trägt (siehe zu 1,20)? Aber auch diese Deutung würde das eigentliche Rätsel der Formulierung nicht beseitigen. Die Schreiben sind an den *Engel* gerichtet; aber in dem, was folgt, wird immer die Gemeinde als Ganze angesprochen! Wie ist das zu erklären?
Offensichtlich kennen die Gemeinden die Vorstellung, dass »jeder Gemeinde ein Engel zugeordnet (ist), in dem zugleich die Gemeinde repräsentiert ist. Wird daher der Engel angesprochen, so gilt das Wort zugleich der zu ihm gehörenden Gemeinde« (Lohse, 22). Das aber bedeutet nicht, dass eine höhere Macht für das Geschick der Gemeinde verantwortlich ist. Im Gegenteil: Weil der Engel die personifizierte Entsprechung der Gemeinde darstellt, wird sie »als Ganze und in ihren einzelnen Gliedern in die Verantwortung genommen«. Damit wird ihr auch »bewußt gemacht, daß sie mehr ist als ein durch Zufall der Geschichte zusammengeführter Verein« (Holtz, 33). In der Gestalt des Engels steht die Gemeinde in der Gemeinschaft mit Gott; das begründet ihr Heil, aber auch ihre Verantwortung vor ihm. Es sind nicht die einzelnen Gemeindeleiter, die zur Verantwortung gezogen werden. Wie in den Gemeindebriefen

des Paulus wird die ganze Gemeinde angesprochen und für die Situation verantwortlich gemacht.
Das erste Sendschreiben richtet sich an die *Gemeinde in Ephesus*, wohl die bedeutendste unter den angeschriebenen Gemeinden. In jedem Fall war die Stadt das Zentrum des Gebiets, zu dem alle sieben Gemeinden gehören.

Ephesus gehörte zu den prosperierenden Städten des Römischen Reichs, eine Großstadt mit wohl deutlich mehr als 100 000 Einwohnern. Es war faktisch die Hauptstadt der Provinz Asia, seit der Kaiserzeit auch offiziell Amtssitz des Statthalters. Große Bedeutung hatte der Tempel der Artemis, eines der sieben Weltwunder (vgl. Apg 19,24–40). Zur Regierungszeit Domitians (81–96) wurde auch ein Tempel für die »Sebastoi« errichtet, d.h. für den Kaiser, seine Vorgänger und seine Frau. Die Stadt führte deshalb den Titel »doppelte Tempelhüterin«. In der Stadt entstand früh eine christliche Gemeinde (Apg 18,19 – 19,40; 20,17), die zu einem Zentrum der paulinischen Mission wurde (1Kor 15,32; 16,8; vgl. Eph 1,1; 1Tim 1,3). Nach altkirchlicher Tradition lebte auch der Verfasser des Johannesevangeliums und der Johannesbriefe dort. Dass dies der greise Apostel Johannes war, ist allerdings unwahrscheinlich. Es war eher ein anderer Jesusjünger mit diesem Namen, genannt der *Alte* bzw. *Presbyter* (2Joh 1). Ob auch der Seher Johannes, der Verfasser der Offenbarung, in Ephesus gewirkt hat, wie viele annehmen, ist eine offene Frage.

Die *Selbstvorstellung* des erhöhten Christus greift auf Elemente der vorhergehenden Vision zurück, die in 1,20 erklärt worden waren: *Das sagt, der die sieben Sterne in seiner Rechten hält, der mitten unter den sieben goldenen Leuchter umhergeht* (vgl. 1,13.16). Diese Bilder signalisieren: Hier spricht der erhöhte Christus, den Johannes geschaut hat, der, dessen Macht alles umgreift und dessen Wirkungsbereich heilig ist. Aber dadurch, dass in 1,20 die Sterne mit den Engeln der Gemeinden und die Leuchter mit den Gemeinden selbst identifiziert wurden, wird die Deutung präzisiert: Hier spricht der, der die Gemeinden in seiner schützenden Hand hält und über sie wacht. Er lebt und wirkt (LÜ: *wandelt*) inmitten der Gemeinden. Sie sind sein irdisches Heiligtum – oder sollen es sein.
Alle Situationsanalysen der Sendschreiben beginnen mit der Versicherung: *Ich weiß ..., ich kenne ...* Die Diagnose Jesu ist genau und verlässlich. Fünf Mal heißt es *Ich kenne deine Werke* (2,2.19; 3,1.8.15). In der Offenbarung meint *Werke* »völlig unpolemisch das vom Glauben geprägte Verhalten« (Lichtenberger, 85). Allerdings muss in zwei Fällen auch festgestellt werden, dass diese Werke dem Maßstab Christi nicht genügen. Aber die Gemeinde in Ephesus bekommt zunächst ein Lob (**2**): *Ich kenne deine Werke und deine Mühe und deine Standhaftigkeit.*

Die *Werke* der Gemeinde in Ephesus, ihr Verhalten und ihr Tun, werden durch zwei Begriffe charakterisiert: *Mühe* (LÜ: *Mühsal*; ZB: *Einsatz*) ist im Griechischen ursprünglich ein Wort für schweißtreibende, schmutzige Handarbeit. Seit Paulus steht das Wort für die Anstrengung missionarischer Arbeit (1Kor 3,8; 15,58; 1Thess 2,9; 3,5). *Standhaftigkeit* dagegen meint das *beharrliche Ausharren* (vgl. ZB, EÜ) im Leiden und unter Verfolgung. Die Übersetzung *Geduld* (LÜ) akzentuiert nicht deutlich genug, dass dazu auch Widerstandskraft nötig ist. Das vorbildliche Verhalten besteht also »sowohl im aktiven Einsatz für Christus und seine Sache, als auch passiv im Durchhalten des Glaubens bis ans Ende« (Holtz, 36).

Zwei weitere Merkmale des richtigen Verhaltens der Gemeinde werden genannt: Erstens, *dass du Böse nicht ertragen kannst*. Das ist eine sehr allgemeine Aussage. »Die Gemeinde hat sich offenbar von bestimmten Leuten getrennt. Unklar bleibt allerdings, was konkret gemeint ist« (Lichtenberger, 85). Haben diese Leute persönliche Verfehlungen begangen? Oder sind es Menschen, deren Verkündigung die Gemeinde gefährdet hat und von denen auch im Folgenden die Rede sein wird? Das bleibt zunächst offen.

Sehr viel konkreter ist das zweite Merkmal: dass du *die auf die Probe gestellt hast, die sagen, sie seien Apostel, und sind es nicht, und sie als Lügner entlarvt hast*. Obwohl in manchen urchristlichen Kreisen nur die Zwölf als Apostel galten (vgl. Apg 1,15–26), traten in den Gemeinden auch Wanderapostel auf, die den Anspruch erhoben, mit der grundlegenden Verkündigung des Evangeliums betraut zu sein (vgl. 2Kor 11,13). In der Didache, der »Lehre der Zwölf Apostel«, einer urchristlichen Schrift, die ungefähr zur gleichen Zeit wie die Offenbarung entstand, finden sich genaue Regeln, mit denen der Anspruch dieser Leute überprüft werden kann (Did 11,4–6).

Solche Apostel sind in Ephesus aufgetreten und von der Gemeinde geprüft worden. Dabei hat sich herausgestellt, dass ihr Anspruch, Apostel, d.h. Gesandte Jesu Christi zu sein, nicht begründet war, sondern auf falschen Behauptungen beruhte. Was inhaltlich für diese Entscheidung ausschlaggebend war, erfahren wir nicht.

Stattdessen wird der Gemeinde noch einmal bescheinigt (3), dass sie *Standhaftigkeit* und *Ausdauer* (LÜ: *Geduld*) besitzt. Das hat sie dadurch bewiesen, dass sie bestimmte Nachteile oder Repressionen *ertragen* hat, und zwar *um meines* (Jesu) *Namens willen*. Auch hier wird nicht gesagt, worum es sich konkret gehandelt hat. Eine größere Verfolgung scheint es in Ephesus nicht gegeben zu haben. Durch das Bekenntnis zu Jesus kam es jedoch offensichtlich immer wieder zu Schwierigkeiten und Angriffen von außen (vgl. Mt 10,22; Mk 13,13; Lk 21,16f; Joh 15,21). Das haben Gemeinde und ihre

Glieder klaglos getragen; sie sind *nicht müde geworden* und haben sich von den Problemen nicht aufreiben lassen.
Dann aber folgt ein entscheidender Einwand (**4**): *Aber ich habe gegen dich,* oder sinngemäß übersetzt: *Ich werfe dir aber vor* (EÜ), *dass du deine erste Liebe verlassen hast.* Was ist mit der *ersten Liebe* gemeint? Viele Ausleger sehen hier die typischen Probleme der zweiten und dritten Generation. »Das ursprüngliche Engagement« ist verloren gegangen (Holtz, 37). »Der erste Schwung verblasst. Die einst überschwängliche Liebe zu Gott und den Menschen lässt nach« (Karrer I, 293).
Aber vielleicht geht es nicht nur um »die Begeisterung der Anfangszeit«. »Gemeint ist die Bruderliebe, deren Erkalten zu den Zeichen der letzten Notzeit gehört (Mt 24,12)« (Lohse, 24). Das »Versagen gegenüber dem Liebesgebot« ist Anlass für die Kritik an der Gemeinde. »Hat die Liebe in ihr keinen Raum mehr, dann ist die lebendige Verbindung der Gemeinde zu Christus gefährdet« (Roloff, 49). Manche meinen sogar, der Tadel richte sich dagegen, dass im Eifer der Ketzerbekämpfung die geschwisterliche Liebe vernachlässigt worden sei.
So sympathisch diese zweite Deutung ist, sie wird durch die sonstigen Aussagen der Offenbarung nicht gestützt. Anders als in Joh 13 oder 1Joh 4 und 5 spielt die geschwisterliche Liebe in ihr keine Rolle, und eine Warnung über dem Kampf um die Reinheit der Lehre die Nächstenliebe nicht zu vergessen, ist (leider) nirgends zu finden. Auch die Formulierung *deine erste Liebe* spricht eher für die erste Deutung: Es geht um die ungeteilte Hingabe an Christus und seine Sache, die den Anfang der Gemeinde ausgezeichnet hat. Diese Ausschließlichkeit und Unbedingtheit einer ersten Liebe ist nicht mehr zu spüren. In der Gemeinde, die von der Liebe Christi lebt (1,5), steht Liebe nicht mehr an erster Stelle. Das mag sich auch im Nachlassen des Zusammenhalts und der gegenseitigen Fürsorge in der Gemeinde ausdrücken. Aber das steht nicht im Vordergrund.
Auf die Diagnose des Mangels, an dem die Gemeinde leidet, folgt ein Therapievorschlag in Gestalt einer dreifachen Mahnung (**5**): *Denke also daran, von wo du gefallen bist, und kehre um und tue deine ersten Werke.* Als erstes wird die Gemeinde dazu aufgerufen, sich auf ihre Anfänge zu besinnen: *Denke daran* oder *erinnere dich!* Und dabei soll die Formulierung *von wo du gefallen bist* beides in Erinnerung rufen: Wie gut der Anfang war und welche unheilvolle Veränderung inzwischen eingetreten ist.
Die Formulierung könnte auf Jes 14,12 anspielen, wo es vom König von Babel heißt: »Wie bist du vom Himmel gefallen, du schöner Morgenstern!« Das würde die bedrohliche Situation der Gemeinde besonders scharf herausstellen (vgl. LÜ, EÜ, ZB: *aus welcher Höhe*

du gefallen bist). Ist der Stern, der den Engel der Gemeinde darstellt, schon vom Himmel gestürzt und damit die Gemeinde aus der Gemeinschaft Christus gefallen? Soweit ist es noch nicht gekommen. Aber die Lage ist gefährlich, trotz des Lobs am Anfang.
Doch noch ist es nicht zu spät. Auf Rückbesinnung und Einsicht sollte als zweites tätige Buße folgen: *Kehre um.* Die Weigerung Israels, zu Gott zurückzukehren, war Thema der Gerichtsbotschaft der Propheten (Jer 3,10; 4,1; Hos 7,10; 11,5; Am 4,6–11). Johannes der Täufer nahm ihren Ruf zu Umkehr und Buße mit neuer Dringlichkeit auf (Mt 3,2.8; Lk 3,8), und auch in der Verkündigung Jesu spielte er eine wichtige Rolle (Mt 4,17; Mk 1,15; Lk 13,5; 15,7). Dabei ging es immer darum, sich von unrechtem Tun und falschen Göttern ab- und ganz Gott zuzuwenden. Die urchristliche Verkündigung an Juden und Heiden trägt diesen Ruf weiter (Lk 24,47; Apg 2,38; 11,18; 17,30; 26,20).
In den Sendschreiben ergeht dieser Ruf an die Gemeinden (so auch 2,16.21; 3,3.19). Er wird unterschiedlich übersetzt: *Kehr um* (ZB). Hier liegt der Akzent auf der Aufforderung, zum Anfang mit Christus und Gott *zurückzukehren* (EÜ). Die andere Übersetzung lautet: *Tue Buße* (LÜ, REB); das bedeutet: *Bereue* deinen verkehrten Weg. Beides ist richtig, das griechische Wort und sein hebräischer Hintergrund betonen jedoch stärker das *Umdenken* und *Umkehren.*
Aber: Kann man die erste Liebe erneuern? Das ist eine Frage, die sich auch in menschlichen Beziehungen schmerzlich stellen kann. Wie steht es mit der Beziehung zu Christus? Gefühlen kann man nicht befehlen. Aber darum geht es gerade nicht. Deshalb die dritte Mahnung: *Tue deine ersten Werke.* Es geht um tätige Buße und praktische Umkehr zu einem Verhalten, wie es für den Anfang der Beziehung zu Christus charakteristisch war. Damit ist nicht Werkgerechtigkeit gefordert, sondern Liebe, die sich in konkreten Taten als lebendig erweist.
Auf die Mahnung folgt ein Drohwort: *Wenn aber nicht,* d.h. *wenn du nicht umkehrst,* dann *komme ich zu dir und werde deinen Leuchter von seinem Ort wegrücken.* Der erhöhte Herr überlässt seine Gemeinde nicht sich selbst. Er kommt – schon jetzt – und wird vollziehen, was durch das Versagen der Gemeinde schon geschehen ist. Im Bild ausgedrückt: Ich *werde deinen Leuchter von seinem Ort wegrücken,* was in der Sache meint: Ich werde dich aus dem Heiligtum der Gemeinschaft mit mir entfernen.
Doch nun erfolgt eine Einschränkung des Tadels, die noch einmal auf das ursprüngliche Lob zurückgreift (**6**): *Aber das hast du, dass du die Werke der Nikolaiten hassest, die auch ich hasse.* Wer sind die *Nikolaiten?*

Die Gruppe der *Nikolaiten*, die auch in 2,15 genannt wird, dürfte ihren Namen von Nikolaus, einem Proselyten aus Antiochien, erhalten haben, der in Apg 6,5 als einer der sieben Diakone genannt wird. Ob er selbst die nach ihm benannte Gruppe gegründet hat, ist unklar. Nicht sicher ist auch, ob das, was in 2,14 über die »Lehre Bileams« gesagt wird, auch auf die »Lehre der Nikolaiten« (2,15) zutrifft. Spätere Kirchenväter warfen den Nikolaiten vor, das Gesetz und seine Gebote zu missachten, und brachten sie auch mit der sog. Gnosis in Verbindung. In der Offenbarung werden sie zusammen mit den Anhängern der »Lehre Bileams« und der Prophetin Isebel (2,20) scharf bekämpft. Wahrscheinlich war für alle diese Gruppen die Bereitschaft zu Kompromissen im Zusammenleben mit der nichtchristlichen Umwelt und vor allem eine liberale Haltung im Blick auf die Teilnahme an Mahlzeiten in Tempeln und den Genuss von Götzenopferfleisch kennzeichnend. Worin sie sich unterschieden, wissen wir nicht.

Die Gruppe wird nicht näher beschrieben. Die Adressaten wussten, um wen es ging. Einziges Kennzeichen: Sie werden nicht nur von der Gemeinde, sondern auch von Christus entschieden abgelehnt. Auch er *hasst ihre Werke*. Das ist kein Widerspruch gegen Jesu Gebot der Feindesliebe, »denn einmal richtet sich dieser Haß nicht auf Menschen, sondern auf deren Verhalten, und zum andern handelt es sich bei ihm nicht um einen psychischen Affekt, sondern ... um eine grundsätzliche, bewußte Abkehr und Absage« (Roloff, 50; vgl. zum biblischen Sprachgebrauch Ps 97,10; Sir 17,26).
Am Ende steht ein prophetischer Weckruf: *Wer ein Ohr hat, höre* (7). Er knüpft an einen ähnlichen Ruf in der Jesustradition an: »Wer Ohren hat zu hören, der höre!« (Mk 4,9 par Mt 13,9; Lk 8,8; Mk 4,23; 8,18 u.ö.). Er ist dort Hinweis auf den verborgenen Sinn von Gleichnissen. Hier dagegen wird aufgerufen, darauf zu hören, *was der Geist den Gemeinden sagt*. »Der erhöhte Christus spricht durch den Geist zu den Gemeinden« (Lichtenberger, 87), und zwar zu allen Gemeinden. Alle sollen hören, was er jeder einzelnen zu sagen hat.
Das wird zusammengefasst in einer Verheißung an *den Siegenden* (so wörtlich). Dabei geht es nicht punktuell um den Sieg über einen bestimmten Gegner. Die etwas altertümliche Übersetzung *wer überwindet* oder ihre moderne Entsprechung *wer den Sieg behält* geben den Sinn treffend wieder: Es gilt alle Widerstände zu überwinden und bis zum Ende durchzuhalten (vgl. Mk 13,13: »Wer ausharrt bis ans Ende, wird gerettet«, REB).
Einerseits wird damit eine Bedingung genannt. Nur *wer den Sieg behält*, wird erhalten, was Jesus verheißt. Andererseits werden die weiteren Visionen der Offenbarung zeigen: Den entscheidenden Sieg hat Christus, »der Löwe aus Juda« (5,5) und »das Lamm« (17, 14), errungen. Und so steht am Ende jeden Sendschreibens keine

Mahnung, sondern eine Verheißung, die das Ziel vor Augen stellt, für das es sich lohnt, sich ganz einzusetzen. Daraus erwächst die Kraft zu überwinden.

Allen, denen das gelingt, verspricht der erhöhte Christus: *dem werde ich vom Baum des Lebens zu essen geben, der im Paradies Gottes ist.* Damit wird das Motiv vom Baum des Lebens aus der Geschichte vom Garten in Eden in Gen 2,9 aufgegriffen. Er kann den Menschen ewiges Leben schenken; aber der Zugang zu ihm wurde ihnen nach dem Sündenfall verschlossen (Gen 3,22). *Vom Baum des Lebens zu essen* bedeutet also, ewiges Leben zu erhalten. Diese Verheißung wird in 22,14 wieder aufgenommen (vgl. auch 22,2.19): Die Erlösten werden Zugang zum Baum des Lebens haben und Anteil am Leben bekommen, das Gott schenkt und das nicht mehr dem Tod unterworfen ist.

Auf die Liebe kommt es an. Das ist eine wichtige Erkenntnis – im täglichen Leben und in der Bibel. Die Gemeinde in Ephesus bekommt hohes Lob, und doch gibt es einen entscheidenden Mangel: Die Liebe fehlt (vgl. die ähnliche Argumentation des Paulus in 1Kor 13). Hier wird der Tadel zugespitzt auf das Fehlen der *ersten* Liebe, der uneingeschränkten, völligen Hingabe.

Aber kann man die erste Liebe wiedergewinnen? Das ist eine Aufgabe, an der viele Paare scheitern. Hier wird ein Dreischritt empfohlen: (1) *Denke daran* und erinnere dich, wie es war, als die Begegnung mit Christus und seiner Liebe dein Leben ganz erfüllte und bestimmte. (2) *Kehre um* und wende dich ganz neu und entschieden Christus zu und (3) *tue die ersten Werke*, lass dein Verhalten wieder ganz von der Beziehung zu Jesus bestimmen. Für heutige Gemeinden und Christen ist dieser Dreischritt nicht leicht zu vollziehen, denn viele haben die erste Phase nicht bewusst erlebt. Der dritte Punkt könnte zudem für die Forderung missbraucht werden, es müsse alles wieder werden, wie es »früher« war. Aber die »ersten Werke« sind nicht einfach die Praxis der Großeltern, sondern ein konsequentes Christsein in der Nachfolge Jesu unter den Herausforderungen einer neuen Zeit.

Was aber würde es heute bedeuten, *Böse nicht zu ertragen?* Soll mehr Kirchenzucht geübt werden? Schon im Neuen Testament gibt es dazu unterschiedliche Aussagen. Bei Matthäus wird vor einer vorschnellen Scheidung von Guten und Bösen gewarnt (vgl. 13,24–30.47–50; 22,10), während Paulus zu mehr Konsequenz mahnt (1Kor 5; 2Kor 6,14–18). Für uns kommt als Problemanzeige die Beobachtung dazu, dass in der Geschichte der Kirche solche Maßnahmen oft zur Durchsetzung klerikaler Macht und Beseitigung unbequemer Mitchristen missbraucht wurden. Unsere Herausforderung wird also darin bestehen zu verhindern, dass in Kirche und Gemeinde Ideen und Verhaltensweisen Platz haben, durch die Menschen verletzt oder gedemütigt werden.

2,8-11
Arm und doch reich – die Gemeinde in Smyrna

⁸Und dem Engel der Gemeinde in Smyrna schreibe: Das sagt der Erste und der Letzte, der tot war und lebendig wurde: ⁹Ich kenne deine Bedrängnis und deine Armut, aber du bist reich, und (ich kenne) die Lästerung von Seiten derer, die sich Juden nennen und es nicht sind, sondern Versammlung des Satans. ¹⁰Fürchte nichts (von dem), was du leiden wirst. Siehe, der Teufel wird (einige) von euch ins Gefängnis werfen, um euch auf die Probe zu stellen, und ihr werdet Bedrängnis haben zehn Tage (lang). Sei treu bis zum Tod, und ich werde dir den Kranz des Lebens geben.
¹¹Wer ein Ohr hat, höre, was der Geist den Gemeinden sagt. Wer den Sieg behält, wird gewiss keinen Schaden erleiden vom zweiten Tod.

Smyrna, das heutige Izmir, liegt ca. 80 km nördlich von Ephesus und war ebenfalls eine bedeutende Hafenstadt an der Westküste Kleinasiens. Obwohl Smyrna in römischer Zeit deutlich kleiner war, standen die beiden Städte in heftigem Wettstreit um die politische und wirtschaftliche Vorrangstellung in der Provinz Asia. Smyrna pflegte gute Beziehungen zu Rom; schon 196 v.Chr. wurde dort ein Tempel für die *Dea Roma*, die *Göttin Rom*, errichtet, und 23 n.Chr. erhielt die Stadt als erste in der Provinz das Recht zur Betreuung eines Heiligtums für die römischen Kaiser und errichtete einen Tempel für den herrschenden Kaiser Tiberius, seine Mutter Livia und den Senat. Vermutlich gab es auch eine jüdische Gemeinde in der Stadt (vgl. zu V. 9), über deren Größe und Bedeutung es aber keine sicheren Nachrichten gibt.

Formal ist auch dieses Schreiben an den *Engel der Gemeinde* gerichtet (8; vgl. zu 2,1), obwohl in ihm besonders deutlich wird, dass die ganze Gemeinde angeredet ist (vgl. V. 9f). Auch in ihm greift Christus bei seiner Selbstvorstellung auf ein Motiv der Beauftragungsvision zurück (1,17f). Er ist *der Erste und der Letzte*. Im Alten Testament ist dies das Kennzeichen des Gottes Israels im Gegensatz zu den Göttern der Völker (vgl. Jes 44,6); in der Offenbarung wird es zum Merkmal der alle Zeit umgreifenden Vollmacht, die Christus von Gott verliehen bekommen hat und mit ihm teilt (vgl. 1,17; 22,13 mit 1,8; 21,6).
Der zweite Teil dieser Selbstvorstellung aber charakterisiert den, der spricht, eindeutig als den gekreuzigten und auferstandenen Chris-

tus. Er ist der, *der tot war,* wörtlich: *ein Toter wurde* d.h. *der getötet* und wieder *lebendig wurde.* Immer wieder wird in der Offenbarung Jesus Christus als der Gekreuzigte und Auferstandene vorgestellt. Beides gehört zu den »unveränderlichen Merkmalen« seiner Person und seines Wirkens. Hier wird es wohl deshalb genannt, weil die Verkündigung eines gekreuzigten Messias für Juden besonders anstößig war. Mit einer Gruppe von ihnen gab es in Smyrna offensichtlich heftige Konflikte. Dass der, der sich wie der Gott Israels *der Erste und der Letzte* nennt, *getötet* und wieder *lebendig wurde,* dürfte für sie eine Form der Gotteslästerung gewesen sein.

Auch dieser Gemeinde wird die »Diagnose« ihres Herrn übermittelt (9). Aber statt der allgemeinen Aussage: »Ich kenne deine Werke« ist das Urteil hier gleich zu Beginn spezifisch: *Ich kenne deine Bedrängnis und deine Armut.* Nicht große Leistungen oder viele Begabungen der Gemeinde werden aufgezählt; was zählt, ist ihr Leiden und ihr Mangel. *Bedrängnis,* also Widerstand und Verfolgung von Seiten der feindlichen Umwelt aushalten zu müssen gehört zu den Kennzeichen echter Jesusnachfolge (vgl. 1,9), und den *Armen* galt schon die besondere Zuwendung Jesu bei seinem irdischen Wirken (vgl. Lk 4,18; 6,20; 7,22 par Mt 11,5).

Man hat viel darüber gerätselt, warum gerade die Gemeinde in der reichen Stadt Smyrna durch *Armut* gekennzeichnet war. War sie ein Sammelbecken derer, auf deren Rücken andere ihren Reichtum ansammelten? Oder war ihr konsequenter christlicher Lebensstil Ursache dafür, dass Gemeindeglieder in ihrer beruflichen Existenz ausgegrenzt und benachteiligt waren? Oder ist *Armut* hier in übertragenem Sinn gemeint, also im Sinne von *Armut im Geist,* dem demütigen Bewusstsein, vor Gott mit leeren Händen zu dazustehen (vgl. Mt 5,3)? Vermutlich spielen alle genannten Gründe eine Rolle.

Aber der erhöhte Christus sieht tiefer und stellt fest: In Wirklichkeit *bist du reich.* Vor Gott gelten andere Maßstäbe für arm und reich als die Höhe des Bankkontos und die Größe des Grundbesitzes. Nach Jak 2,5 hat Gott »die Armen in der Welt erwählt, die im Glauben reich sind«, und Paulus charakterisiert sich und seine Mitarbeiter »als die Armen, aber die doch viele reich machen« (2Kor 6, 10). Diese Gemeinde weiß, dass sie und ihre Glieder nicht mit materiellen Gütern gesegnet ist; aber sie bildet sich – anders als die in Laodizea – auch nichts auf ihren geistlichen Reichtum ein, und gerade deshalb ist sie reich vor Gott!

Doch Christus weiß auch um die tiefste Anfechtung dieser Gemeinde; er kennt *die Lästerung von Seiten derer, die sich Juden nennen und es nicht sind, sondern Versammlung des Satans.* Diese Aussage bereitet den Auslegern ziemlich Kopfzerbrechen. Zu ihr gibt es

mehrere offene Fragen, wobei teilweise die Antwort auf die eine von der Antwort auf die anderen abhängig ist.
Die erste Frage lautet: Was ist mit *Lästerung* gemeint? Das griechische Wort (*blasphemia*) hat eine doppelte Bedeutung: (1) *Lästerung* im Sinne von Gotteslästerung (das Fremdwort *Blasphemie* kommt daher). Diese Bedeutung liegt an allen anderen Stellen in der Offenbarung vor (13,6; 16,9.11.21), wobei dort immer ausdrücklich gesagt wird, dass Gott gelästert wird. (2) *Schmähung* oder *Verleumdung* von Menschen (so ZB: *ich weiss, wie du verwünscht wirst*; EÜ[1979]: *dass du ... geschmäht wirst*).
Für welche Bedeutung man sich entscheidet, hängt wiederum von der Antwort auf die zweite Frage ab: Wer sind die Urheber der Lästerung oder Schmähung, also die, *die sich Juden nennen und es nicht sind*. Hier werden drei Antworten erwogen: (1) Es handelt sich um Juden, denen aber der Ehrentitel *Jude* abgesprochen wird. (2) Es handelt sich um Christen jüdischer Herkunft, die sich aber von der christlichen Gemeinde distanzieren, um sich als Juden besser mit dem politischen und gesellschaftlichen System arrangieren zu können. (3) Es handelt sich um Nichtjuden, die Grundzüge jüdischen Glaubens und Lebens angenommen haben, ohne offiziell zum Judentum überzutreten. Nicht nur die Apostelgeschichte kennt die sog. »Gottesfürchtigen« (Apg 13,16.26; 18,7), auch der Philosoph Epiktet spricht kritisch über Menschen, die sich so verhielten (Diss II,9,19f). Allerdings war es in der Zeit, in der die Offenbarung entstand, nicht besonders attraktiv, sich als Jude auszugeben, da damals eine spezielle Judensteuer, der *Fiscus Judaicus*, erhoben wurde.
Von der Antwort auf diese Frage hängt dann die Antwort auf die letzte Frage ab: Was ist mit der *Versammlung des Satans* gemeint? In den meisten Übersetzungen lesen wir *Synagoge des Satans*, steht doch im griechischen Text das Wort *synagoge* (LÜ[1984], EÜ, ZB, REB; LÜ[2017]: *Versammlung*). Allerdings ist dieses Wort damals noch nicht auf die Bedeutung »Versammlungshaus der jüdischen Gemeinde« festgelegt. In Jak 2,2 bezeichnet es die *Versammlung* einer christlichen Gemeinde. Mit dem Vorwurf, eine *Versammlung des Satans* und nicht wie das Volk Israel *Versammlung des Herrn* zu sein (vgl. Num 16,3; 20,4 u.ö.), muss also nicht unbedingt die Synagoge gemeint sein!
Wie ergibt sich aus den verschiedenen Möglichkeiten ein stimmiges Gesamtbild? Zunächst scheint die einfachste Lösung zu sein anzunehmen, dass die Gegner, von denen hier gesprochen wird, *keine Juden sind*, sondern Leute, die das fälschlicherweise von sich behaupten (vgl. auch 3,9). Damit wäre der Text auch von der Hypothek entlastet, antisemitische bzw. antijüdische Polemik zu begründen oder zu unterstützen. Nur: Welchen Grund könnte eine solche

Gruppe haben, die christliche Gemeinde zu verleumden oder ihren Glauben zu lästern? Eine ähnliche Frage erhebt sich auch bei der Annahme, es handele sich dabei um Judenchristen. Die Apostelgeschichte berichtet dagegen von erheblichen Spannungen zwischen jüdischen Gemeinden und den sich Schritt für Schritt von ihnen lösenden christlichen Gruppen (vgl. 13,45; 17,5; 18,5f). Sie sind auch hinter bestimmten Passagen des Matthäus- und des Johannesevangeliums zu spüren (vgl. Mt 23; Joh 8,44; 9,22). Deshalb bleibt es am wahrscheinlichsten, dass hier die jüdische Gemeinde im Blick ist. Wir wissen nicht, wie etabliert diese Gemeinde damals in Smyrna war. Aber sie hatte allen Grund, sich von einer Gruppe zu distanzieren, die von Außenstehenden als Juden angesehen wurde, aber durch ihr unangepasstes Verhalten und ihre aggressive Verkündigung den religiösen Frieden in der Stadt gefährdete. Vor allem galt es sich von der Behauptung abzugrenzen, dass ein von den Römern verurteilter und am Kreuz gehenkter jüdischer Aufständischer der Retter und Heiland der Welt sein solle. Diese Polemik stellte aber für Christen, die in Jesu Person und Geschick Gott am Werk sahen, eine schwer zu ertragende *Gotteslästerung* dar. Inwieweit es darüber hinaus auch zu *Verleumdungen* oder zur Denunziation von Christen kam, lässt sich schwer sagen (siehe unten zu V. 10).

Auch die Behauptung, dass die Gegner *sich Juden nennen, es aber nicht sind,* bekommt ihre eigentliche Schärfe, wenn dieser Vorwurf gegen Juden erhoben wird. Dass damit aber die Anklage verbunden wird, es handle sich bei ihnen um eine *Versammlung des Satans,* macht diese Polemik für uns fast unerträglich – vor allem angesichts ihrer unheilvollen Wirkungsgeschichte. Zwar war eine solche Herabsetzung von Gegnern in der damaligen Zeit nicht ungewöhnlich. So nannte auch die Gemeinschaft von Qumran ihre Gegner eine *Versammlung Belials,* d.h. des Teufels (1QH X [II],22). Aber dass im Namen des Predigers der Feindesliebe eine solche Verteufelung von Gegnern erfolgt, bleibt ein echtes Problem.

Doch scheint die Bedrängnis von innen und außen wirklich bedrohlich zu sein. Darum erfolgt ein ermutigender Zuspruch (10): *Fürchte nichts,* wird der Gemeinde gesagt. Damit wird normalerweise die Zusage von Hilfe eingeleitet. Hier aber folgt ein Hinweis auf das, was die Gemeinde zu *leiden* haben wird. *Fürchte nichts (von dem), was du leiden wirst.*

Zwei konkrete Ansagen werden gemacht: *Siehe, der Teufel wird (einige) von euch ins Gefängnis werfen.* Das ist bedrohlicher, als es für uns klingen mag. Denn ins Gefängnis kam man damals nicht, um eine mehr oder weniger lange Strafe abzusitzen. Im Gefängnis war man zwischen Verhaftung und Urteilsverkündung, und dieses

Urteil konnte sehr wohl ein Todesurteil sein. Das wird nicht alle in der Gemeinde betreffen, aber einige. Eine allgemeine, zentral von Rom aus gesteuerte Christenverfolgung gab es damals noch nicht. Wohl aber kam es zu entsprechenden Maßnahmen örtlicher Behörden, wenn sie die öffentliche Ordnung gefährdet sahen, oder aufgrund von Anzeigen aus der Bevölkerung. Dafür gibt es schon in der Apostelgeschichte Beispiele.
Der eigentliche Initiator dieser Aktion ist der *Teufel*. Im Grunde vollzieht der *Teufel* damit die Aufgabe, die ihm schon immer zukommt. Er führt die Gemeinde ins Leiden, um sie *auf die Probe zu stellen* (EÜ) bzw. *zu versuchen* (ZB, LÜ). Das ist die durchaus notwendige und doch zugleich teuflische Aufgabe des Satans (vgl. Hiob 1 und 2 und die Berichte von der Versuchung Jesu Mt 4,1–11; Lk 4,1–13). Damit ist aber auch angedeutet, dass seinem Tun eine klare Grenze gesetzt ist.
Darauf weist auch der zweite Teil der Vorhersage: *und ihr werdet Bedrängnis haben zehn Tage (lang)*. Mit dieser allgemeinen Formulierung dürfte nicht nur der Gefängnisaufenthalt einiger Gemeindeglieder gemeint sein, sondern alles, was die Gemeinde in diesem Zusammenhang belastet und bedrängt. Und darum bezieht sich die Zeitangabe *zehn Tage (lang)* sicher nicht auf die Zahl der Kalendertage, die diese im Gefängnis verbringen müssen, sondern steht symbolisch für eine kurze, begrenzte Zeit (vgl. Dan 1,12; auch dort geht es um Prüfung).
Deshalb kann diese Ankündigung mit der Aufforderung eingeleitet werden: *Fürchte nichts (von dem), was du leiden wirst*. Du bist nicht der Willkür von Feinden oder des Teufels ausgeliefert. Auch das, was du erdulden und durchleiden musst, ist in Gottes Hand und wird dich nicht überwältigen! Das ist auch die Grundlage für die abschließende Mahnung, die noch einmal ganz offen das Risiko eines Lebens mit und für Christus aufzeigt: *Sei treu bis zum Tod*, das heißt: *auch wenn es zum Tod führt*. Das gilt nicht nur im Blick auf ein mögliches Martyrium. Der Tod markiert in jedem Fall die Grenze, bis zu der es Treue zu halten gilt.
So gilt allen, die dieses Ziel erreichen, die Verheißung: *und ich werde dir den Kranz des Lebens geben*. Das griechische Wort für *Kranz* bezeichnet vor allem den *Siegeskranz*, der den Gewinnern athletischer Wettbewerbe überreicht wurde (1Kor 9,25), aber auch den Kranz, den ein Feldherr beim Triumphzug nach einem militärischen Sieg trug. Gelegentlich wird damit allerdings auch der Kopfschmuck eines Herrschers bezeichnet (daher LÜ: *Krone*; vgl. Offb 14,14). Da es hier um die Belohnung nach vollendetem Lebenslauf geht, ist zweifellos der *Kranz* derer gemeint, die ihren Lauf siegreich beenden.

Der *Kranz des Lebens* ist der Siegespreis, Symbol für das Geschenk ewigen Lebens in der Gemeinschaft mit Gott (vgl. 21,3f, außerdem die parallele Aussage in Jak 1,12: »Glücklich der Mann, der in der Versuchung standhält. Denn wenn er sich bewährt, wird er den Kranz des Lebens erhalten, der denen verheißen ist, die Gott lieben«).
An den knappen »Weckruf« (11): *Wer ein Ohr hat, höre, was der Geist den Gemeinden sagt* (siehe zu 2,7) schließt sich daher folgerichtig die Verheißung des Überwinderspruchs an: *Wer den Sieg behält, wird gewiss keinen Schaden erleiden vom zweiten Tod.* Damit wird die Zusage von V. 10 mit anderen Worten wiederholt und verstärkt.
An die Stelle der Verheißung ewigen Lebens tritt die Versicherung, dass denen, die im Lauf des Lebens bis zum Ziel durchhalten, keine Gefahr durch den *zweiten Tod* droht (vgl. 20,6.14; 21,8). Mag der »erste Tod« den Leib töten – entscheidend ist, dass der *zweite Tod*, die endgültige Trennung von Gott als Quelle wahren Lebens, keine Macht über den Menschen gewinnt.

1. *Uneingeschränktes Lob* für eine Gemeinde in Armut und Bedrängnis, das ist die ermutigende und tröstliche Botschaft dieses Schreibens, und das nicht nur für die Gemeinde in Smyrna. Nicht die Erfolgsbilanzen im Blick auf zahlenmäßiges Wachstum oder soziales Engagement zählen, sondern die Treue auch unter schwierigen inneren und äußeren Bedingungen. Das ist eine wichtige Botschaft, gerade angesichts des Konkurrenzkampfs am religiösen Markt, dem heute auch die christlichen Kirchen und Gemeinden unterliegen.
2. *Aber es gibt Fragen* an den Inhalt des Schreibens: Wo liegt die Grenze zwischen klarer Benennung von Gegnern und ihrer problematischen Verteufelung? Wer immer gemeint sein mag: Eine gegnerische Gruppe *Versammlung des Teufels* zu nennen ist gefährlich und darf so nicht übernommen werden. Durch die Identifizierung mit der Synagoge hat diese Bezeichnung viel zum Antijudaismus in der christlichen Kirche beigetragen. Wichtig bleibt der Impuls, gefährliche Entwicklungen in Kirche und Gemeinde nicht zu verharmlosen – aber mit Mitteln, die Sache und Person trennen.
3. Die Verheißung der *Krone des Lebens* (LÜ), des *Siegerkranzes* nach vollendetem Lauf, ist Symbol für Gottes Ja zu einem Leben. Dieses Ja ist gnädiges Geschenk, aber auch lobende Anerkennung erwiesener Treue – ein spannendes Ineinander von göttlichem und menschlichem Tun, das sich auch bei Paulus findet (vgl. 1Kor 4,5; 9,24–27; Phil 2,16; 3,13f)!

2,12–17
Treue ohne letzte Konsequenz – die Gemeinde in Pergamon

[12]Und dem Engel der Gemeinde in Pergamon schreibe: Das sagt der, der das scharfe, zweischneidige Schwert hat: [13]Ich weiß, wo du wohnst, wo der Thron des Satans ist, und hältst an meinem Namen fest und hast den Glauben an mich nicht verleugnet, auch (nicht) in den Tagen des Antipas – mein treuer Zeuge! –, der bei euch getötet worden ist, wo der Satan wohnt. [14]Aber (doch) habe ich gegen dich weniges, (nämlich) dass du dort welche hast, die sich an die Lehre Bileams halten, der Balak lehrte, für die Söhne Israels eine Falle zu stellen, Götzenopfer zu essen und Hurerei zu treiben. [15]So hast auch du (welche), die in gleicher Weise an der Lehre der Nikolaiten festhalten. [16]Kehre also um; wenn aber nicht, komme ich bald zu dir und werde mit ihnen mit dem Schwert meines Mundes kämpfen. [17]Wer ein Ohr hat, höre, was der Geist den Gemeinden sagt. Wer den Sieg behält, dem werde ich vom verborgenen Manna geben und werde ihm einen weißen Stein geben, und auf dem Stein (ist) ein neuer Name geschrieben, den niemand kennt, außer dem, der ihn empfängt.

Pergamon, das heutige *Bergama*, liegt ca. 110 km nördlich von Smyrna. Es war seit Mitte des 3. Jh. v.Chr. Hauptstadt des Königreichs von Pergamon, das 133 v.Chr. aufgrund einer testamentarischen Verfügung seines letzten Herrschers Teil des Römischen Reichs wurde. Es war lange Zeit die offizielle Residenz des römischen Statthalters der Provinz Asia, hatte aber in Ephesus und Smyrna heftige Konkurrenten um den politischen Führungsanspruch. Bereits 29 v.Chr. erlangte die Stadt die Erlaubnis, einen Tempel für den Kaiser (*divus Augustus*) und die Göttin Roma zu errichten. Damit begann die göttliche Verehrung der Kaiser in Kleinasien. Die führende Stellung der Stadt in der Ausübung des Kaiserkults wurde durch den prächtigen Neubau eines Tempels auf dem Burgberg zu Ehren des regierenden Kaisers zu Beginn des 2. Jh. n. Chr. unterstrichen. Auch das Asklepiosheiligtum gab als berühmte Wallfahrtsstätte dem Ort eine überregionale Bedeutung (nach Lohmeyer, 23, »das Lourdes Kleinasiens«).

Nach dem Befehl, an den Engel der Gemeinde in Pergamon zu schreiben (siehe zu 2,1), folgt eine knappe Selbstvorstellung des Auftraggebers (**12**): *Das sagt der, der das scharfe, zweischneidige Schwert hat.* Wieder wird damit ein Merkmal aus der Beauftragungsvision aufgegriffen (1,16). Das Motiv wird in 2,16 und 19,15 noch einmal aufgenommen werden. Es handelt sich um ein Bild für das Gericht, das ohne Ansehen der Person vollzogen werden wird (vgl. Hebr 4,12).

Die Diagnose des erhöhten Christus geht zunächst nicht auf das Verhalten und Tun der Gemeinde ein, sondern signalisiert, dass er die schwierige Situation kennt, in der sie sich befindet (13): *Ich weiß, wo du wohnst, wo der Thron des Satans ist.* Die Gemeinde lebt dort, wo die Macht des Gegenspielers Gottes ganz konzentriert gegenwärtig ist, gewissermaßen in der Höhle des Löwen. Was aber ist mit dem *Thron des Satans* gemeint?

Meist wird vermutet, dass der *Thron des Satans* ein bestimmtes Bauwerk darstellt. Dafür gibt es vor allem drei Kandidaten. Einer ist *der Tempel für die göttliche Verehrung der Göttin Roma und des Augustus.* Dafür spricht, dass hinter dem Kampf der Offenbarung gegen die satanische Versuchung und Verfolgung der Gemeinde vor allem die Auseinandersetzung mit dem offenen oder versteckten Zwang zur Teilnahme am Kaiserkult steht. Ausleger, die die Offenbarung erst in die Zeit Trajans oder Hadrians datieren, weisen auf die prominente Lage des Trajaneums, des damals auf dem Burgberg neu errichteten Tempels für den Kaiser, hin und sehen in ihm die wahrscheinlichste Entsprechung für den *Thron des Satans*. Der zweite Kandidat ist der *Zeusaltar*, dessen Rekonstruktion im Pergamonmuseum in Berlin zu bewundern ist. Auch er stand an gut sichtbarer Stelle auf dem Burgberg, und Zeus galt als Inbegriff heidnischer Religiosität und Repräsentant der »Polis-Religion«, an der aus Gründen der Staatsräson alle Bürger teilzunehmen hatten. Die Form dieses Altars und der ihn umgebenden Säulengänge legte den Vergleich mit einem Thron nahe. Ob er freilich zur Zeit der Offenbarung noch eine wichtige Rolle im religiösen Leben spielte, ist eine offene Frage.
Andere Ausleger vermuten, dass mit *Thron des Satans* das *Asklepios-Heiligtum* gemeint ist. Sie sehen in der »alten Schlange« von 12,9 eine Anspielung auf die Schlange als Symboltier des Asklepios/Äskulap und weisen darauf hin, dass die Ausstrahlung des Heiligtums weit über die Stadt hinausging. Asklepius war für viele der Retter-Gott schlechthin. Doch legt der bauliche Befund den Vergleich mit einem Thron nicht nahe; es dürfte auch wegen dieses Kults keine Verfolgungen gegeben haben. Deswegen hat sich dieser Vorschlag nicht durchgesetzt. Dagegen ist eine Entscheidung zwischen Vorschlag eins und zwei schwierig, wenn nicht unmöglich.

Letztlich bleibt dunkel, worauf sich dieses Bild konkret bezieht. Vielleicht ist gar kein bestimmtes Bauwerk gemeint. Pergamon war das Zentrum der göttlichen Verehrung des Kaisers und des römischen Imperiums in Gestalt der *Dea Roma* und war stolz auf die Tempel, die dem Kaiserkult gewidmet waren. Dort residierte auch – zumindest nominell – der römische Statthalter. Zugleich war der riesige Zeusaltar ein deutlich sichtbares Symbol für jene politische Religion, die die eigentliche Ursache für Unterdrückung und Verfolgung der christlichen Minderheit war, und zwar in einer Gesellschaft, in der eigentlich jeder nach seiner Fasson selig werden konnte – wenn er nur der Staatsreligion nicht den Kniefall verweigerte. Der *Thron des Satans* symbolisiert also grundsätzlich das Macht- und Herrschaftszentrum eines widergöttlichen Systems (vgl. Kap. 13), den Sitz der Macht, die der Verehrung des einzig wahren Gottes widerstand. Es war wohl kein Zufall, dass es hier zu dem einzig namentlich bezeugten Martyrium gekommen war, von dem die Offenbarung berichtet.

Doch die Gemeinde hat diesem Druck bis jetzt standgehalten. Sie wird deshalb gelobt: Du *hältst an meinem Namen fest und hast meinen Glauben nicht verleugnet*. Das Bekenntnis zu Christus (sein *Name*) und der Glaube an ihn waren für die Gemeinde und ihre Glieder der feste Halt. Zu ihm haben sie sich auch in schwieriger Zeit bekannt, *auch in den Tagen des Antipas, der bei euch getötet worden ist*. Offensichtlich ist ein Mitglied der Gemeinde, das sich weigerte, dem Kaiser oder den Göttern der Stadt zu opfern, getötet worden. Soweit wir wissen, gab es unter Kaiser Domitian noch keine allgemeine, zentral gesteuerte Verfolgung der Christen. Es handelte sich um Aktionen örtlicher Behörden aufgrund von Anzeigen gegen Einzelpersonen oder von Konflikten zwischen religiösen Gruppen. So schildert Plinius, der Jüngere, als Statthalter von Bithynien im Jahr 116/117 in einem Brief an Kaiser Trajan die Situation (Plinius, Epist X,96f).

Antipas ist in einem solchen Verfahren standhaft geblieben und hat sich der Forderung, Jesus abzuschwören und den Göttern zu opfern, verweigert. Er hat das mit seinem Leben bezahlt. Darum gebührt ihm der Ehrentitel *mein treuer Zeuge*. Die Wendung ist – ähnlich wie in 1,5 die gleiche Aussage über Jesus – dadurch als Titel hervorgehoben, dass sie im Nominativ statt im grammatikalisch geforderten Genitiv steht. Noch ist das griechische Wort für *Zeuge* (*martys*) nicht im Sinne von *Märtyrer/Blutzeuge* gebraucht. Antipas »starb, weil er Zeuge war, und heißt nicht Zeuge (›Märtyrer‹), weil er starb« (Karrer I, 319). Die Gemeinde aber hat sich nicht von ihm distanziert und ihren Glauben an Jesus auch in dieser Situation nicht verleugnet, auch wenn nur Antipas – möglicherweise als Leiter der Gemeinde – das mit seinem Leben bezahlen musste.

Hohes Lob also, und doch gibt es auch gegenüber der Gemeinde in Pergamon einen wichtigen Einwand (**14**): *Aber (doch) habe ich gegen dich weniges*. Das große Lob soll nicht geschmälert werden; aber dennoch muss genannt werden, was im Verhalten der Gemeinde nicht gut ist: *(nämlich) dass du dort welche hast, die sich an die Lehre Bileams halten*. Der Name *Bileam* verweist auf eine prophetische Gestalt im Alten Testament. Sie erfährt dort eine recht zwiespältige Bewertung. Mit dem Vorwurf, dass es in der Gemeinde Leute gibt, die sich an die *Lehre Bileams* halten, wird aber auf aktuelle Überzeugungen und Verhaltensweisen Bezug genommen, die von christlichen Lehrern vertreten wurden und in den Gemeinden Anhänger fanden. Sie werden mit der *Lehre Bileams* verglichen.

Nach Num 22,5 war Bileam nichtisraelitischer Herkunft, ein Mann mit der Vollmacht zu segnen und zu fluchen. Er erhielt von Balak, dem König der Moabiter, den Auftrag, Israel zu verfluchen. Als er sich aber auf den Weg macht, wird er durch Gottes Engel daran gehindert, sodass er stattdessen Israel segnet (Num 22–24). Sein Bild ist in dieser Erzählung also nicht völlig negativ. Aber in der späteren Tradition wird die anschließende Erzählung vom Abfall des Volks mit der Gestalt Bileams verbunden. In Num 25,1f wird zunächst nur knapp gesagt:»Da fing das Volk an, mit den Töchtern der Moabiter zu huren; die luden das Volk zu den Opfern ihrer Götter. Und das Volk aß und betete ihre Götter an«. Doch in Num 31,16 heißt es dann, dass die Moabiterinnen »auf Geheiß Bileams« (ZB) die Israeliten verführten, von Gott abzufallen. Diese Tradition steht hinter den Ausführungen von V. 14.

In Anknüpfung an Num 31,16 wird die *Lehre Bileams* näher erläutert: Er lehrte *Balak*, den König der Moabiter, *vor den Söhnen Israels eine Falle zu stellen* und sie zu verführen, *Götzenopfer zu essen und Hurerei zu treiben*. Damit ist einerseits die Situation aufgenommen, die in Num 25,1f; 31,16 geschildert wird. Zugleich aber sind zwei Grundprobleme der jungen Christenheit genannt. Das war erstens die Frage, wie weit man an Opfermahlzeiten in Tempeln teilnehmen bzw. Fleisch verzehren durfte, das von Opfertieren stammte. Und die zweite Herausforderung bestand in der Frage, wie man es mit der relativ laxen Sexualmoral der hellenistisch-römischen Gesellschaft halten wollte. Das sog. Apostedekret in Apg 15,29 nannte unter den vier Minimalbedingungen für nichtjüdische Christen die Abstinenz von *Götzenopferfleisch* und von *Hurerei* bzw. *Unzucht*.

Die Frage, ob man als Christ Götzenopferfleisch essen dürfe, taucht zum ersten Mal in der Gemeinde in Korinth auf. Paulus widmet ihr einen langen Abschnitt in seinem Brief (1Kor 8–10). Anlass dafür war, dass in der Antike bei den meisten Opfern nicht das ganze Fleisch des Opfertiers auf dem Altar verbrannt wurde, sondern entweder von den Opferteilnehmern verzehrt wurde oder den Priestern bzw. dem Tempel zur Verfügung stand, die es dann preiswert verkauften. Für ärmere Leute dürfte dieses Fleisch am ehesten erschwinglich gewesen sein. Christen standen damit vor einer ganzen Reihe von Fragen: Darf man auf dem Fleischmarkt Fleisch unbesehen kaufen, auch wenn es von Tieren stammen könnte, die heidnischen Göttern geopfert worden waren? Darf man an Geschäfts- oder Festessen teilnehmen, bei denen unter Umständen solches Fleisch serviert werden wird? Kann man sogar an Opfermahlzeiten in heidnischen Tempeln teilnehmen im Wissen darum, dass diese Götter ja in Wirklichkeit gar nicht existieren? Paulus findet darauf eine sehr differenzierte Antwort mit einem klaren Nein zur Teilnahme an Opfermahlzeiten (1Kor 10,1–22), aber einem grundsätzlichen Plädoyer für die Freiheit, in dieser Frage dem eigenen Gewissen zu folgen, es sei denn, andere würden dadurch gefährdet.

Offensichtlich ging es in den Auseinandersetzungen in den Gemeinden Kleinasiens um die Frage, ob die Teilnahme an Opfermahlzeiten oder schon der Genuss von Götzenopferfleisch ein Verrat am Bekenntnis zu Gott und Jesus Christus als einzigem Gott und Herrn darstellt. Wir wissen nicht, wie weit die Befürworter einer liberaleren Haltung gegangen sind – ob sie ähnlich wie Paulus den Kauf des Fleisches als unbedenklich ansahen oder wie manche Leute in Korinth auch die Teilnahme an Opferfeiern und -mahlzeiten zu Ehren anderer Götter für möglich hielten, weil es doch gar keine anderen Götter gäbe (vgl. 1Kor 8,4). Für die Offenbarung scheint klar, dass man hier in keiner Weise Kompromisse eingehen darf.
Sehr viel schwieriger ist es zu erkennen, was mit *Hurerei* bzw. *Unzucht* gemeint ist. Geht es um jede Art außerehelicher sexueller Betätigung? Oder – wie in Num 25,1f – um die Gefahr, durch Ehen mit heidnischen Partnern zur Verehrung falscher Götter verführt zu werden? Oder steht das Stichwort *Unzucht/Hurerei* wie vielfach im Alten Testament als Bild für den Götzendienst selbst (Ez 16; 23; Hos 3)? Wir werden das noch einmal bei 2,20f untersuchen müssen, können aber schon jetzt feststellen, dass manches für die dritte Möglichkeit spricht (vgl. auch die Darstellung Roms als Hure in Kap. 17).
Aber es folgt noch eine weitere Abmahnung (**15**). Es gibt ähnliche Probleme mit einer Gruppe von Leuten, die schon in 2,6 erwähnt worden war: *So hast auch du (welche), die in gleicher Weise an der Lehre der Nikolaiten festhalten.* Viele Ausleger nehmen an, es handle sich bei den Vertretern der *Lehre Bileams* und den *Nikolaiten* um die gleichen Leute. Das scheint angesichts der merkwürdig gewundenen Formulierung eher unwahrscheinlich. Aber es dürfte sich um eine vergleichbare Richtung handeln, deren liberalere Auffassung in der Frage der Abgrenzung von der nichtchristlichen Umwelt bei manchen Gemeindegliedern Anklang findet.
Doch der Ruf zur Umkehr trifft auch hier die ganze Gemeinde (**16**): *Kehre also um* (LÜ: *Tue Buße*). Von ihr wird Klarheit und Entschiedenheit erwartet, wenn es um die Treue zu ihrem Herrn geht. Die Gemeinde soll ihre falsche Toleranz aufgeben und sich von den Irrlehrern trennen. Sollte sie dieser Aufforderung nicht folgen, wird Christus selbst eingreifen: *Wenn (du) aber nicht (umkehrst), komme ich bald zu dir.* Christus kommt, aber nicht erst am Ende der

Geschichte zu Gericht und Befreiung (so 22,20). Schon jetzt wird er eingreifen und dem Weg der Gemeinde die richtige Richtung geben (vgl. 2,5; 3,3).

Das Gericht, das er ankündigt, gilt allerdings den Irrlehrern: *Ich werde mit ihnen mit dem Schwert meines Mundes kämpfen.* Wie dieses Gericht vollzogen wird, bleibt offen. Dass so betont das *Schwert meines Mundes* genannt wird (vgl. 1,16; 19,15), lässt vermuten, dass Christus seine Gegner mit seinem richtenden *Wort* überwindet (vgl. Hebr 4,12). Zumindest wird – anders als in 19,15 – nicht davon gesprochen, dass er sie mit der Schärfe seines Schwertes (er)schlägt! Aber – so viel ist klar – er wird sich durchsetzen!

Nach dem *Weckruf* (**17**; siehe zu 2,7) folgt im *Überwinderspruch* eine ausführliche und nicht einfach zu verstehende Verheißung für alle, die bis zum Ziel durchhalten: *Wer den Sieg behält, dem werde ich vom verborgenen Manna geben und werde ihm einen weißen Stein geben, und auf dem Stein (ist) ein neuer Name geschrieben, den niemand kennt, außer dem, der ihn empfängt.*

Zwei Gaben wird der erhöhte Herr denen geben, die ihm die Treue halten: Anteil am *verborgenen Manna* und einen *weißen Stein* mit einem geheimnisvollen neuen Namen. Das erste Bild ist einfach zu erklären. Nach jüdischer Vorstellung ist das Manna, von dem Israel nach Ex 16 in der Wüste gelebt hat, im Himmel verborgen und wird in der messianischen Zeit wieder vom Himmel herabfallen (SyrBar 29,8). Das *verborgene Manna* ist also die Speise ewigen Lebens für die, die auf dem Weg mit Christus durchgehalten haben.

Sehr viel schwieriger zu verstehen ist die Bedeutung des weißen Steins und des geheimen neuen Namens. Welches Bild steht dahinter? Das griechische Wort bezeichnet oft den Stimmstein, mit dem über einen Angeklagten abgestimmt wird, wobei *weiß* Freispruch bedeutet. Oder ist ein Marmortäfelchen mit dem Namen des Siegers gemeint? Oder ein Amulett zur Abwehr böser Mächte mit einem geheimen Namen für Christus? Oder ist der weiße Stein eine Art Ausweis für die Zugehörigkeit zur Gemeinschaft mit Christus, der Einlass zum himmlischen Festmahl gewährt?

Viele Ausleger bevorzugen die Deutung als Amulett. Aber wofür werden die, die gesiegt haben, noch ein Amulett benötigen? Vielleicht muss man gar nicht nach einer exakten Entsprechung in der Alltagswelt suchen. Das Bild des weißen Steintäfelchens mit einem geheimen neuen Namen hat seine eigene Kraft und suggeriert die Vorstellung von Freispruch, freiem Zugang und einer neuen, heilvollen Existenz.

In Jes 62,2; 65,15 symbolisiert *ein neuer Name* für Israel das Geschenk einer neuen Identität für das Volk Gottes. Das könnte vermuten lassen, dass auch hier die einen neuen Namen erhalten, die

durchgehalten haben. Aber in 3,12 wird ausdrücklich gesagt, dass auf ihnen der neue Name Christi geschrieben sein wird. Darum dürfte auch hier sein Name gemeint sein. Ob dabei ein bestimmter Name im Blick ist, bleibt offen. In 19,13 wird als Name des wiederkommenden Christus WORT GOTTES genannt.
Dass Christus einen neuen Namen erhalten wird, den nur die kennen, an die er weitergegeben wird, ist ein Gedanke, der sonst im Neuen Testament nicht vorkommt. Gemeint ist wohl: Die wahre Identität Jesu wird nur denen gezeigt, die ganz zu ihm gehören, und das wird auch ihnen eine neue Identität verleihen. Der neue Name wird zeigen, dass er, und damit auch die Seinen, ganz zu Gott gehören. Sie sind nach seinem Namen benannt (vgl. Jes 43,7; Jer 15,16; Dan 9,18f). Auch der Talmud kennt diesen Gedanken: »Drei sind nach dem Namen Gottes benannt, und das sind die Gerechten, der Messias und Jerusalem« (BB 75b).

1. *Wohnen, wo der Satan wohnt*, ist eine eindrucksvolle Beschreibung der Diaspora-Existenz der Gemeinde Jesu. Es hat immer wieder Situationen in der Geschichte der Kirche gegeben – und gibt sie auch heute –, in denen sich Gemeinden und Christen einer radikalen Feindschaft ausgesetzt sahen und mit dem erklärten Willen konfrontiert waren, nicht nur ihren Glauben, sondern auch ihre Existenz zu vernichten. Anerkennung und Bewunderung für die, die auch unter solchen Bedingungen Christus die Treue halten, gelten bis heute. Allerdings ist auch hier vor einer vorschnellen Verteufelung jeder für die christliche Kirche unbequemen oder schwierigen Situation zu warnen. Nicht immer ist der Weg in den Widerstand oder den Untergrund gefordert. Es gibt auch das Alternativprogramm für das Leben in der Diaspora: »Suchet der Stadt Bestes ... und betet für sie zum HERRN; denn wenn ihr's wohl geht, so geht's auch euch wohl« (Jer 29,7, geschrieben an die nach Babel verbannten Judäer).
2. *Null Toleranz* gegen abweichende Meinung, das scheint der Tenor der Sendschreiben zu sein. Wir fragen besorgt: Darf man die Grenzen so eng ziehen? Muss man nicht auch andere Meinungen gelten lassen? Allerdings ging es in den Sendschreiben nicht um unterschiedliche Ansichten in Fragen der Lehre. Es ging um die grundsätzliche Frage, wieweit sich die Christen an Opfern für städtische Götter oder den Kaiser beteiligen können. Hier gibt es für Johannes keinen Spielraum für Kompromisse. Und leider hat sich nicht selten gezeigt, dass gegenüber totalitären, antichristlichen Regimes jeder Kompromiss zum Schritt auf die falsche Seite werden kann.
3. *Ein neuer Name* weist auf eine neue Identität. Das entscheidende Dokument für die Zugehörigkeit zu Christus, ein *weißer Stein* mit einem geheimen Namen, ist nicht der von uns vorzulegende Ausweis

für Rechtgläubigkeit und konsequente antihäretische Agitation, der den Weg ins wahre Leben öffnet. Es ist Symbol für das Geschenk einer neuen Existenz, die von Christus begründet und in ihm geborgen ist. »Nicht mehr ich lebe, sondern Christus lebt in mir«, so beschreibt Paulus die neue Identität, die den Glaubenden schon jetzt geschenkt ist (Gal 2,20).

2,18–28
Falsche Toleranz – die Gemeinde in Thyatira

¹⁸Und dem Engel der Gemeinde in Thyatira schreibe: Das sagt der Sohn Gottes, der Augen hat wie Feuerflammen und dessen Füße Libanonerz gleichen: ¹⁹Ich kenne deine Werke und deine Liebe und deinen Glauben und deinen Dienst und deine Standhaftigkeit und (weiß, dass) deine letzten Werke mehr (sind) als die ersten. ²⁰Aber ich habe gegen dich, dass du die Frau Isebel gewähren lässt, die sich Prophetin nennt und meine Diener lehrt und verführt, Hurerei zu treiben und Götzenopferfleisch zu essen. ²¹Und ich habe ihr Zeit gegeben umzukehren, aber sie will nicht von ihrer Hurerei umkehren. ²²Siehe, ich werfe sie aufs Bett und die, die gemeinsam mit ihr Ehebruch begehen, in große Bedrängnis, wenn sie nicht von ihren Werken umkehren. ²³Und ihre Kinder werde ich mit dem Tod schlagen, und alle Gemeinden werden erkennen, dass ich es bin, der Nieren und Herzen erforscht, und ich werde euch, (und zwar) einem jeden, nach seinen Werken vergelten. ²⁴Euch aber sage ich, den übrigen in Thyatira, allen, die diese Lehre nicht haben, die nicht »die Tiefen des Satans« erkannt haben, wie sie es nennen: Ich lege euch keine andere Last auf. ²⁵Nur: Was ihr habt, das haltet fest, bis ich kommen werde.
²⁶Und wer den Sieg behält und meine Werke bis zum Ende bewahrt, dem werde ich Macht über die Völker geben, ²⁷und *er wird sie weiden mit eisernem Stab, wie tönerne Gefäße zerschlagen,* ²⁸wie auch ich von meinem Vater empfangen habe, und ich werde ihm den Morgenstern geben. ²⁹ Wer ein Ohr hat, (der) höre, was der Geist den Gemeinden sagt.

Thyatira (heute Akhisar) liegt ca. 85 km südöstlich von Pergamon im Lykostal und war eine kleine lydische Provinzstadt. Anders als die bisher genannten Städte war sie kein kulturelles, religiöses oder politisches Zentrum. Aber durch ihre Lage an der Kreuzung mehrerer Handelswege war sie ein wichtiger Gewerbe- und Marktort, in dem das Handwerk prosperierte. Nach Ausweis von Inschriften gab es viele Handwerkerzünfte. Solche Zusammenschlüsse hatten immer auch religiöse Bedeutung und waren mit der Verehrung lokaler Götter verbunden. Die Purpurhändlerin

Lydia stammte aus Thyatira (vgl. Apg 16,14f). Da sie als »Gottesfürchtige«, also als Sympathisantin jüdischen Glaubens bezeichnet wird, gab es in der Stadt vermutlich eine jüdische Gemeinde. Aber die Auseinandersetzung mit ihr spielt in dem Schreiben keine Rolle. In der Mitte des 2. Jh. n.Chr. wurde die Stadt Zentrum einer prophetischen Bewegung, des Montanismus, die großen Einfluss gewann und von den Kirchenvätern bekämpft wurde.

Nach dem Auftrag, an den *Engel der Gemeinde in Thyatira* (vgl. zu 2,1) zu schreiben, folgt die Selbstvorstellung des Auftraggebers (**18**): *Das sagt der Sohn Gottes.* Dieser Titel, der für die neutestamentliche Christologie zentral ist, erscheint in der Offenbarung nur hier.

Im Alten Testament galt der König als Gottes Sohn (vgl. 2Sam 7,14; Ps 2,7; 89,27f). Aber im frühen Judentum gibt es merkwürdigerweise keinen sicheren Beleg dafür, dass auch der Messias als *Sohn Gottes* bezeichnet wird. Dagegen ist in den Evangelien und bei Paulus die Aussage, dass Jesus der Sohn Gottes ist, das entscheidende Bekenntnis zu ihm (vgl. Mk 1,11; 15,39; Mt 14,33; 16,16; Lk 1,35; Joh 11,27; 20,31; Röm 1,3f; 8,3). Allerdings spielte die Wendung auch in der offiziellen Titulatur der Kaiser und ihrer Verehrung eine wichtige Rolle: Augustus nannte sich »Sohn des vergöttlichten Julius Cäsar« und Domitian »Sohn des vergöttlichten Vespasian«.

Im Hintergrund unserer Stelle steht wohl Ps 2,7, wo der König sagt: »Der Herr sprach zu mir: Mein Sohn bist du«. Diese Aussage wird im Neuen Testament auf Jesus als den Messias bezogen (Apg 13,33; Hebr 1,5; 5,5; vgl. Mk 1,11 par Mt 3,17). Hier bereitet der Titel das fast wörtliche Zitat aus Ps 2,8f in V. 27 vor. Aber zugleich wird festgehalten: Hier spricht kein anderer als der *Sohn Gottes,* der *Christus* und *Messias,* wie ihn das Bekenntnis der jungen Kirche bezeugt.

Aber auch bei dieser Selbstvorstellung wird auf ein Motiv der Vision von 1,13–16 zurückgegriffen. Der Auftraggeber ist der, *der Augen hat wie Feuerflammen und dessen Füße Libanonerz gleichen* (1,14f; vgl. Dan 10,6). Es ist also der, der einem *Menschensohn* gleicht (1,13), und gerade er ist der *Gottessohn,* in dem Gott selbst gegenwärtig ist. Das Bild von den *Augen wie Feuerflammen* unterstreicht den alles durchdringenden Blick dessen, der hier spricht.

Auch für diese Gemeinde fällt die Evaluation zunächst sehr positiv aus (**19**): *Ich kenne deine Werke,* heißt es sehr pauschal. Dass das ein hohes Lob ist (vgl. 2,2; 3,8) und kein Tadel (so in 3,1.15), zeigt die Fortsetzung: Ich kenne *deine Liebe und deinen Glauben und deinen Dienst und deine Standhaftigkeit.* Die *Werke,* die das ganze

Tun und Verhalten der Gemeinde umschreiben, werden hier spezifiziert:
Ihr Leben ist von *Liebe* geprägt. Auf dem Hintergrund von 2,4 (»erste Liebe«) ist damit der Eifer und die Hingabe für die Sache Jesu gemeint. Der *Glaube* der Gemeinde ist ihre *Glaubenstreue*, mit der sie an Jesus und seiner Botschaft festhält (vgl. 2,13; 13,10; 14,12).
Aber auch der *Dienst*, der in der Gemeinde füreinander und für Menschen in Not geschieht, wird hervorgehoben – eine der wenigen Stellen in der Offenbarung, wo diese Dimension gemeindlicher Existenz in Blick kommt (vgl. Röm 12,7; 1Kor 12,5; Eph 4,12). Und nicht zuletzt gilt das Lob der *Standhaftigkeit* (LÜ: *Geduld*), in der Offenbarung das wichtigste Merkmal derer, die sich zu Jesus halten (vgl. 1,9).
Dieses Lob wird noch durch eine abschließende Bemerkung verstärkt. Gelobt wird, *dass deine letzten Werke mehr (sind) als die ersten*. Anders als die Gemeinde in Ephesus, der vorgeworfen wird, dass sie ihre »erste Liebe verlassen« hat (2,4), kann der in Thyatira bescheinigt werden, dass sie *in all dem jetzt noch eifriger* ist als früher (so GNB).
Aber dann folgt auch bei dieser Gemeinde eine gravierende Einschränkung des Lobs (20): *Aber ich habe gegen dich, dass du die Frau Isebel gewähren lässt, die sich Prophetin nennt*. Warum das Grund zu hartem Tadel ist, wird auch sofort begründet: Sie *lehrt und verführt meine Diener, Hurerei zu treiben und Götzenopferfleisch zu essen*. Wer ist diese Frau und was ist der Inhalt ihrer Botschaft?
Dass Frauen als Prophetinnen auftraten, war im Urchristentum nicht ungewöhnlich (vgl. Apg 2,17; 21,9; 1Kor 11,5). Dieser Frau aber wird abgesprochen, eine Prophetin zu sein – sie behauptet das nur von sich. Dabei dürfte ziemlich sicher sein, dass der Name *Isebel* nicht ihr wirklicher Name war, sondern ein Deckname. Ähnlich wie bei Bileam in 2,14 wird durch die Identifizierung mit einer Figur aus dem Alten Testament ein negatives Schlaglicht auf das Wirken dieser Person geworfen.

Isebel war nach 1Kön 16,31f die Tochter Etbaals, des Königs von Sidon, die Ahab, der König von Israel, zur Frau nahm. Verführt durch seine Frau baute Ahab in seiner Hauptstadt Samaria einen Tempel und einen Altar für Baal und beteiligte sich an seiner Verehrung (1Kön 21,25f). Isebel veranlasste die Ermordung der Propheten Jahwes (1Kön 18,4.13; 2Kön 9,7) und wurde selbst bei der Rebellion Jehus getötet, der ihr Götzendienst und Zauberei vorwarf (2Kön 9,22.30–33). Anders als Bileam wird Isebel sonst weder in der jüdischen noch der christlichen Tradition als negative Symbolfigur verwendet.

Es ist klar, dass der Anknüpfungspunkt für die Identifikation der Frau in Thyatira mit *Isebel* die Verführung zum Götzendienst war. Vermutlich war sie nichtjüdischer Herkunft und vertrat in der Frage, ob man Götzenopferfleisch essen dürfe, eine liberale Haltung. Für den Seher aber ist das Essen von Götzenopferfleisch immer Götzendienst. Er vertritt keine differenzierte Haltung wie Paulus in 1Kor 8–10, sondern ein grundsätzliches Verbot, wie es sich auch in Apg 15,29, dem sog. Aposteldekret, findet.
Die Frau, die Isebel genannt wird, lehrte dagegen vermutlich, dass es unbedenklich sei, Götzenopferfleisch zu essen oder an Opfermahlzeiten teilzunehmen, weil die Götter, denen es geopfert wird, gar nicht existierten bzw. keine Macht über die Christen mehr hätten. Damit *verführt sie meine Diener*, d.h. andere Beauftragte Jesu und alle, die zur Gemeinde gehören (vgl. zu 1,1). Es dürfte sich um ähnlich eingängige Parolen und Argumente gehandelt haben, wie sie Paulus in 1Kor 6,12 (»alles ist mir erlaubt«) oder 8,1 (»wir haben alle Erkenntnis«) zitiert und in ihrer Pauschalität ablehnt.
Unklar ist freilich, worum es bei der Verführung zu *Hurerei* bzw. *Unzucht* geht. Schon in 2,14 wurde Leuten vorgeworfen, sich an »die Lehre Bileams« zu halten, der – wie in Anlehnung an Num 25,1f; 31,16 gesagt wird – die Israeliten gelehrt habe, »Götzenopfer zu essen und Hurerei zu treiben«. Das Beispiel zeigt, dass unter dem Stichwort *Hurerei* bzw. *Unzucht* sehr unterschiedliche Dinge gemeint sein können. Auch hier kann man entweder an die Propagierung einer freizügigen Sexualmoral denken oder darin nach alttestamentlichem Vorbild Polemik gegen die Verehrung anderer Götter sehen. Wir werden versuchen, bei V. 22 eine abschließende Entscheidung darüber zu treffen.
Zunächst aber folgt eine wichtige Information (**21**). Die Frau ist gewarnt worden: *Ich habe ihr Zeit gegeben umzukehren*, sagt Christus durch den Mund des Johannes. Offensichtlich hat dieser sie im Namen Jesu aufgerufen, ihre Haltung zu ändern, für ihre falsche Lehre Buße zu tun und sich neu Christus zuzuwenden. Doch diese Warnung blieb ohne Erfolg: Sie will *nicht von ihrer Hurerei umkehren*.
Das wird ernste Folgen haben – für die Frau selbst und für die, die gemeinsame Sache mit ihr machen (**22**): *Siehe, ich werfe sie aufs Bett und die, die gemeinsam mit ihr Ehebruch begehen,* (bringe ich) *in große Bedrängnis.* Das ist offensichtlich eine sehr ernste Drohung. Denn mit dem *Bett* ist das *Krankenbett*, vielleicht sogar die *Totenbahre* gemeint. Aber das griechische Wort, das hier steht (*kline*), hat eine doppelte Bedeutung. Es meint auch die *Liege*, auf dem man festliche Opfermahle zu sich nimmt. Manche gehen noch weiter und umschreiben frei: Aus dem *Lotterbett* wird das *Siechbett*!

Aber damit stehen wir noch einmal vor der Frage, wie das Stichwort *Hurerei* zu verstehen ist und was hinter dem Vorwurf steht, dass Leute *gemeinsam mit ihr Ehebruch begehen*. Vereinfacht gesagt gibt es zwei Szenarien für das, was hier angeprangert wird.
1. Neben einer liberalen Haltung im Blick auf die Teilnahme bei Opfermahlzeiten und den Verzehr von Götzenopferfleisch vertritt die Prophetin Isebel auch eine freizügige Sexualmoral. Welche Begründung dafür gegeben wurde, wissen wir nicht. Aber ein Indiz dafür könnte sein, dass es auch in der Gemeinde in Korinth Leute gab, die nicht nur das Essen von Götzenopferfleisch für erlaubt hielten, sondern sich auch im Blick auf das Ausleben der eigenen Sexualität große Freiheit erlaubten und z.B. den Verkehr mit einer Dirne als unbedenklich ansahen (1Kor 6,12–20). Dann wäre auch die Wendung *gemeinsam mit ihr Ehebruch begehen* wörtlich zu verstehen: Gemeint sind Männer, die mit der (wohl verheirateten) Prophetin ein Verhältnis haben. Die *Kinder*, von denen in V. 23 gesprochen werden wird, wären dann die Abkömmlinge dieser Verbindungen.
2. Gegen diese Deutung gibt es aber gravierende Einwände. So bedeutet im Griechischen die gerade zitierte Wendung nicht *mit ihr Ehebruch treiben*, sondern *in gleicher Weise wie sie Ehebruch begehen*. Das ist ein starkes Indiz dafür, dass *die Ehe brechen* wie oft im Alten Testament im übertragenen Sinn für die Verehrung fremder Götter gebraucht wird (so vor allem Jer 3,1–13: Juda »trieb Ehebruch mit Stein und Holz«). Im Alten Testament ist *Hurerei* sehr oft Synonym für Götzendienst, gerade auch dort, wo diese Ausschweifungen mit besonders krassen sexuellen Farben geschildert werden (Ez 16 und 23; vgl. Jer 2,20–25; 3,1–13; Hos 1,2).
Es spricht deshalb viel dafür, dass diese zweite, übertragene Deutung des Vorwurfs der *Hurerei* und des *Ehebruchs* das Richtige trifft. Die freizügige Haltung gegenüber dem Verzehr des Götzenopferfleischs war verbunden mit der Bereitschaft, unter bestimmten Umständen auch an Kulthandlungen für die örtlichen Götter oder den Kaiser teilzunehmen. Bei der großen Bedeutung der Zünfte in Thyatira war dies gerade für Handwerker und Gewerbetreibende außerordentlich wichtig. Denn man konnte dort nicht Mitglied sein, ohne an entsprechenden Opfern und Opfermahlzeiten teilzunehmen, und man konnte solche Berufe nicht ausüben, ohne zu einer Zunft zu gehören. Die Prophetin *Isebel* hat wohl im Namen Gottes den Christen die Freiheit zugesprochen, an solchen Versammlungen teilnehmen zu können – möglicherweise mit einer ähnlichen Begründung wie sie in 1Kor 8,4 zitiert wird, dass es nämlich in Wirklichkeit keine anderen Götter oder Götzen gäbe.
Dagegen protestiert Johannes im Namen des erhöhten Christus. So stand prophetisches Wort gegen prophetisches Wort. Johannes aber

sieht sich bevollmächtigt, seiner Opponentin, die nicht bereit ist, ihren Irrtum einzusehen und umzukehren, im Auftrag Jesu als Strafe schwere Krankheit, ja Tod anzukündigen. Und denen, die sich von ihr haben verführen lassen, sich mit falschen Göttern einzulassen, droht er *große Bedrängnis* an. Diejenigen, die sich durch ihre Anpassung an die religiösen Sitten ihrer Umgebung vor Unannehmlichkeiten schützen wollten, droht umso schwerere Unterdrückung und Verfolgung, *wenn sie nicht von ihren* (nämlich: *Isebels*) *Werken umkehren.* Der Seher wirbt um diese Leute und möchte erreichen, dass sie sich von der falschen Prophetin und ihrem Verhalten und ihren Lehren (das sind *ihre Werke*) trennen.

Sehr viel unbedingter ist die folgende Drohung (**23**): *ihre* (Isebels) *Kinder werde ich mit dem Tod schlagen.* Wer und was ist damit gemeint? Sicher nicht die leiblichen Kinder der Prophetin (siehe zu V. 22). Vermutlich sind damit die Angehörigen des engsten Kreises um sie angesprochen. Der Begriff *Kinder* kann die enge Zugehörigkeit bezeichnen, ohne dass eine leibliche Abstammung gemeint ist; vgl. *Kinder* der Magd bzw. Freien (Gal 4,31) oder der Sara (1Petr 3,6). Wahrscheinlich sind es Leute, die diese Frau für den Glauben gewonnen hat, während in V. 22 Gemeindeglieder gemeint waren, die sie auf ihre Seite gezogen hatte.

Bei der harten Drohung *mit dem Tod schlagen* ist wohl an einen überraschend eintretenden irdischen Tod gedacht. Das zeigt die Fortsetzung: *und alle Gemeinden werden erkennen, dass ich es bin, der Nieren und Herzen erforscht.* Die Bedrängnis und der Tod der Betroffenen sind nicht nur Strafe für sie, sondern zugleich Signal für die Gemeinden, die davon erfahren, dass sich Christus nicht täuschen lässt. Er *erforscht Herzen und Nieren*, das heißt in biblischer Bildsprache: Er erkennt die innersten Gedanken und Beweggründe der Menschen. Das wird sonst von Gott gesagt (Ps 7,10; Jer 11,20; 17,10; Röm 8,27), hier aber auch von Christus.

Uns erschreckt der Gedanke, dass der frühzeitige Tod von Menschen Strafe Gottes sein soll und dass damit ein Warnsignal an die Überlebenden gesetzt wird. Für die Urchristenheit waren solche Überlegungen nicht fremd und finden sich auch bei Paulus (1Kor 11,29f). Allerdings: Schadenfreude ist nicht angebracht. Die Warnung ergeht an alle, denn – so wird angefügt: *ich werde euch, (und zwar) einem jeden, nach seinen Werken vergelten* (wörtlich: *geben*). Dass Gott die Menschen nach ihrem Tun beurteilt, ist eine Aussage, die die ganze Bibel durchzieht (vgl. Ps 62,13; Spr 24,12; Jer 17,10; Mt 16,27) und auch in der Offenbarung bestätigt wird (20,12f; 22,12). Selbst Paulus betont, dass gerade für Christen das Urteil Gottes bzw. Christi aufgrund ihrer konkreten Taten ergehen wird (Röm 14,10; 2Kor 5,10; 11,15). Wie immer dann das letzte und gnädige

Urteil aussehen wird, Christus reagiert auf das Verhalten der Seinen, wobei mit *Werke* mehr gemeint ist als die Summe guter oder böser Taten. Es geht um die Grundhaltung – Gott und den Menschen gegenüber.
Doch dann werden ganz bewusst die Leute in der Gemeinde angesprochen, die nicht zu einer der genannten Gruppen gehören (**24**): *Euch aber sage ich, den übrigen in Thyatira, allen, die diese Lehre nicht haben.* Es gibt also eine ganze Reihe von Gemeindegliedern, die sich nicht von der Botschaft der Prophetin haben beeinflussen lassen. Das wird noch näher spezifiziert. Es sind Leute, *die nicht »die Tiefen des Satans« erkannt haben, wie sie es nennen.* Das wirft noch einmal ganz neues Licht auf die Lehre der »Isebel« und ihrer Gruppe. Was ist damit gemeint?
Die meisten Ausleger sind überzeugt, dass mit dieser Formulierung der Anspruch dieser Lehre, zur Erkenntnis der »Tiefen Gottes« zu führen, polemisch parodiert wird (vgl. Röm 11,33; 1Kor 2,10). Mit solchen Versprechen hat etwas später die sog. Gnosis (»Erkenntnis«) die Menschen fasziniert (vgl. schon 1Tim 6,20). Und so, wie aus dem Anspruch jüdischer Gruppen, »Versammlung Gottes« zu sein, die »Versammlung Satans« wurde (vgl. 2,9; 3,9), so werde hier die Behauptung, die *Tiefen Gottes* erkennen zu können, als Suche nach den *Tiefen Satans* demaskiert.
Aber die Bemerkung *wie sie es nennen* mahnt zur Vorsicht. Hier wird wohl doch ein Schlagwort der Gegner zitiert. Was sie darunter verstanden haben, können wir freilich nur vermuten. Vielleicht wurde von ihnen propagiert, es gelte die wahre Natur Satans (und der angeblichen Götter) zu durchschauen und in ihrer Ohnmacht und Nichtigkeit zu erkennen, um so immun gegen ihre angemaßte Macht zu werden. In jedem Fall zeigt uns die Undurchsichtigkeit dieses Schlagwortes, wie wenig wir über die Theologie dieser prophetischen Bewegung wissen,
Aber es gibt offensichtlich viele in der Gemeinde, die diesen verführerischen Parolen nicht erlegen sind. Ihnen gilt das Versprechen: *Ich lege euch keine andere Last auf.* Die Formulierung erinnert an die Einleitung des sog. Aposteldekrets in Apg 15,28f: »Denn der Heilige Geist und wir haben beschlossen, euch keine weitere Last aufzuerlegen als diese notwendigen Dinge«. Zu diesen notwendigen Dingen zählt auch dort unter anderem »Götzenopferfleisch und Unzucht zu meiden«. Und hier wie dort wird betont, dass außer dieser notwendigen Abgrenzung von einem Verhalten, das Gottes Willen widerspricht, denen, die zu Christus gehören, keine anderen Forderungen auferlegt werden dürfen.
Eines freilich ist notwendig (**25**): *Was ihr habt, das haltet fest, bis ich kommen werde.* Was in V. 19 an *Werken* genannt wurde, die

Liebe, der *Glaube,* der *Dienst* und die *Standhaftigkeit* der Gemeinde, daran gilt es festzuhalten. Mehr ist nicht nötig, aber weniger sollte es nicht sein (vgl. 3,11: »Halte, was du hast«).
Ab diesem Sendschreiben wird der *Weckruf* an den Schluss gestellt, um die *Überwindersprüche* enger an den vorhergehenden Text anzuschließen. Denn hier ist die Bedingung für die Verheißung charakteristisch erweitert (**26**). Sie gilt dem, der *den Sieg behält und meine Werke bis zum Ende bewahrt.* Die Werke der Gemeinde (V. 19: *deine Werke*) erweisen sich als Werke Christi (*meine Werke*) – im Gegensatz zu den Werken der Prophetin Isebel (V. 22)! Rechte Lehre und rechtes Tun sind von ihm gewirkt, und sie gilt es zu bewahren und zu leben, und zwar bis ans Ende, also bis ans Ziel, das Gott für ihr Leben und die Geschichte dieser Welt gesetzt hat.
Die Verheißung für alle, die das tun, lautet: *dem werde ich Macht über die Völker geben.* Damit wird eine heilvolle Umkehrung der Situation angekündigt, unter der standhafte Christen jetzt litten: Sowohl die Staatsmacht des Römischen Reichs, die in der göttlichen Verehrung des Kaisers ihren Ausdruck fand, als auch der gesellschaftliche Druck der heidnischen Gesellschaft, der die Anpassung an das religiöse »Normalverhalten« erzwingen wollte, gefährdeten die Treue der Christen zu ihrem Gott und Herrn aufs Stärkste. Wer dem standhielt und den Sieg über diese Mächte behielt, dem würde am Ziel *Macht über die Völker* gegeben werden.
Diese Verheißung lehnt sich an die Zusage an, die in Ps 2,8 dem König als dem Sohn Gottes gegeben wird: »Bitte mich, so will ich dir die Völker zum Erbe geben«. Sie wurde schon im Judentum auf den Messias bezogen (vgl. PsSal 17,21–25). Hier aber gibt Christus, der Sohn Gottes (vgl. V. 18), denen, die ihm die Treue gehalten haben, Anteil an seiner Macht und Autorität. Das wird mit einem fast wörtlichen Zitat der griechischen Übersetzung von Ps 2,9 unterstrichen (**27**): *und er,* der Sieger, *wird sie* (die Völker) *weiden mit eisernem Stab.* Der hebräische Text lautet: »Du wirst sie zerschlagen mit eisernem Stab«. Die Offenbarung folgt aber, wie in 12,5; 19,15, dem Text der griechischen Übersetzung, wobei *weiden* die Bedeutung *regieren* gewinnt (so LÜ in 19,15). Nicht die Vernichtung der Völker wird verheißen, wohl aber eine durchsetzungsfähige Leitungsaufgabe, was durch das Bild des *eisernen Stabs* wirkungsvoll unterstrichen wird.
Dass er sie *wie tönerne Gefäße zerschlagen* wird, scheint nun aber doch ein Bild destruktiver Gewalt zu sein. Das Bild im Psalm geht auf ein Ritual bei der Thronbesteigung das ägyptischen Königs zurück, bei dem Tontöpfe mit den Namen feindlicher Völker zerschlagen werden. Damit ist aber nicht die Vernichtung dieser Völker, sondern die Zerstörung ihrer Machtansprüche symbolisiert. Ver-

wunderlich ist freilich, dass diese Vollmacht jedem Einzelnen der »Überwinder« in gleicher Weise wie Christus gegeben werden soll (**28**: *wie auch ich von meinem Vater empfangen habe*). Wie Jesus im Johannesevangelium spricht auch der erhöhte Christus von *meinem Vater* und weist so auf sein ganz besonderes Gottesverhältnis hin. Aber an dem, was er vom Vater an Vollmacht empfängt, sollen auch die Seinen teilhaben.

Das wird durch den letzten Teil der Verheißung unterstrichen: *ich werde ihm den Morgenstern geben*. Der Morgenstern ist seit alters Symbol für Herrschermacht (vgl. Jes 14,12). Venus, die mit dem Morgenstern identifiziert wird, galt in römischer Zeit »als Göttin, die Sieg und Herrschaft verleiht« (Giesen, 124). Kaiser Domitian wird in einem Gedicht, das ihn verherrlicht, mit dem Morgenstern verglichen. Demgegenüber sagt Christus in 22,16 »Ich bin der helle Morgenstern«, und beansprucht damit höchste Herrschermacht für sich. Wer von ihm den Morgenstern empfängt, hat Teil an seiner Herrschaft. Das soll all denen Mut machen, die sich jetzt dem Zwang und dem Druck heidnischer Mächte ausgeliefert fühlen.

1. Es geht um die *Werke* der Gemeinde und der Christen. Ich kenne *deine* Werke, sagt Christus am Anfang, und später, dass er allen nach *ihren* Werken vergelten wird. Aber Sieger nennt er die, die *seine* Werke bis ans Ende bewahren. Wenn also *Liebe, Glaube, Dienst und Standhaftigkeit* als *Werke* anerkannt und gerühmt werden, geht es nicht um ein Mindestmaß an Eigenleistung, das vorzuweisen ist, sondern darum, dass in einem Leben zur Wirkung kommt, was Christus in ihm bewirkt.

2. Was wir freilich gerne wissen würden: *Geschieht Isebel recht?* Was hätte sie wohl zu ihrer Verteidigung gesagt? Gab es vielleicht auch in ihrer Position ein Körnchen Wahrheit? Die Haltung des Alles oder Nichts macht uns heute Mühe und erscheint uns intolerant. Und doch müssen wir zur Kenntnis nehmen, dass es für die Christenheit Situationen gibt, in denen jeder Kompromiss faul und schädlich ist und nur ein klares Ja oder Nein in Frage kommt.

3. *Christen an die Macht!?* Das scheint die Verheißung des Überwinderspruchs zu sein. Mit der Zusage, dass die Christen regieren werden, schließt sogar die Botschaft des Buches (22,5; vgl. 20,6). An unserer Stelle wird dem Einzelnen zugesprochen, was nach 20,4-6 für alle gilt, die Christus die Treue gehalten haben. Ist das der allzu menschliche Traum, auch einmal selbst an die Macht zu kommen, um dann mit *eisernem Stab*, also unbarmherziger Härte, durchzugreifen? Oder wird mit diesem Bild die Hoffnung ausgedrückt, dass es einmal eine Herrschaft geben wird, die die Kraft besitzt, das Gute durchzusetzen, und an der alle partizipieren werden? Wird der

schöpferische Herrschaftsauftrag von Gen 1,26, an dem die Menschen gescheitert sind, auf neue Weise wahrgenommen? Diese Frage wird uns vor allem zu 20,4–6 und 22,5 weiter beschäftigen.

3,1–6
Nur schein-lebendig – die Gemeinde in Sardes

3 ¹Und dem Engel der Gemeinde in Sardes schreibe: Das sagt der, der die sieben Geister Gottes und die sieben Sterne hat: Ich kenne deine Werke, dass du den Namen hast, dass du lebst, und bist (doch) tot. ²Werde wach und stärke das Übrige, das im Begriff war zu sterben, denn ich habe deine Werke nicht erfüllt gefunden vor meinem Gott. ³Besinne dich darauf, wie du empfangen und gehört hast, und bewahre (es) und kehre um. Wenn du aber nicht aufwachst, werde ich kommen wie ein Dieb, und du wirst ganz sicher nicht wissen, zu welcher Stunde ich zu dir kommen werde. ⁴Aber du hast einige wenige Namen in Sardes, die ihre Kleider nicht beschmutzt haben, und sie werden mit mir in weißen (Kleidern) umhergehen, denn sie sind würdig.
⁵Wer den Sieg behält, wird so mit weißen Kleidern bekleidet werden, und ich werde seinen Namen nicht aus dem Buch des Lebens auslöschen und werde seinen Namen vor meinem Vater und seinen Engeln bekennen. ⁶Wer ein Ohr hat, höre, was der Geist den Gemeinden sagt.

Der Ort *Sardes* liegt 60 km südlich von Thyatira und 70 km östlich von Smyrna. Hier kreuzen sich wichtige Handelsstraßen, eine, die von Smyrna nach Osten, und eine, die von Norden über Pergamon, Thyatira, Sardes, Philadelphia und Laodizea bis ans Mittelmeer führte. Die Stadt war Hauptstadt des lydischen Reichs des sagenhaft reichen Königs Krösus, wurde 547 v.Chr. Sitz einer persischen Satrapie, kam 334 v.Chr. unter makedonische und 129 v.Chr. unter römische Herrschaft. Im Jahr 17 n.Chr. wurde die Stadt durch ein Erdbeben völlig zerstört, aber rasch wieder aufgebaut, und war zur Zeit der Offenbarung eine blühende Handelsstadt. Ihr Wohlstand beruhte vor allem auf der Herstellung von Woll- und sonstigen Textilwaren. Es gab eine größere jüdische Gemeinde am Ort, die im 4. Jahrhundert eine prächtige Synagoge erbaute, die durch Lage (an das Gymnasium angebaut) und Ausstattung eine bemerkenswerte Nähe zur hellenistisch – römischen Kultur aufwies.

Auch hier ergeht der Auftrag, an den *Engel der Gemeinde* zu schreiben (s. zu 2,1), und die Selbstvorstellung Christi greift auf Motive aus Kap. 1 zurück (**1**): *Das sagt der, der die sieben Geister Gottes und die sieben Sterne hat* (vgl. 1,4.16.20; 2,1). Nach 1,20 stehen die sieben Sterne für die Engel der Gemeinde; auch bei den sieben Geistern erwägen viele Ausleger, ob es sich um die sieben Engel vor Gottes Thron handelt (s. zu 1,4; 4,5). Andere sehen darin eher eine Umschreibung für das vielfältige Wirken des Heiligen Geistes. Aber dies dürfte eine der vielen Stellen sein, wo man die Bildmotive der Offenbarung nicht einfach decodieren darf (*Geister* = *Thronengel* oder *Geist*; *Sterne* = *Gemeindeengel*), sondern sie als Bilder wirken lassen muss. Die von Gott ausgehenden Kräfte des Geistes und die Repräsentanten universeller und gemeindlicher Autorität sind in der Hand des erhöhten Christus.

Wieder beginnt die Diagnose der Gemeindewirklichkeit mit der Versicherung: *Ich kenne deine Werke*. Mit dem Gemeindeengel ist also die Gemeinde als Ganze angesprochen. Ihr wird gesagt: Ich weiß, wie es um deine Verkündigung und dein Tun steht. Aber dieses Wissen führt zu einem äußerst kritischen Urteil: Es zeigt sich, *dass du den Namen hast, dass du lebst, und bist (doch) tot.*

Mit heutigen Worten könnte das heißen: *Du stehst im Ruf, dass du eine sehr lebendige Gemeinde bist.* Aber wahrscheinlich geht es nicht nur darum, dass sie allem Anschein nach eine Gemeinde ist, in der viel geschieht, dass das aber nicht stimmt. Vermutlich war in der Gemeinde wirklich viel los. Das Problem liegt tiefer. Diese Gemeinde trägt den *Namen* Christi, ein Begriff, der in dem Schreiben eine zentrale Rolle spielt (V. 4f). Sie gilt also als Gemeinschaft, die zu Christus gehört und daher Anteil an dem Leben hat, das er schenkt.

Aber der Schein trügt. Das Urteil des erhöhten Christus lautet: *du bist tot.* Was Leben scheint, ist nur Betrieb, und der Anspruch, zu Christus zu gehören und Teil an seinem Leben zu haben, wird nicht durch die Realität gedeckt. Worauf dieses Urteil beruht, wird zunächst nicht gesagt. Vermutlich ist »mit dem ›Tot‹-Sein ... die Lauheit des Glaubens gemeint, die auf dem Gefühl der Selbstsicherheit beruht« (Satake, 178).

Deshalb gilt der Gemeinde ein deutlicher Warnruf (2): *Werde wach.* Noch ist der Tod nicht endgültig. Schlaf und Tod werden im Neuen Testament häufig als Wechselbegriffe gebraucht, gerade wenn gezeigt werden soll, dass es Leben aus dem Tod geben kann (vgl. Mk 5,39 par Mt 9,24; 1Kor 15,20; 1Thess 4,13f). Hier geschieht das auch im Blick auf den geistlichen Tod, dem die Gemeinde schon verfallen scheint. So wird in Eph 5,14 den Briefempfängern ein Wort zugerufen, das ursprünglich Täuflingen galt, die aus dem Tod durch die Sünde (Eph 2,1) erweckt wurden: »Wache auf, der du schläfst, und stehe auf von den Toten«. Man kann sich selbst nicht aufwecken; aber die Aufforderung: *Wache auf* bzw. *Werde wach* ist der Weckruf, der zu neuem Leben erweckt.

Eine zweite Mahnung folgt: *und stärke das Übrige, das im Begriff war zu sterben.* Anders als in 2,24 (»die Übrigen«) ist mit *das Übrige* keine Gruppe in der Gemeinde gemeint, die von der Problematik nicht betroffen ist. Vielmehr gibt es einen *Rest* an Verhaltensweisen in der Gemeinde, der noch vom Leben, das Christus schenkt, geprägt und bewegt ist. Den gilt es zu entdecken und zu stärken, denn auch er ist im Begriff abzusterben. Dass es im Griechischen heißt: er *war* im Begriff, ist ein sprachliches Hoffnungssignal: Wenn der Brief gelesen wird, dann wird diese Gefahr bald zu Ende sein.

Warum dies nötig ist, wird auch begründet: *denn ich habe deine Werke nicht erfüllt gefunden vor meinem Gott.* Die meisten Übersetzungen schreiben *vollkommen* statt *erfüllt* (LÜ, ZB, EÜ). Das könnte den Eindruck erwecken: Es fehlt nur noch das eine oder andere. Aber es »ist nicht an ein quantitatives Mehr von bestimmten Leistungen, sondern an eine qualitative Veränderung des Verhaltens gedacht« (Roloff, 59). Es ist nicht erfüllt von der Liebe und der Freude, die Jesus schenkt (vgl. Joh 16,24; 17,13; 1Joh 1,4). Deshalb die Diagnose, mit der Jesus das Urteil Gottes warnend vorwegnimmt: *Denn ich habe festgestellt, dass deine Taten vor den Augen meines Gottes nicht bestehen können* (so die BasisBibel).

Wie das verhindert werden kann, wird noch einmal konkreter gesagt (3). Wie bei der Gemeinde in Ephesus (2,5) geht es um eine Rückbesinnung auf die Anfänge: *Besinne dich darauf, wie du empfangen und gehört hast.* Auffallend ist, dass es nicht heißt: *was* du empfangen hast, sondern *wie* du empfangen hast. *Was* die Gemeinde erhalten und angenommen hat, »das waren nicht nur bestimmte Traditionen und Weisungen, das war die heilvolle, die Menschen verwandelnde Wirklichkeit der Gemeinschaft Jesu Christi« (Roloff, 59). Nun gilt es sich darauf zu besinnen, *wie* sie das *empfangen* hat und diese Haltung zu *bewahren*: mit leeren Händen vor Gott zu treten, auf die Botschaft zu *hören* und sich so beschenken zu lassen. *Kehre um* heißt hier also, sich von allem Stolz auf Erreichtes zu verabschieden und sich ganz neu für Gottes Wirken durch Jesus Christus zu öffnen, zurückzufinden zur »ersten Liebe« wie es im Schreiben an die Gemeinde in Ephesus heißt.

Wenn das nicht geschieht, dann wird Christus sich selbst aufmachen, um seine Gemeinde zur Rechenschaft zu ziehen: *Wenn du aber nicht aufwachst,* wenn du dich weigerst, auf diesen Weckruf zu hören, dann *werde ich kommen wie ein Dieb.* Wie ein Dieb – das ist ein merkwürdiger Vergleich für den kommenden Christus. Die Pointe dieses Vergleichs wird jedoch sofort deutlich: *Du wirst ganz sicher nicht wissen, zu welcher Stunde ich zu dir kommen werde.*

Zugrunde liegt ein kleines Gleichnis Jesu. Der Vergleich mit einem Hausbesitzer, der nicht weiß, wann ein Dieb kommen wird, ruft zur bleibenden Wachsamkeit auf (Mt 24,43f par Lk 12,39f; vgl. 1Thess 5,2.4; 2Petr 3,10). Denn so unerwartet wie ein Dieb in der Nacht kommt, so überraschend wird der Menschensohn am »Tag des Herrn« kommen. Manche Ausleger denken, dass auch an unserer Stelle von der endzeitlichen Wiederkunft Jesu die Rede ist. Aber es geht hier wohl eher um eine unerwartete Visitation der Gemeinde durch ihren Herrn, der sie unsanft aus ihrem geistlichen Todesschlaf aufwecken wird.

Aber es gibt eine positive Einschränkung des Tadels (4): *Aber du hast einige wenige Namen in Sardes, die ihre Kleider nicht beschmutzt haben.* Mit *Namen* sind hier *Personen* gemeint. Es sind nur wenige, aber von ihnen gilt, dass sie *ihre Kleider nicht beschmutzt haben,* und das bedeutet, »dass sie treu ihren Glauben bewahrt haben« (Satake, 179). Reine Kleider zu haben, bedeutet in der Antike, gemeinschaftsfähig zu sein. In 7,14 wird es von den Geretteten paradoxerweise heißen, dass sie ihre Kleider »weiß gemacht haben im Blut des Lammes«. Es gibt also Leute in der Gemeinde in Sardes, die ihre durch Christus geschenkte Gemeinschaftsfähigkeit mit Gott bewahrt haben.

Die Ausleger sind unterschiedlicher Meinung, ob hinter dem Bild von der drohenden Verunreinigung konkrete Gefahren stehen, z.B. die Befleckung durch sexuelles Fehlverhalten (vgl. zu 14,4) oder durch Kompromisse in der Frage der Verehrung anderer Götter. Beides ist denkbar, aber wird in dem Schreiben nicht thematisiert. Wichtig ist die grundsätzliche Aussage: Sie haben ihr Leben vor allem bewahrt, was sie aus der Gemeinschaft mit Christus ausgeschlossen hätte.

Deshalb gilt für sie die Verheißung: *Sie werden mit mir in weißen (Kleidern) umhergehen.* Ihrer Treue entspricht die Treue Jesu: Er wird sie in seine Gemeinschaft aufnehmen. Sie werden in ihrem ganzen Sein und Tun zu ihm gehören und auf ihn ausgerichtet sein (*mit mir wandeln*), und zwar einst bei der Vollendung ihres Lebens (vgl. V. 5), aber auch schon jetzt in ihrem Leben mit und für Christus. Das wird begründet: *denn sie sind würdig,* das heißt: Sie haben sich so verhalten, wie es für die Gegenwart Gottes und Christi angemessen ist.

Der Überwinderspruch schließt sich auch hier unmittelbar an diese Verheißung an (5): *Wer den Sieg behält, wird so mit weißen Kleidern bekleidet werden. Wer den Sieg behält,* das sind nicht nur die Leute, die Jesus bis jetzt die Treue gehalten haben, sondern alle, die sich zur Umkehr rufen lassen. Alle werden *so* wie die, die ihre Kleider reingehalten haben, *mit weißen Kleidern bekleidet werden,*

Symbol für eine neue Existenz, die der Gemeinschaft mit Gott entspricht (vgl. 4,4).
Eine zweite Verheißung wird daneben gestellt: *und ich werde seinen Namen nicht aus dem Buch des Lebens auslöschen.* Das Bild vom *Buch* (eigentlich: *Schriftrolle*) *des Lebens* ist Symbol dafür, dass die Zugehörigkeit zu Gott dokumentiert ist (Ps 69,29; vgl. Ex 32,32; Jes 4,3). In diesem Buch aufgeschrieben zu sein bedeutet nach Dan 12,1, zum ewigen Leben bestimmt zu sein (vgl. Lk 10,20; Offb 13,8; 17,8; 20,12.15; 21,27). Hier wird vorausgesetzt, dass alle, die zu Christus gehören, in diesem Buch aufgeschrieben sind. Es ist aber auch möglich, dass es Menschen gibt, deren Name wieder gelöscht wird (vgl. Ps 69,29), weil sie sich aus der Gemeinschaft mit Christus gelöst haben. Bei denen aber, die ihm die Treue halten, wird dies gewiss nicht der Fall sein.
Dies wird durch die dritte Verheißung noch einmal durch eine positive Aussage unterstrichen: *Ich werde seinen Namen vor meinem Vater und seinen Engeln bekennen.* Dieser Zusage liegt ein Wort Jesu aus Mt 10,32f par Lk 12,8f zugrunde: »Wer sich nun vor den Menschen zu mir bekennt, zu dem werde auch ich mich vor meinem Vater im Himmel (bzw. vor den Engeln Gottes, Lk 12,8) bekennen«. Für die, die sich treu zu Jesus halten, wird er vor Gott, seinem himmlischen Vater, und dem Gerichtshof der Engel eintreten und bezeugen, dass sie zu ihm gehören und ihr Name deshalb im Buch des Lebens steht. Jesus »unterstreicht die Gabe unverbrüchlichen Lebens vor Gott und Gottes Gerichtshof, den Engeln« (Karrer I, 347).
Der Weckruf (6) schließt das Schreiben ab.

Eine Gemeinde wird für tot erklärt. Das ist ein äußerstes Alarmzeichen. Noch ist sie nicht ganz tot; aber sie ist im Begriff zu sterben. Dabei scheint viel los zu sein in der Gemeinde in Sardes. Nach außen macht sie einen äußerst lebendigen Eindruck und zeigt nicht die Symptome einer sterbenden Gemeinde. Und dennoch liegt sie im Sterben, weil die Lebensader ihres Glaubens, die Verbindung zu Jesus Christus, abgeschnitten ist.
Eine Gemeinde wird für tot erklärt, aber damit nicht aufgegeben. Im Gegenteil: Sie soll wiederbelebt werden, reanimiert mit dem heißen Atem der Liebe Christi. Er versucht, die Erinnerung an ihre wahre Identität und die Quelle ihres Lebens wachzurütteln und neu zu beleben, was an Gemeinschaft mit ihm noch übrig ist. Aber auch die Gemeinde soll aktiv werden und umkehren und zu einem Leben mit ihm zurückfinden.
Eine Gemeinde für tot zu erklären steht nur Christus zu. Diese Diagnose darf nicht als Waffe zwischen rivalisierenden Gemeinden miss-

braucht werden. Es ist nicht unsere Aufgabe herauszufinden, welche unter den Gemeinden, die im Ruf stehen, lebendig zu sein, in Wirklichkeit tot ist. Wir sind gefragt, wo wir Sardes gleichen.
Wichtig ist vor allem: Es geht nicht um das Ansehen nach außen. Es geht darum, dass eine Gemeinde oder eine Person mit ihrer wahren Identität bei Gott geborgen ist. Nicht besondere Leistungen sind gefragt; es gilt sich für Jesu Ruf zu öffnen. Diejenigen, die ihn hören, »stehen schon in der Liste Gottes. Ihnen ist das Leben zugesagt. Sie müssen es nicht neu erwerben« (Karrer I, 346). Sie tragen zu Recht den Namen Christi, das Zeichen, dass sie leben.

3,7–13
Klein und doch treu – die Gemeinde in Philadelphia

⁷Und dem Engel der Gemeinde in Philadelphia schreibe: Das sagt der Heilige, der Wahrhaftige, der den Schlüssel Davids hat, der öffnet und niemand wird zuschließen, und der schließt und niemand öffnet: ⁸Ich kenne deine Werke; siehe, ich habe vor dir eine geöffnete Tür gegeben, die niemand schließen kann, denn du hast (nur) eine kleine Kraft und hast (doch) mein Wort bewahrt und meinen Namen nicht verleugnet. ⁹Siehe, ich gebe (Leute) aus der Versammlung des Satans, die sagen, sie seien Juden, und sind es nicht, sondern lügen. Siehe, ich werde sie dazu bringen, dass sie kommen und vor deinen Füßen niederfallen werden und erkennen, dass ich dich lieb gewonnen habe. ¹⁰Denn du hast mein Wort der Standhaftigkeit bewahrt, und (so) werde auch ich dich vor der Stunde der Prüfung bewahren, die über den ganzen Erdkreis kommen wird, um die zu prüfen, die auf der Erde wohnen. ¹¹Ich komme bald. Halte fest, was du hast, damit dir niemand den Siegeskranz wegnimmt.
¹²Wer den Sieg behält, den werde ich zu einer Säule im Tempel meines Gottes machen, und er wird nicht mehr aus ihm hinausgehen (müssen), und ich werde auf ihn den Namen meines Gottes schreiben und den Namen der Stadt meines Gottes, des neuen Jerusalems, das vom Himmel herabkommt von meinem Gott, und meinen neuen Namen. ¹³Wer ein Ohr hat, höre, was der Geist den Gemeinden sagt.

Die Stadt *Philadelphia* (heute Alaşehir), 50 km südöstlich von Sardes gelegen, war eine relativ junge Stadt. Sie wurde von Attalus Philadelphos II gegründet, der von 159–138 v.Chr. über das Reich von Pergamon herrschte. Seit 126 v.Chr. gehörte sie zur römischen Provinz Asia. Wie Sardes wurde sie durch das Erdbeben von 17 n.Chr. zerstört, aber mit kaiserlicher Hilfe wiederaufgebaut. Sie erhielt deshalb den Namen Neocäsarea und unter der Dynastie der Flavier (Vespasian und seine Söhne Titus und Domitian) den Namen Flavia. Die Offenbarung benutzt aber den alteingeführten Namen *Philadelphia,* der übersetzt *geschwisterliche Liebe* bedeutet.

Wie bei allen Sendschreiben lautet der Auftrag, an den *Engel der Gemeinde in Philadelphia* zu schreiben (**7**; vgl. zu 2,1). Doch hier werden für die Selbstvorstellung des Auftraggebers vor allem alttestamentliche Motive benutzt. Zwei ganz unterschiedliche Aussagen werden dabei gemacht. Mit der ersten *Das sagt der Heilige, der Wahrhaftige,* werden Gottesprädikate auf Christus übertragen. Gott ist *heilig,* das ist eine Grundaussage der Bibel (vgl. Ps 99,5; Jes 6,3; Hos 11,9 u.ö.). In Jes 40,25; Hab 3,3 wird Gott *der Heilige* genannt. Nach Jes 65,16; Jer 10,10 ist er auch der *wahrhaftige Gott.* Er ist absolut vertrauenswürdig. Dass diese Gottesbezeichnungen auf Christus übertragen werden, identifiziert ihn nicht mit Gott, macht aber deutlich, dass er in dessen Vollmacht handelt.
Die zweite Aussage setzt einen anderen Akzent. Hier spricht der, *der den Schlüssel Davids hat.* Er ist es, *der öffnet und niemand wird zuschließen, und der zuschließt und niemand öffnet.* Dass der erhöhte Christus die Schlüssel des Todes und des Totenreichs hat, war schon in 1,18 gesagt worden. Hier wird ein anderer Aspekt dieses Bildes aufgegriffen und zwar in Anlehnung an Jes 22,15–23. Dort wird berichtet, wie Eljakim von Gott zum Haushofmeister bestimmt wird. Die Vollmacht über den königlichen Haushalt wird ihm mit den Worten übertragen: »Ich will die Schlüssel des Hauses Davids auf seine Schulter legen, dass er auftue und niemand zuschließe, dass er zuschließe und niemand auftue« (V. 22). Diese Formulierung wird übernommen, bedeutet aber nun: Es ist Christus, der »bestimmt, wer in Gottes Volk, in die dem David zugesagte heilvolle Herrschaft Gottes und in Gottes Heiligtum eingeht« (Karrer I, 351). Wo er den Zugang zur himmlischen Stadt Gottes, d.h. in die völlige Gemeinschaft mit Gott, öffnet, wird niemand mehr zuschließen, und wo er den Zugang verweigert, kann kein anderer aufschließen. Das steht freilich in einer gewissen Spannung zu der Zusage an Petrus in Mt 16,19, die dem Apostel diese Vollmacht zuspricht! Hier bleibt sie ganz in den Händen Christi.
Die Beurteilung der Gemeinde fällt äußerst knapp aus (**8**): *Ich kenne deine Werke* heißt es zunächst lapidar, ohne weiteren Zusatz. Dass das Urteil positiv ist, zeigt sich aber daran, dass unmittelbar darauf eine Heilszusage folgt: *siehe, ich habe vor dir eine geöffnete Tür gegeben, die niemand schließen kann.* Bei Paulus und Lukas verweist das Bild von der geöffneten Tür auf eine missionarische Möglichkeit, die sich auftut (vgl. 1Kor 16,9; 2Kor 2,12; Apg 14,27). Die direkte Anknüpfung an die Selbstvorstellung in V. 7 macht aber klar, dass es hier um die Tür zum endzeitlichen Jerusalem geht

(vgl. 21,25; 22,14), also um den Zugang zur Gemeinschaft mit Gott und dem Heil, das sie schenkt. Die Gemeinde darf gewiss sein, zum endzeitlichen Volk Gottes und in die Gemeinschaft mit Gott zu gehören.
Dann aber wird doch noch begründet, worauf das positive Urteil beruht: *denn du hast (nur) eine kleine Kraft und hast (doch) mein Wort bewahrt und meinen Namen nicht verleugnet.* Diese Gemeinde kann nicht mit großen Zahlen und Leistungen aufwarten. Aber das ist nicht entscheidend. Was zählt, ist die Treue zu Jesus und zu seinem Wort! Das wird zunächst positiv beschrieben. Jesu Botschaft ist Grund und Mitte des Lebens der Gemeinde und ihrer Verkündigung geblieben (*mein Wort bewahrt*). Und sie hat sich zu ihm in schwierigen Auseinandersetzungen bekannt: *meinen Namen nicht verleugnet* (vgl. 2,13).
Mit wem es diese Auseinandersetzungen gab, verrät die folgende Verheißung (9). Wie in 2,9 ist wieder von der *Versammlung* (griechisch: *Synagoge*) des *Satans* die Rede, von Leuten, die sagen, *sie seien Juden, und es nicht sind, sondern* damit *lügen.* Auch hier stellt sich die Frage, ob es sich um Nichtjuden handelt, die sich zum jüdischen Glauben bekennen, aber den letzten Schritt des Übertrittes nicht wagen. Dies könnte gerade für Philadelphia naheliegen, da der Kirchenvater Ignatius einige Jahre später in seinem Brief an die dortige Gemeinde eine solche Gruppe erwähnt (IgnPhil 6,1). Allerdings macht das, was über diese Gruppe geschrieben wird, es doch wahrscheinlicher, dass es sich um Juden handelt, denen abgesprochen wird, dass sie wirklich Juden sind. Der Satz ist freilich unvollständig. Er beginnt mit der Wendung: *Siehe, ich gebe (Leute) ... in* der Bedeutung: *ich veranlasse ...* (EÜ) und bricht dann ab. Was gemeint ist, zeigt die Fortsetzung: *Siehe, ich werde sie dazu bringen, dass sie kommen und vor deinen Füßen niederfallen.* Damit wird auf Jes 60,14 angespielt, wo Israel verheißen wird: »Alle, die dich gelästert haben, werden niederfallen zu deinen Füßen und dich nennen ›Stadt des HERRN‹, ›Zion des Heiligen Israels‹«.
Es gehört zur Hoffnung Israels, dass am Ende der Tage die heidnischen Völker kommen, vor dem verachteten Volk niederfallen und seinen Gott anbeten werden (Ps 86,9; Jes 45,14; 49,23). Hier aber hat sich die Perspektive umgedreht: Die Juden werden kommen und vor den Christen niederfallen, obwohl diese sicher in der Mehrzahl Heiden aus den »Völkern« sind. Denn sie werden *erkennen, dass ich dich lieb gewonnen habe.* Dass Gott sein Volk liebt, war tiefster Ausdruck der Erwählung Israels (vgl. Dtn 7,8; Jes 43,4; Hos 11,1). Nun wird Jesu Liebe zum Zeichen dafür, dass Gott die, die Jesus als Sohn Gottes und Messias bekennen, als sein geliebtes Volk erwählt hat.

Diese Pointe aber setzt voraus, dass die *Juden,* von denen hier die Rede ist, echte Juden sind. Sie lässt auch vermuten, dass es zwischen der Synagoge und der Gemeinde heftige Auseinandersetzungen darüber gab, wer wirklich zu Gottes Volk gehört und welche Rolle Jesus Christus in Gottes Heilshandeln spielt. Es mögen diese Streitigkeiten gewesen sein, bei denen die Gemeinde ihre Treue zur Botschaft Jesu und dem Bekenntnis zu ihm bewiesen hat. Was diese neu gewonnene Erkenntnis für die Juden bedeutet, wird allerdings nicht gesagt. Werden auch sie sich der Liebe Christi öffnen? Das bleibt offen.

Dagegen wird die Treue der Gemeinde ausdrücklich als Begründung für die gegebene Zusage genannt (**10**): *Denn du hast mein Wort der Standhaftigkeit bewahrt.* Damit wird noch einmal das Lob von V. 8 *du hast mein Wort bewahrt* aufgenommen und spezifiziert: Die Gemeinde hat ernst genommen, dass Jesu Wort bezeugt, wie standhaft er sein Leiden auf sich genommen hat. *Mein Wort der Standhaftigkeit* kann sich aber auch auf das Wort Jesu beziehen, das die Gemeinde »zum Ausharren aufforderte (1,9)« (Roloff, 61).

Wie die Gemeinde Jesu Wort bewahrt hat, so wird er auch sie *bewahren,* nämlich *vor der Stunde der Prüfung, die über den ganzen Erdkreis kommen wird, um die zu prüfen, die auf der Erde wohnen.*

Was ist mit *Stunde der Prüfung* gemeint? Das griechische Wort, das wir mit *Prüfung* übersetzt haben, kann auch *Versuchung* bedeuten. Dann ist der Aspekt der *Verführung* zum Bösen eingeschlossen, also die *Versuchung,* die vom Teufel ausgeht (vgl. Mt 4,1–11). Es kann aber auch die *Erprobung* durch Gott gemeint sein (1Kor 10,13; 2Petr 2,9). Auch *bewahren vor* kann unterschiedlich verstanden werden: Es bedeutet entweder *heraushalten aus* oder *vor den negativen Folgen bewahren* (so in Joh 17,15). Es stellt sich also die Frage: Bedeutet Jesu Verheißung, dass die Gemeinde davor bewahrt wird, die letzte entscheidende Prüfung durchstehen zu müssen, oder dass sie davor bewahrt wird, in ihr zu scheitern? An und für sich sollte die Wendung *die auf der Erde wohnen* klarstellen, dass alle Menschen von dieser Prüfung betroffen sein werden. Aber an vielen Stellen sind damit nur die gottfeindlichen Menschen und nicht die Christen gemeint (vgl. 6,10; 11,10; 13,8.14; 17,8). Eine ähnliche Frage wird sich in 7,14 im Blick auf die stellen, »die aus der großen Bedrängnis kommen«. Eine Auslegungstradition, die vor allem im angelsächsischen Bereich zu Hause ist, sieht beide Stellen als Beleg dafür, dass die wahren Christen vor der »großen Trübsal« entrückt und so vor dieser Prüfung, die für viele zur Versuchung wird, bewahrt werden. Wie wir sehen werden, spricht gerade 7,14 gegen diese Auslegung.

Die letzte Auseinandersetzung Gottes mit der feindlichen Welt wird hier als entscheidende *Prüfung* für die Menschen (*die auf der*

Erde wohnen) gesehen, die für viele zur *Versuchung* werden wird, sich ganz von Gott loszusagen. Denen, die sich an Christus gehalten und sein Wort *bewahrt* haben, verspricht er, dass auch er sie in dieser Zeit der Erprobung halten und davor *bewahren* wird, der Versuchung zu erliegen.

Dazu tritt eine tröstliche Perspektive für die Zukunft (**11**). Denn der erhöhte Christus verspricht: *Ich komme bald.* Diese Zusage macht Mut und gibt Kraft (vgl. 22,20). Sie schenkt die Gewissheit: Die Zeit von Erprobung und Bedrängnis ist kurz. Umso mehr gilt die Mahnung: *Halte fest, was du hast* (vgl. 2,25). Was die Gemeinde hat, ist freilich nichts anderes als das Wort Jesu, seine befreiende Botschaft, und das Bekenntnis zu ihm, mit dem sie an ihm festhält. Das aber bedeutet schon gegenwärtiges Heil durch die Gemeinschaft mit ihm. Das ist der *Siegeskranz,* die »Krone des Lebens« (2,10), die niemand der Gemeinde wegnehmen kann.

Aber noch ist die Gemeinde nicht am Ziel. Daher gibt es auch für sie eine Verheißung für die Zukunft (**12**). Es ist eine doppelte Verheißung, die mit ganz unterschiedlichen Bildern ausgesprochen wird:

1. *Wer den Sieg behält, den werde ich zu einer Säule im Tempel meines Gottes machen.* Im Neuen Testament wird auch die Gemeinde als *Tempel* Gottes bezeichnet (vgl. 1Kor 3,16; Eph 2,21) und Menschen, die eine besondere Verantwortung tragen, können *Säulen* genannt werden (Gal 2,9). Hier aber ist der *Tempel* Bild für den Ort der vollendeten Gemeinschaft mit Gott. Dass es nach 21,22 im himmlischen Jerusalem keinen Tempel geben wird, ist kein Widerspruch dazu. Denn der Tempel, von dem hier die Rede ist, ist kein Bauwerk im neuen Jerusalem, sondern Symbol für ein Leben in der unmittelbaren Gegenwart Gottes.

Der erhöhte Christus spricht vom Tempel *meines* Gottes, denn in ihm begegnen Menschen dem einen und wahren Gott, zu dem Jesus die Verbindung geschaffen hat. *Säule* in ihm zu werden bedeutet, als tragendes Element in den Bereich des Heils, das Gott schenkt, eingegliedert zu werden. Wer so in den Tempel Gottes eingefügt ist, *wird nicht mehr aus ihm hinausgehen (müssen).*

2. Der zweite Teil der Verheißung lautet: *Ich werde auf ihn den Namen meines Gottes schreiben und den Namen der Stadt meines Gottes, des neuen Jerusalems, das vom Himmel herabkommt von meinem Gott, und meinen neuen Namen.* Vielleicht ist hier weiter das Bild der Säule im Blick, da in antiken Tempeln Säulen oft Inschriften mit den Namen derer trugen, die den Bau ermöglicht haben. Aber es ist nicht der eigene Name, der denen eingeschrieben ist, die den Sieg behalten. Es ist *erstens* der Name *meines Gottes,* also des Gottes, den Jesus offenbart hat. Und es ist *drittens* der *neue Name* Jesu, also der Name, »der ›neu‹ heißt, weil er die Gottesge-

genwart neu verbürgt« (Karrer I, 357; vgl. 2,17). Beide Namen »bedeuten, dass der Betreffende als das Eigentum Gottes bzw. Christi unter ihren Schutz gestellt wird« (Satake, 184).
Dazwischen aber wird *zweitens* der Name *der Stadt meines Gottes* genannt und relativ ausführlich erklärt. Es ist der Name *des neuen Jerusalems, das vom Himmel herabkommt von meinem Gott* (vgl. 21,2.10). Das Schreiben dieses Namens »bedeutet die Verleihung des Bürgerrechts dieser Stadt; d.h.: Der Überwinder bekommt einen festen Platz in dem Bereich, in dem das Heil verwirklicht wird« (Satake, 184f). Darauf kommt alles an. Der Weckruf (13) *Wer ein Ohr hat, höre, was der Geist den Gemeinden sagt,* schließt das Schreiben ab.

Nur eine kleine Kraft – und doch hoch gelobt! Ein Trost für alle, die im Wettbewerb um die am schnellsten wachsende Gemeinde nicht mithalten können. Aber das heißt nicht einfach: *Small is beautiful.* Nicht das Kleinsein und die Schwäche als solche werden gerühmt, sondern dass diese Umstände die Gemeinde dazu geführt haben, sich ganz auf Gott zu verlassen, sein Wort zu bewahren und sich zu Jesus zu bekennen. Dieses Urteil entspricht Jesu Seligpreisung der Armen im Geist (Mt 5,3) und dem Bekenntnis des Paulus, dass Christi Kraft in Schwachheit vollendet wird (2Kor 12,9).
Das aber bleibt nicht ohne erkennbare Auswirkung: Es ist nicht von ungefähr, dass gerade dieser Gemeinde verheißen wird, dass die Feindschaft ihrer Gegner überwunden werden wird. Doch nicht, was die Gemeinde geleistet hat, wird Inhalt der Anerkennung sein, sondern *dass ich dich lieb gewonnen habe.* Das Leben der Gemeinde ist transparent für die Liebe Christi – das ist entscheidend. Wir würden gerne wissen, ob dadurch aus den Feinden auch Freunde werden und Menschen, die sich selbst für die Liebe Jesu öffnen. Das erfahren wir nicht. Der Blick ist ganz auf das Geschick der Gemeinde gerichtet.
An der Liebe Christi festzuhalten und von ihr gehalten zu werden, das bewahrt in schwierigen Situationen. Es hilft, das Ziel eines Lebens mit Gott nicht aus den Augen zu verlieren, und macht aus dem scheinbar schwächsten Glied ein tragendes Element in Gottes Gemeinschaft mit den Menschen.

3,14–22
Weder heiß noch kalt – die Gemeinde in Laodizea

[14]*Und dem Engel der Gemeinde Laodizea schreibe: Das sagt der, der Amen (heißt), der treue und wahrhaftige Zeuge, der Anfang der Schöpfung Gottes:* [15]*Ich kenne deine Werke, dass du weder kalt noch*

heiß bist. Wenn du doch kalt oder heiß wärest! ¹⁶So (aber), weil du lau bist und weder kalt noch heiß, bin ich im Begriff, dich aus meinen Mund auszuspeien. ¹⁷Weil du sagst: Ich bin reich und bin reich geworden und habe an nichts Mangel, und nicht weißt, dass (gerade) du der Elende und Bemitleidenswerte und Arme und Blinde und Nackte bist, ¹⁸(deshalb) rate ich dir, von mir im Feuer geläutertes Gold zu kaufen, damit du reich wirst, und weiße Kleider, damit du bekleidet bist und die Schande deiner Nacktheit nicht offenbar wird, und Augensalbe, um deine Augen zu salben, damit du sehen kannst. ¹⁹Alle, die ich liebe, weise ich zurecht und erziehe ich. Sei also eifrig und kehre um! ²⁰Siehe, ich stehe vor der Tür und klopfe an; wenn jemand auf meine Stimme hört und die Tür öffnet, dann werde ich zu ihm hineingehen und mit ihm das Mahl halten, und er mit mir. ²¹Wer den Sieg behält, dem werde ich geben, mit mir auf meinem Thron zu sitzen, wie auch ich gesiegt und mich mit meinem Vater auf seinen Thron gesetzt habe. ²²Wer ein Ohr hat, höre, was der Geist den Gemeinden sagt.

Laodizea lag im Tal des Flusses Lykos, 6 km nördlich des heutigen Denizli, 10 km südlich von Hierapolis, und 15 km westlich von Kolossä. Zwei wichtige Handelsstraßen kreuzten sich hier: von Ephesus nach Syrien und von Pergamon nach Attalia. In römischer Zeit war Laodizea ein blühendes Handelszentrum und der wirtschaftliche Mittelpunkt Phrygiens, das für sein Bankwesen, die Wollindustrie, eine Ärzteschule und die Herstellung medizinischer Produkte bekannt war. Die Stadt war so reich, dass sie nach einem verheerenden Erdbeben im Jahr 60/61 n.Chr. ohne Hilfe von außen wiederaufgebaut werden konnte. Schon früh gab es in ihr eine jüdische Gemeinde. In Kol 2,1; 4,16 wird die dortige christliche Gemeinde erwähnt und berichtet, dass sie einen Brief von Paulus erhalten habe.

Wieder geht das Schreiben an den *Engel der Gemeinde* (**14**); aber es wird sehr deutlich, dass die ganze Gemeinde angeredet ist (vgl. zu 2,1). Christus als Auftraggeber stellt sich mit drei Aussagen vor:
1. *Das sagt der, der Amen (heißt)*. Diese Wendung knüpft an Jes 65,16 an. Dort wird Gott der *Gott des Amen* (EÜ), d.h. *der Gott der Treue* und *Wahrheit*, genannt. In seinem Namen werden sich die Menschen in der Zeit des Heils segnen. Ein Prädikat Gottes wird also auf Christus übertragen: Er ist die Zuverlässigkeit persönlich (vgl. auch 2Kor 1,20).
2. Das bekräftigt die zweite Aussage: Das sagt *der treue und wahrhaftige Zeuge*. Schon in 1,5 wurde Christus als der *treue Zeuge* vorgestellt, der durch sein Leben und Sterben die Wahrheit und Zuverlässigkeit seiner Botschaft verbürgt. Das wird hier durch den Begriff *wahrhaftig* unterstrichen: In Jesu Reden und Handeln begegnet die Wahrheit und Wirklichkeit Gottes.

3. Nicht zuletzt spricht hier *der Anfang der Schöpfung Gottes*. Das nimmt ein Wort der Weisheit in Spr 8,22 auf, die sagt: »Der HERR hat mich gehabt am Anfang seines Wegs, vor seinen anderen Werken, vor aller Zeit«. Diese Aussage wird im Neuen Testament auf Christus bezogen: Er ist nicht nur erstes Geschöpf, sondern Mitschöpfer von Anfang an (vgl. Joh 1,1f; Kol 1,15). Der Bezug auf die Schöpfung ist für die Offenbarung ungewöhnlich, deshalb denken manche Ausleger an die neue Schöpfung. Das ist aber durch nichts angedeutet. Andere übersetzen *Herrscher der Schöpfung*. Damit wird eine wichtige Nuance des griechischen Wortes für Anfang benannt. Christus ist der »Urgrund der Schöpfung« (Lohse, 33). Von ihm kommt alles her, und er bestimmt alles. Das begründet das folgende Urteil über die Gemeinde.

Wieder heißt es lapidar (15): *Ich kenne deine Werke*. Hier aber wird sofort angefügt, was das entscheidende Defizit der Gemeinde ist, nämlich, *dass du weder kalt noch heiß bist*. *Weder kalt noch heiß*, das ist offensichtlich Ausdruck für die Unentschiedenheit und die Unentschlossenheit, die in der Gemeinde herrscht, ein temperiertes Christsein, das nichts bewirkt. Fast verzweifelt klingt der Zwischenruf: *Wenn du doch kalt oder heiß wärest!* Viele Ausleger sehen in *heiß* die positive Aussage: das »Brennen im Geist« (Röm 12,11; Apg 18,25), das Feuer der Liebe, die flammende Begeisterung für die Sache des Herrn. Im Gegensatz dazu wäre *kalt* die negative Seite: die klare und entschiedene Ablehnung der Botschaft. Dann würde der Wunsch: *Wenn du doch kalt oder heiß wärest!* bedeuten, dass »ein klares ›Nein‹ zur Christusbotschaft noch besser« wäre als die unentschiedene Haltung der Gemeinde. Das wäre in der Tat »eine erstaunlich radikale Aussage« (Lichtenberger, 113). Aber passt sie in die Gedankenwelt der Offenbarung? Es ist wahrscheinlicher, dass beides, heiß *und* kalt, positives Bild für eine entschiedene Haltung ist. Die negative Urteilsbegründung lautet: *weil du lau bist und weder kalt noch heiß*. Vermutlich ist also gemeint: Statt ein entschiedenes Nein zu der Teilnahme an Opfermahlzeiten und dem Verzehr von Götzenopferfleisch zu sprechen und ein klares Ja zum Bekenntnis zu Jesus Christus zu leben, versucht man, sich in der Gemeinde durch ein Sowohl-als-auch und ein vorsichtiges Lavieren auf allen Seiten Schwierigkeiten zu ersparen.

Das Bild hat vermutlich einen konkreten Hintergrund in der Topographie Laodizeas. Bei der Nachbarstadt Hierapolis (heute: Pamukkale) entspringen heiße Quellen. Umgekehrt war Kolossä für sein gutes, kühles Wasser bekannt, das aus den umliegenden Bergen kam. Beides galt nach dem Bericht antiker Autoren als heilkräftig und lebensspendend. Dass freilich das Wasser aus diesen Quellen über Aquädukte nach Laodizea gebracht wurde, dort aber nur noch lauwarm ankam und daher ungenießbar war, ist eine Legende der Auslegung des 19. und 20. Jahrhunderts. Hilfreicher ist der Hinweis auf Erkenntnisse antiker Medizin. Für den griechischen Arzt Galen (ca. 130-200 n.Chr.) gehörte heiß und kalt zu den vier Grundqualitäten, denen er schaffende Kraft zuschrieb.»Lauwarmes liegt dazwischen und gehört zu den Purgatoria, die das Erbrechen erleichtern« (Karrer I, 364).

Das Verhalten der Gemeinde wirkt wie lauwarmes Wasser. Es ist schwer zu ertragen und reizt zum Erbrechen. Das gilt auch für das Verhältnis von Christus zu seiner Gemeinde (16): *Weil du lau bist*, sagt er, *bin ich im Begriff, dich aus meinen Mund auszuspeien*. Das ist ein außerordentlich kräftiges Bild für den vollständigen Abbruch der Beziehung. Der ganze Ekel über eine Gemeinde, von der sich nichts Positives sagen lässt, liegt darin. Noch ist es nicht geschehen. Umkehr ist möglich. Aber die Trennung Christi von seiner Gemeinde steht unmittelbar bevor.

Noch einmal wird der grundsätzliche Schaden der Gemeinde beschrieben (17). Die Gemeinde zeigt ein unangemessenes Selbstbewusstsein, wenn sie von sich behauptet: *Ich bin reich und bin reich geworden und habe an nichts Mangel*. Offensichtlich ging es der Gemeinde gut. Sie war darin ein Abbild der Stadt, in der sie lebte. Vermutlich war sie in letzter Zeit gewachsen und hatte sich ein gewisses Ansehen erworben. Zufrieden blickte sie auf den geistlichen und wohl auch materiellen Reichtum, der bei ihren Gliedern eingekehrt war.

Stolz wird festgestellt: *ich bin reich geworden* – wir haben etwas erreicht. Auch in Hos 12,9 wird das Volk mit den anmaßenden Worten zitiert: »Wie reich bin ich doch geworden; ich habe genug. Alles meine Arbeit!« Das mag man in Laodizea so nicht gesagt, aber dem Sinn nach gedacht haben. Eine kluge Gemeindeleitung hatte das Gemeindeschifflein durch innere und äußere Gefahren gesteuert und so das geistliche Leben der Gemeinde, aber auch den Wohlstand ihrer Glieder gefördert. *Es fehlt uns nichts.* Darauf war man stolz.

Doch mit dieser Einschätzung betrügt sich die Gemeinde selbst. Ihr Herr wirft ihr vor, dass sie nicht wahrnimmt, *dass (gerade) du der Elende und Bemitleidenswerte und Arme und Blinde und Nackte bist*. Hier wird sehr direkt gesprochen. Formal wird immer noch der Engel angesprochen (deshalb: *der* Elende). Gemeint aber ist die Gemeinde und jedes Gemeindeglied.

Fünf Begriffe decken auf, wie es um sie steht. Die ersten beiden umreißen allgemein die beklagenswerte Situation: *elend* beschreibt die heillose Lage eines Menschen, der aus eigener Kraft das Leben bewältigen will (vgl. Röm 7,24), und *bemitleidenswert* bzw. *erbärmlich* die tiefe Hilfsbedürftigkeit einer solchen Existenz (vgl. 1Kor 15,19, ZB).

Drei weitere Begriffe benennen die konkrete Not der Gemeinde: Sie, die meint reich zu sein, ist in Wirklichkeit *arm*. Der Gemeinde in Smyrna, die sich ihrer Armut schmerzlich bewusst war, konnte zugerufen werden: »Du bist aber reich«, weil sie ihre leeren Hände von Gott füllen ließ. Der reichen Gemeinde in Laodizea aber muss gesagt werden: *du bist arm*, weil sie sich durch ihre Selbstzufriedenheit für den Reichtum der Gnade verschloss. Da sie das nicht sah, war sie *blind*. Der Ruhm, mit dem sie sich nach außen schmückte, war Schein wie des Kaisers neue Kleider. Ohne die »Kleider des Heils« und den »Mantel der Gerechtigkeit«, die Gott schenkt (Jes 61,10), war sie *nackt* und *bloß*, der Beschämung preisgegeben.

Aber trotz dieses negativen Urteils ist das letzte Wort über die Gemeinde noch nicht gesprochen. Es gibt Hilfe. Sie wird nicht in einem flammenden Appell oder einer scharfen Drohung angeboten, sondern als nachdrücklicher Rat. Eine gewisse Ironie ist dabei nicht zu überhören (**18**): *(Deshalb) rate ich dir, von mir im Feuer geläutertes Gold zu kaufen, damit du reich wirst, und weiße Kleider, damit du bekleidet bist und die Schande deiner Nacktheit nicht offenbar wird, und Augensalbe, um deine Augen zu salben, damit du sehen kannst.*

Mit diesem Rat wird auf die drei konkreten Defizite eingegangen, an denen die Gemeinde leidet: Sie ist *arm, nackt und blind*. Zugleich aber wird damit auf drei wichtige wirtschaftliche Stärken der Stadt angespielt: Das Gold entspricht dem Bankwesen und Reichtum der Stadt, die Kleider ihrer Textilindustrie und die Augensalbe der dort ansässigen Ärzteschule und der Arzneimittelherstellung. Und doch ist klar, dass es um etwas ganz anderes geht als um Gold von der Bank oder Kleider und Salbe vom Markt. Auch der Rat, diese Dinge *zu kaufen*, entbehrt nicht der Ironie. All das ist ja nicht käuflich, und wovon sollte die Gemeinde, die doch so arm ist, es kaufen?

Entscheidend ist der Rat, *von mir* zu kaufen. Dahinter steht Jes 55,1f mit der Einladung: »Wohlan, alle, die ihr durstig seid, kommt her zum Wasser! Und die ihr kein Geld habt, kommt her, kauft und esst! Kommt her und kauft ohne Geld und umsonst«. Von Christus zu *kaufen* bedeutet, sich von ihm *schenken* zu lassen, was nicht mit Geld aufzuwiegen ist: *Reines, im Feuer geläutertes Gold* ist das, was das Leben wirklich reich macht, Gottes unverstellte und unverfälschte Gegenwart (vgl. 21,18.21; 1Petr 1,7). *Weiße Kleider* sind Sinnbild für eine neue Existenz, die der festlichen Gemeinschaft mit Gott entspricht (vgl. 3,4; 7,14; 16,15; 22,14). Und *Augensalbe*

ist Ausdruck für die heilende Kraft Christi, mit der er der Gemeinde die Augen öffnet, dass sie sieht, wie erbärmlich sie in Wirklichkeit ist, aber auch neu entdeckt, woher wahrer Reichtum, echte Würde und bleibende Heilung kommen.
Dieser Rat wird durch einen wichtigen Hinweis unterstrichen. Es ist Christus nicht gleichgültig, was mit der Gemeinde geschieht (**19**): *Alle, die ich liebe, weise ich zurecht und erziehe ich.* Die Liebe Jesu auch zu dieser Gemeinde ist nicht erloschen. Darum müht er sich um sie. Hinter dieser Aussage steht Spr 3,12: »Denn wen der HERR liebt, den weist er zurecht, und er ist ihm zugetan wie ein Vater dem Sohn« (ZB). Weil man *erziehen* als körperliche *Züchtigung* verstand (so Hebr 12,6), ist diese Stelle als »schwarze Pädagogik« in Verruf geraten. Grundsätzlich aber sagt sie: Zu wahrer Liebe gehört es auch, klare Grenzen zu setzen und zu versuchen, Fehlentwicklungen zu verhindern.
Was die Weisheit in Spr 3,11f von der »Erziehung durch den HERRN« sagt, wird hier von Christus ausgesprochen. Er hat die Gemeinde noch nicht aufgegeben, sondern begleitet sie weiter in seiner Liebe und wird auch danach handeln – selbst wenn das auf den ersten Blick hart erscheint. Dass damit indirekt mit Züchtigung durch Leiden gedroht wird, ist nicht gesagt (doch vgl. dazu Hiob 33,14-33; Weish 12,2; Sir 18,13; Hebr 12,7-11). Aber der folgenden Mahnung wird damit zweifellos Nachdruck verliehen: *Sei also eifrig, mach ernst* – gib deine Selbstzufriedenheit auf – *und kehre um* – wende dich aufs Neue ganz deinem Herrn zu!
Die Dringlichkeit dieser Mahnung wird aber noch viel mehr durch den folgenden Hinweis unterstrichen (**20**): *Siehe, ich stehe vor der Tür und klopfe an.* Christus wartet nicht, bis die Gemeinde umgekehrt ist und zu ihm kommt. Er hat sich schon aufgemacht, steht vor der Tür und wartet darauf, eingelassen zu werden. Dieses Bild nimmt Motive aus einem Gleichnis Jesu auf. In Lk 12,36 heißt es: »Ihr sollt Menschen gleich sein, die auf ihren Herrn warten, um ihm, wenn er ... kommt und anklopft, sogleich zu öffnen« (ZB; vgl. Mk 13,29).
Hier ist nichts von Züchtigung oder Zwang zu spüren. Es ist Christus, der anklopft und neu die Gemeinschaft mit seiner Gemeinde sucht. Das macht die Fortsetzung deutlich: *Wenn jemand auf meine Stimme hört und die Tür öffnet, dann werde ich zu ihm hineingehen und mit ihm das Mahl halten und er mit mir.* Noch einmal klingt ein Motiv aus Jesu Gleichnis an: Wenn der Herr seine Knechte wach findet, wenn er kommt, wird er »sich gürten, sie zu Tisch bitten und ihnen dienen« (Lk 12,37).
Das Mahl mit Christus ist Symbol für die vollendete Gemeinschaft mit ihm (vgl. 19,9; weiter Lk 13,29; 14,15-24). Ob damit auf die

Wiederkunft Christi am Ende der Zeit verwiesen wird oder auf eine heilvolle Begegnung mit ihm schon jetzt und hier, bleibt offen. Wer sich ganz für das Kommen Jesu öffnet, wird ihm in der Feier des Herrenmahls schon jetzt begegnen und dabei gewiss werden, dass er oder sie auch an jener endgültigen Mahlgemeinschaft teilnehmen darf, »in der sich die Christusbegegnung im Reich Gottes vollenden wird (vgl. Mk 14,25)« (Karrer I, 369).
Wirkliche Gemeinschaft mit Christus, das ist der Inhalt dieser Verheißung. Dieses Thema wird in dem »Überwinderspruch« auf eindrucksvolle Weise aufgenommen und vertieft (21): *Wer den Sieg behält, dem werde ich geben, mit mir auf meinem Thron zu sitzen.* Was das bedeutet, wird durch den Nachsatz erläutert: *wie auch ich gesiegt und mich mit meinem Vater auf seinen Thron gesetzt habe.* Johannes »parallelisiert also das den treuen Glaubenden bestimmte Geschick absichtlich mit dem Geschick Christi und gibt dadurch der Verheißung eine feste Basis« (Satake, 190; vgl. auch 2,26–28).
Dass Jesus durch sein Sterben und seine Auferstehung im Kampf gegen Sünde und Tod gesiegt hat, ist urchristliches Bekenntnis und wird in 5,5 noch einmal ausdrücklich festgestellt werden. Aufgrund von Ps 110,1 (»Der HERR sprach zu meinem Herrn: ›Setze dich zu meiner Rechten, bis ich deine Feinde zum Schemel deiner Füße mache.‹«) war damit die Überzeugung verbunden, dass Christus zum Mitherrscher Gottes eingesetzt wurde (vgl. Mt 22,44; Apg 2,34f; Hebr 1,13).
Die Verheißung für die Christen, die bis zum Ziel durchhalten, lautet also: *Wie ich gesiegt habe* und zum Mitherrscher Gottes wurde, so sollen auch die, die mir die Treue halten, an meiner Herrschaft teilhaben. Dabei bedeutet das *wie* auch: *weil* ich gesiegt habe. Der Sieg Jesu über Tod und Sünde öffnet das Tor für eine Gemeinschaft mit Gott, die auch die Teilhabe an seiner Herrschaft einschließt.
Für uns ist das ein ungewöhnlicher Gedanke. Doch in der Urchristenheit wird diese Hoffnung nicht selten artikuliert. Ein Wort Jesu an die Jünger, die bei ihm ausgeharrt haben, lautet: »Darum vermache ich euch das Reich, wie es mein Vater mir vermacht hat: Ihr sollt in meinem Reich mit mir an meinem Tisch essen und trinken, und ihr sollt auf Thronen sitzen und die zwölf Stämme Israels richten« (Lk 22,28f, EÜ par Mt 19,28). Nach Paulus werden die Christen sogar die Engel richten (1Kor 6,3), nach Eph 2,6 sind sie schon jetzt »mit eingesetzt im Himmel«, während 2Tim 2,12 denen, die standhaft bleiben, verheißt, mit Christus zu herrschen. In Offb 20,6 wird diese Erwartung in der Vorstellung von einem tausendjährigen Reich, in dem die Märtyrer mit Christus regieren werden, konkretisiert.

Wichtig ist dabei die Verbindung von Standhaftigkeit und Teilhabe an der Herrschaft Jesu. Christus hat den Sieg durch sein Leiden und seinen Tod errungen (5,5f.9). »Nur wenn die Christen in der Drangsal zu ihrem Glauben stehen, werden sie teilhaben an der Herrschaft Christi, die ihrerseits Teilhabe an der Herrschaft des Vaters ist« (Giesen, 143). Es geht also nicht darum, dass auch die Christen einmal an die Macht kommen, sondern um ein ganz neues Verständnis von Herrschaft und einen neuen Ansatz, die Machtfrage zu lösen. Das ist ein wichtiges Vorzeichen, um die folgende Thronvision und die Bevollmächtigung Jesu zu verstehen.

Auch hier schärft der Weckruf (22) ein, »daß das der Gemeinde zu Laodizea Gesagte universelle Bedeutung hat. Nur wenn die Christen auf ihn hören und das Gehörte auch tun, können sie das verheißene Heil erreichen. Gelebter Glaube im Alltag ist nur aus dem Hinhören auf das möglich, was Christus und der Geist dem Christen zu sagen hat« (Giesen, 143).

Der Trend zum Lauwerden scheint unvermeidlich. Sich selbst überlassen nehmen heiße oder kalte Getränke irgendwann Zimmertemperatur an. Auch christliche Bewegungen, die sehr entschieden begonnen haben, neigen dazu, sich mit der Zeit mit einem temperierten Christsein zu begnügen. Woran liegt das?

In Laodizea war die Selbstzufriedenheit einer »erfolgreichen« Gemeinde der Grund dafür, dass der Zustrom neuer Energie aus der Quelle der Liebe Christi unterbrochen war. Wie in Ephesus ist die erste Liebe erloschen; deshalb erlischt auch das Feuer der Hingabe an Jesus und seine Sache. Ein laues Christsein aber ist unwirksam und ungenießbar.

Doch lau zu werden ist kein unumkehrbares Gesetz »geistlicher Thermodynamik«. Christus öffnet den Weg, auf dem sich die Gemeinde neu von der Energie seiner Liebe erfüllen lassen kann. Er bietet an, was der Gemeinde an notwendigen »Lebensmitteln« fehlt, er ruft sie zur Besinnung und zur Umkehr, und er klopft an ihre Tür, um neu Gemeinschaft mit ihr zu feiern. Nicht mehr vom Ausspeien ist die Rede, sondern von einem festlichen Mahl: *Ich mit ihnen und sie mit mir.* Der Gemeinde, die am heftigsten kritisiert wurde, gilt die wärmste und eindringlichste Einladung!

Keine Kirche, keine Gemeinde, kein Christenmensch ist dazu verurteilt, das Leben mit und für Christus in Unverbindlichkeit und Indifferenz versickern zu lassen. Neuanfang ist möglich – wenn der eigene Mangel erkannt wird und die Herzen für das Geschenk der Gegenwart Christi geöffnet werden. Dann werden sie mit hineingenommen in die Herrschaft der Liebe Gottes – nichts anderes bedeutet die Verheißung, mit Christus auf Gottes Thron zu sitzen.

Die sieben Sendschreiben und die Gemeinde von heute

Die direkte Anrede an die sieben Gemeinden ist ein beeindruckendes Stück urchristlicher Literatur. Den einzelnen Schreiben liegt ein klares und einheitliches Raster zugrunde, das aber eindrucksvoll variiert wird. Die Situation jeder Gemeinde wird präzise erfasst und durchleuchtet, und doch bildet das Ganze ein geschlossenes Ensemble, das eine klare Kontur aufweist. Man sieht das gut, wenn man die Ausrichtung der einzelnen Schreiben mit den Mitteln moderner Kommunikation visualisiert:

Ephesus	☺	☹	
Smyrna	☺	☺	☺
Pergamon	☺	☹	
Thyatira	☺	☺	☹
Sardes	☹	☹	☺
Philadelphia	☺	☺	☺
Laodizea	☹	☹	☹

Es beginnt in Ephesus mit einer durchwachsenen Bilanz und endet in Laodizea mit einem völlig negativen Urteil. An zweiter und vorletzter Stelle stehen zwei Gemeinden, denen das uneingeschränkte Lob ihres Herrn gilt, und dazwischen stehen sowohl Pergamon, bei dem sich Lob und Tadel die Waage halten, als auch Thyatira und Sardes, bei denen jeweils das eine oder andere überwiegt. Also keine pauschalen Urteile, sondern ein differenziertes Bild der Situation! Das macht einerseits noch einmal deutlich, dass es um ganz bestimmte Gemeinden in ihrer speziellen Situation ging. Aber andererseits ist das Profil, das sich so ergibt, ein Signal dafür, dass diese Botschaft über die aktuelle Situation hinaus Bedeutung für die christlichen Gemeinden bis heute hat. Worin kann sie liegen? Wir nennen die wichtigsten Punkte.

1. *Der prophetische Anspruch*: Jedes der Sendschreiben beginnt mit den Worten: *Das sagt der ...* und dann wird der Sprechende durch ein Merkmal der vorhergehenden Vision oder auch durch ein Gottesprädikat aus dem Alten Testament als der erhöhte Christus identifiziert. *Hier spricht Jesus, der Herr, selbst*, lautet die Botschaft. Damit wird eine Autorität beansprucht wie die der alttestamentlichen Propheten, wenn sie sagen: *So spricht der Herr!* Wie gehen wir mit ihrem Anspruch um? Stellt er für uns die nicht hinterfragbare Autorität Christi dar oder die unverbindliche Ansicht eines urchristlichen Propheten? Formuliert werden ja auch diese Worte von einem Men-

schen. Haben sie dennoch mehr Autorität als die Äußerungen eines Paulus? Oder gibt es eine Position dazwischen, die sich auf diesen Anspruch einlässt, ohne deshalb auf kritische Rückfragen zu verzichten? Ich denke, in dieser Art zu reden, liegt ein Signal auch für uns: Hier wird in letztem Ernst gesprochen, und wir haben allen Grund, diese Worte mindestens so ernst zu nehmen wie unsere eigenen Überlegungen. Aber wir haben auch die Freiheit, sie am ganzen Christuszeugnis der Bibel zu messen.

2. *Die Begründung des Urteils.* Nennen wir zunächst die positive Seite, das, was Lob verdient: Es ist das *Arm sein vor Gott*, ein Christsein, das nichts aus sich macht, das auch um seine Schwäche weiß und gerade deshalb am Glauben und an der Verheißung Jesu festhält. Gemeinden, die wegen ihrer kompromisslosen Haltung in der Frage der Verehrung anderer Götter unter großem Druck stehen, werden ermutigt und gestärkt, bei ihrer Haltung zu bleiben.

Auf der negativen Seite schlagen Stolz und falsche Selbstsicherheit zu Buche und die Bereitschaft, in der Frage der Verehrung anderer Götter und des Kaiserkults gefährliche Kompromisse einzugehen. Dabei geht es um die eigene Treue (»deine Werke«), aber vor allem um die Offenheit für das Wirken Christi (»wer *meine* Werke bewahrt«; 2,26). Das entscheidende Kriterium für das Urteil Christi aber ist, ob Gemeinden an ihm und seinem Wort *festhalten* (3,8.10). Das zählt wirklich! In allen Urteilen aber, ob positiv oder negativ oder eher gemischt, zeigt sich ein Grundanliegen, das Johannes im Namen Jesu ausspricht: Christus möchte diese Gemeinden auf ihrem Weg durch die Zeit bewahren – sei es durch nachdrückliche Ermutigung, sei es durch grundsätzliche oder weiterführende Kritik. Wo freilich heute die Gefährdung liegt, sich auf faule Kompromisse mit dem Zeitgeist einzulassen, und was es konkret bedeutet, an Jesu Wort festzuhalten, ist in der Christenheit umstritten. In vielen Kirchen ist Umgang mit der Homosexualität zum Schibboleth geworden. Aber gerade hier ist offen, ob es wirklich geboten ist, die biblische Ablehnung zu bewahren oder nicht vielmehr im Geiste des Liebesgebot eine neue Einstellung zu den Menschen zu finden.

3. *Die Bedeutung für alle.* Nicht unproblematisch scheint die Tatsache zu sein, dass alle Gemeinden alle Beurteilungen hören – auch die der anderen. Das könnte dazu verleiten, sich auf das Urteil über andere zu konzentrieren, statt sich mit der eigenen Problematik zu beschäftigen. Die Sendschreiben sind kein Evaluationsbogen zur Beurteilung anderer Gemeinden! Und doch ist wichtig, dass alle alles hören und Einblick in die Gesamtsituation erhalten. Gerade in späterer Zeit, in denen keine Gemeinde mehr direkt betroffen ist, werden sie zum Spiegel, vor dem Gemeinden prüfend fragen: *Herr, bin ich's? Sind wir das?* Die konkreten Herausforderungen sind anders gewor-

den, aber die grundsätzliche Frage nach der Treue zu Jesus und die Gefahr von Selbstüberschätzung, Sattheit und faulen Kompromissen mit angeblichen Sachzwängen bleiben.

4. *Die Rigorosität der Forderungen* in den Sendschreiben ist heute schwer zu verstehen. Aber es gibt immer wieder Situationen, wo jeder Kompromiss mit der herrschenden Ideologie gefährlich ist. So schrieb Dietrich Bonhoeffer im Jahr 1936: »Wer sich wissentlich von der Bekennenden Kirche in Deutschland trennt, trennt sich vom Heil«. Das rief großes Unverständnis auch unter erklärten Gegner der Deutschen Christen hervor. Schaut man aber heute darauf zurück, wie sich die Bischöfe verhalten haben, die meinten, man müsse dem Nazi-Regime ein Stück weit entgegenkommen, dann stellt man fest, dass sie dadurch sehr problematische Kompromisse eingegangen sind, die wir heute als falsch bezeichnen müssen. Nur: Darf man ihnen deswegen das Heil absprechen, wie das bei Bonhoeffer und in manchen der Sendschreiben geschieht?
Aber klar ist: Unter totalitärer Herrschaft, vor allem, wenn sie eine Art religiöser Verehrung beansprucht, sind oft keine feinen Distinktionen möglich; da gibt es nur ein Ja oder ein Nein. Wie schwierig solche Entscheidungen aber oft sind, hat sich in der Sowjetunion und China an der Frage gezeigt, ob sich Gemeinden staatlich registrieren lassen oder in den Untergrund gehen sollen. Für uns in der westlichen Christenheit stellt sich auf einer ganz anderen Ebene die Frage nach dem *status confessionis* heute. Es gibt keine Verfolgung, aber stille Ächtung – zumindest in vielen Milieus. Also Christsein ohne Bekenntnis?
Im Grunde zeigt die Kirchengeschichte beides: Einerseits brauchen wir die warnenden Stimmen gegen die Anpassung an Zeitgeist und Verehrung falscher »Götter«, selbst wenn sie manchmal zu rigoros erscheinen. Andererseits ist es wichtig, dass es Christen gab und gibt, die es wagen, mit Jesus Grenzen zu überschreiten.

5. *Keine Gemeinde ist aufgegeben.* Das ist die tröstliche Seite der oft harten Kritik an einigen Gemeinden. Jede Gemeinde wird von ihrem Herrn angesprochen, ermutigt, ermahnt oder auch nachdrücklich aufgefordert von ihrem falschen Weg umzukehren. Das geht in zwei sehr unterschiedliche Richtungen: Die Aufforderung zum *Tun*, also zur Umkehr, zur Neubesinnung, zum Festhalten an Jesus und seinem Wort und zu entschlossenem Handeln, ist eng mit der Aufforderung verflochten, sich für das Handeln *Jesu* zu öffnen und für das, was er denen schenkt, die mit leeren Händen vor ihm stehen. Für Vertreter einer »reinen« Gnadentheologie ist dieses Ineinander ein Gräuel, und manche vermuten antipaulinische Tendenzen bei Johannes. Aber für ihn ist Gnade nicht nur Begnadigung, sondern auch der ermutigende Ruf Jesu, ihm auf dem Weg in eine neue Zukunft zu folgen.

Gerade der Gemeinde, die am schärfsten kritisiert wird, gilt die herzlichste Einladung: *Wenn jemand auf meine Stimme hört und die Tür öffnet, werde ich auch zu ihm hineingehen und mit ihm das Mahl halten und er mit mir* (3,20 an Laodizea). Das ist ein Charakteristikum der Offenbarung, dass neben schroffer Abgrenzung Worte bedingungsloser Annahme stehen – bis hin zu den letzten Versen: »Wer Durst hat, der komme, wer will, nehme Wasser des Lebens umsonst« (22,17).
Von hier aus ist freilich die »Verteufelung« der Gegner, die wir in einigen der Schreiben finden, kritisch zu hinterfragen. Das Nein zu bestimmten Verhaltensweisen darf nicht zu einem verdammenden Feindbild werden, und das Gebot einer geistlichen Feindesliebe sollte ernsthaft bedacht werden (einen Ansatz dazu findet sich vielleicht in 3,9).
6. *Wer behält den Sieg?* Die Spannung zwischen Bewährung und Bewahrung bestimmt auch die Verheißung für die »*Überwinder*«, für die, *die den Sieg behalten*. Denn was ihnen versprochen wird, ist ja auf den ersten Blick Belohnung für konsequente Treue und dafür, dass sie am Bekenntnis zu Jesus festgehalten haben. Aber der Inhalt dieser Verheißungen und das, was an »Vorbedingungen« dafür genannt wird, macht klar, dass ihre Treue und ihr Durchhaltevermögen nicht ihre eigene Leistung ist, sondern darin besteht, sich von Christus halten zu lassen und sich ihm ganz anzuvertrauen. Sie werden siegen, weil sie ihr Leben auf die Seite des Siegers stellen.
7. *Die große Verheißung.* In ganz unterschiedlichen Bildern wird die Teilhabe an der ewigen Gemeinschaft mit Gott zugesagt – einschließlich der herrscherlichen Autorität, ein Motiv, das für die Offenbarung grundlegend, für uns aber eher befremdend ist. Aber auch das ist nichts anderes als der Ausdruck der Hoffnung, ganz zu Gott zu gehören und hineingenommen zu sein in sein Wesen und Wirken.

4,1 – 22,5
Was geschehen muss – Visionen von Gottes Wirklichkeit und Zukunft

Was bringt die Zukunft? Diese Frage stellen viele Menschen und wenden sich damit an ganz unterschiedliche Ratgeber. In der Offenbarung beginnt mit 4,1 die visionäre Schau dessen, was auf die Menschheit zukommt. Sie wird eingeleitet und immer wieder weitergeführt durch die Formel *Danach sah ich* bzw. *und ich sah* (5,1f; 6,1; 7,1; 8,2 u.ö.). Manche Ausleger überschreiben diesen Teil des Buchs in Anlehnung an 1,19 und 4,1 mit: Was *danach* geschehen wird. Aber damit wird der Akzent zu einseitig auf die zeitliche Abfolge der endzeitlichen Ereignisse gelegt. Es geht in diesem großen Hauptteil der Offenbarung vielmehr um eine Gesamtschau der Wirklichkeit Gottes und zwar im Blick auf das, was von ihm her schon jetzt gilt, und auf das, was durch ihn in Zukunft geschehen muss.

So spannt sich inhaltlich ein großer Bogen von Kap. 4 und 5 mit der Schau des *Throns Gottes und* der Bevollmächtigung *des Lammes* bis zu 22,3 mit der Zusage, dass *der Thron Gottes und des Lammes* in der heiligen Stadt mitten unter den Menschen sein werde. Und wie ein Pfeiler, der diesen Bogen stützt, steht im Zentrum des Ganzen der Blick auf die Erlösten, auf Menschen, die für *Gott und das Lamm* losgekauft sind (14,4; vgl. den Überblick über den Aufbau des Buchs auf S. 16).

Innerhalb dieser Gesamtvision gibt es klar erkennbare einzelne Teile: Die Thronsaalvision (4,1 – 5,14), die drei Visionszyklen (6,1 – 8,5; 8,6 – 11,19; 15,1 – 16,21), der große Einschub (Kap. 12–14) und die beiden Schlussabschnitte (17,1 – 19,10 und 19,11 – 22,5). An dieser Gliederung werden wir uns bei unserer Auslegung orientieren.

4,1 – 5,14
Wie im Himmel so auf Erden – die Thronsaalvision

Die Frage: Was bringt die Zukunft? ist nicht die einzige Perspektive für die Offenbarung. Die Schau zukünftiger Ereignisse wird immer wieder unterbrochen durch Einblicke in das, was schon jetzt im Himmel geschieht. Gleich am Anfang seiner Visionen wird dem Seher ein solcher Durchblick gewährt. Damit wird gezeigt: Was immer geschehen wird, Gott sitzt im Regiment! Die Kap. 4 und 5 bilden dabei eine zusammenhängende Einheit. Dennoch lassen sich thematisch zwei Teile unterscheiden: Kap. 4 nimmt uns hinein in den *himmlischen Lobpreis Gottes* als den Schöpfer und Herrscher der Welt, während Kap. 5 von dem *Buch mit den sieben Siegeln und dem Lamm* berichtet, das dieses Buch öffnen kann.

4,1–11
Der himmlische Lobpreis: Gott allein gebührt die Ehre

4 ¹Danach sah ich, und siehe: Eine Tür am Himmel war geöffnet, und die erste Stimme, die ich wie eine Posaune mit mir reden gehört hatte, sagte: Steig hierher herauf, und ich werde dir zeigen, was danach geschehen muss.
²Sofort wurde ich vom Geist ergriffen, und siehe, ein Thron stand im Himmel und auf dem Thron saß einer, ³und der (dort) saß, dessen Aussehen glich einem Jaspisstein und einem Karneol, und ein Strahlenkranz (leuchtete) rings um den Thron, im Aussehen gleich einem Smaragd. ⁴Und rings um den Thron (standen) vierundzwanzig Throne, und auf den Thronen saßen vierundzwanzig Älteste, bekleidet mit weißen Kleidern und auf ihren Köpfen goldene Kränze. ⁵Und von dem Thron gehen Blitze aus und Getöse und Donner, und sieben feurige Fackeln brennen vor dem Thron, das sind die sieben Geister Gottes, ⁶und vor dem Thron (etwas) wie ein gläsernes Meer, gleich einem Kristall. Und inmitten des Throns und rings um den Thron (waren) vier lebende Wesen, voll mit Augen, vorne und hinten. ⁷Und das erste Wesen (war) gleich einem Löwen und das zweite Wesen gleich einem jungen Stier und das dritte Wesen hatte ein Gesicht wie ein Mensch und das vierte Wesen (war) gleich einem fliegenden Adler. ⁸Und die vier Wesen, (und zwar) jedes einzelne von ihnen, hatten sechs Flügel, rings umher und innen voll von Augen. Und sie haben keine Ruhe bei Tag und bei Nacht und rufen: *Heilig, heilig, heilig (ist der) Herr, Gott, der Allherrscher,* der (immer) war und der Seiende und der Kommende.
⁹Und immer wenn die Wesen dem, der auf dem Thron sitzt, der von Ewigkeit zu Ewigkeit lebt, Ruhm und Ehre und Dank geben, ¹⁰fallen die vierundzwanzig Ältesten vor dem, der auf dem Thron sitzt, nieder und beten den an, der von Ewigkeit zu Ewigkeit lebt, und werfen ihre Kränze vor dem Thron nieder und sagen: ¹¹Würdig bist du, unser Herr und Gott, Ruhm und Ehre und Macht zu empfangen, denn du hast alle Dinge geschaffen und durch deinen Willen waren (sie da) und wurden (sie) geschaffen.

Entscheidend ist, was »im Himmel« geschieht, also in der Dimension der Wirklichkeit, die ganz von Gott bestimmt ist. Davon berichtet Kap. 4. Mit V. 1 beginnt eine neue Vision mit der Aufforderung zu einer Himmelsreise. Die V. 2–8a beschreiben den Thron Gottes, das Zentrum seiner Herrschaft, und seine unmittelbare Umgebung. Die Erzählung lehnt sich stark an Visionen Ezechiels und Jesajas an (vgl. Ez 1; Jes 6). Aber wie immer in der Offenbarung findet sich kein wörtliches Zitat, und die Akzente werden anders gesetzt. Die V. 8b-11 schildern dann die Anbetung Gottes durch seine unmittelbare Umgebung.

Eine neue Schau setzt ein (1). Wie oft wird dies durch die Wendung signalisiert: *Danach sah ich, und siehe* (7,9; 15,5; 18,1). Sie eröffnet dem Seher eine neue Perspektive: *Eine Tür am Himmel war geöffnet*. Die Vorstellung, dass ein Tor am Himmelsgewölbe Einblick in die Welt Gottes und Zugang zu seinem Thron ermöglicht, findet sich im Alten Testament und im Judentum, aber auch in der griechischen Literatur (vgl. Gen 28,17; TestLev 5,1; 1Hen 14,14f; Homer, Ilias 5,749; Parmenides, Fragment 1).
Aber es bleibt nicht beim Schauen. Der Seher hört eine Stimme, und zwar *die erste Stimme, die ich wie eine Posaune mit mir reden gehört hatte*. Das heißt, es ist die Stimme dessen, der in 1,10f sprach, die Stimme dessen, der einem Menschensohn gleicht, also die Stimme Jesu. Christus ruft seinen Boten zu sich: *Steig hierher herauf*. Es ist die Einladung, nicht nur aus der Ferne zu schauen, sondern einzutreten in die Dimension der Wirklichkeit Gottes (vgl. auch TestLev 2,6; 1Hen 71,1).
Dies ist der Ort, an dem offenbar wird, wie Gott seine Geschichte mit dieser Welt zum Ziel bringen wird. Hier wird Christus dem Seher zeigen, *was danach geschehen muss*. Damit wird ein Teil der Inhaltsangabe des ganzen Buches von 1,19 aufgenommen. *Was danach geschehen muss* umschreibt in Anlehnung an Dan 2,29.45 all das, was nach Gottes Plan an zerstörerischen Kräften in Natur und menschlicher Gemeinschaft aufgedeckt und entfesselt werden muss, um von Gott endgültig überwunden zu werden.
Johannes kann und muss nicht aus eigener Kraft in den Himmel hinaufsteigen. Er wird geholt (2): *Sofort wurde ich vom Geist ergriffen*. Das heißt: Er wird mit seinem Innersten in die himmlische Welt versetzt (vgl. 1Hen 71,1; 2Kor 12,2–4). Hier wird er den entscheidenden Einblick erhalten. »Im Himmel sind die Geheimnisse aller Dinge aufbewahrt, und dort werden sie dem Seher gezeigt. Vor allem soll er den sehen, in dessen Macht Vergangenheit, Gegenwart und Zukunft sind« (vgl. V. 8; Lichtenberger, 119).
Wie das geschieht, wird mit aller Vorsicht beschrieben: *und siehe, ein Thron stand im Himmel*. Der *Thron im Himmel* ist Sinnbild für umfassende Macht und höchste Autorität (vgl. Ps 45,7; 93,2). Und

dieser Thron ist nicht leer: *auf dem Thron saß einer.* Doch ihn kann der Seher zwar wahrnehmen, aber nicht beschreiben. Nur über seine »Ausstrahlung« lässt sich etwas sagen (**3**): Sein *Aussehen glich einem Jaspisstein und einem Karneol.* Der Glanz edler Steine wird zum Bild für die Erscheinung dessen, der auf dem Thron sitzt. Der durchsichtige *Jaspis* kommt in verschiedenen Farben vor, der *Karneol* oder *Sardion* leuchtet rot, und *rings um den Thron* leuchtet ein *Strahlenkranz* auf, dessen Aussehen mit dem eines *Smaragds* und seinem geheimnisvollen grünblauen Glanz verglichen wird (vgl. auch die Beschreibung der Erscheinung Gottes in Ez 1,27f).

Der Vergleich mit einem Smaragd zeigt, dass hier nicht wie in Gen 9,13f und Ez 1,28 an den *Regenbogen* gedacht ist (so LÜ, EÜ), obwohl das griechische Wort *Iris* diese Bedeutung haben kann. Zwei der besten und ältesten Handschriften lesen stattdessen *Priester* – im Griechischen nur durch einen Buchstaben und in der Aussprache gar nicht unterschieden (vgl. LÜ[2017]). Aber aus inhaltlichen Gründen ist es unwahrscheinlich, dass dies der ursprüngliche Text war.

Gott allein regiert und richtet die Welt. Aber er ist kein einsamer Gott. Er ist umgeben von Gestalten, die ihm ganz zugewandt sind (**4**): *rings um den Thron (standen) vierundzwanzig Throne, und auf den Thronen saßen vierundzwanzig Älteste.* Dieses Bild erinnert an die alttestamentliche Vorstellung von einer himmlischen Ratsversammlung um Gottes Thron (1Kön 22,19; Ps 89,8f; vgl. 1Hen 1,9; 47,3f). Aber die Ältesten raten und richten nicht, sie haben eine andere Aufgabe. Ihre besondere Würde zeigt sich daran, dass sie um den Thron Gottes *sitzen,* und zwar *bekleidet mit weißen Kleidern* – Zeichen der Zugehörigkeit zu Gott (vgl. 3,4.18; 7,14; 22,14) – und *auf ihren Köpfen goldene Kränze* (LÜ: *Kronen*) – Symbol für Sieg und herrscherliche Autorität.

Die nächste biblische Parallele zu der Rolle von *Ältesten* vor Gott findet sich in Jes 24,23. Hier wird im Vorblick auf Gottes endzeitlichen Sieg gesagt: »denn König geworden ist der HERR der Heerscharen auf dem Berg Zion und in Jerusalem, und vor seinen Ältesten ist Herrlichkeit« (ZB). Hintergrund dafür sind die Erzählungen in Ex 24,9f oder Num 11,25, wo 70 Älteste in unterschiedlicher Weise das Volk vor Gott vertreten. Die Zahl 24 dagegen entspricht der Zahl der Abteilungen der Priester und der levitischen Tempelsänger für den Dienst im Tempel. Möglicherweise sind auch die 24 Tag- und Nachtstunden dabei mit im Blick. Tatsächlich ist die wesentliche Aufgabe der Ältesten, Gott und das Lamm zu preisen. Die *Ältesten* sind weder schon vollendete Christen noch eine besondere Klasse der Engel, sondern himmlische Repräsentanten des Volkes Gottes, die schon jetzt Gott huldigen. Dass dabei konkret an die 12 Söhne Jakobs und die 12 Apostel gedacht wäre, wird durch nichts angedeutet. Nicht von ungefähr werden sie nach 19,4 bei der Beschreibung des himmlischen Jerusalems nicht mehr erwähnt. Dann werden alle, die zu seinem Volk gehören, bei Gott sein (21,3f).

Dass Gott gegenwärtig ist, zeigen auch die Naturerscheinungen, die von dem Thron ausgehen (5): *Blitze und Getöse und Donner*. Donner und Blitze sind im Alten Testament Begleiterscheinungen des Kommens Gottes (vgl. Ex 19,16; Ps 77,19). Der mittlere Begriff *Getöse*, wörtlich *Stimmen* (LÜ, EÜ, ZB), steht im griechischen Alten Testament oft für das hebräische Wort für *Donner* (Ex 9,23; 19,16; Jes 29,6). Gemeint sind also nicht die Stimmen Gottes oder seiner Begleiter, sondern das *Grollen* des Donners (so BasisBibel), bzw. das *Tosen* des Gewittersturms (so auch 8,5; 11,19; 16,18).
Gott kommt im Feuer – das ist ein weiterer Grundzug vergleichbarer alttestamentlicher Schilderungen (Ex 19,18; Jes 29,6). Ezechiel sieht in seiner Vision »Fackeln, die zwischen den Gestalten hin und her fuhren« (Ez 1,13). Bei Johannes dagegen heißt es: *sieben feurige Fackeln brennen vor dem Thron*. Deren Bedeutung wird auch sofort erklärt: *das sind die sieben Geister Gottes*. Von den *sieben Geistern Gottes* war auch schon in 1,4 und 3,1 die Rede. Sie werden meist mit den sieben Erzengeln identifiziert, die vor Gottes Thron stehen. Ich halte es jedoch für wahrscheinlicher, dass damit die Fülle des Geistes gemeint ist, die sich siebenfach entfaltet. Falls die sieben *Fackeln* die einzelnen Lampen des siebenarmigen Leuchters, der Menora, darstellen, wäre diese Deutung noch naheliegender.
Ein weiteres Phänomen wird genannt (6a): *und vor dem Thron (etwas) wie ein gläsernes Meer, gleich einem Kristall*. Hier liegt eine doppelte Anspielung vor: Zunächst ist dies das himmlische Gegenstück zu dem »ehernen Meer« im Jerusalemer Tempel, einem großen Reinigungsbecken (1Kön 7,23–26). Wie dieses ist es aber auch Darstellung des himmlischen Ozeans, der sich nach Gen 1,7; 7,11 über der Himmelsfeste befindet.
In den V. 6b–8 folgt eine letzte, wichtige Ergänzung der Beschreibung des Throns: *Und inmitten des Throns und rings um den Thron (waren) vier lebende Wesen*. Das Motiv der *vier lebenden Wesen* (LÜ[1912]: *Tiere*; EÜ: *Lebewesen*) hat ihren Ursprung in der Thronwagenvision Ezechiels in Ez 1,5–12. In ihr tauchen diese vier Gestalten zum ersten Mal auf und bilden von da an in der jüdischen Literatur ein wichtiges Element bei der Schilderung des Throns Gottes. Die Ortsangabe *inmitten des Throns und rings um den Thron* ist schwierig. Offensichtlich sind die vier Gestalten als lebendige Teile des Throns gedacht, die aus seiner Mitte heraus mit ihren Köpfen nach außen schauen.

Es folgt eine genauere Beschreibung der Wesen: Sie sind *voll mit Augen, vorne und hinten,* ein Motiv, das sich auch noch bei den Flügeln wiederholen wird. Dann aber folgen nähere Angaben zur Gestalt (**7**): *Und das erste Wesen (war) gleich einem Löwen und das zweite Wesen gleich einem jungen Stier und das dritte Wesen hatte ein Gesicht wie ein Mensch und das vierte Wesen (war) gleich einem fliegenden Adler.* In Ez 1,10 trägt jedes einzelne der Wesen diese vier Gesichter; hier hat jedes von ihnen eine andere Gestalt: Sie repräsentieren jeweils eine der Formen des Lebendigen, die die Bibel kennt: Wilde Tiere (*Löwe*), Haustiere (*Stier*), Menschen und Vögel. Auffallend ist, dass der Mensch nicht wie in Ez 1,10 an erster, bzw. wie in späterer jüdischer Tradition an letzter Stelle steht (z.B. 4Q385 Fragment 4). Er ist als eine Gestalt unter anderen in die Ausprägungen des Lebendigen eingebunden. Doch nur bei ihm wird das *Gesicht* erwähnt: Es ist der Mensch, »der sich mit dem Gesicht Gott zuwendet und von Gott Leben erfährt« (Karrer I, 425)

Ein letztes Merkmal wird erwähnt (**8**): *Und die vier Wesen, (und zwar) jedes einzelne von ihnen, hatten sechs Flügel.* Damit wird ein Kennzeichen der Serafim aus Jes 6,2 aufgenommen, eine Stelle, auf die gleich noch einmal angespielt werden wird. Die Flügel sind *rings umher und innen voll Augen.* Anders als in Jes 6 dienen die Flügel nicht zur Bedeckung des Körpers, sondern der Weitung der Sicht. Ihre Augen schauen nach innen zum thronenden Gott und sehen gleichzeitig alles rings um, oben und unten, wenn sich ihre Flügel erheben.

Die lebendigen Wesen sind also eine Zusammenschau der Cherubim, die nach Ez 10 den Thronwagen mit der Herrlichkeit Gottes tragen, und der Serafim, die nach Jes 6,2f das Lob Gottes im himmlischen Tempel singen. Dennoch werden sie nicht als Engel identifiziert; die Vierzahl verweist auf die vier Himmelsrichtungen, die Beschreibung der Gestalten auf die Fülle des Lebendigen, die Gottes Thron umgibt. Die Deutung der vier Gestalten als Symbole der vier Evangelisten ist dagegen erst seit dem 2. Jahrhundert n.Chr. belegt.

Die eigentliche Aufgabe dieser Wesen aber ist es, Gott zu loben: *Und sie haben keine Ruhe bei Tag und bei Nacht und rufen: Heilig, heilig, heilig (ist der) Herr, Gott, der Allherrscher.* Hier wird das *Sanctus* der Serafim von Jes 6,3 aufgenommen. Das *Herr Zebaoth* (*Herr der Heerscharen*) der alttestamentlichen Anrede Gottes wird mit *Allherrscher* wiedergegeben und wie in 1,4.8 zugefügt: *der (immer) war und der Seiende und der Kommende.* Gott ist Herrscher über seine ganze Schöpfung, und zwar durch die Zeiten hindurch. Er ist tragender Grund allen Seins, der nicht im Verborgenen bleibt, sondern auf diese Welt zugeht.

Vom immerwährenden Lobpreis der Serafim und Cherubim berichten auch jüdische Apokalypsen (1Hen 39,12; 71,7). Das dreifache *Heilig* »ist Gotteslob in seiner konzentriertesten Form« und bildet das Kernstück aller himmlischen Liturgie (Schimanowski, Liturgie 131). Denn wenn Gott dafür gepriesen wird, dass er *heilig* ist, wird bekannt und anerkannt, dass er wirklich Gott ist. Damit aber ist der Lobpreis im Himmel zugleich Vorbild für alles Gotteslob auf der Erde.

Das wird in der Fortsetzung ausdrücklich entfaltet (**9f**). Sie erzählt, was geschieht, *wenn die Wesen dem, der auf dem Thron sitzt, der von Ewigkeit zu Ewigkeit lebt, Ruhm und Ehre und Dank geben*. Noch einmal wird beschrieben, wer es ist, *der auf dem Thron sitzt*, dessen Name aber nie genannt wird. Er ist der, *der von Ewigkeit zu Ewigkeit lebt*, eine Beschreibung Gottes, die schon im Alten Testament als Kennzeichen des Gottes Israels im Gegensatz zu den toten und vergänglichen Göttern der Völker gilt (Jes 40,12–31; Dan 6,27).

Mit ihrem Lob geben die Wesen Gott das, was ihm zukommt, nämlich *Ruhm* bzw. *Herrlichkeit* (beides mögliche Übersetzungen des griechischen *doxa*; vgl. zu 1,6), *und Ehre und Dank*: So wird Gottes Gottsein, seine Herrschaft und sein heilvolles Tun anerkannt.

Das aber hat Auswirkungen auf die *vierundzwanzig Ältesten*, die himmlischen Repräsentanten des Volkes Gottes. Immer, wenn das geschieht, *fallen sie vor dem, der auf dem Thron sitzt, nieder und beten den, der von Ewigkeit zu Ewigkeit lebt, an und legen ihre Kränze vor dem Thron nieder*. All das sind Zeichen für höchsten Respekt, gottesdienstliche Verehrung und »absolute Unterwerfung« (Lichtenberger, 125). Was immer sie auszeichnet und als Sieger ausweist (*ihre Kränze*), verdanken sie Gott und legen sie vor ihm nieder.

Wichtig aber ist, was sie *sagen* (**11**): *Würdig bist du, unser Herr und Gott*. Der Zuruf *würdig bist du* ist ungewöhnlich. Er hat keine biblische Parallele. Im politischen Bereich dagegen, wurde gesagt, dass jemand *würdig*, d.h. charakterlich und fachlich geeignet für ein Amt sei (Karrer I, 430). Das macht wahrscheinlich, dass die Anrede *unser Herr und Gott* kritisch auf den Anspruch Kaiser Domitians reagiert, als *unser Herr und Gott* angeredet zu werden.

Gott allein ist *würdig* und nur ihm gebührt es, *Ruhm* (bzw. *Herrlichkeit*) *und Ehre und Kraft zu empfangen*. Diese Aussage macht das Wesen der antiken Akklamation klar. Auch wenn ein Herrscher schon die Herrschaft angetreten hatte, war es doch wichtig, dass das Volk ihn durch entsprechende Zurufe darin bestätigte. Indem die Ältesten als Vertreter des Volkes Gottes Gott *Ruhm und Ehre und Macht* geben, unterstellen sie sich seiner Autorität.

Dass das angemessen ist, wird mit dem Schöpfungshandeln Gottes begründet: *denn du hast alle Dinge geschaffen* (vgl. Eph 3,9). Zwei ergänzende Aussagen entfalten das: (1) *und durch deinen Willen waren (sie da)*. Die merkwürdige Formulierung bezieht sich vermutlich auf die frühjüdische Überzeugung, dass alles Erschaffene in Gottes Plan schon vor dem aktuellen Schöpfungsakt da war (vgl. 1QS 3,15–17; Philo, Opif 16; BerR 1; Lichtenberger, 125). (2) Und nach diesem Plan *wurden (sie) geschaffen*. Vom schöpferischen Tun Gottes spricht die Offenbarung selten. Hier wird es besonders betont: Der Schöpfer ist auch der Erlöser. In 5,9.12 wird diese Aussage im Lobpreis des Lammes für sein erlösendes Handeln wieder aufgenommen.

»*Im Himmel herrscht Gott, vollendet sein Heil und sieht doch die Not, die hier unser Teil.*« So fasst Charles Wesley (1707–1788) die Botschaft dieses Kapitels zusammen (Ye Servants of God, Strophe 2; deutsche Fassung: Gesangbuch EmK 43,2). In aller Bedrängnis und Verfolgung dürfen die Christen wissen: »Es wird regiert!« (so Karl Barth kurz vor seinem Tod an seinen Freund Eduard Thurneysen). Gott wird in der Offenbarung nicht mit vielfältigen Bildern beschrieben. *Der auf dem Thron sitzt*, ist die zentrale Gottesbezeichnung (4, 2f.9; 5,13; 7,10; 19,4; 21,5) und der *Thron* das stehende Bild für seine Gegenwart. Es ist wichtig zu wissen: *God is in charge – er sitzt im Regiment*.
Die offene Tür zum Himmel und die Entrückung dorthin zeigen: Es gibt eine Dimension der Wirklichkeit – bildhaft *Himmel* genannt –, in der alles auf Gott ausgerichtet ist. Gott ist einzigartig, aber nicht einsam. Zu Gottes Thron gehören *Lebewesen* als Urbild alles Lebendigen, das ganz auf Gott ausgerichtet ist. Dazu treten 24 Älteste als Repräsentanten des Volkes Gottes, die schon jetzt tun, was von den Menschen erwartet wird: Gott die Ehre geben. Bemerkenswert ist, dass bei der Beschreibung des himmlischen Gottesdienstes kein Tempel und kein Altar erwähnt wird. Hier ist alles von der Gegenwart Gottes bestimmt; hier sind keine Opfer mehr nötig. Wichtig ist allein der Thron als Symbol der Herrschaft Gottes. Dass diese Herrschaft anerkannt wird, darum geht es im ganzen Buch.
Im Himmel herrscht Gott – diese Erkenntnis könnte die Christen verführen, diese Welt sich selbst und ihrem Untergang zu überlassen. Doch die Schau, von der hier berichtet wird, will gerade das Gegenteil bewirken. Sie öffnet den Blick in den Raum, in dem die Herrschaft Gottes schon zweifelsfrei anerkannt ist, und schenkt damit den Christen die Gewissheit: Auch in ihrem irdischen Lob wird der Anspruch Gottes auf die ganze Welt laut und seiner Herrschaft in ihr trotz aller widergöttlichen Kräfte Platz geschaffen.

5,1–14
Das Lamm und das Buch mit den sieben Siegeln

5 ¹Und ich sah in der rechten (Hand) dessen, der auf dem Thron saß, eine Buchrolle, innen und auf der Rückseite beschrieben, versiegelt mit sieben Siegeln. ²Und ich sah einen mächtigen Engel, der mit lauter Stimme verkündete: Wer ist würdig, die Buchrolle zu öffnen und ihre Siegel zu lösen? ³Und niemand weder im Himmel noch auf der Erde noch unter der Erde konnte die Buchrolle öffnen oder (hinein)sehen. ⁴Und ich weinte sehr, dass niemand würdig gefunden wurde, die Buchrolle zu öffnen und (in) sie (hinein)zusehen. ⁵Und einer von den Ältesten sagt zu mir: Weine nicht. Siehe: Der Löwe aus dem Stamm Juda, die Wurzel Davids, hat den Sieg errungen, sodass er die Buchrolle und die sieben Siegel öffnen kann.

⁶Und ich sah inmitten des Throns und der vier Wesen und inmitten der Ältesten ein Lamm stehen, wie geschlachtet, mit sieben Hörnern und sieben Augen, das sind die sieben Geister Gottes, ausgesandt über die ganze Erde. ⁷Und es kam und empfing (die Buchrolle) aus der rechten (Hand) dessen, der auf dem Thron saß.

⁸Und als es die Buchrolle empfangen hatte, fielen die vier Wesen und die vierundzwanzig Ältesten vor dem Lamm nieder, während jeder eine Harfe und goldene Schalen hatte, gefüllt mit Räucherwerk, das sind die Gebete der Heiligen, ⁹und sie singen ein neues Lied: Würdig bist du, die Buchrolle zu empfangen und ihre Siegel zu öffnen, denn du wurdest geschlachtet und hast für Gott durch dein Blut (Menschen) aus jedem Stamm und (jeder) Sprache und (jedem) Volk und (jeder) Nation losgekauft ¹⁰und hast (sie) für unseren Gott zur Königsherrschaft und zu Priestern gemacht, und sie werden auf der Erde herrschen.

¹¹Und ich sah, und ich hörte eine Stimme vieler Engel rings um den Thron und die Wesen und die Ältesten, und ihre Zahl war zehntausendmal zehntausend und tausendmal tausend, ¹²und sie sprachen mit lauter Stimme: Würdig ist das Lamm, das geschlachtet wurde, Macht und Reichtum und Weisheit und Stärke und Ruhm und Ehre und Lob zu empfangen.

¹³Und alles Geschaffene im Himmel und auf der Erde und unter der Erde und im Meer und alles, was darinnen ist, hörte ich sagen: Dem, der auf dem Thron sitzt und dem Lamm sei Lob und Ruhm und Ehre und Macht in alle Ewigkeit. ¹⁴Und die vier Wesen sagten: Amen. Und die Ältesten fielen nieder und beteten an.

Im Himmel ist alles in Ordnung! Was aber geschieht auf der Erde? War Kap. 4 dem immerwährenden Lob Gottes in der himmlischen Welt gewidmet, so schildert Kap. 5 die entscheidende Wende im

Geschick dieser Welt: die Bevollmächtigung Jesu mit dem Auftrag, die Geschichte Gottes mit der Menschheit und der ganzen Schöpfung an ihr Ziel zu bringen. Symbolisiert wird dies durch die Buchrolle mit den sieben Siegeln, durch deren Öffnung die Geschichte ihren von Gott vorgezeichneten Lauf nehmen wird, und durch die Gestalt eines Lammes, das aussieht *wie geschlachtet*, Symbol für den gekreuzigten Christus.
Der Bericht hat drei Abschnitte: Die V. 1–5 behandeln die Frage, wer in der Lage und berechtigt ist, die sieben Siegel der Buchrolle zu öffnen, die V. 6f beschreiben den Akt der Bevollmächtigung des Lammes und die V. 8–14 berichten vom Lobpreis des Lammes durch die himmlische Welt und die ganze Schöpfung.

Nun kommt Bewegung in das Bild (1): Johannes sieht *eine Buchrolle in der rechten (Hand) dessen, der auf dem Thron saß*, wörtlich: *auf seiner Rechten*. Die Vorstellung ist also, dass die Buchrolle auf der geöffneten Handfläche Gottes liegt und so präsentiert wird. Diese *Buch-* bzw. *Schriftrolle* wird nun näher beschrieben. Sie ist *innen und auf der Rückseite beschrieben* und *mit sieben Siegeln versiegelt*. Welche Vorstellung steckt hinter dieser Beschreibung?

Viele Ausleger sehen in der *Buchrolle* eine sog. *Doppelurkunde*: Innen stand der eigentliche Vertragstext mit der Unterschrift der Vertragspartner und Zeugen. Die Urkunde wurde dann versiegelt und außen eine Kurzfassung des Textes angebracht. Man konnte also immer sehen, um welchen Vertrag es sich handelt. Nur wenn es zu einem Prozess kam, wurden die Siegel erbrochen und der Originaltext eingesehen. Allerdings gibt es erhebliche Unterschiede zu dem hier beschriebenen Dokument: Dass der Inhalt außen zu lesen ist, wird nicht gesagt; überhaupt spielt das Lesen des Textes keine Rolle. Mit dem Aufbrechen der Siegel wird vielmehr das darin beschriebene Geschehen in Gang gesetzt.
Ein Vorbild für das hier beschriebene Schriftstück findet sich in Ez 2,9f. Hier berichtet der Prophet: »Zu mir hin war eine Hand ausgestreckt, und sieh, in ihr war eine Schriftrolle. Und er breitete sie vor mir aus, und sie war auf der Vorderseite und auf der Rückseite beschrieben, und auf ihr aufgeschrieben waren Klagen und Seufzer und Wehrufe« (ZB). Dass die Schriftrolle anders als üblich vorne und hinten beschrieben ist, zeigt, dass der Raum kaum ausreicht, um die Überfülle dessen, was an Not zu berichten ist, aufzunehmen. Das gilt auch für die Buchrolle, von der die Offenbarung spricht. Hier kommt noch das wichtige Detail der sieben Siegel dazu. Was in dieser Buchrolle festgehalten ist, wird erst zur Wirkung kommen, wenn diese Siegel geöffnet sind. Es ist wohl vorausgesetzt, dass Blatt um Blatt versiegelt ist, sodass beim Öffnen der Siegel ein Ereignis um das andere in Gang gesetzt wird.

Auch in der jüdischen Apokalyptik findet sich die Vorstellung, dass auf himmlischen Tafeln bzw. Buchrollen »die künftigen Ereignisse der Geschichte entsprechend Gottes Plan aufgezeichnet sind« (Lichtenberger, 128; vgl. 1Hen 93,1–3; 106,19 – 107,1). Ihr Verlauf ist von Gott vorherbestimmt und festgelegt. Das wird durch das Motiv der Versiegelung mit sieben Siegeln unterstrichen. Damit wird die Gültigkeit und Unveränderlichkeit des Geschriebenen betont. Die Buchrolle ist also weder mit dem »Buch des Lebens« (3,5; 13,8; 20,12.15; 21,27) noch mit dem »Büchlein« von 10,2 identisch. Es ist das Schicksalsbuch der ganzen Schöpfung, in dem das künftige Geschick der Menschheit und der Welt aufgezeichnet und festgelegt ist. Nicht nur was in der Vision mit den sieben Siegel enthüllt wird, sondern auch was sich daraus in den Visionen von den sieben Schalen und Posaunen entwickelt, ist in ihm festgehalten. Diese Buchrolle wird von dem, *der auf dem Thron sitzt*, der himmlischen Versammlung und durch sie der ganzen Welt präsentiert. Das ist das verborgene, aber schon festgeschriebene Geschick dieser Welt! Deshalb stellt sich die Frage, die *ein mächtiger Engel mit lauter Stimme verkündet*: *Wer ist würdig, die Buchrolle zu öffnen und ihre Siegel zu lösen?* (2)
Im Alten Testament werden ähnliche Szenen berichtet: In der himmlischen Ratsversammlung wird gefragt, wer einen bestimmten Auftrag Gottes erfüllen wird (vgl. 1Kön 22,19–23; Jes 6,8). Das Besondere an unserer Stelle ist, dass gefragt wird: *Wer ist würdig?* Das heißt: *Wer ist fähig und geeignet*, diese Aufgabe so zu erfüllen, dass all das, was durch das Lösen der Siegel und das Öffnen der Buchrolle geschieht, zu dem von Gott gewollten Ziel führt? Zugleich weist die Frage *Wer ist würdig?* zurück auf den Lobpreis Gottes: *Du bist würdig* (4,11). Bei Gott ist alle Macht und Herrlichkeit in guten Händen. Die offene Frage ist: Wer vertritt Gottes Macht und Willen in dieser Welt, ohne sie zu missbrauchen? Es gehört zu den Besonderheiten der Darstellung des Handelns Gottes in der Offenbarung, dass Gott nicht direkt in das Geschehen eingreift. Er handelt durch Beauftragte. Darum ist es jetzt, wo es endgültig um die Machtfrage geht, so wichtig, dass die Person gefunden wird, die befähigt und geeignet ist, im Namen Gottes zu handeln und dies in seinem Sinn zu tun.
Aber auf die Frage folgt eine ernüchternde Feststellung (3): *Niemand weder im Himmel noch auf der Erde noch unter der Erde konnte die Buchrolle öffnen noch (hinein)sehen.* Alle Bereiche, die im biblischen Weltbild zur Schöpfung Gottes zählen, werden genannt (vgl. Ex 20,4; Dtn 5,8; Phil 2,10): der *Himmel* als Bereich der Engel, d.h. der Geschöpfe, die Gott, besonders nahestehen, die *Erde*, als Bereich, in dem die Menschen Verantwortung tragen, und das

Gebiet *unter der Erde*, das Reich der Toten. Kein Geschöpf ist in der Lage, diese Aufgabe zu übernehmen und die Buchrolle zu öffnen, um auch nur Einsicht in seinen Inhalt zu nehmen.
Diese Feststellung erfüllt den Seher mit tiefer Trauer (4): *und ich weinte sehr, dass niemand würdig gefunden wurde, die Buchrolle zu öffnen und (in) sie (hinein)zusehen.* Damit »wird die tiefe Enttäuschung ausgedrückt und die Rätselhaftigkeit des geschichtlichen Geschehens, das nur durch das Öffnen der Buchrolle erkennbar würde« (Lichtenberger, 128). Als Leser und Leserinnen werden wir hineingenommen in die Trauer darüber, dass niemand fähig ist, die Schöpfung ihrer von Gott gegebenen Bestimmung zuzuführen. Der ganze Schmerz über das Versagen so vieler menschlicher Heilsbringer liegt in ihr.
Doch das ist nicht das letzte Wort (5). Einer der Ältesten wendet sich Johannes zu und sagt zu ihm: *Weine nicht. Siehe: Der Löwe aus dem Stamm Juda, die Wurzel Davids, hat den Sieg errungen, sodass er die Buchrolle und die sieben Siegel öffnen kann.* Das Bild vom *Löwen aus dem Stamm Juda* spielt auf den Segen Jakobs für Juda in Gen 49,9f an. Dort heißt es: »Juda ist ein junger Löwe«. Ihm wird verheißen, dass »das Zepter von Juda nicht weichen« wird. Diese Aussage wird auch in Qumran auf den kommenden Messias, den endzeitlichen Herrscher Israels, bezogen (1QSb 5,29). Auch der zweite Titel, *die Wurzel Davids*, stammt aus dem Alten Testament: In Jes 11,1.10 ist von der Wurzel Isais, des Vaters Davids, die Rede, in Jer 23,5 vom »Spross Davids« (vgl. Jer 33,15: »ein gerechter Spross für David«). Im Judentum wie im Christentum wird damit die davidische Herkunft des Messiaskönigs begründet (so in Qumran 4Q252, 5.1–7 in Verbindung mit Gen 49,9f; weiter Röm 1,3f; 15,12). Doch im Vordergrund steht das Bild vom *Löwen*. Von ihm wird gesagt, er habe *den Sieg errungen*. Das aber bedeutet, »dass er in Leiden und Tod treu geblieben ist« (Lichtenberger, 129). Das ist der Grund, weshalb *er die Buchrolle und die sieben Siegel öffnen kann.*
Auf diese Ankündigung erfolgt in knappen Worten der Bericht von ihrem Vollzug (6f). Aber nicht der angekündigte *Löwe* tritt ins Bild, sondern ein ganz anderes, ebenfalls symbolträchtiges Tier: *Und ich sah inmitten des Throns und der vier Wesen und inmitten der Ältesten ein Lamm stehen.* Ein *Lamm* steht im Zentrum. Darauf weist auch die Ortsangabe *inmitten des Throns und der vier Wesen und inmitten der Ältesten*, die den Auslegern Kopfzerbrechen macht. Aber sie sagt einfach und klar: das *Lamm* steht dort, wo Gott ist.
Dieses Lamm wird näher beschrieben: Es sieht aus *wie geschlachtet*, das heißt: Obwohl es lebendig vor Gott steht, ist an seinem Hals die

Wunde sichtbar, die beim Schächten eines Lammes entsteht. Damit ist das Lamm als *Opferlamm* gekennzeichnet. Wie die Wundmale den auferstandenen Christus bleibend als den Gekreuzigten identifizieren (Joh 20,25), so kennzeichnet die Todeswunde das Lamm als den, der sich für die Menschen geopfert hat.
Aber das ist nur die eine Seite der Beschreibung. Das Lamm hat *sieben Hörner*, Symbol umfassender Macht und Herrschaft, und *sieben Augen*. Ihre Bedeutung wird näher erklärt: *das sind die sieben Geister Gottes, ausgesandt über die ganze Erde*. Von ihnen war schon in 1,4 und 3,1 die Rede (vgl. auch die »sieben Augen des HERRN, die das Land durchziehen«, in Sach 4,10). Die Symbolik ist klar: Das Lamm hat die Gabe, alles zu durchschauen und zu durchdringen. Deshalb sind m.E. mit den *sieben Geistern* auch nicht die sieben Thronengel gemeint; sie stellen vielmehr das vielfältige Wirken des Heiligen Geistes dar, das von dem Lamm ausgeht und den ganzen Erdkreis umspannt.

Das Lamm ist die wichtigste Bezeichnung für Christus in der Offenbarung. Sie kommt in ihr 28-mal vor. Manche Ausleger übersetzen das griechische Wort mit *Widder*, unter anderem, weil Hörner erwähnt werden. Aber es bedeutet eindeutig *(junges) Lamm*. Im Alten Testament bezeichnet sich der verfolgte Jeremia als »argloses Lamm, das zur Schlachtbank geführt wird« (Jer 11,19). Die wichtigste neutestamentliche Parallele findet sich in Joh 1,29.34 (allerdings mit einem anderen griechischen Wort für Lamm): »Siehe, das ist Gottes Lamm, das die Sünde der Welt trägt«.
Die Bezeichnung *wie geschlachtet* identifiziert das Lamm als *Opferlamm*. Opfertiere wurden in Israel durch einen Schnitt in die Kehle geschächtet, durch den die Halsschlagader und die Luft- und Speiseröhre durchtrennt wurden. Das ausfließende Blut wurde aufgefangen und damit der Altar, das Allerheiligste oder die Priester entsühnt (vgl. Ex 29,16; Lev 16,14–16). Auch in der Offenbarung weist das Blutmotiv auf die sühnende Wirkung des Todes Jesu hin (1,5; 5,9). Nach 1Petr 1,18f sind die Christen erlöst, »mit dem teuren Blut eines makellosen, unbefleckten Lammes, mit dem Blut Christi«, wobei das Motiv der Makellosigkeit auf das Passahlamm hinweist (vgl. Ex 12,5; so auch 1Kor 5,7). Darum nehmen die meisten Ausleger an, dass auch in der Offenbarung an ein Passahlamm gedacht ist. Andere verweisen dagegen auf die Lämmer, die jeden Abend und Morgen im Tempel geopfert wurden (Ex 29,38f; Num 28,3f), da nur ihnen im Judentum sühnende Wirkung für das ganze Volk zugeschrieben wurde (Jub 6,14; 50,11). Das galt für das Passahlamm ursprünglich nicht. Doch gibt es Belege dafür, dass man auch das »Passahblut« als sühnend ansah (ShemR 15,12).

Das Lamm steht ganz im Zentrum des Geschehens, ganz dort, wo Gott ist. Und dennoch wird es nicht mit Gott gleichgesetzt. Die Beauftragung beginnt mit der Bewegung auf Gott zu (7): *Und es kam*

und empfing (die Buchrolle) aus der rechten (Hand) dessen, der auf dem Thron saß. Das Lamm reißt die Macht nicht an sich. Christus empfängt sie aus der Hand Gottes, und zwar – wie das griechische Perfekt an dieser Stelle unterstreicht – für immer. »Gott hat in die Hand Christi den Ablauf der Weltgeschichte übergeben. Er wird nun ein Siegel nach dem anderen öffnen, und die Geschichte wird ihren vorherbestimmten Lauf nehmen« (Lichtenberger, 131).
Was hier geschieht, wird durch einen dreifachen Lobpreis kommentiert: 1. das Lied der vier Wesen und der 24 Ältesten (8–10); 2. das Lied der Engel (11f); 3. das Lied aller Geschöpfe (13f).

1. Es beginnt mit dem Lobpreis derer, die den innersten Kreis um Gott bilden, die vier Wesen und die 24 Ältesten (**8–10**): *Als das Lamm die Buchrolle empfangen hatte, fielen die vier Wesen und die vierundzwanzig Ältesten vor dem Lamm nieder.* Die Anbetung, die bisher allein Gott gegolten hat (4,9f), gilt nun auch Christus, dem Lamm.
Zwei Motive unterstreichen die Bedeutung dieser Verehrung: Jeder der Ältesten und wohl auch jedes der Wesen hatte eine *Harfe* (wörtlich: eine *Kithara*), ein zitherartiges Saiteninstrument, das auch in den Psalmen als Begleitinstrument zum Gotteslob erwähnt wird (Ps 33,2; 43,4; 57,9 u.ö.). Sie trugen aber auch *goldene Schalen, gefüllt mit Räucherwerk.* Goldene Schalen gehörten zur Grundausstattung des Heiligtums Israels (Ex 25,29; 1Kön 7,50) und Räucheropfer zu den regulären Opfern (Ex 30,7f; Lev 16,12f). Aber das Räucherwerk hat hier übertragene Bedeutung: *das sind die Gebete der Heiligen.* Schon in Ps 141,2 heißt es: »Mein Gebet möge vor dir gelten als ein Räucheropfer«. Die *Heiligen* sind in der Offenbarung – wie auch sonst im Neuen Testament – die *Christen* (8,3f; 11,18; 13,7.10; vgl. Röm 1,7; 16,2.15; 1Kor 1,2; 6,1f u.ö.). Ihre Gebete steigen empor zu Gottes Thron und werden durch die Ältesten und die Wesen als Lob für Christus dargebracht.
Aber ihre Anbetung bleibt nicht ohne Worte (**9**): *Sie singen ein neues Lied.* Weil Gott Neues schafft und Wunder tut, wird schon im Alten Testament immer wieder dazu aufgerufen, ihn mit einem *neuen Lied* zu loben (Ps 96,1; 98,1; Jes 42,9f). Hier gilt das neue Lied dem, was durch Christus geschehen ist. Er wird durch dieses Lied gepriesen: *Würdig bist du, die Buchrolle zu empfangen und ihre Siegel zu öffnen.* Das ist die gültige Antwort auf die Frage von V. 2: *Wer ist würdig?*
Diese Feststellung wird eingehend begründet. Die Begründung führt die Zusage von V. 5, dass »der Löwe aus dem Stamm Juda den Sieg errungen hat«, auf überraschende Weise weiter. Aber sie nimmt auch die Begründung des Lobpreises Jesu Christi in 1,5 wieder auf. In beiden Fällen werden drei Gründe genannt. Dort hieß es:

»dem, der uns liebt«, hier aber: *denn du wurdest geschlachtet.* Jesu Liebe zeigt sich in seinem Tod am Kreuz, der durch das Stichwort *geschlachtet* als Opfer gedeutet wird (vgl. Gal 2,20). Zweitens hieß es dort: »und von unseren Sünden erlöst hat«, womit die sühnende Wirkung des Todes Jesu beschrieben wird. Hier lesen wir: *und hast für Gott durch dein Blut (Menschen) aus jedem Stamm und (jeder) Sprache und (jedem) Volk und jeder Nation losgekauft.* Auch damit wird die Wirkung der stellvertretenden Lebenshingabe Jesu beschrieben, aber sehr viel mehr im Blick auf das Ziel dieses Geschehens: Menschen sind *für Gott losgekauft,* also befreit aus den unheilvollen Verstrickungen dieser Welt und dem Herrschaftsbereich gottfeindlicher Mächte zu einem Leben mit und für Gott.

Das Bild vom Loskauf für die Wirkung des Todes Jesu (vgl. 14,3) begegnet auch bei Paulus (1Kor 6,19f; 7,23) und in der Jesusüberlieferung (Mk 10,45; Mt 20,20), vor allem aber in 1Petr 1,18f: »Ihr wisst doch, dass ihr nicht mit Vergänglichem, mit Gold oder Silber, freigekauft wurdet aus einem Leben ohne Inhalt, wie es euch von den Vätern vorgelebt wurde, sondern mit dem teuren Blut eines makellosen, unbefleckten Lammes, mit dem Blut Christi« (ZB). Auch hier ist das Motiv vom Opferlamm verbunden mit dem des Freikaufs aus der Sklaverei. Nie wird in dieser Tradition gesagt, wem dieser Preis zu zahlen ist. Vielleicht ist bei dem Bild insbesondere an den Freikauf von Kriegsgefangenen gedacht, die aus der Versklavung durch fremde Mächte losgekauft und wieder in den Herrschaftsbereich gebracht werden, in dem sie Bürgerrecht haben (vgl. V. 10). So wurde schon im Alten Testament die Befreiung aus der Sklaverei in Ägypten als Loskauf für ein Leben mit Gott gesehen (Dtn 7,8; Jes 43,3f; 52,3).

Die Angabe *aus jedem Stamm und (jeder) Sprache und (jedem) Volk und (jeder) Nation* ist in Anlehnung an Dan 3,4.7.31 formuliert und kommt in der Offenbarung immer wieder vor (7,9; 10,11; 11,9; 13,7; 14,6). Hier hat sie eine doppelte Bedeutung: Sie beschreibt die universale Wirkung dessen, was durch Jesus Christus geschieht (7,9; 14,6). Es gibt keine ethnischen, sprachlichen, rassischen oder sonstigen gesellschaftlichen Grenzen für das Wirken Jesu. Aber zugleich repräsentieren diese an und für sich neutralen menschlichen Zusammenhänge auch den potentiellen Herrschaftsbereich widergöttlicher Mächte (11,9; 13,7; 17,15), aus denen Menschen herausgelöst werden müssen, damit sie für und mit Gott leben können.

Das beschreibt die dritte Begründung (**10**): *Du hast (sie) für unseren Gott zur Königsherrschaft und zu Priestern gemacht.* Was nach Ex 19,6 und Jes 61,6 Bestimmung Israels ist, wird hier – ähnlich wie in 1Petr 2,9 – als Ertrag des Todes Jesu für die christliche Gemeinde genannt. Sie ist zum Herrschaftsbereich Gottes geworden, und ihre

Glieder sind mit ihrem Leben und Dienst ganz auf Gott ausgerichtet, zu dessen Gegenwart sie wie Priester unmittelbar Zugang haben (vgl. zu 1,6).

Das hat eine überraschende Konsequenz: *und sie werden auf der Erde herrschen.* Diese Aussage ist der Offenbarung sehr wichtig (vgl. 2,26; 20,6; 22,5). Erlösung bedeutet nicht die Abkehr von dieser Erde, sondern die dem Willen Gottes entsprechende Erfüllung des Herrschaftsauftrags, den die Menschheit bei der Schöpfung empfangen hat (Gen 1,26–28). Dabei ist nicht nur an die Zeit des Tausendjährigen Reichs gedacht (siehe zu 20,4–6). Ein Teil der handschriftlichen Überlieferung schreibt hier sogar im Präsens *sie herrschen* und betont damit die dauerhafte Beauftragung der Christen mit Verantwortung auf dieser Erde.

2. Rings um den Kreis, den die vier Wesen und die 24 Ältesten um den Thron Gottes bilden, sammelt sich eine große Schar von Engeln, der Geschöpfe Gottes in der himmlischen Welt. Auch sie stimmen in das Lob des Lammes ein (11f): *Und ich sah, und ich hörte eine Stimme vieler Engel rings um den Thron und die Wesen und die Ältesten, und ihre Zahl war zehntausendmal zehntausend und tausendmal tausend.* Hintergrund dieser Vorstellung ist sicher Dan 7,10, wo es heißt: »Tausendmal Tausende dienten ihm, und zehntausendmal Zehntausende standen vor ihm«. Dass die Zahlen nur in Multiplikationsformeln ausgedrückt werden kann, zeigt, es handelt sich um eine unzählbar große Menge der himmlischen Heerscharen.

Ihr Lobpreis Christi nimmt auf, was in 4,11 zum Lob Gottes gesagt worden ist: *Würdig ist das Lamm, das geschlachtet wurde, Macht und Reichtum und Weisheit und Stärke und Ruhm und Ehre und Lob zu empfangen.* Galt das in 4,11 dem Schöpfer, der alles geschaffen hat, so hier *dem Lamm, das geschlachtet wurde,* dem Erlöser, der durch seine Lebenshingabe den Weg zu einer neuen Gemeinschaft mit Gott freigemacht hat.

Sieben Merkmale werden genannt, die ihm deshalb zukommen (vgl. die parallele Aufzählung in 7,12). Das erste, *die Macht* (im Griechischen betont mit Artikel), nennt die Vollmacht und Autorität, die eigentlich nur Gott zukommt (vgl. 4,11; 1Chr 29,11f), die aber auch sein Beauftragter empfängt, weil sein Tod verbürgt, dass er sie nicht missbrauchen wird, sondern zur Durchführung seines Auftrages benötigt. *Reichtum und Weisheit und Stärke* sind die Gaben, die Menschen erstreben und brauchen, um zu erreichen, was sie sich vorgenommen haben (vgl. Dan 2,23), die sie aber oft missbrauchen. Bei Christus sind sie in den rechten Händen. *Ehre und Ruhm* (bzw. *Herrlichkeit*) *und Lob* gebühren allein Gott (vgl. 4,11), werden nun aber auch dem Lamm zugesprochen.

3. Und zuletzt stimmt die ganze Schöpfung ein und huldigt Gott und dem Lamm (13): *alles Geschaffene im Himmel und auf der Erde und unter der Erde und im Meer und alles, was darinnen ist.* Umfassender kann man das kaum ausdrücken. Gott hat alles geschaffen (4,11), und zu seinem Lob vereinen sich alle. Wie in 5,3 werden die drei Bereiche der Schöpfung genannt: *Himmel, Erde und unter der Erde.* Aber dazu tritt nun auch das *Meer und alles, was darinnen ist*, ein Bereich, der oft als widergöttlich angesehen wurde (Ps 46,4) und doch zum Lob Gottes aufgefordert wird (Ps 96,11; 98,7).
Sie alle *hörte ich sagen: Dem, der auf dem Thron sitzt und dem Lamm sei Lob und Ehre und Ruhm und Macht in alle Ewigkeit.* Nun gilt das gemeinsame Gotteslob beiden gemeinsam: *dem, der auf dem Thron sitzt*, der alles geschaffen hat und alles zu seinem Ziel führt, *und dem Lamm*, das durch seinen Opfertod eine entfremdete Welt mit Gott versöhnt hat und wieder zu ihm zurückbringen wird. Beiden gilt *Lob und Ehre und Ruhm* (bzw. *Herrlichkeit*) *und Macht in alle Ewigkeit.* Der Lobpreis von 4,11 und 5,12 wird zusammengefasst und im Lob werden Gott und Christus eins.
Noch einmal fällt der Blick auf den innersten Kreis um den Thron (**14**): *Und die vier Wesen sagten: Amen.* Stellvertretend für die ganze Gemeinde antworten sie: *Ja, so ist es.* Auch die Ältesten bekräftigen eindrücklich »die gemeinsame Würde Gottes und Christi« (Karrer I, 473). Sie *fielen nieder und beteten an.* Darauf kommt es an!

Wie das Vorzeichen, das vor der Klammer einer Gleichung steht, über den Wert der Zeichen in ihr entscheidet, so zeigen die Kap. 4 und 5 wie das, was folgt, zu verstehen ist. Drei Elemente sind besonders wichtig.
1. Nur der, der durch die Hingabe seines Lebens die Menschen aus der Gefangenschaft ihrer Schuld und Sünde befreit hat, kann die Herrschaft Gottes in dieser Welt so durchsetzen, dass Gottes heilvoller Plan für sie ans Ziel kommt. Nur der, der die Schuldfrage durch das Opfer seines Lebens gelöst hat, kann auch die Machtfrage so lösen, wie es Gottes Willen entspricht. Das soll die Gemeinde wissen – gerade auch angesichts menschlicher und kosmischer Katastrophen, die sich ereignen werden. Nichts von dem, was geschieht, ist zufällig. »Was sich jetzt auf der Erde abspielen wird, ist längst im Himmel ›vor-geschrieben‹ und ist in die Hand dessen gegeben«, durch dessen Tod und Erhöhung die Gemeinde erst geschaffen wurde (Lichtenberger, 135). Die spannende Frage ist freilich, ob die Art der Schilderung seines Sieges in Kap. 19 dieser Vorgabe entspricht.
2. Dass Menschen »aus jedem Stamm und Sprache und Volk und Nation« von Christus »losgekauft« sind und dass die ganze Schöp-

fung Gott lobt, zeigt die Universalität des Heils, das durch Jesu Lebenshingabe begründet wurde und von ihm vollendet werden wird. Das steht in scharfem Kontrast zu der wiederholten Feststellung in den folgenden Kapiteln, dass die Menschen nicht bereit werden, umzukehren und Gott die Ehre zu geben. In diese Spannung stellt die Offenbarung ihre Leser und Leserinnen: Eine erschreckend realistische Darstellung der Wirklichkeit dieser Welt und äußerst farbige und bildhafte Beschreibung dessen, was Gottes Wille und Plan für sie ist.

3. Die himmlischen Hymnen, in die die Adressaten mit hineingenommen werden, haben eine wichtige Funktion. Sie sichern »der Gemeinde die schon jetzt gültige und sich in der Neuen Welt und dem Neuen Jerusalem realisierende Herrschaft Gottes und des Lammes mit den Glaubenden zu« (Lichtenberger, 137). Sie stellen die entscheidende Ermutigung der bedrängten Gemeinde dar: »Noch ehe ... eins der sieben Siegel eröffnet ist, wird in den Gesängen schon das Ziel des Endgeschehens, die Vollendung, besungen. Ehe die Schrecken des Gerichts über die Erde kommen, erschallt die Freude über das sich vollendende Heil. Ehe die alte Schöpfung vergeht, wird Gott als der Neuschöpfer gepriesen. Die Hymnen sind voller Heilsgewißheit: *Die frohe Botschaft überstrahlt die Drangsal des Gerichts.*« Die Gemeinde, die die Offenbarung liest, »soll in der Drangsal ihrer Zeit erfahren, daß Gottes Heilsplan nicht vergessen, sondern mit dem Sieg des Lammes in sein entscheidendes Stadium getreten ist« (Jörns, Evangelium 76).

Die Plagenreihen der Offenbarung

6–7 Die 7 Siegel	8–9 Die 7 Posaunen	15–16 Die 7 Schalen
6,1–8 Die 4 Reiter (Sach 1,8; 6,1–3)	8,2–6 Vorbereitung der Engel	15,1; 16,1 Beauftragung der Engel
1. Siegel (6,1f): Weißes Pferd; Reiter mit Kranz, der siegt	**1. Pos.** (8,7): Hagel und Feuer mit Blut vermengt auf die Erde geworfen (1/3 vernichtet) (Ex 9,23ff)	**1. Schale** (16,2) auf die Erde ausgegossen; Geschwüre für Menschen, die das Zeichen des Tieres tragen (Ex 9,10f)
2. Siegel (6,3f): Rotes Pferd; Reiter mit mit Schwert, der den Frieden nimmt	**2. Pos.** (8,8f): Brennender Berg stürzt ins Meer; 1/3 der Geschöpfe stirbt (Ex 7,20f)	**2. Schale** (16,3): Das Meer wird zu Blut; alle Geschöpfe sterben (Ex 7,17–24)
3. Siegel (6,5f): Schwarzes Pferd; Reiter mit Waage, der Teuerung bringt	**3. Pos.** (8,10f): Stern fällt in Flüsse und Quellen; 1/3 wird zu Wermut; viele sterben (Jer 9,14)	**3. Schale** (16,4–7): Flüsse und Quellen werden zu Blut; Vergeltung für das Blut der Heiligen (Ex 7,17–21)
4. Siegel (6,7f): Fahles Pferd; Reiter heißt Tod; er tötet ¼ der Menschheit	**4. Pos.** (8,12): Die Sonne, der Mond und die Sterne verfinstern zu 1/3 (Ex 10,21)	**4. Schale** (16,8f): Die Sonne versengt die Menschen mit Feuer. Sie kehren nicht um
5. Siegel (6,9ff): Seelen unter dem Altar rufen nach Rache (Ps 79,10) *Vgl. 16,9: Gerecht bist du, dass du Gericht gehalten hast. Wahr und gerecht sind deine Gerichte*	**5. Pos.** (9,1ff): Der Brunnen des Abgrunds wird aufgeschlossen; Sonne und Luft werden verfinstert; Heuschrecken quälen die Menschen; Menschen suchen den Tod (Ex 10,12ff; Joel 2)	**5. Schale** (16,10f): Das Reich des Tieres wird verfinstert: die Menschen lästern und kehren nicht um
	6. Pos. (9,14ff): Lösung der 4 Engel am Euphrat; 3 Plagen, um 1/3 der Menschen zu töten	**6. Schale** (16,12ff): Der Euphrat vertrocknet, um Königen vom Osten den Weg zu bereiten
	10 Das Büchlein und der Prophet 11,1–14 Die zwei Zeugen	
6. Siegel (6,12ff): Erdbeben, Sonnenfinsternis; Sterne fallen auf die Erde; Menschen verbergen sich vor dem Zorn des Lammes; der große Tag des Zorns ist da	**7. Pos.** (11,15ff): Gekommen ist dein Zorn und die Zeit zu richten; laute Stimmen im Himmel; Tempel geöffnet; Blitze, Getöse, Donner, Erdbeben, großer Hagel	**7. Schale** (16,17ff): Laute Stimme vom Tempel; Blitze, Getöse, Donner, Erdbeben, großer Hagel; die Menschen lästerten Gott

	12 Die Frau, das Kind, der Drache	17 Die Hure Babylon und das Tier
	13 Die beiden Tiere	18 Der Untergang Babylons: Gefallen ist Babylon
7,1–8: Versiegelung der 144 000	14,1–6: Das Lamm und die 144 000; laute Stimme aus dem Himmel: Engelrufe: Gefallen ist Babylon	19,1–8: Laute Stimme im Himmel: Die Hochzeit des Lammes ist gekommen
	14,13: *Schreibe: Glücklich*	19,9: *Schreibe: Glücklich*
7,9–17: Die unzählbare Schar aus allen Nationen	14,14ff: Erscheinen des Menschensohnes 14,19: Kelter des Zornes Gottes	19,11ff: Erscheinen des Wortes Gottes 19,15ff: Kelter des Zornes
		20: 1000-jähriges Reich und Gericht
Das Lamm wird sie weiden und *Gott wird ihre Tränen abwischen* (Ps 23,2; Jes 25,8)		21: Neuer Himmel und neue Erde: *Gott wird* bei ihnen wohnen und alle *Tränen abwischen* (Ex 29,45; Jes 25,8)
7. Siegel (8,1–5): Stille im Himmel; Ausrüstung der 7 Engel; Rauchwerk auf dem Altar. Donner, Getöse, Blitze, Erdbeben	*Vgl. 7. Posaune*	22,6ff: Schlusswort: Versiegele dieses Buch nicht *Vgl. 7. Schale*

6,1 – 8,5
Die Öffnung der sieben Siegel – Warnung und Ermutigung

Mit 6,1 beginnt in der Offenbarung des Johannes die eigentliche Aufdeckung dessen, »was geschehen muss«. Es sind drei Reihen mit sieben Plagen, die über die Menschheit kommen werden: die Sieben-Siegel-Vision (6,1 – 8,5), die Sieben-Posaunen-Vision (8,6 – 11,19) und die Sieben-Schalen-Vision (16,1–21). Auffallend ist die Parallelität der zweiten und dritten Reihe, die sich beide inhaltlich stark an die ägyptischen Plagen in Ex 7–10 anlehnen. Auch das sechste Siegel, die siebte Posaune und die siebte Schale weisen viele Berührungspunkte auf. Sie markieren jeweils eine Art Doppelpunkt am Ende einer Reihe, der signalisiert: Jetzt steht das Ende kurz bevor. Das hat zu der These geführt, diese drei Reihen würden nicht

von drei hintereinander ablaufenden Ereignisfolgen berichten, sondern das gleiche Geschehen in immer neuer Intensität darstellen (Rekapitulationstheorie).
In diese Richtung weist auch die Beobachtung, dass in den Ablauf der Reihen größere Episoden eingeblendet sind (vgl. Kap. 7; 10–11; 12–14). Besonders wichtig sind dabei die Visionen in Kap. 7 und 14. Sie bieten Einblick in die himmlische Welt und ermöglichen damit auch einen Vorausblick auf das Endgeschehen. Kap. 7 nimmt manches vorweg, was in Kap. 14 und 21 geschildert werden wird, und Kap. 14 bietet teilweise eine wörtliche Parallele zu Kap. 19. Dennoch sind die geschilderten Ereignisse nicht einfach identisch, sondern bieten immer dramatischere Ausblicke auf das Endgeschehen. Es wird zu fragen sein, was diese Eigenart der Darstellung für die Aussageabsicht der Offenbarung bedeutet (zum Ganzen vgl. das Schaubild auf S. 119f).
Der Abschnitt 6,1 – 8,5 ist klar gegliedert: 6,1–17 berichtet von der Öffnung der ersten sechs Siegel, 7,1–17 beschreibt die Bewahrung der Gläubigen, und 8,1–5 schildert die Öffnung des siebten Siegels.

6,1–17
Die ersten sechs Siegel

6 ¹Und ich sah, als das Lamm eines von den sieben Siegeln öffnete, und ich hörte eines der vier Wesen wie mit Donnerstimme sagen: Komm! ²Und ich sah, und siehe, ein weißes Pferd, und der darauf saß, hatte einen Bogen, und ihm wurde ein Siegeskranz gegeben, und er zog aus als Sieger und um zu siegen. ³Und als es das zweite Siegel öffnete, hörte ich das zweite Wesen sagen: Komm. ⁴Und ein anderes, feuerrotes Pferd zog aus, und dem, der darauf saß, wurde gegeben, den Frieden von der Erde wegzunehmen und dass sie einander abschlachten sollten, und es wurde ihm ein großes Schwert gegeben. ⁵Und als es das dritte Siegel öffnete, hörte ich das dritte Wesen sagen: Komm! Und ich sah, und siehe, ein schwarzes Pferd, und der darauf saß, hatte einen Waagebalken in seiner Hand. ⁶Und ich hörte (etwas) wie eine Stimme inmitten der vier Wesen sagen: Ein Maß Weizen für einen Denar und drei Maß Gerste für einen Denar, und dem Öl und dem Wein sollst du keinen Schaden zufügen. ⁷Und als es das vierte Siegel öffnete, hörte ich die Stimme des vierten Wesens sagen: Komm! ⁸Und ich sah, und siehe, ein fahles Pferd, der auf ihm saß, sein Name (war) »der Tod«, und das Totenreich folgte ihm, und es war ihnen Macht über ein Viertel der Erde gegeben, zu

töten mit Schwert und mit Hunger und mit Seuche und durch die (wilden) Tiere der Erde. ⁹Und als es das fünfte Siegel öffnete, sah ich unter dem Brandopferaltar die Seelen derer, die um des Wortes Gottes willen geschlachtet worden waren und um des Zeugnisses willen, das sie hatten. ¹⁰Und sie riefen mit lauter Stimme und sagten: Wie lange, o Herr, du Heiliger und Wahrhaftiger, richtest du nicht und rächst nicht unser Blut an denen, die auf der Erde wohnen? ¹¹Und es wurde ihnen ein weißes Gewand gegeben und ihnen gesagt, dass sie noch eine kurze Zeit Ruhe halten sollten, bis auch ihre Mitknechte und ihre Geschwister, die wie auch sie getötet werden würden, zur Vollendung kommen würden.

¹²Und ich sah, als es das sechste Siegel öffnete, und ein großes Erdbeben geschah, und die Sonne wurde schwarz wie ein härener Sack, und der Mond wurde ganz wie Blut, ¹³und die Sterne des Himmels fielen auf die Erde, wie ein Feigenbaum seine Spätfeigen abwirft, wenn er von einem heftigen Wind geschüttelt wird, ¹⁴und der Himmel verschwand, wie eine Buchrolle zusammengerollt wird, jeder Berg und jede Insel wurden von ihrem Ort gerückt. ¹⁵Und die Könige der Erde und die Vornehmen und die Truppenführer und die Reichen und die Mächtigen und jeder Sklave und Freie versteckten sich in den Höhlen und Felsen der Berge, ¹⁶und *sie sagen zu den Bergen und den Felsen: Fallt über uns und versteckt uns* vor dem, der auf dem Thron sitzt und vor dem Zorn des Lammes. ¹⁷Denn der große Tag ihres Zorn(gericht)s ist gekommen, und wer kann bestehen?

Dieser große Abschnitt hat drei Teile. Die ersten vier Siegel (V. 1–8) bilden eine klar abgegrenzte Gruppe, deren vier Elemente nach dem gleichen Schema aufgebaut sind: Beim Öffnen des Siegels ruft eines der vier Wesen am Thron jeweils einen Reiter herbei. Die vier sog. apokalyptischen Reiter sind durch die unterschiedliche Farbe ihrer Pferde gekennzeichnet und bringen Unheil über die Erde. Das fünfte Siegel (V. 9–11) öffnet den Blick für das Geschick der Märtyrer, während beim Öffnen des sechsten Siegels (V. 12–16) das Weltgebäude in seinen Grundfesten erschüttert wird. Trotz der unterschiedlichen Gestaltung und Thematik der einzelnen Teile ist der Abschnitt als Ganzes konzipiert. Wir legen ihn deshalb im Zusammenhang aus, fügen aber nach jedem Teil eine kurze Besinnung ein.

Das Lamm öffnet die Siegel. Nur der, der sein Leben hingab, ist in der Lage, Gottes Weg mit dieser Welt zum Ziel zu bringen. Ein Siegel nach dem anderen wird gelöst und entbirgt einen Teil dessen, was geschehen muss. Davon, dass der Inhalt der Buchrolle gelesen wird, ist nicht die Rede. Vielmehr tritt mit der Öffnung jedes Siegels in Kraft, was an künftigem Geschehen besiegelt ist.

Der Seher *sah, was geschah, als das Lamm eines von den sieben Siegeln öffnete* (1). Doch zunächst *hörte er eines der vier Wesen wie mit Donnerstimme sagen: Komm!* Was sich nun ereignen wird, geht vom Thron Gottes aus. Und der Ruf von dort zeigt auch sogleich Wirkung (2): *Und ich sah, und siehe, ein weißes Pferd, und der darauf saß, hatte einen Bogen, und ihm wurde ein Siegeskranz gegeben, und er zog aus als Sieger und um zu siegen.*
Wer ist damit gemeint? Die Deutung dieser Gestalt macht den Auslegern Schwierigkeiten. Denn während die anderen drei Reiter jeweils klar benannte Katastrophen mit sich bringen, deutet bei dem ersten nur der Bogen auf kommendes Unheil hin. Alle anderen Angaben sind positiv besetzt: *Weiß* ist die Farbe, die auf die Zugehörigkeit zu Gott weist (1,14; 3,18; 4,4 u.ö.), den *Siegeskranz* wird der kommende Menschensohn tragen und die, die ihm die Treue halten (19,12; 2,10; 3,11), und als *Sieger* gelten die standhaften Christen (vgl. die »Überwindersprüche« 2,7 u.ö.; 12,11; 21,7) und das Lamm (5,5; 17,14).
Daher wird dieser erste Reiter seit dem Kirchenvater Irenäus (135–200 v.Chr.) auf Christus gedeutet. Ein wichtiges Argument dafür ist die Tatsache, dass in 19,11 das endgültige Kommen Christi ähnlich beschrieben wird: »Und ich sah den Himmel aufgetan; und siehe, ein weißes Pferd. Und der darauf saß, hieß: Treu und Wahrhaftig, und er richtet und kämpft mit Gerechtigkeit.« Christus, der Sieger, stünde so am Anfang und Ende des endzeitlichen Geschehens; alles, was noch an Unheil und Plagen kommt, ereignet sich unter dem Vorzeichen des Sieges Christi.
Dennoch ist diese Deutung unwahrscheinlich. Christus als das Lamm würde durch das Öffnen des ersten Siegels bewirken, dass eines der vier Wesen ihn selbst herbeiruft, ohne dass sein Kommen eine klar zu beschreibende Wirkung hätte. Deswegen versuchen viele Ausleger eine andere Deutung. Manche sehen in dem Reiter den Antichristen, dem es nach 13,7 »gegeben« ist, die Christen zu besiegen, und der in manchem die Erscheinung Christi nachahmt. Aber dass er als erster von Gottes Thron aus in die Welt gesandt wird, passt nicht zum sonstigen Bild dieser Gestalt.
Am ehesten in die Reihe der anderen Reiter passt eine zeitgeschichtliche Deutung: Der *Bogen* könnte auf die Parther deuten, deren Heere seit dem 1. Jh. v.Chr. immer wieder die römische Ostgrenze bedrohten und dabei mehrere wichtige Siege errangen. Nach dem Tod Neros wurde vermutet, er sei ins Partherreich geflüchtet und werde von dort zurückkommen. Der erste Reiter würde dann

die Bedrohung von außen durch siegreiche fremde Mächte darstellen, möglicherweise auch zum Symbol für den Sieg der lebensfeindlichen Mächte werden.
Die positiven Motive im Bild des ersten Reiters berücksichtigt dagegen die Deutung auf die Christen. Sie sind in den Überwindersprüchen als Sieger gefeiert worden und ihnen wird der Siegeskranz versprochen. »Der V(erfasser) führt die treuen Christen an dieser Stelle ein, weil er der Ansicht ist, dass ihr Sieg mit der Bestrafung der anderen Menschen Hand in Hand geht« (Satake, 219). Aber auch diese Deutung ist unwahrscheinlich. Der »Sieg« der treuen Christen steht nicht am Anfang der endzeitlichen Ereignisse, sondern an ihrem Ende (vgl. 20,4–6). Gleiches gilt für die Deutung auf das Evangelium und seinen siegreichen Zug durch die ganze Welt (vgl. Mk 13,10). Das Thema der missionarischen Verkündigung taucht in der Offenbarung nicht auf.
Am besten wird die Spannung zwischen der positiven Symbolik der Gestalt und ihrer Zugehörigkeit zu den unheilbringenden weiteren Reitern erklärt, wenn man in diesem Reiter eine symbolische Darstellung des Sieges Gottes und seines Gerichts sieht. Der Bogen ist im Alten Testament wie das Schwert ein Instrument des Gerichtshandelns Gottes (Klgl 2,4; Hab 3,8f). Die verdienten Strafen treffen das Volk wie tödliche Pfeile (vgl. Dtn 32,42 und vor allem Ez 5,15–17, wo die Pfeile mit Hunger, wilden Tieren, tödlicher Krankheit und Blutvergießen durch das Schwert identifiziert werden, also genau den Plagen, die von den folgenden Reitern gebracht werden).
Der erste Reiter symbolisiert den Sieg des richtenden Gottes; die folgenden Reiter vollziehen, was durch ihn angekündigt wird. Aber seine Gestalt macht klar: Was dann geschieht, ist nicht einfach Unheil. Es führt hin zum Sieg dessen, der zugleich Richter und Erlöser ist. Nicht zufällig wird dessen Kommen mit ähnlichen Farben gemalt (vgl. 19,11–13).
Die folgenden Reiter bringen eine Reihe von Plagen mit sich, die schon im Alten Testament gemeinsam auftreten: *Schwert, Hunger und Pest (Tod)* werden immer wieder als Strafe für den Ungehorsam des Volks genannt (Jer 14,12; 21,9 u.ö.; Ez 6,11; 12,16). Am nächsten kommt unserem Text Ez 14,21, wo Gott dem Volk seine »vier schweren Strafen, Schwert, Hunger, wilde Tiere und Pest« androht (vgl. V. 8).
Nun öffnet das Lamm *das zweite Siegel* (3f), und das *zweite Wesen* ruft: *Komm!* Wieder erscheint ein Pferd, und seine Farbe *feuerrot* zeigt, was sein Reiter mit sich bringen wird: Krieg und Streit. Denn ihm *wurde gegeben, den Frieden von der Erde wegzunehmen und dass sie einander abschlachten sollten, und es wurde ihm ein großes Schwert gegeben.* Das zweimalige *wurde gegeben,* weist auf Gottes

Handeln hin. Es sind zwar die Menschen, die einander bekriegen, aber es ist Gott, der sie ihrem zerstörerischen Treiben überlässt (vgl. Mk 13,7f). Damit ist das Ende der *pax romana*, des Friedens im Römischen Reich, angekündigt. Die harte Formulierung *einander abschlachten* verweist auf die Brutalität von Bürgerkriegen. Die Menschen werden mit immer schrecklicheren Waffen (*großes Schwert*) aufeinander losgehen.

Das *dritte Siegel* wird geöffnet und das *dritte Wesen* ruft: *Komm!* (**5f**). Diesmal ist es ein *schwarzes Pferd*, das erscheint, Zeichen für Not und Hunger, die der bringt, der auf ihm reitet. Als Werkzeug für seinen Auftrag hat er *eine Waage in seiner Hand*. Die Waage ist im Alten Testament Symbol für Lebensmittelknappheit und Teuerung (Lev 26,26; Ez 4,16). Es geht um den Verkauf von Waren und ihren Preis. Das bestätigt eine Stimme, die inmitten der vier Wesen, also direkt vom Thron Gottes her, verkündet: *Ein Maß Weizen für einen Denar und drei Maß Gerste für einen Denar*. Ein *Maß* (griechisch: *Choinix*) ist etwa ein Liter und galt als Tagesration an Getreide für eine Person; ein Denar war der Tageslohn eines Arbeiters. Allein für die Grundnahrungsmittel für eine Person muss ein ganzer Tageslohn bezahlt werden. Das ist das Zehn- bis Zwanzigfache der normalen Preise.

Schwierig ist die Deutung des zweiten Teils der Ansage: *dem Öl und dem Wein sollst du keinen Schaden zufügen*. Öl und Wein waren zwar keine Luxusgüter, brachten aber offensichtlich mehr Gewinn, sodass es im Römischen Reich oft zu Überproduktion kam. Kaiser Domitian erließ deshalb im Jahr 92 v.Chr. ein Edikt, das in Italien die Neuanlage von Weinbergen verbot und in Kleinasien die Anbaufläche um die Hälfte reduzieren ließ – was freilich nicht zur Ausführung kam. Ob darauf angespielt wird, ist unsicher. Entweder soll durch diese Aussage einfach deutlich gemacht werden, dass noch nicht alle Lebensmittel von der Teuerung betroffen sind (vgl. V. 8), oder es wird die Frivolität des Marktes angeprangert, der oft an den Grundbedürfnissen der Menschen vorbei produziert.

Der Auftrag des vierten Reiters zeigt die Konsequenz der vorangegangenen Plagen (**7f**). Auf die Öffnung des *vierten Siegels* und den Ruf des *vierten Wesens* erscheint ein *fahles Pferd*. Das griechische Wort, das wir mit *fahl* übersetzen, kann auch *grün* heißen, bezeichnet aber oft die blasse Farbe von Schwerkranken und Leichen. Konsequenterweise trägt der Reiter auf diesem Pferd den Namen *der Tod*, und wie ein Knappe folgt ihm die personifizierte Gestalt des *Totenreichs*.

Sie bringen die schlimme »Ernte« der vorhergehenden Plagen ein: *es war ihnen Macht über ein Viertel der Erde gegeben*. Noch ist nicht die ganze Menschheit dem tödlichen Gericht verfallen (*Erde* steht hier für die Menschenwelt). Aber ein Viertel wird an den Folgen von Krieg und Misswirtschaft zugrunde gehen. Durch *Schwert*, d.h. kriegerische Auseinandersetzungen, und im Gefolge davon durch *Hunger* und *Seuche* (wörtlich: *Tod*, aber hier sind todbringende Seuchen wie die *Pest* gemeint). Und selbst den *(wilden) Tieren* werden die wehrlosen Menschen zum Opfer fallen. Die Beispiele, die hier genannt werden, sind nicht zufällig. Sie zeigen: Damit gehen prophetische Warnungen in Erfüllung (vgl. Ez 5,15–17; 14,21).

Die apokalyptischen Reiter sind eines der bekanntesten Motive der Offenbarung. Viele Künstler haben sie dargestellt; am populärsten ist das Bild Dürers in seiner Reihe von Holzschnitten zur Apokalypse. Das Motiv der verschiedenfarbigen Pferde stammt aus Sach 6,1–8. Dort geht es freilich um Wagengespanne. Inhaltlich gibt es Parallelen in der Endzeitrede Jesu der drei ersten Evangelien (sog. synoptische Apokalypse). In Mk 13,7f (par Mt 24,6–8; Lk 21,10f) werden Kriege, Erdbeben, Hungersnöte und Seuchen als »Anfang der Wehen«, das heißt als Vorzeichen des kommenden Endes bezeichnet. Hier wie dort stellt sich die Frage, ob bestimmte zeitgenössische Ereignisse als Vorboten der Endzeit gedeutet werden. Es hat vielfältige Versuche gegeben, diese zu identifizieren. Aber wahrscheinlich charakterisieren die Nöte, die die Reiter mit sich bringen, notvolle Grunderfahrungen der Menschheit, die zum Zeichen für das kommende Gericht werden sollen.
Durch die Art der Schilderung wird indirekt gesagt, dass diese Katastrophen von Gott hervorgerufen werden. Das ist für uns ein schwieriger Gedanke. Aber schon in Am 3,6 fragt der Prophet: »Geschieht etwa ein Unglück in der Stadt, und der HERR hat es nicht getan?«. Und so wird es den Christen zum Trost, dass »Gott in allen Wirren die Fäden in Händen hält« (Giesen, 177).
Im Grunde sind es von Menschen gemachte Katastrophen, die hier geschildert werden. Das gilt für den Krieg, oft aber auch für Hungersnot und Seuchen. Dennoch brechen sie wie ein unabwendbares Geschick über die Einzelnen herein. Was sie bewirken sollen, wird nicht gesagt. Sie sind Alarmsignale, die die Menschheit aus dem Schlaf der Sicherheit aufwecken sollen. Wenn man versucht, die apokalyptischen Reiter mit heutigen Ereignissen zu identifizieren, um damit eine Art Endzeitfahrplan zu erstellen, führt das in die Irre. Aber Phänomene wie die Klimakatastrophe und ihre Folgen, neues atomares Wettrüsten, Bürgerkriege oder Flüchtlingselend alarmieren uns zu Recht. Die Frage ist nur: Werden sie als Warnruf wahrgenommen und leiten zu mehr Verantwortung an oder werden sie zu Vorboten des Gerichts?

Das Lösen des *fünften Siegels* eröffnet dem Seher eine ganz neue Perspektive (9–11): Er sieht *unter dem Brandopferaltar die Seelen derer, die um des Wortes Gottes willen geschlachtet worden waren und um des Zeugnisses willen, das sie hatten.* Von einem Tempel oder Altar war bisher nicht die Rede gewesen. Aber es wird die Vorstellung vorausgesetzt, dass auch im himmlischen Heiligtum wie im Tempel von Jerusalem ein großer Altar steht. Beim Opfer auf dem irdischen Brandopferaltar wird ein Teil des Bluts der geopferten Tiere am Fuß des Altars ausgeschüttet (Ex 29,12; Lev 4,7.18 u.ö.). Im Blut ist das von Gott geschenkte *Leben*, die *Seele* eines Geschöpfs, gegenwärtig (vgl. Lev 17,11.14; Gen 9,4).

Dies ist der Hintergrund für die Vorstellung, dass am Fuß bzw. *unter dem* himmlischen *Brandopferaltar die Seelen* der Märtyrer, *derer, die um des Wortes Gottes willen geschlachtet worden waren,* zu sehen sind. Sie sind *geschlachtet worden,* das heißt: Sie haben den gleichen Tod erlitten wie das Lamm. Sie haben ihr Leben hingegeben *um des Wortes Gottes und um des Zeugnisses willen, das sie hatten.* Wie wir bei 1,2 sahen, sind für Johannes *Wort Gottes und Zeugnis Jesu* Inbegriff für das Ganze der christlichen Botschaft (vgl. 1,9; 20,4, weiter 12,17; 19,10). Dass sie daran auch in der Verfolgung festgehalten haben, hat sie in den Tod geführt. Konkret sind vermutlich die Märtyrer der Verfolgung unter Nero im Blick.

Die Überzeugung, dass sich die Seelen der ermordeten Gerechten in einer Art Zwischenzustand bis zur Auferstehung schon in der himmlischen Welt befinden, findet sich auch im frühen Judentum; vgl. Weish 3,1: »Die Seelen der Gerechten sind in Gottes Hand« und besonders 4Esr 4,35, wo »die Seelen der Gerechten in ihren Kammern« fragen: »Wie lange soll ich noch so warten?« Aber die Vorstellung, dass sie wie das vergossene Blut der Opfertiere vom Fuß des himmlischen Altars aus zu Gott schreien, hat dort kein Vorbild.

Nach alttestamentlicher Vorstellung schreit das Blut unschuldig Ermordeter zu Gott (Gen 4,10; 2Makk 8,3). Darum sind auch die Märtyrer nicht still, sondern rufen laut zu Gott (10): *Wie lange, o Herr, du Heiliger und Wahrhaftiger, richtest du nicht und rächst nicht unser Blut an denen, die auf der Erde wohnen?* Der Ruf *Wie lange noch?* gehört zu den Grundelementen alttestamentlicher Klage (vgl. Ps 6,4; 13,2f; 74,10 u.ö.). Zwar ist dieses *wie lange* »eine Äußerung der Ungeduld der Rufenden, aber in dieser Formulierung spiegelt sich auch ihr Vertrauen auf Gott wider, dass er eingreifen und sie aus der jetzigen Situation befreien wird« (Satake, 222). *Du Heiliger und Wahrhaftiger,* so reden die Märtyrer Gott an und appellieren damit an Gottes Gottsein und seine Treue (vgl. zu 3,7).

Denn es geht bei ihrem Anliegen nicht nur um sie, sondern vor allem um Gott und seine Gerechtigkeit. Bei ihrer Frage: *Wie lange richtest du nicht und rächst nicht unser Blut an denen, die auf der Erde wohnen?* geht es nicht um persönliche Rachegefühle. Der Ruf nach Rache ist in der Bibel ein Ruf nach Gerechtigkeit. Auch die sog. Rachepsalmen sind nicht Ausdruck der Rachsucht, sondern Zeugnis des Leidens daran, dass Unrecht ungesühnt bleibt, wenn auch manchmal mit Worten, die uns schwierig scheinen (vgl. Ps 58; 109; 129). Zum ersten Mal erscheint hier auch die Wendung *die auf der Erde wohnen* als Bezeichnung derer, die sich gegen Gott und die Christen stellen (vgl. 8,13; 11,10; 13,12f).

Der Ruf der Märtyrer erhält eine doppelte Antwort von Gott (**11**; das Passiv *wurde gegeben* bzw. *gesagt* umschreibt das Handeln Gottes). Als erstes bekommen sie ein weißes Gewand, »Zeichen der Zugehörigkeit zur himmlischen Welt« (Satake, 223) und »für das in Christus geschenkte Heil« (Lichtenberger, 142; vgl. 7,14). Aber noch ist die Zeit der Vollendung nicht gekommen, in der Gott in seiner Gerechtigkeit alles Unrecht zurechtbringen wird. Deshalb *wurde ihnen gesagt, dass sie noch eine kurze Zeit Ruhe halten sollten* – wobei die Zeitangabe *eine kurze Zeit* nicht einfach kalendermäßig zu beziffern ist.

Die Begründung dafür klingt merkwürdig. Sie müssen warten, *bis auch ihre Mitknechte und ihre Geschwister, die wie auch sie getötet werden würden, zur Vollendung kommen würden*. Es gibt offensichtlich eine vorherbestimmte Zahl von Märtyrern, die erfüllt sein muss, bevor das Ende kommen kann. Das ist ein Gedanke, der in der jüdischen Apokalyptik bekannt war. In 4Esr 4,35f, einer Schrift, die etwa zur gleichen Zeit wie die Offenbarung entstanden ist, fragen die Seelen der Gerechten, die in ihren Kammern auf die endgültige Erlösung harren: »Wie lange soll ich noch so warten? Wann endlich kommt die Frucht auf die Tenne unseres Lohnes?« und ein Engel antworten ihnen: »Dann, wenn die Zahl derer voll ist, die euch ähnlich sind« (vgl. 1Hen 47,4). Geht es hier grundsätzlich um die Zahl der Gerechten, so bei Johannes um *Mitknechte und Geschwister* (wörtlich: *Brüder*), *die wie auch sie getötet werden würden*, also um Märtyrer. *Mitknechte* und *Geschwister* sind keine zwei Personengruppen, sondern »zwei Aspekte bei ein und demselben Personenkreis« (Maier I, 334), der durch den gleichen Auftrag und eine geschwisterliche Gemeinschaft miteinander verbunden ist. Von der Erfüllung dieser Zusage berichtet 16,5f.

Der Schrei nach Gerechtigkeit ist eines der treibenden Motive der Offenbarung. Mit ihm spricht sie auch heute in Situationen, in denen Christen – und nicht nur sie – unterdrückt, gefoltert und getötet werden. Das »Motiv der Vollzahl der Märtyrer«, das uns befremden mag, macht deutlich, »daß Leiden für Christen unumgänglich und notwendig sind«, aber nicht über das von Gott bestimmte Maß hinausgehen werden (Giesen, 185). Entscheidend aber ist die Zusage, dass Gott den Ruf nach Gerechtigkeit hört und nicht für immer dazu schweigt (vgl. das Wort Jesu in Lk 18,7f: »Sollte Gott nicht auch Recht schaffen seinen Auserwählten, die zu ihm Tag und Nacht rufen, und sollte er's bei ihnen lange hinziehen? Ich sage euch: Er wird ihnen Recht schaffen in Kürze«).

Die Öffnung des *sechsten Siegels* hat dramatische Konsequenzen (12–17). Das ganze Weltgebäude wird erschüttert. Das wird in eindrücklichen Bildern beschrieben, die sich an entsprechende alttestamentliche Schilderungen anlehnen: *ein großes Erdbeben geschah, und die Sonne wurde schwarz wie ein härener Sack, und der Mond wurde ganz wie Blut* (12). Erdbeben gelten als Begleiterscheinung des Kommens Gottes (vgl. Jes 29,18; Ez 3,12f) und des Gerichtstags Jahwes (Jes 13,13; Ez 38,19). Damit verbunden ist das Erlöschen der Gestirne (vgl. Joel 2,10 und vor allem 3,4: »Die Sonne soll in Finsternis und der Mond in Blut verwandelt werden«; weiterhin Jes 13, 10; Ez 32,7f. Zum Bild des härenen Sacks der Trauer vgl. Jes 50,3, REB).
Auch in Mk 13,24 wird die Erschütterung des Himmelsgebäudes als Begleiterscheinung des Kommens des Menschensohns genannt: Dann »wird die Sonne sich verfinstern und der Mond seinen Schein verlieren, und die Sterne werden vom Himmel fallen, und die Kräfte der Himmel werden ins Wanken kommen«. Die Schilderung bei Johannes fällt noch plastischer aus (13): *und die Sterne des Himmels fielen auf die Erde, wie ein Feigenbaum seine Spätfeigen abwirft, wenn er von einem heftigen Wind geschüttelt wird.* Dazu tritt die Vorstellung, dass das Himmelsgewölbe wie eine Rolle Pergament über die Erde ausgespannt ist, die, wenn sie aufgeschnitten wird, sich sofort zusammenrollt (14): *der Himmel verschwand, wie eine Buchrolle zusammengerollt wird* (vgl. Jes 34,4, ZB: »wie eine Schriftrolle rollt sich der Himmel zusammen«).
Nichts bleibt, wie es war: *jeder Berg und jede Insel wurden von ihrem Ort gerückt.* Nichts ist mehr sicher und verlässlich. Und das betrifft die ganze Menschheit (15). Sieben »Stände« werden genannt mit allem, was Rang und Namen hat. Alle sind in Not: Zu den *Königen der Erde*, die oft als Repräsentanten der Menschheit genannt werden (vgl. Ps 2,2; Jes 24,21; Offb 17,2.18; 18,3.9), tritt ein ganzer Stab: *die Vornehmen und die Truppenführer,* dazu auch die anderen *Reichen und Mächtigen.* Aber nicht nur die Eliten sind betroffen, nein, *jeder Sklave und Freie,* alle ohne Ausnahme.

Wie aber reagieren sie? Sie *versteckten sich in den Höhlen und Felsen der Berge*. Auch das hat sein Vorbild in der prophetischen Verkündigung des Alten Testaments, in der geschildert wird, wie sich die Menschen in Höhlen und Felsklüfte verkriechen, um sich vor dem kommenden Gericht Gottes zu verstecken (Jes 2,10.19.21; Jer 4,29). Nach Hos 10,8 werden die Betroffenen sagen: »Ihr Berge, bedeckt uns!« und: »Ihr Hügel, fallt über uns!«, eine Aussage, die Johannes fast wörtlich zitiert (**16**): *und sie sagen zu den Bergen und den Felsen: Fallt über uns und versteckt uns vor dem, der auf dem Thron sitzt und vor dem Zorn(gericht) des Lammes* (vgl. Lk 23,30). Nicht Schutz vor der hereinbrechenden Katastrophe suchen die Menschen, nein, sie versuchen, sich vor dem kommenden Gericht zu verstecken. Es »geht ... nicht um die Todesangst derer, die auf Erden wohnen, ihr Leben zu verlieren, sondern ihre Angst vor dem Gericht« (Lichtenberger, 144).

Die Rede vom *Zorn Gottes* oder gar vom *Zorn des Lammes* macht uns heute Schwierigkeiten. Der Begriff ist negativ besetzt. Das ist in der biblischen Sprache anders. Mit dem Wort *Zorn* beschreiben die Propheten die aus der Tiefe des Herzens Gottes kommende Reaktion auf die Verfehlungen seines Volkes. Die allzu menschlich klingende Emotionalität des Wortes ist dabei wichtig. Sie signalisiert die tiefe Verwundung Gottes durch die Sünde des Volkes. Dass Gott das Volk den Schmerz seiner Enttäuschung über seinen Verrat spüren lässt, ist Konsequenz und Kehrseite seiner großen Liebe (vgl. Ex 32,11f; Dtn 6,15; Ps 6,2; Jes 5,25; aber auch Ps 30,6; Jes 12,1; 54,8). Im Neuen Testament tritt der emotionale Klang des Wortes zurück. Der Begriff wird zum Äquivalent für das Gericht (Joh 3,36; Röm 1,18; 1Thess 1,10; 2,16; 5,9).

Die Menschen wissen durchaus, was ihnen bevorsteht. Sie erkennen, dass nun die Zeit Gottes, dessen, »der auf dem Thron sitzt«, und seines Beauftragten, des Lammes, gekommen ist (**17**): *Denn der große Tag ihres Zorn(gericht)s ist gekommen, und wer kann bestehen?* Die Antwort auf diese Frage scheint klar zu sein: Niemand von denen, die ihr Leben ohne Gott und Christus gelebt haben, kann vor diesem Urteil bestehen.

Von der Erschütterung des Weltgebäudes und der Reaktion der Menschen darauf handelt das sechste Siegel. Was hier an kosmischen Katastrophen geschildert wird, ist zugleich Bild für den inneren Zusammenbruch der menschlichen Gemeinschaft. Darum ist es weniger die Angst vor weiteren Katastrophen, die die Menschen bewegt und sie veranlasst, sich zu verstecken, sondern die Furcht vor Gottes Gericht. So auf Ereignisse zu reagieren, die das Gefühl zerstören, auf dieser Erde sicher zu sein, mag überholt erscheinen. In Europa war das nur bis zur Aufklärung der Fall. Heute tritt an diese Stelle die Anklage gegen Gott – selbst wenn man sich vorher nicht sehr um ihn gekümmert hat. Auch in der Offenbarung wird von anderen Reaktionen berichtet werden: Trotz aller Erschütterung kehren die Menschen nicht um, sondern lästern Gott (9,20f; 16,11). Allerdings bleibt auch an unserer Stelle die Furcht vor Gottes Gericht ohne positive Folgen. Die Absicht, sich vor dem Gericht in den zerberstenden Bergen und Felsen zu verstecken, gleicht dem Versuch, dem Unheil dadurch zu entgehen, dass man den Kopf in den Sand steckt (vgl. schon Gen 3,8). Die Frage: »Wer kann bestehen?« ist berechtigt. Die Antwort kann nur lauten: »Niemand«. Ob es eine andere Konsequenz gäbe als das Versteckspiel vor Gott, wird nicht gesagt.

Die sechs Siegel haben die Funktion einer ersten großen Warntafel, die auf die Bedrohung vermeintlicher menschlicher Sicherheit hinweist. Gott wird das, was Menschen an Not und Katastrophen auslösen, auf die Menschheit loslassen, er wird den Ruf nach Gerechtigkeit hören, auch wenn er nicht sofort eingreift, und wird durch tiefe Erschütterung der gewohnten Ordnung von Natur und menschlicher Gemeinschaft das Bewusstsein wecken, dass die Menschheit gerichtsreif ist. Was daraus an Heil oder Unheil erwächst, bleibt noch offen.

7,1–17
Die Bewahrung des Volkes Gottes

7 ¹Danach sah ich vier Engel an den vier Ecken der Erde stehen, die hielten die vier Winde der Erde fest, damit kein Wind über das Land noch über das Meer noch über irgendeinen Baum wehe. ²Und ich sah einen anderen Engel vom Aufgang der Sonne heraufsteigen, der hatte das Siegel des lebendigen Gottes und rief mit lauter Stimme den vier Engeln zu, denen (die Vollmacht) gegeben war, dem Land und dem Meer Schaden zuzufügen, ³und sagte: Fügt weder dem Land Schaden zu noch dem Meer noch den Bäumen, bis wir die Diener unseres Gottes auf ihren Stirnen versiegelt haben. ⁴Und ich hörte die Zahl der Versiegelten: 144 000 Versiegelte aus allen Stämmen der Söhne Israels: ⁵aus dem Stamm Juda 12 000 Versiegelte, aus dem Stamm Ruben 12 000, aus dem Stamm Gad 12 000, ⁶aus dem Stamm Asser 12 000, aus dem Stamm Naftali 12 000, aus dem Stamm Manasse 12 000, ⁷aus dem Stamm Symeon 12 000, aus dem Stamm Levi 12 000, aus dem Stamm Issachar 12 000, ⁸aus dem Stamm Sebulon 12 000, aus dem Stamm Joseph 12 000, aus dem Stamm Benjamin 12 000 Versiegelte.
⁹Danach sah ich, und siehe, eine große Menge, die niemand zählen konnte, aus jeder Nation und (allen) Stämmen und Völkern und

Sprachen vor dem Thron und vor dem Lamm stehen, bekleidet mit weißen Kleidern und Palmzweigen in ihren Händen, [10]und sie rufen mit lauter Stimme und sagen: Das Heil (gehört) unserem Gott, der auf dem Thron sitzt, und dem Lamm. [11]Und alle Engel standen rings um den Thron und die Ältesten und die vier Wesen und fielen vor dem Thron auf ihr Angesicht und beteten Gott an [12]und sagten: Amen, der Lobpreis und der Ruhm und die Weisheit und der Dank und die Ehre und die Macht und die Stärke (gebühren) unserem Gott in alle Ewigkeit.
[13]Und einer der Ältesten ergriff das Wort und sagte zu mir: Diese da, die mit weißen Kleidern bekleidet sind, wer sind sie und woher sind sie gekommen? [14]Und ich sagte zu ihm: Mein Herr, du weißt (es). Und er sagte zu mir: Das sind die, die aus der großen Bedrängnis kommen, und sie haben ihre Kleider gewaschen und im Blut des Lammes weiß gemacht. [15]Deshalb sind sie vor dem Thron Gottes und dienen ihm Tag und Nacht in seinem Tempel, und der auf dem Thron sitzt, wird über ihnen wohnen. *[16]Sie werden nicht mehr hungern und werden nicht mehr dürsten, und auch die Sonne wird nicht mehr auf sie fallen noch irgendeine Hitze,* [17]denn das Lamm, das inmitten des Thrones ist, wird sie weiden und sie zu Quellen des Wassers des Lebens führen, und *Gott wird jede Träne von ihren Augen wegwischen.*

Wer kann bestehen? Diese Frage steht im Raum. Was geschieht mit denen, die sich zu Gott und Christus halten? Darauf antwortet Kap. 7. War der Blick des Sehers bisher auf das gerichtet, was auf der Erde geschieht, wird nun plötzlich wieder die Sicht frei auf das, was bei Gott im Himmel geschieht (vor allem ab V. 9). Diese »Wechselbildschaltung« ist typisch für die Darstellung der Offenbarung (vgl. weiter Kap. 14). Sie zu beachten und zu deuten ist für das Verständnis ihrer Botschaft äußerst wichtig. Kap. 7 gliedert sich in zwei Abschnitte: *7,1–8 Die Versiegelung der 144 000* und *7,9–17 Die unzählbare Schar aus allen Völkern.* Viele Ausleger behandeln diese beiden Abschnitte getrennt. Aber sie gehören eng zusammen und interpretieren sich wechselseitig, wie die beiden Tafeln eines Diptychons, eines Zwei-Tafel-Bildes (Maier I, 350). Wir besprechen daher das ganze Kapitel im Zusammenhang.

Der Blick des Sehers erhält eine neue Perspektive (1). Er sieht *vier Engel an den vier Ecken der Erde stehen*. Hinter der biblischen Redewendung von den *vier Ecken* oder *Enden* der Erde scheint eine alte Vorstellung von einer quadratischen Erde zu stehen (vgl. Jes 11,12; Ez 7,2). Die Winde, die von ihnen ausgingen, galten als unheilvoll und zerstörerisch (vgl. Jer 49,36). Die *vier Winde der Erde* repräsen-

tieren also das zerstörerische Potential, das die Erde bedroht, und die vier Engel, die sie festhalten, *damit kein Wind über das Land noch über das Meer noch über irgendeinen Baum wehe*, sind Werkzeug der göttlichen Bewahrung der Erde vor diesen Gewalten.
Ein weiterer Engel tritt auf den Plan (2): *Ich sah einen anderen Engel vom Aufgang der Sonne heraufsteigen.* Im *Osten* lag das Paradies (Gen 2,8), und aus dem Osten wird das Kommen Gottes und seiner Herrlichkeit erwartet (Ez 43,2). Dieser Engel bringt also Heil. In seinen Händen ist *das Siegel des lebendigen Gottes*. Ein *Siegel*, meist an einem Ring befestigt (vgl. Gen 41,42; Dan 6,18), diente dazu, Dokumente rechtsgültig auszufertigen oder etwas als Eigentum zu markieren. »Siegel brennt man Sklaven und Tieren ein, damit sie eindeutig als Eigentum ihres Herrn erkennbar sind« (Giesen, 192). Der Engel hat also den Auftrag, mit diesem Siegel die zu kennzeichnen, die dem *lebendigen Gott* gehören und unter seinem besonderen Schutz stehen.
Deshalb wendet er sich an die *vier Engel, denen (die Vollmacht) gegeben war, dem Land und dem Meer Schaden zuzufügen*. Bis jetzt hatten sie zwar die unheilvollen Winde festgehalten. Aber ihr eigentlicher Auftrag war, diese loszulassen und Verderben über die Erde zu bringen. Ihnen rief der Engel zu und sagte (3): *Fügt weder dem Land Schaden zu noch dem Meer noch den Bäumen, bis wir die Diener unseres Gottes auf ihren Stirnen versiegelt haben.* Die *Diener* (wörtlich: *die Sklaven*) *Gottes* sollen *versiegelt*, d.h. als Eigentum Gottes gekennzeichnet und so vor der drohenden Vernichtung bewahrt werden. *Diener Gottes* können in der Offenbarung die Propheten genannt werden (vgl. 10,7; 11,18; 22,6), aber meist sind alle gemeint, die zu Gott und Christus gehören und ihnen die Treue halten (vgl. 1,1; 2,20; 19,2; 22,3).

Hintergrund für diesen Vorgang ist eine Vision, die in Ez 9,1–7 berichtet wird. Das Gericht über Jerusalem ist gekommen, und alle seine Bewohner sollen erschlagen werden. Doch zuvor sagt Gott zu einem der damit beauftragten Männer (V. 4): »Geh mitten durch die Stadt Jerusalem und schreib ein Taw (LÜ: ein Zeichen) auf die Stirn aller Männer, die über die in der Stadt begangenen Gräueltaten seufzen und stöhnen« (EÜ). In V. 6 heißt es dann: »Doch von denen, die das Taw auf der Stirn haben, dürft ihr keinen anrühren«. Bemerkenswert ist dabei, dass ein Taw in der althebräischen Schrift die Gestalt eines Kreuzes hat, das als Markierungszeichen dient. Ohne dass dies in Offb 7,1–8 gesagt würde, ist also anzunehmen, dass das Zeichen auf der Stirn, mit dem die 144 000 versiegelt werden, das Zeichen des Kreuzes ist.

Eigenartig ist, dass von diesem Schutzzeichen erst jetzt berichtet wird, nachdem durch das Öffnen der ersten sechs Siegel den Menschen schon viel Schaden zugefügt worden ist. Möglicherweise wird damit deutlich, dass es dabei nicht um die äußere Verschonung vor kommendem Unheil geht, sondern um die innere Bewahrung vor den Kräften der Zerstörung, die am Ende des Weges Gottes mit dieser Welt freigesetzt werden. Merkwürdigerweise wird auch der Vorgang der Versiegelung selbst nicht geschildert. Dass damit die Taufe gemeint ist, wie viele Ausleger annehmen, ist nicht gesagt. Es geht um die grundsätzliche Übereignung an Gott, die sich im Leben der Glaubenden vollzieht.

Was genannt wird, ist die *Zahl der Versiegelten* (4): *144 000 Versiegelte aus allen Stämmen der Söhne Israels.* Die Zahl 144 000 ist zweifellos eine symbolische Zahl: zwölf ist die Zahl der Stämme Israels, tausend die Zahl der Fülle, zwölfmal zwölftausend kennzeichnet also die Vollzahl des Volkes Gottes, die Fülle derer, die zu Gott gehören. Dazu werden die zwölf Stämme einzeln aufgezählt (5–8): je 12 000 Versiegelte aus den Stämmen Juda, Ruben, Gad, Asser, Naftali, Manasse, Symeon, Levi, Issachar, Sebulon, Joseph und Benjamin.

Alle *Söhne Israels* werden aufgezählt, auch die zehn Stämme, die nach dem Untergang des Nordreichs als verloren galten. Dass Gott die Stämme Jakobs »wieder aufrichten« und so das ganze Gottesvolk wiederherstellen würde, war eine Hoffnung, die sich schon im Alten Testament findet (Jes 49,6; Sir 48,10). In welchem Sinn das hier geschieht, muss noch geklärt werden.

Die Stämme werden in einer eigenartigen Reihenfolge aufgezählt. Mit Juda und Ruben stehen zwei Söhne Leas am Anfang, wobei Juda an die erste Stelle rückt, weil aus ihm der Messias kommt. Dann folgen zwei Söhne Silpas, der Magd Leas (Gad, Ascher), darauf müssten eigentlich Dan und Naphtali, die Söhne Bilhas, der Magd Rahels, folgen, aber anstelle Dans erscheint Manasse, einer der beiden Söhne Josefs. Nun folgen die übrigen Söhne Leas (Simeon, Levi, Issachar und Sebulon) und zuletzt die Söhne Rahels, Josef und Benjamin.

Da keine der fast zwanzig Aufzählungen der Söhne Jakobs im Alten Testament genau die gleiche Reihenfolge aufweist, wird man nicht nach einer besonderen Bedeutung der hier gewählten Folge suchen müssen. Rätselhaft bleibt aber die Auslassung Dans. Meist wird darauf hingewiesen, dass »Dan fehlt, weil es dem Götzendienst verfallen war« (Lichtenberger, 148; vgl. Ri 18,11–31). In manchen jüdischen Kreisen galt sogar der Satan als Fürst Dans (TestDan 5,6). Vielleicht ist der Vorwurf, zu den Götzen abgefallen zu sein, auch der Grund dafür, dass neben Manasse nicht der Bruderstamm Ephraim tritt, sondern sein Vater Josef genannt wird, obwohl damit eine Unstimmigkeit entsteht (vgl. Hos 4,17).

Worauf verweist dieser erste Teil der Vision? Soll damit gezeigt werden, dass »ganz Israel gerettet wird« (so Paulus in Röm 11,26), und zwar einschließlich der »verlorenen« Stämme Israels? Oder repräsentieren die 144 000 die Vollzahl der Geretteten aus Israel, also die Judenchristen? Oder stellen sie das Gottesvolk der Endzeit dar, das neue Israel, das aus Juden und Heiden besteht? Die Antwort darauf hängt davon ab, wie das Verhältnis der 144 000 zu der unzählbaren Schar beurteilt wird, die in den folgenden Versen erscheint. Geht es dabei um zwei unterschiedliche Gruppen, zuerst die Erlösten aus Israel und dann die aus den Völkern? Oder wird damit die Schar der Geretteten jeweils aus unterschiedlicher Perspektive gezeichnet?

Ein neues Bild entfaltet sich vor den Augen des Sehers: Er sieht *eine große Menge, die niemand zählen konnte* (9). An die Stelle der genau »abgezählten« Vollzahl tritt jetzt eine »unzählbare«, alles menschliche Berechnen übersteigende Schar von Menschen. Hier geht die Verheißung an Abraham in Erfüllung, dass seine Nachkommen nicht zu zählen sein werden (Gen 15,5). Aber sie kommen nicht nur aus den zwölf Stämmen Israels, sondern *aus jeder Nation und (allen) Stämmen und Völkern und Sprachen*. Wie in 5,9 wird mit diesen Begriffen deutlich gemacht, dass es für die Zugehörigkeit zu Gottes Volk keine nationalen, ethnischen, rassischen, sprachlichen oder sonstigen gesellschaftlichen Grenzen geben wird.
All diese Menschen *stehen vor dem Thron (Gottes) und vor dem Lamm*. Sie sind schon in die himmlische Welt versetzt worden und sind *bekleidet mit weißen Kleidern*, Symbol für eine bereinigte Vergangenheit und eine neue, erlöste Existenz, die zur Gemeinschaft mit Gott befähigt. *In ihren Händen* tragen sie *Palmzweige*, wie sie das jüdische Volk beim siegreichen Einzug in den befreiten und neu geweihten Tempel getragen hat (1Makk 13,51; 2Makk 10,7; vgl. Joh 12,13). Sie haben den Sieg behalten und sind bei Gott im himmlischen Heiligtum angekommen.
Doch diesen Sieg und ihre Rettung und ihr Heil verdanken sie allein Gott und dem, was er durch Jesus Christus getan hat (10). *Deshalb rufen sie mit lauter Stimme und sagen: Das Heil (gehört) unserem Gott, der auf dem Thron sitzt, und dem Lamm*. Die ungewöhnliche Aussage, dass Gott das *Heil* bzw. die *Rettung* gehört, zeigt die breite Bedeutung des entsprechenden griechischen Wortes *soteria* (vgl. 12,10; 19,1). Manche übersetzen es hier mit *Sieg* (GNB) oder mit *Erlösungskraft* (Satake, 231). Der Sinn ist klar: *Heil* und *Rettung* kommen allein von Gott und durch das, was er durch Christus, das Lamm, getan hat (vgl. Ps 3,9; Jon 2,10, EÜ, ZB). Dieses Bekenntnis wird in 12,10 und vor allem in 19,1 von »der lauten Stimme einer großen Schar« Geretteter wieder aufgenommen werden.

Damit reiht sich die große Menge in den Lobpreis der himmlischen Welt mit ein (**11f**): *Alle Engel standen rings um den Thron und die Ältesten und die vier Wesen und fielen vor dem Thron auf ihr Angesicht und beteten Gott an und sagten: Amen, der Lobpreis und der Ruhm und die Weisheit und der Dank und die Ehre und die Macht und die Stärke (gebühren) unserem Gott in alle Ewigkeit. Amen.* Schon in 5,11f haben die, die um Gottes Thron stehen, das Lamm, das sein Leben geopfert hat, mit diesen Worten gepriesen. Das wird nun mit einem Amen am Beginn und am Ende bekräftigt und ausdrücklich auf Gott bezogen. Die rühmenden Begriffe sind dieselben, nur statt *Reichtum* steht *Dank*. Er gebührt allein Gott.

Was das bedeutet, wird im Folgenden erläutert (**13–17**). Doch zunächst wird der Seher *von einem der Ältesten* gefragt: *Diese da, die mit weißen Kleidern bekleidet sind, wer sind sie und woher sind sie gekommen?* Beide Fragen sind wichtig: Wer sind diese Menschen, die jetzt Gott loben, und was haben sie hinter sich? Aber die Frage ist rhetorisch. Der Seher weiß das nicht, und dass er dennoch gefragt wird, unterstreicht die Notwendigkeit, durch eine himmlische Stimme belehrt zu werden. In Ez 37,3 findet sich eine ganz ähnliche Szene, und wie der Prophet antwortet der Seher: *Mein Herr, du weißt (es)* (**14**).

In dieser Feststellung liegt zugleich die Bitte um Antwort, und der Älteste gibt bereitwillig die erbetene Auskunft über Identität und Herkunft der Menschen in der unzählbaren Schar. Zwei grundlegende Merkmale werden genannt: (1) *Das sind die, die aus der großen Bedrängnis kommen*. Schon in Dan 12,1 wird »eine Zeit so großer Bedrängnis (LÜ: Trübsal)« angekündigt, »wie sie nie gewesen ist, seitdem es Völker gibt, bis zu jener Zeit«. Und auch dort wird hinzugefügt: »Aber zu jener Zeit wird dein Volk errettet werden, alle, die im Buch geschrieben stehen«. Auch Jesu Endzeitrede kündigt »eine große Bedrängnis« an, »wie sie nicht gewesen ist von Anfang der Welt bis jetzt« (Mt 24,21 par Mk 13,19). Es ist eine Zeit der Unterdrückung und Verfolgung all derer, die sich zu Gott und Christus halten.

Diese Notsituation haben die überstanden, die nun vor Gottes Thron stehen und ihn loben. Das aber haben sie nicht aus eigener Kraft geschafft. Entscheidend ist das zweite Merkmal, das genannt wird (2): *Sie haben ihre Kleider gewaschen und im Blut des Lammes weiß gemacht*. Dass sie *weiße Kleider* tragen, die ihre Zugehörigkeit zu Gott symbolisieren, liegt nicht daran, dass sie sich eine »weiße Weste« bewahrt haben. Das paradoxe Bild, dass sie ihre Kleider *im Blut des Lammes weiß gemacht* haben, macht klar: Sie sind durch die Lebenshingabe Jesu von der Sünde befreit und haben das Heil, das er schenkt, für sich angenommen (vgl. 1Joh 1,7).

Auffällig ist, dass das Bild die aktive Beteiligung betont: *Sie haben ihre Kleider gewaschen,* das heißt: Sie haben Jesu Opfer für sich in Anspruch genommen. All das zeigt: Bei der unzählbaren Schar handelt es sich nicht nur um die Märtyrer, die ihr Leben für Jesu Sache gelassen haben. Gemeint sind alle Christen, die auch in der Bedrängnis an Jesus und seiner Lebenshingabe festgehalten haben. Vermutlich ist mit dem Bild des Waschens der Kleider nicht nur auf die Taufe angespielt, sondern das lebenslange Bekenntnis zu Jesus und dem Heil, das er schenkt, gemeint.

Das erklärt, warum sie nun ganz zu Gott und in seine Gemeinschaft gehören (**15**): *Deshalb sind sie vor dem Thron Gottes und dienen ihm Tag und Nacht in seinem Tempel.* Hier überschneiden sich Gegenwart und Zukunft in eigenartiger Weise. Im neuen Jerusalem wird es weder einen Tempel noch Nacht geben (21,22.25). Doch schon jetzt stehen diejenigen, die in der Bedrängnis bewahrt werden, vor Gott im himmlischen Heiligtum und beten ihn an. Hier ist ihr Platz inmitten aller Verführung und Verfolgung.

Was es für sie in Zukunft bedeutet, ganz zu Gott zu gehören, das wird mit Worten von Verheißungen aus dem Alten Testament beschrieben. In der Aussage *und der auf dem Thron sitzt, wird über ihnen wohnen,* klingt Gottes Zusage an sein Volk aus Ez 37,27 an: »Und meine Wohnung wird über ihnen sein« (ZB). Dass Gott *über* den Seinen *wohnen* wird, verheißt Schutz und Bewahrung. Diese Zusage wird in 21,3 durch die Formulierung: *bei* ihnen, bzw. *unter* ihnen wohnen noch intensiviert werden.

Welche Konsequenzen das für alle Bereiche des Lebens hat, wird mit einem fast wörtlichen Zitat von Jes 49,10 beschrieben (**16**): *Sie werden nicht mehr hungern und werden nicht mehr dürsten, und auch die Sonne wird nicht mehr auf sie fallen noch irgendeine Hitze.* Dort lautet die Begründung: »denn ihr Erbarmer [also Gott selbst] wird sie führen und sie an die Wasserquellen leiten«. Für die Offenbarung ist der Erbarmer *das Lamm, das inmitten des Thrones ist* (**17**). Das Lamm, also Christus, ist der gute Hirte und *wird sie weiden und sie zu Quellen des Wassers des Lebens* (LÜ: *lebendigen Wassers*) *führen.* Damit wird deutlich, dass hier bildhaft gesprochen wird. Es geht nicht um die Beschreibung einer paradiesischen Existenz à la Schlaraffenland, sondern um eine ganz neue Weise der Gemeinschaft mit Gott, der Quelle wahren Lebens.

Das wird durch eine letzte Verheißung unterstrichen, die sich eng an Jes 25,8 anlehnt: *und Gott wird jede Träne von ihren Augen wegwischen.* Alles Leid und aller Schmerz werden bei Gott ein Ende finden. Das wird noch sehr viel intensiver und eindrucksvoller in 21,3–6 geschildert werden. Hier haben wir eine der Stellen in der Offenbarung, an der schon im Vorblick vorweggenommen wird, was am Ziel der Geschichte vollendet werden wird. Die glaubende Gemeinde soll sehen, dass die verheißene Gemeinschaft mit Gott in Gottes Perspektive schon jetzt Wirklichkeit ist.

Eine *unzählbare Schar aus allen Völkern* und die *144 000 aus den zwölf Stämmen Israels* – wie verhalten sie sich zueinander? Zwei Auffassungen stehen sich gegenüber: Entweder sieht man in den 144 000 das wiederhergestellte endzeitliche Israel und in der unzählbaren Schar die Menschen aus den Völkern, also den Heiden, die in die Gemeinschaft mit Gott berufen sind. Oder man hält beide Visionen für Darstellungen des *einen* Gottesvolks aus Juden und Heiden in unterschiedlicher Perspektive.
Gegen die erste Auffassung spricht, dass ihr zufolge nur die Judenchristen versiegelt wären. Das würde 9,4 widersprechen. Umgekehrt hätten die Christen aus Israel ihre Kleider nicht *im Blut des Lammes gewaschen*. Es gibt aber in der Offenbarung keine Stellen, in denen Israel eine solche Sonderstellung einnehmen würde. »Das Israel der Endzeit ... ist ein Volk aus allen Nationen ... Die 144 000 Versiegelten sind die unzählbare Volksmenge, die nun unmittelbar vor dem Thron, d.h. vor Gott, und vor dem Lamm steht« (Giesen, 196f).
Das bedeutet nicht, dass die Kirche an Israels Stelle tritt. Gerade die Darstellung der 144 000 aus den zwölf Stämmen hält fest, dass das endzeitliche Volk Gottes im Erbe Israels verwurzelt ist. Es stellt das vollendete Israel dar, das sich für Menschen aus den Völker geöffnet hat, die gleichberechtigt in dessen Gemeinschaft mit Gott integriert sind.
Offen ist allerdings noch eine andere Frage: Ist nach dieser Schilderung das endzeitliche Gottesvolk schon aus der Bedrängnis »der großen Trübsal« entrückt und in die himmlische Welt versetzt worden? Oder zeigt sie, wie es sein wird, wenn die Erlösten durch Bedrängnis und Bewährung hindurch am Ziel sein werden? Viele Indizien sprechen dafür, dass hier ein Vorblick auf die Vollendung gegeben wird (vgl. vor allem die Übereinstimmung von 7,17 mit 21,3f). Zugleich wird gezeigt, was jetzt schon, inmitten aller Bedrängnis, das Leben der Gläubigen bestimmt. Die Frage: *Wer kann bestehen?* wird mit dem Ausblick auf die Vollendung derer, die Gott die Treue halten, beantwortet. Noch ist das Zukunftsschau, aber die Zukunft hat schon begonnen. Das ist Trost und Halt für die Verfolgten aller Zeiten!

8,1–5
Das siebte Siegel

Wo aber bleibt das siebte Siegel? Erst jetzt in 8,1, nach dem Zwischenstück von Kap. 7, das Einblick in das Geschick der Erlösten gewährt, wird berichtet, wie es geöffnet wird. Damit scheint die Sieben-Siegel-Vision zu Ende zu sein, denn mit 8,2 beginnen die Vorbereitungen für die Sieben-Posaunen-Vision. Deswegen sehen viele Ausleger den Einschnitt zwischen den beiden Visionen zwischen 8,1 und 8,2. Aber wie am Ende der beiden nächsten Visionsreihen wird in 8,5 von *Donner, Getöse, Blitzen und Erdbeben* berichtet (vgl. 11, 19; 16,18). Das lässt darauf schließen, dass auch die erste Reihe erst mit diesem Vers endet. 8,2–5 bildet eine Brücke zwischen beiden Reihen. Es soll deutlich werden, dass das, was in der nächsten Folge von Plagen geschieht, durch das Öffnen des letzten Siegels in Gang gesetzt wird.

8 **¹Und als es das siebte Siegel öffnete, entstand eine große Stille im Himmel, ungefähr eine halbe Stunde lang. ²Und ich sah die sieben Engel, die vor Gott standen, und ihnen wurden sieben Posaunen gegeben. ³Und ein anderer Engel kam und stellte sich zu dem Altar, der hatte eine goldene Räucherpfanne, und es wurde ihm viel Räucherwerk gegeben, damit er es mit den Gebeten aller Heiligen auf den goldenen Altar geben solle, der vor dem Thron Gottes stand. ⁴Und der Rauch des Räucherwerks stieg auf aus der Hand des Engels mit den Gebeten der Heiligen vor Gott. ⁵Und der Engel nahm die Räucherpfanne und füllte sie mit dem Feuer des Altars und warf (es) auf die Erde, und es geschahen Donner und Getöse und Blitze und (ein) Erdbeben.**

Das siebte Siegel wird geöffnet. Welches Unheil wird dadurch entfesselt? Und wer öffnet das letzte Siegel? Nach 7,17 könnte es Gott oder das Lamm sein. 8,1 greift jedoch wie selbstverständlich über den Einschub von Kap. 7 hinweg auf 6,17 zurück. Es ist das *Lamm*, und viele Übersetzungen ergänzen das auch sinngemäß (LÜ, EÜ). An dieser Stelle taucht noch einmal die Frage auf, ob hinter dem Bild der Buchrolle, die mit sieben Siegeln versiegelt ist, die Vorstellung einer Doppelurkunde steht, deren vollständiger Wortlaut erst gelesen werden kann, wenn auch das letzte Siegel geöffnet ist (siehe zu 5,1). Davon ist aber nicht die Rede. Die Vorstellung scheint eher die zu sein, dass mit der Öffnung eines jeden Siegels die Ereignisse, die in der Buchrolle festgeschrieben sind, wirksam werden.

Was jedoch wird beim Öffnen des letzten, entscheidenden Siegels geschehen? Welche gewaltigen Dinge werden sich nun ereignen? Doch etwas ganz anderes passiert (1): *Es entstand eine große Stille im Himmel, ungefähr eine halbe Stunde lang.* Weder das große Finale des Gerichts noch das Wunder der Neuschöpfung entfalten sich, sondern es wird ganz still. Was bedeutet das? Manche Ausle-

ger denken an die Stille (»ein stilles, sanftes Sausen«), in der Elia am Berg Horeb Gott begegnet, nachdem dieser weder im Sturm noch im Erdbeben oder im Feuer erschienen war (1Kön 19,12f). Andere verweisen auf eine jüdische Tradition, dass vor der Neuschöpfung ein langes Schweigen eintreten wird (4Esr 7,30: »Die Welt wird in das einstige Schweigen sieben Tage lang zurückkehren«). Aber keiner dieser Hinweise überzeugt ganz.
Es bedarf im Grunde keiner irgendwie gearteten Parallelen, um zu verstehen, was hier ausgesagt wird: Die *große Stille im Himmel* ist Zeichen eines tiefen Innehaltens, bevor die nächste Reihe der Plagen ihren Lauf nimmt, durch die die Menschheit aus ihrer Gottesferne und Gottesfeindschaft gerufen werden soll. Es wird eine klare Zäsur gesetzt, Gott bleibt ganz bei sich, bevor ein neuer Akt des Dramas beginnt, das sich zwischen ihm und der Welt abspielt. Aber es ist eine ganz begrenzte Zeit, in der diese Stelle herrscht. *Eine halbe Stunde* sind natürlich keine dreißig Minuten, sondern symbolisieren eine knappe, unabgeschlossene Zeitspanne. »Die Stille währt nur einen Moment« (Holtz, 73), aber das ist ein Moment gespannter Erwartung auf das weitere Handeln Gottes.
Doch dann beginnt die Vorbereitung für die nächste Reihe von Visionen (**2**): *Ich sah die sieben Engel, die vor Gott standen.* Aufgrund dieser Formulierung nehmen manche Ausleger an, dass es sich dabei um die sieben sog. Angesichts- oder Erzengel handelt. Aber es wird gleich von weiteren Engeln die Rede sein, die keinen geringeren Rang als die erstgenannten zu haben scheinen. Gemeint sind also einfach *die Engel, die vor Gott standen,* als ihnen *sieben Posaunen gegeben* wurden. Das griechische Wort für den Namen des Instruments, das wir mit *Posaune* übersetzt haben, könnte auch mit *Trompete* (evtl. auch mit *Schofar,* dem Widderhorn der alttestamentlichen und jüdischen Tradition) wiedergegeben werden. Es handelt sich um ein durchdringend klingendes Signalinstrument, das Gottes Handeln in Geschichte und Endzeit ankündigt (Ex 19,13; Jos 6,4; Joel 2,1; Zef 1,16; 4Esr 6,23; Mt 24,31; 1Kor 15,52; 1Thess 4,16).
Aber bevor diese Engel in Aktion treten, wird der Blick des Sehers noch einmal auf den himmlischen Gottesdienst gelenkt (**3–5**). Das himmlische Heiligtum ist nach dem Vorbild des irdischen Tempels vorgestellt, es gibt einen Altar, wobei hier – anders als in 6,9 – an den Rauchopferaltar (Lev 4,7) gedacht ist, der im Jerusalemer Tempel im Vorraum des Allerheiligsten stand und mit Gold überzogen war (Ex 30,1f). Dort kommt es zu einer besonderen Aktion (**3**): *Und ein anderer Engel kam und stellte sich zu dem Altar, der hatte eine goldene Räucherpfanne.*
Dieser Engel vollzieht also, was sonst Aufgabe der Priester im Tempel ist: Er wirft Weihrauchkörner in das Feuer, das auf dem Altar

brennt. Dazu *wurde ihm viel Räucherwerk gegeben, damit er es mit den Gebeten aller Heiligen auf den goldenen Altar geben solle, der vor dem Thron Gottes stand.* Der Engel erhält von Gott (das bedeutet *wurde ihm gegeben*) den Weihrauch als Mittel, damit die *Gebete aller Heiligen,* d.h. der Christen, vor Gott gelangen können (**4**): *Und der Rauch des Räucherwerks stieg auf aus der Hand des Engels mit den Gebeten der Heiligen vor Gott.*
Gott selbst also bewirkt durch seinen Engel, dass die Gebete derer, die zu ihm gehören und zu ihm rufen, vor ihn gelangen (vgl. 5,8; Ps 141,2; Tob 12,12). Das ist tröstlich und ermutigend für die Christen, die in ihrer Bedrängnis zu Gott rufen. Ihr Lob und ihre Klage, ihr Bitten und ihr Dank werden ganz gewiss zu Gott kommen, auch wenn sie jetzt keine unmittelbare Antwort erhalten.
Aber dann gewinnt diese Aktion noch eine ganz andere Dimension (**5**): *Und der Engel nahm die Räucherpfanne und füllte sie mit dem Feuer des Altars und warf (es) auf die Erde.* Damit wird auf einen ähnlichen Vorgang angespielt, der in Ez 10,2 geschildert wird. Ein Bote Gottes wird aufgefordert: »Fülle deine Hände mit glühenden Kohlen, die zwischen den Cherubim sind, und streue sie über die Stadt«. Feuer vom Himmel ist Ausdruck des göttlichen Gerichts (Gen 19,24; 2Kön 1,10; Lk 9,54; 12,49; 2Thess 1,7), dort über das sündige Jerusalem, hier über die ganze, Gott entfremdete Erde. Von demselben Feuer, von dem die Gebete der Heiligen zu Gott aufsteigen, fallen die Zeichen seines Gerichts auf die Erde! Heil und Gericht kommen beide – um ein anderes Bild zu wählen – aus dem heißen Herzen Gottes. Darum sind es auch die typischen Zeichen der Gotteserscheinung, die diesen Vorgang begleiten: *und es geschahen Donner und Getöse und Blitze und (ein) Erdbeben* (vgl. 4, 5; 11,19; 16,18; weiter Ex 19,16; 20,18; Ps 77,19). So offenbart sich Gott, wenn er kommt, um zu retten und zu richten. Beides, das Retten und das Richten, sind Ausdruck seiner Herrschaft, zwei Seiten desselben Geschehens.

Stille im Himmel und Innehalten vor Gottes Thron – ein Atemholen im immerwährenden Lobpreis, ein Impuls zum Überdenken, was hier geschieht – aber nur kurz, keine »ganze« Zeit. Was wird geschehen? Eine doppelte Zeichenhandlung macht das klar: Das Gebet der Christen kommt zu Gott, auch wenn seine Antwort noch nicht offenkundig ist. Und das Feuer des Gerichts wird die Erde erreichen, auch wenn sich die Menschen immer noch sicher fühlen. Ermutigung und Warnung kommen aus derselben Quelle. Das soll klar sein, bevor eine neue Welle von aufrüttelnden Ereignissen über die Menschheit rollt.
Warnung und Ermutigung – so haben wir den ganzen Abschnitt der Sieben-Siegel-Vision überschrieben mit all dem, was sie an Nöten

schildert, die über die Menschheit kommen, und ihrem Ausblick auf Bewahrung und Rechtfertigung derer, die zu Gott gehören. Die Botschaft ist eindeutig. Wird sie gehört werden?

8,6 – 11,19
Die sieben Posaunen – Ruf zur Umkehr

Aus der Stille heraus, die auf das Öffnen des siebten Siegels folgt, entfaltet sich eine neue Vision: Die sieben Posaunen werden geblasen und bringen eine Reihe von Plagen in Gang (8,6 – 11,19). In einem ersten Abschnitt wird zunächst die Wirkung der *ersten sechs Posaunen* erzählt (8,6 – 9,21). Dann, nach dem Blasen der sechsten Posaune, erfolgt wie nach dem sechsten Siegel ein längerer Einschub. Er berichtet von zwei sehr unterschiedlichen Begebenheiten: Die Begegnung des Sehers mit dem *Engel mit dem Büchlein* (10,1–11) und die Vision vom Geschick der *zwei Zeugen* (11,1–14). Darauf ertönt *die siebte Posaune* (11,15–19). Auch hier wird der letzte Vers zum Brückenvers, der aber nicht unmittelbar zur dritten Visionsreihe führt, sondern zum zentralen Mittelstück der Gesamtvision in Kap. 12–14.

8,6 – 9,21
Die ersten sechs Posaunen

Obwohl dadurch ein sehr umfangreicher Textabschnitt entsteht, muss der Bericht über die sechs ersten Posaunen wie der über die ersten sechs Siegel als zusammengehörige Einheit behandelt werden. Allerdings bilden auch hier die ersten vier Posaunen thematisch eine eigene Gruppe, deren Abschluss durch das dreifache Wehe eines Adlers markiert wird (8,13). Die Schilderung des Geschehens bei der fünften und sechsten Posaune ist dann sehr viel ausführlicher gestaltet. Aber gerade diese Steigerung hin zu dem Abschluss in 9,20f ist für den ganzen Abschnitt kennzeichnend und für seine Deutung wichtig.

⁶Und die sieben Engel, die die sieben Posaunen hatten, machten sich bereit, um die Posaune zu blasen.
⁷Und der *erste* blies seine Posaune. Und es entstand Hagel und Feuer, mit Blut vermischt, und wurde auf die Erde geworfen, und ein Drittel der Erde verbrannte, und ein Drittel der Bäume verbrannte, und alles grüne Gras verbrannte.

⁸Und der *zweite* Engel blies seine Posaune, und (etwas) wie ein großer Berg, brennend mit Feuer, wurde ins Meer geworfen, und ein Drittel des Meeres wurde zu Blut, ⁹und es starben ein Drittel der Geschöpfe im Meer, die Leben haben, und ein Drittel der Schiffe wurde vernichtet.
¹⁰Und der *dritte* Engel blies seine Posaune, und ein großer Stern fiel vom Himmel, brennend wie eine Fackel, und fiel auf ein Drittel der Flüsse und auf die Wasserquellen. ¹¹Und der Name des Sterns heißt: »Wermut«, und ein Drittel der Wasser wurde zu Wermut, und viele der Menschen starben durch die Wasser, weil sie bitter geworden waren.
¹²Und der *vierte* Engel blies seine Posaune. Und ein Drittel der Sonne wurde geschlagen und ein Drittel des Mondes und ein Drittel der Sterne, sodass ein Drittel von ihnen verfinstert wurde und der Tag zu einem Drittel kein Licht mehr hatte und ebenso die Nacht.
¹³Und ich sah, und ich hörte einen Adler hoch oben am Himmel fliegen, der rief mit lauter Stimme: Wehe! Wehe! Wehe! denen, die auf der Erde wohnen, wegen des Schalls der Posaune der drei Engel, die noch ihre Posaune blasen werden.
9 ¹Und der *fünfte* Engel blies seine Posaune. Und ich sah, wie ein Stern vom Himmel gefallen war, und ihm wurde der Schlüssel zum Schacht des Abgrunds gegeben, ²und er öffnete den Schacht des Abgrunds, und es stieg Rauch aus dem Schacht des Abgrunds wie Rauch eines großen Ofens, und die Sonne und die Luft wurden vom Rauch des Schachts verdunkelt. ³Und aus dem Rauch kamen Heuschrecken heraus auf die Erde, und ihnen wurde Macht gegeben wie die Macht, die die Skorpione der Erde haben. ⁴Und es wurde ihnen gesagt, dass sie dem Gras der Erde und allem Grün und jedem Baum keinen Schaden zufügen sollten, sondern nur den Menschen, die nicht das Siegel Gottes auf der Stirn trugen. ⁵Und es wurde ihnen gegeben, dass sie sie nicht töteten, sondern dass sie fünf Monate (lang) gequält werden sollten, und ihr Schmerz (war) wie der Schmerz eines Skorpions, wenn er einen Menschen sticht. ⁶Und in jenen Tagen werden die Menschen den Tod suchen und werden ihn nicht finden, und sie werden sich danach sehnen zu sterben, und der Tod flieht vor ihnen.
⁷Und das Aussehen der Heuschrecken war dem von Pferden gleich, die zur Schlacht gerüstet sind, und auf ihren Köpfen (war etwas) wie goldgleiche Kränze, und ihre Gesichter (waren) wie Gesichter von Menschen, ⁸und sie hatten Haare wie Haare von Frauen, und ihre Zähne waren wie die von Löwen, ⁹und sie hatten Brustpanzer wie eiserne Brustpanzer, und das Geräusch ihrer Flügel war wie das Geräusch von Wagen vieler Pferde, die in die Schlacht laufen, ¹⁰und sie haben Schwänze gleich denen von Skorpionen und Stachel, und in

ihren Schwänzen die Macht, den Menschen fünf Monate (lang) Schaden zuzufügen. ¹¹Über sich haben sie als König den Engel des Abgrunds, sein Name (ist) auf Hebräisch Abaddon, und auf Griechisch hat er den Namen Apollyon.
¹²Das *erste* Wehe ist vorübergegangen; siehe, es kommen noch zwei Wehe danach!
¹³Und der *sechste* Engel blies seine Posaune. Und ich hörte eine Stimme von den vier Hörnern des Altars aus Gold, (der) vor Gott (steht), ¹⁴wie sie dem sechsten Engel, der die Posaune hatte, sagte: Lass die vier Engel los, die am großen Fluss Euphrat gebunden sind. ¹⁵Und die vier Engel, die für die Stunde, den Tag, den Monat und das Jahr bereitstanden, wurden losgelassen, damit sie ein Drittel der Menschen töteten. ¹⁶Und die Zahl der Reiterheere war 20 000 mal 10 000; ich hörte ihre Zahl.
¹⁷Und so sah ich in der Vision die Pferde und die auf ihnen saßen: Sie hatten feuerrote und rauchblaue und schwefelgelbe Brustpanzer, und die Köpfe der Pferde waren wie Löwenköpfe, und aus ihren Mäulern kam Feuer und Rauch und Schwefel. ¹⁸Und von diesen drei Plagen wurde ein Drittel der Menschen getötet, von dem Feuer und dem Rauch und dem Schwefel, die aus ihren Mäulern hervorkamen. ¹⁹Denn die Macht der Pferde liegt in ihren Mäulern und in ihren Schwänzen. Denn ihre Schwänze gleichen Schlangen, die Köpfe haben, und mit ihnen fügen sie Schaden zu.
²⁰Und die übrigen der Menschen, die durch diese Plagen nicht getötet wurden, kehrten nicht von den Werken ihrer Hände um, dass sie nicht mehr die Dämonen und die goldenen und silbernen und ehernen und steinernen und hölzernen Götzenbilder anbeteten, die weder sehen noch hören noch umhergehen können, ²¹und kehrten nicht um von ihren Mordtaten noch von ihren Zaubereien noch von ihrer Hurerei noch von ihren Diebereien.

Was für eine Horrorgeschichte, die hier ausgebreitet wird! Aber sie entspringt nicht der überhitzten Fantasie des Sehers. Es gibt viele Berührungspunkte mit den zehn ägyptischen Plagen in Ex 7–12, deren Zahl in der jüdischen Tradition oft auf sieben reduziert worden ist. Auffallend ist auch die Parallelität zur letzten Plagenreihe mit den sieben Schalen (Kap. 15 und 16; vgl. das Schaubild auf S. 119f). Es gibt für die Schilderung der Plagen traditionell vorgegebene Vorstellungen, auf die der Seher bei seiner Schau – bewusst oder unbewusst – zurückgreift, sie aber auf eindrucksvolle Weise erweitert und aktualisiert.
Die vier ersten Posaunen (8,7–12) sind nach dem gleichen Schema aufgebaut: Zunächst wird beschrieben, wie der Erde, dem Meer, den Gewässern und den Gestirnen vom Himmel her schwerer Schaden

zugefügt wird, und dann werden die Auswirkungen für die Menschen geschildert. Bei der fünften und sechsten Posaune (9,1–19) wird sehr viel ausführlicher erzählt, wie fantastisch hochgerüstete Heuschrecken und Reiter einem Teil der Menschheit Qualen und Tod bereiten. 9,20f nennt das enttäuschende Ergebnis dieser Ereignisse.

Schon in 8,2 war berichtet worden, wie *die sieben Engel, die vor Gott stehen,* die Instrumente ausgehändigt bekamen, mit denen sie das Signal für die weiteren Ereignisse geben würden. Nach dem zwischengeschalteten Blick auf die Vorgänge am himmlischen Rauchopferaltar (V. 3–5), treten sie wieder ins Blickfeld (6): *Und die sieben Engel, die die sieben Posaunen hatten, machten sich bereit, um die Posaune zu blasen.* Das Unheil, das nach Gottes Willen die Menschen aufschrecken soll, nimmt seinen Lauf.

Knapp wird festgestellt: *Und der erste blies seine Posaune* (7). Die Wirkung bleibt nicht aus: *Es entstand Hagel und Feuer, mit Blut vermischt, und wurde auf die Erde geworfen.* Das entspricht der siebten ägyptischen Plage (Ex 9,13–35). Auch dort fallen Hagel und Feuer (Blitze); dass sich *Feuer mit Blut vermischt,* dürfte dagegen aus Joel 3,3 stammen. Die merkwürdige Mischung der Phänomene zeigt: Hier geht es weniger um Naturerscheinungen, sondern um die Verbindung von Symbolen der Bedrohung.

Schaden richtet vor allem das Feuer an: *ein Drittel der Erde verbrannte, und ein Drittel der Bäume verbrannte, und alles grüne Gras verbrannte.* Die Vegetation als Lebensgrundlage der Menschen wird vernichtet, allerdings nur zu *einem Drittel.* Diese Einschränkung gilt für alle folgenden Plagen: Die Menschheit und ihr Lebensraum sollen nicht zugrunde gehen. Sie sind aber ernstlich gefährdet. Das soll die Menschen wachrütteln und zur Umkehr bringen.

Das nächste Unheil folgt (8): *Und der zweite Engel blies seine Posaune, und (etwas) wie ein großer Berg, brennend mit Feuer, wurde ins Meer geworfen, und ein Drittel des Meeres wurde zu Blut.* Hintergrund scheint hier die erste ägyptische Plage zu sein, bei der alles Wasser in Ägypten zu Blut wird (Ex 7,14–25). Hier ist das Meer betroffen (vom Süßwasser handelt die nächste Plage). Ursache für die Verwandlung ist, dass ein brennendes Objekt, groß wie ein Berg, ins Meer stürzt. Nur ein *Drittel des Meeres* wurde zu Blut, und so ist es auch *ein Drittel der Geschöpfe im Meer, die Leben haben, die sterben,* und *ein Drittel der Schiffe,* die *vernichtet* werden (9). Was den Untergang der Schiffe verursacht hat, wird nicht erklärt; auch hier soll das Geschehen auf der Ebene der Symbole und nicht aufgrund naturalistischer Erklärungen verstanden werden.

Es geht weiter (**10**): *Und der dritte Engel blies seine Posaune, und ein großer Stern fiel vom Himmel, brennend wie eine Fackel, und fiel auf ein Drittel der Flüsse und auf die Wasserquellen.* Diesmal wird das Objekt, das brennend vom Himmel fiel, identifiziert: Es ist *ein großer Stern.* Wir würden von einem Asteroiden sprechen. Dass Sterne vom Himmel fallen, ist ein Zeichen der Endzeit (vgl. Jes 34,4; Mk 13,25). Dabei sind nach 6,13 eigentlich schon alle Sterne vom Himmel gefallen. Aber der Seher beschreibt keine Abfolge von Naturereignissen, sondern symbolgeladene Vorgänge.
So liegt die zerstörerische Kraft dieses Sterns auch nicht in der Wucht seines Aufpralls, sondern in seiner Beschaffenheit, die durch seinen Namen gekennzeichnet wird (**11**): *Und der Name des Sterns heißt:* »*Wermut*«, *und ein Drittel der Wasser wurde zu Wermut, und viele der Menschen starben durch die Wasser, weil sie bitter geworden waren.* Wermut (*Absinth*) ist eine Pflanze, die äußerst bittere Stoffe enthält (Spr 5,3f; Klgl 3,15). Obwohl selbst nicht giftig, wird Wermut im Alten Testament oft zusammen mit Gift als Bild für Gottes Gerichtshandeln verwendet (Jer 9,14: »Siehe, ich will dieses Volk mit Wermut speisen und mit Gift tränken«; vgl. Jer 23,15). Durch den Einschlag des Sterns wird ein Drittel des Trinkwassers zu Wermut, und viele sterben, weil das Leben für sie zu bitter geworden ist!
Ein letztes Ereignis in dieser ersten Folge von Plagen kündet sich an (**12**): *Und der vierte Engel blies seine Posaune. Und ein Drittel der Sonne wurde geschlagen und ein Drittel des Mondes und ein Drittel der Sterne, sodass ein Drittel von ihnen verfinstert wurde.* Offensichtlich steht im Hintergrund dieser Schilderung das Phänomen einer (partiellen) Sonnen- und Mondfinsternis, das auf alle Himmelskörper bezogen wird (vgl. die dreitägige Sonnenfinsternis als neunte Plage in Ex 10,21–23). Die Verfinsterung von Sonne und Mond gehört zu den Zeichen göttlichen Gerichts (Jes 13,10; Jer 4,23; Ez 32,7f; Joel 3,4; 4,15; Am 8,9; Mk 13,24).
Die Auswirkungen sind allerdings merkwürdig. Es wird nicht das Licht der Sonne bei Tag und das von Mond und Sterne bei Nacht um ein Drittel schwächer, sondern Tag und Nacht werden je um ein Drittel kürzer (*der Tag hatte zu einem Drittel kein Licht mehr und ebenso die Nacht*). Für ein Drittel der Zeit herrscht also totale, lebensfeindliche Finsternis.
Nun aber erfolgt eine Art »Zwischenruf« (**13**): *Und ich sah, und ich hörte einen Adler hoch oben am Himmel fliegen.* Dass ihn der Seher fliegen *hört*, hat einen guten Grund: denn *er rief mit lauter Stimme: Wehe! Wehe! Wehe! denen, die auf der Erde wohnen, wegen des Schalls der Posaune der drei Engel, die noch ihre Posaune blasen werden.* Der Adler ist hier Unglücksbote – deswegen über-

setzen manche mit *Geier* (vgl. Mt 24,28 par Lk 17,37). Sein dreifaches Wehe ist ein Hinweis auf noch größere Plagen. »Das erste Wehe erfüllt sich in der fünften Posaunenvision (9,12), das zweite in der sechsten Vision, aber erst in 11,14 wird konstatiert, daß dieses vorüber ist, und zugleich das dritte Wehe angekündigt, das wahrscheinlich auf die schrecklichen Katastrophen bezogen ist, von denen die Schalenvisionen (16,21) berichten« (Giesen, 214f).

Eine kurze Zwischenbilanz: Die geschilderten Plagen sind nicht einfach Naturereignisse; dazu sind sie zu »unlogisch«. Aber es sind sehr konkrete Bilder für die Bedrohung der Menschheit, die einerseits von Gott ausgeht, andererseits aber auch von den Menschen durch ihre Ablehnung Gottes verursacht wird. Trotz scheinbarer Anspielungen auf heutige Bedrohungen (Napalm, Wasser- und Luftverschmutzung, und Klimakatastrophe) will Johannes diese Ereignisse nicht in Einzelheiten vorhersagen. »Sehr wohl kann uns jedoch seine Darstellung die Augen dafür öffnen, daß solche Vorgänge, obwohl von Menschen gemacht und verschuldet, Zeichen des Gerichtes Gott über unsere Welt und Rufe zur Umkehr sein können« (Roloff, 99; vgl. Lk 13,1–5: Der Einsturz des Turms am Teich Siloah ist Ruf zur Buße).

Das Drama der Plagen aber geht weiter (**9,1–11**): Nun bläst der *fünfte* Engel seine Posaune. Wieder stürzt ein Himmelskörper auf die Erde: *Und ich sah, wie ein Stern vom Himmel gefallen war.* Aber dieser *Stern* erscheint fast wie ein lebendiges Wesen, jemand, der beauftragt ist, die Tür für weiteres Unheil zu öffnen, denn *ihm wurde der Schlüssel zum Schacht des Abgrunds gegeben.* Als *Abgrund* bezeichnet die Offenbarung den Ort, an dem widergöttliche Mächte wohnen (11,7; 17,8). Auch der Teufel wird während des Tausendjährigen Reichs dort gefangen gehalten werden (20,1–3). Nach der zugrunde liegenden Vorstellung ist der *Abgrund* durch einen *Schacht* (LÜ: *Brunnen*) mit der Erdoberfläche verbunden. Die auf die Erde gestürzte Sternengestalt *öffnete den Schacht des Abgrunds, und es stieg Rauch aus dem Schacht des Abgrunds wie Rauch eines großen Ofens, und die Sonne und die Luft wurden vom Rauch des Schachts verdunkelt* (**2**). Das Unheil, das aus der Tiefe kommt, wird zunächst durch dichte Rauchschwaden symbolisiert, die aus dem Abgrund aufsteigen und das Licht der Sonne verdunkeln und die Luft zum Atmen rauben.
Aber dann erfolgt eine merkwürdige Verwandlung (**3**): *aus dem Rauch kamen Heuschrecken heraus auf die Erde.* Was Rauch schien, wird zu einem Schwarm Heuschrecken. Hinter diesem Bild steht die achte Plage in Ägypten (Ex 10,12–20), vor allem aber die Schilderung der Heuschreckenplage in Joel 1f (vgl. 2,10: »Sonne

und Mond werden dunkel«). Aber die Heuschrecken der Offenbarung haben ein anderes Schadenspotential als eine normale Heuschreckeninvasion: *ihnen wurde Macht gegeben wie die Macht, die die Skorpione der Erde haben.* Sie fressen nicht alles kahl, sondern haben die Fähigkeit, äußerst schmerzhafte Stiche zu versetzen.

Dem entspricht ihr Auftrag (4): *Und es wurde ihnen gesagt, dass sie dem Gras der Erde und allem Grün und jedem Baum keinen Schaden zufügen sollten, sondern nur den Menschen, die nicht das Siegel Gottes auf der Stirn trugen.* Hier wird erstmals gesagt, welchen Schutz die Versiegelung mit dem Siegel Gottes verleiht, von der in 7,4–8 berichtet worden war: Die Versiegelten werden von dieser Plage verschont bleiben. Sie werden also nicht vor dem Eintreten dieser Plagen entrückt werden, wie manche meinen; aber sie werden vor dem Stachel des Unheils und den Schmerzen, die er zufügt, bewahrt.

Noch einmal wird der Auftrag präzisiert (5): *Es wurde ihnen gegeben, dass sie sie nicht töteten, sondern dass sie fünf Monate (lang) gequält werden sollten, und ihr Schmerz (war) wie der Schmerz eines Skorpions, wenn er einen Menschen sticht.* Nicht den Tod werden die Heuschrecken-Skorpione bringen, sondern unerträgliche Schmerzen. Das wird mit dramatischen Worten geschildert (6): *Und in jenen Tagen werden die Menschen den Tod suchen und werden ihn nicht finden, und sie werden sich danach sehnen zu sterben, und der Tod flieht vor ihnen.* Davon, dass Menschen sich lieber den Tod wünschen, als ihre Schmerzen aushalten zu müssen, weiß schon das Alte Testament (vgl. Hiob 3,21; Jer 8,3). Hier wird dies für die ganze Menschheit vorausgesagt – allerdings für eine klar begrenzte Zeit!

Merkwürdigerweise wird erst im Nachhinein eine genaue Beschreibung der Heuschrecken geliefert (7–12). Acht Vergleiche werden benutzt, die zum Teil Motive aus Joel 1 und 2 aufnehmen; aber es werden auch Details antiker Vorstellungen von gefährlichen Mischwesen verarbeitet: Die Heuschrecken zeigen die Kraft von Kriegsrossen (*das Aussehen der Heuschrecken war dem von Pferden gleich, die zur Schlacht gerüstet sind*) und siegreichen Eroberern (*auf ihren Köpfen wie goldgleiche Kränze*); sie tragen die Züge menschlicher Intelligenz (*ihre Gesichter sind wie Gesichter von Menschen*) und zugleich Merkmale großer Wildheit (*sie hatten Haare wie Haare von Frauen;* 8) und zerstörerischer Stärke (*ihre Zähne waren wie die von Löwen*): sie sind unverwundbar (*sie hatten Brustpanzer wie eiserne Brustpanzer;* 9) und verbreiten einen Schrecken erregenden Lärm (*das Geräusch ihrer Flügel war wie das Geräusch von Wagen vieler Pferden, die in die Schlacht laufen*).

Und noch einmal wird gesagt, was ihre eigentliche Waffe und Auf-

gabe ist (10): *sie haben Schwänze, gleich denen von Skorpionen, und Stacheln und in ihren Schwänzen die Macht, den Menschen fünf Monate (lang) Schaden zuzufügen.*
Nun folgt noch ein wichtiger Hinweis zu Herkunft und Wesen dieser »Heuschrecken« (11): *Über sich haben sie als König den Engel des Abgrunds, sein Name (ist) auf Hebräisch Abaddon.* Das bedeutet *Verderben* und ist im Alten Testament Bezeichnung für die Unterwelt (vgl. Hiob 26,6; 31,12; Spr 15,11; 27,20; LÜ: *Abgrund*), bereits dort schon gelegentlich als Person vorgestellt (Hiob 28,22). Das wird auch übersetzt: *auf Griechisch hat er den Namen Apollyon* (zu Deutsch: *Verderber*). Der Anführer dieser Plagegeister, *der König der Heuschrecken,* ist »eine dämonische Gestalt, der auf Verderben aus ist« (Giesen, 220). Und doch kommt der Anstoß für seine Aktion vom Himmel. Dass sich der Abgrund öffnet und welche Vollmacht die Heuschrecken haben, ist von dort, also von Gott, *gegeben.* Gott erlaubt den Verderbensmächten zu wüten, wenn auch nur für eine begrenzte Zeit, damit die Menschen zur Besinnung kommen.
Das ist freilich erst ein erster Teil der ernsthaften Prüfung, die über die Menschen kommt (12). Drei *Wehe* hatte der Adler in 8,13 angekündigt. Nun wird festgestellt: *Das erste Wehe ist vorübergegangen; siehe, es kommen noch zwei Wehe danach!* Es steht den Menschen noch Schlimmeres bevor.

Horrormaschinen wie aus einem Science-Fiction-Film, hochgerüstete Quälgeister werden hier vorgeführt. Diese sog. Heuschrecken sind Abbild der Bedrohung der Menschen durch all das, was aus der unergründlichen Tiefe des Bösen quillt. Was von dort kommt, wird zum quälenden Stachel, der den Menschen unermessliches Leid zufügt. Nicht der Tod ist das schlimmste Übel, sondern der Schmerz, der von all dem verursacht wird, was diesem Abgrund entsteigt. Aber, so wird verheißen: die Zeit dafür ist begrenzt, und wer zu Gott gehört (sein Siegel trägt), den trifft dieser Stachel und Schmerz nicht.

Doch nun blies der *sechste* Engel seine Posaune (13–21). Aber bevor etwas geschah, *hörte der Seher eine Stimme von den vier Hörnern des Altars aus Gold, (der) vor Gott (steht).* Altäre in Israel hatten an den vier Ecken vier Hörner, so auch der mit Gold überzogene Räucheraltar (Ex 27,2; 30,2f). In 8,5 war der Räucheraltar, *der vor Gott steht,* der Ort, von dem die Gebete der Heiligen zu Gott steigen und Feuer des Gerichts auf die Erde fällt. Jetzt ertönt von dort eine Anweisung an *den sechsten Engel, der die Posaune hatte* (14): *Lasse die vier Engel los, die am großen Fluss Euphrat gebunden sind.* Der Euphrat ist die Ostgrenze des Römischen Reichs; von dort wird die Invasion fremder Heere erwartet. Von *den vier Engeln* war bisher nicht die Rede – es sei denn, man identifiziert sie mit den vier Engeln, die nach 7,1 an den vier Ecken der Erde warten. Diese vier Engel *standen für die Stunde, den Tag, den Monat und das Jahr bereit* – das heißt genau für diesen Augenblick (**15**). Nun aber wurden sie *losgelassen.* Sie waren also bisher gefesselt; das legt nahe, bei ihnen an dämonische Engel zu denken, die aufgrund eines Befehls, der von Gott kommt, entfesselt werden, und zwar, *damit sie ein Drittel der Menschen töteten.* Wie bei den ägyptischen Plagen ist der Tod eines Teils der Menschen die letzte Warnung für die Übrigen (vgl. Ex 11,4f).

Doch anders als in Ägypten werden nicht Todesengel den tödlichen Auftrag ausführen, sondern ein riesiges Heer von schwerbewaffneten Reitern. Fast scheint es, als würde der Seher voraussetzen, dass seine Leser und Leserinnen das wissen, denn er übergeht diese Information und nennt gleich *die Zahl der Reiterheere* (**16**): Sie *war 20 000 mal 10 000.* Das ergibt 200 Millionen Reiter – ein riesiges Heer und eigentlich unzählbar. Der Seher hat sie auch nicht gezählt, sondern erklärt: *ich hörte ihre Zahl.*

Tatsächlich knüpft der Seher hier an bekannte Vorgaben an, und zwar sowohl an die prophetische Erwartung des Einfalls fremder Reitervölker in Israel (vgl. Jes 5,26–30; Jer 6,22–26; Ez 38,14–16) als auch an die aktuelle Bedrohung des Römischen Reichs durch die Reiterheere der Parther aus dem Osten über die Euphratgrenze hinweg (53 v.Chr. und 62 n.Chr. gab es verheerende Niederlagen der Römer). Beides, die alttestamentliche Weissagung und die aktuelle Bedrohung, ist schon in jüdischen Apokalypsen zu einem Gesamtbild verwoben worden, das in vielem der Schau des Johannes gleicht (vgl. 1Hen 56,5f: »In jenen Tagen kehren die Engel zurück und wenden sich nach Osten zu den Parthern und Medern; sie reizen die Könige, sodass ein Geist der Unrast sie befällt, und sie jagen sie von ihren Thronen auf, dass sie wie Löwen von ihren Lagern aufstehen und wie hungrige Wölfe in Herden einbrechen. Sie ziehen herauf und treten das Land seiner Auserwählten nieder, und das Land seiner Auserwählten wird vor ihnen wie eine Dreschtenne und fester Pfad.«) Auch hier sind es Engel, die den Ansturm der Feinde auslösen; die Bedrohung des »Landes der Auserwählten« (Israel) wird aber in der Offenbarung zur Bedrohung der ganzen Menschheit.

Nun folgt eine detaillierte Beschreibung der Reiter und ihrer Pferde, wobei die tödliche Gefahr von den Pferden ausgeht. Es wird schnell klar, dass es sich bei Ross und Reiter um dämonische Wesen handelt, deren Aussehen und Ausrüstung darauf angelegt ist, Schrecken und Tod zu verbreiten (**17**). Die Reiter hatten *feuerrote und rauchblaue und schwefelgelbe Brustpanzer,* wobei die Farben schon die Art der Plagen vorwegnehmen, durch die die Menschen getötet werden. *Die Köpfe der Pferde waren wie Löwenköpfe,* was ihre

Gefährlichkeit charakterisiert, *und aus ihren Mäulern kam Feuer und Rauch und Schwefel*, Mittel von Zerstörung und Vernichtung (vgl. Feuer und Schwefel in Sodom und Gomorrha, Gen 19,24–28, und Feuer und Rauch aus dem Mund des Leviathan, Hiob 41,11f). Die Wirkung ist erschreckend (**18**): *Und von diesen drei Plagen wurde ein Drittel der Menschen getötet, von dem Feuer und dem Rauch und dem Schwefel, die aus ihren Mäulern hervorkamen.* Und fast pedantisch wird hinzugefügt (**19**): *Denn die Macht der Pferde liegt in ihren Mäulern,* und überraschend ergänzt: *und in ihren Schwänzen.* Ähnlich wie bei den Heuschrecken geht von ihnen Gefahr aus. *Denn ihre Schwänze gleichen Schlangen, die Köpfe haben, und mit ihnen fügen sie Schaden zu.* Das wird nicht weiter ausgeführt und ist wohl einfach eine Unterstreichung des dämonischen Charakters dieser Wesen.

Aber all diese Plagen führen nicht dazu, dass die Menschen sich besinnen und sich dem wahren Gott zuwenden. »Die Plage waren Machterweise Gottes gegenüber der ihm feindlichen Menschheit: sie sollten Umkehr bewirken« (Roloff, 105). Doch auch der letzten, schlimmsten Plage (**20f**) gelingt das nicht: *Und die übrigen der Menschen, die durch diese Plagen nicht getötet wurden, kehrten nicht von den Werken ihrer Hände um* (**20**). Mit *Werke ihrer Hände* wird ein Verhalten und Handeln charakterisiert, das meint, das Leben nach eigenen Maßstäben und aus eigener Kraft gestalten zu können. Es umfasst sehr unterschiedliche Bereiche. Vor allem aber geht es um ein selbst gemachtes Gottesbild – im wörtlichen und im übertragenen Sinn. Doch die Menschen kommen nicht zur Besinnung, *dass sie nicht mehr die Dämonen und die goldenen und silbernen und ehernen und steinernen und hölzernen Götzenbilder anbeteten, die weder sehen noch hören noch umhergehen können.* Wie bei Paulus werden die heidnischen Götter mit Dämonen gleichgesetzt (1Kor 10,19–21). Die Aufzählung der verschiedenen Materialien, aus denen Götterbilder gemacht sind, und der Spott über ihre Unfähigkeit, etwas wahrzunehmen und sich zu bewegen, entspricht alttestamentlich-jüdischer Götzenpolemik (Dtn 4,28; Ps 115,4–7; 135,15f; Jes 44,9–20 u.ö.).
Sie entlarvt aber zugleich das Grundproblem: Die Menschen liefern sich der Herrschaft materieller Güter aus, statt sich an den lebendigen Gott zu halten! Deshalb wird nicht nur die falsche Gottesverehrung angeprangert. Es werden in einem knappen Lasterkatalog auch die zwischenmenschlichen Folgen dieser falschen Ausrichtung des Lebens genannt und die mangelnde Bereitschaft der Menschen beklagt, daran etwas zu ändern (**21**): *Sie kehrten nicht um von ihren Mordtaten, noch von ihren Zaubereien, ihrer Hurerei oder ihren Diebereien.*

Die Anklage wegen *Mord, Hurerei* bzw. *Unzucht* (hier sind wohl sexuelle Vergehen gemeint) und *Diebstahl* nimmt drei Gebote aus dem Dekalog auf, dazwischen aber steht die *Zauberei*, die sonst nicht in derartigen Aufzählungen erscheint. Das ergibt eine eindrucksvolle Viererreihe: Die offene Zerstörung menschlichen Lebens steht neben der heimlichen Manipulation von Menschen, die Verletzung der sexuellen Integrität neben der Missachtung des Eigentums anderer. Es ist eine der wenigen Stellen in der Offenbarung, in der auch die zwischenmenschliche Problematik der Zerstörung von Gemeinschaft und Leben durch eine falsche Grundeinstellung gegenüber Gott als dem Schöpfer und Bewahrer des Lebens angesprochen wird. Damit ist die scharfe Grenze markiert, die für Johannes zwischen der Gemeinde und der sie umgebenden Welt besteht.

Das sind eindrückliche, aber auch sehr befremdende Visionen! Sie haben in den sechziger Jahren eine interessante Auslegung erfahren. *Bernhard Philbert,* Physiker und katholischer Priester, wollte in seinem Buch »*Christliche Prophetie und Nuklearenergie*« zeigen, dass hier die Schrecken eines Atomkriegs vorausgesehen sind (Öffnung von Raketensilos durch abstürzende Satelliten, die Heuschrecken bilden Kampfhubschrauber ab, die Pferde neuartige Panzerwaffen). Er sah dies aber nicht als Ansage eines unausweichlichen Geschicks, sondern als Warnung und Mahnung zur Abrüstung! Was die anscheinend so frappierenden äußeren Parallelen anlangt, ist das problematisch. Es bedarf großer Fantasie, um sie stimmig zu machen. Richtig aber ist: In der Erfindung immer neuer Vernichtungswaffen tut sich unter uns der Abgrund an Zerstörung auf, von dem die Offenbarung spricht und vor dem sie warnt.

Das Bild der »Pferde« als hochgerüstete Tötungsmaschinen repräsentiert die tödliche Bedrohung der Menschheit durch das ungeheure Potential an menschlicher Aggressivität und manipulativem Umgang miteinander und mit der Natur. Aber die Menschen sind nicht bereit, an dieser Bedrohung die verhängnisvolle Problematik ihres Verhaltens zu erkennen. Sie können sich nicht von ihrer Vergötzung des Materiellen, dargestellt durch die Götterbilder, und dem daraus folgenden zwischenmenschlichen Fehlverhalten lösen, das sich unter anderem in Mord, Manipulation anderer, sexuellem Fehlverhalten und Ausbeutung zeigt.

Aber das Ziel, mit der Entfesselung all dieses Unheils, die Menschen zur Umkehr zu bewegen, wird verfehlt – so wie auch einst bei den ägyptischen Plagen. Hier ist es freilich nicht Gott, der die Herzen verhärtet. Die Menschen verstehen diese Sprache Gottes nicht – damals wie heute. Katastrophen sind Anlass zur Anklage gegen Gott – auch da, wo sie menschengemacht sind – und führen nicht zur Besinnung und zur Umkehr. So drängt sich die Frage auf: Sind Katastrophen das rechte Mittel, Menschen zur Umkehr zu bewegen? (vgl. die ähnliche Problematik in Am 4,4–13). Solche Ereignisse können Weckrufe sein, die zeigen, dass es gut ist, sich nicht auf vermeintliche eigene Sicherheiten zu verlassen, sondern sein Leben Gott anzuvertrauen. Aber braucht es nicht noch eine andere Sprache als die einer so grausamen Pädagogik? Hier setzt die Aufgabe der Prophetie an, von der der nächste Abschnitt handelt.

10,1 – 11,14
Die Aufgabe der Prophetie

Was muss geschehen, dass die Menschen zur Einsicht kommen und sich zur Umkehr und Buße bewegen lassen? Das war die unausgesprochene Frage, mit der sich Leser und Leserinnen am Schluss der Schilderung der sechsten Posaune konfrontiert sahen. Eine (indirekte) Antwort darauf findet sich in dem folgenden Abschnitt 10,1 – 11,14. Auf den ersten Blick handelt es sich um einen Einschub zwischen der sechsten und siebten Posaune, der mit dem Ablauf der Dinge, die dort geschildert werden, nichts zu tun hat. Er besteht aus zwei sehr unterschiedlichen Abschnitten, die auch in sich nicht geschlossen sind und viele Rätsel aufgeben. Selbst die Frage, wie sie zusammengehören, ist nicht einfach zu beantworten. Aber offensichtlich gibt es ein übergreifendes Thema: die Aufgabe der Prophetie in der letzten Zeit. Wir legen den Abschnitt in zwei Schritten aus: *10,1–11: Der bleibende Auftrag des Propheten; 11,1–14: Die beiden letzten Zeugen.*

10,1-11
Der bleibende Auftrag des Propheten

10 ¹Und ich sah einen anderen mächtigen Engel, wie er vom Himmel herabstieg, umkleidet mit einer Wolke, und der Regenbogen war über seinem Kopf und sein Gesicht wie die Sonne und seine Füße wie Feuersäulen. ²Und in seiner Hand hatte er eine kleine, geöffnete Buchrolle. Und er stellte seinen rechten Fuß auf das Meer, seinen linken aber auf die Erde ³und rief mit lauter Stimme, wie ein Löwe brüllt. Und als er gerufen hatte, sprachen die sieben Donner mit ihrer Stimme. ⁴Und als die sieben Donner gesprochen hatten, wollte ich schreiben. Und ich hörte eine Stimme aus dem Himmel sagen: Versiegele, was die sieben Donner gesagt haben, und schreibe es nicht auf.

⁵Und der Engel, den ich auf dem Meer und auf der Erde stehen sah, erhob seine rechte Hand zum Himmel ⁶und schwor bei dem, der in alle Ewigkeiten lebt, der den Himmel geschaffen hat und was in ihm ist und die Erde und was auf ihr ist und das Meer und was in ihm ist: Es wird keine Zeit mehr geben, ⁷sondern in den Tagen der Stimme des siebten Engels, wenn er die Posaune blasen wird, ist auch das Geheimnis Gottes vollendet, wie er es seinen Dienern, den Propheten, verkündet hat.
⁸Und die Stimme, die ich vom Himmel gehört hatte, sprach wieder mit mir und sagte: Auf, nimm die geöffnete Buchrolle in der Hand des Engels, der auf dem Meer und auf der Erde steht. ⁹Und ich ging zu dem Engel und bat ihn, mir die kleine Buchrolle zu geben. Und er sagt zu mir: Nimm und iss sie, und sie wird deinen Magen bitter machen, aber in deinem Mund wird sie süß sein wie Honig.
¹⁰Und ich nahm die kleine Buchrolle aus der Hand des Engels und aß sie, und sie war in meinem Mund süß wie Honig, und als ich sie gegessen hatte, wurde mein Magen bitter. ¹¹Und sie sagen mir: Du musst wieder über Völker und Nationen und Sprachen und viele Könige prophetisch reden.

Es ist die Gestalt des *mächtigen Engels* mit der geöffneten kleinen Buchrolle in seiner Hand, die diesen Abschnitt zu einer Einheit zusammenfügt. Inhaltlich gliedert er sich in drei sehr verschiedene Teile: *V. 1–4 Der Engel und die sieben Donner; V. 5–7 Der Schwur des Engels; V. 8–11 Das Verzehren der Buchrolle und die Bestätigung des prophetischen Auftrags.*

Eine neue Vision tut sich vor dem Seher auf (**1**): *Und ich sah einen anderen mächtigen Engel, wie er vom Himmel herabstieg.* Das knüpft an 5,2 an, wo schon einmal von einem *mächtigen Engel* die Rede war. Mit der Bezeichnung *mächtig* (wörtlich: *stark*) wird nicht nur auf die außerordentliche Größe dieser Gestalt angespielt, sondern seine besondere Vollmacht hervorgehoben. Dieser Engel hat einen Auftrag, der das irdische Geschehen betrifft, deshalb steigt er vom Himmel herab. Seine Erscheinung aber weist ihn als Vertreter Gottes aus. Er ist *umkleidet mit einer Wolke* (vgl. Ex 19,9.16; Ps 104,3) und *der Regenbogen war über seinem Kopf* (vgl. Gen 9,14f; Ez 1,28). Die Beschreibung seines Gesichts (*wie die Sonne*) und seiner Füße (*wie Feuersäulen*) erinnert dagegen an die Erscheinung Christi in 1,15f.
Wichtig aber ist (**2**): *In seiner Hand hatte er eine kleine, geöffnete Buchrolle.* Auch in 5,1 war von einer Buchrolle die Rede gewesen. Diese lag in der Hand Gottes und war mit sieben Siegeln versiegelt. Dennoch nehmen viele Ausleger an, es handle sich um die gleiche

Buchrolle, da ja deren Siegel inzwischen geöffnet worden waren. Dagegen aber spricht, dass ausdrücklich von einer *kleinen* Buchrolle (LÜ: *Büchlein*) gesprochen wird und mit keinem Wort an die erste Schriftrolle und ihre Bedeutung angeknüpft wird.

Die Stellung, die der Engel auf der Erde einnimmt, veranschaulicht seine universale Bedeutung: *Und er stellte seinen rechten Fuß auf das Meer, seinen linken aber auf die Erde* bzw. *das Land*. *Meer* und *Land* beschreiben im Alten Testament das Ganze dieser Erde (vgl. Ex 20,11; Ps 69,35). Es geht also in seiner Botschaft »um das Geschick der ganzen Welt« (Satake, 255). Über ihren Inhalt wird nichts gesagt, wohl aber ihre erschreckende Kraft durch einen Vergleich angedeutet, mit dem im Alten Testament Gottes Reden beschrieben wird (3): der Engel *rief mit lauter Stimme, wie ein Löwe brüllt* (vgl. Hos 11,10; Am 3,8).

Dann freilich nimmt der Bericht über die Vision eine überraschende Wendung: *Als er gerufen hatte, sprachen die sieben Donner mit ihrer Stimme*. Ganz unvermittelt werden *die sieben Donner* erwähnt, als handle es sich dabei um eine bekannte Größe. Im Alten Testament wird nicht selten Gottes Stimme mit Donner verglichen (1Sam 2,10; 7,10; Hiob 37,2–5; Ps 18,14). In Ps 29,3–9 ergeht die donnernde Stimme Gottes sieben Mal. Donner vertreten also Gottes Stimme!

Dem entspricht auch die Reaktion des Sehers (4): *Als die sieben Donner gesprochen hatten, wollte ich schreiben*. Was Gott sagt, soll festgehalten werden. Aber dann folgt die überraschende Reaktion: *Und ich hörte eine Stimme aus dem Himmel sagen: Versiegele, was die sieben Donner gesagt haben, und schreibe es nicht auf*. Auch hier spricht Gottes Stimme! Und während alles andere, was der Seher sieht und hört, nicht versiegelt werden soll (22,10), muss das, was die sieben Donner zu sagen haben, den Menschen verschlossen bleiben (*versiegeln* hat hier die Bedeutung von *verbergen*, denn der Seher hat ja noch gar nichts aufgeschrieben; vgl. Dan 12,4).

Eine Begründung dafür wird nicht gegeben. Viele Ausleger nehmen an, dass es im Umfeld der Offenbarung eine Sieben-Donner-Vision gab, vergleichbar den anderen Siebener-Visionen, und Johannes hier begründet, warum er diese nicht aufgenommen hat. Aber das bleibt Vermutung. Im jetzigen Zusammenhang scheint die Passage anzudeuten: Auch wenn dieses Buch *Offenbarung* ist, *Aufdeckung* des göttlichen Planes, so gibt es auch ein Reden Gottes, das verborgen bleiben soll – aus welchem Grund auch immer.

Aber nun geht der Blick wieder zurück (5f) zu dem *Engel, den ich auf dem Meer und auf der Erde stehen sah. Er erhob seine rechte Hand zum Himmel und schwor bei dem, der in alle Ewigkeiten lebt, der den Himmel geschaffen hat und was in ihm ist und die Er-*

de und was auf ihr ist und das Meer und was in ihm ist. Unmittelbares Vorbild für den Vorgang und die Worte ist Dan 12,7: »Darauf hörte ich die Stimme des Mannes, der in Leinen gekleidet war und über dem Wasser des Flusses stand; er erhob seine rechte und seine linke Hand zum Himmel, schwor bei dem, der ewig lebt«. Johannes nimmt die Formulierung auf und betont: Der, der ewig lebt, ist niemand anderes als der Schöpfer Himmels und der Erde. Er ist Bürge für die Wahrheit dessen, was der Engel sagen wird.

Der Wortlaut des Schwurs zeigt dann eindrücklich, wie eng sich beide Stellen berühren. In Dan 12,7 heißt es: »Es dauert noch eine Zeit, zwei Zeiten und eine halbe Zeit«, bei Johannes aber: *Es wird keine Zeit mehr geben.* Während Daniel gesagt wird, dass es noch eine abgemessene Zeit dauern wird, bis die Unterdrückung des Volks beendet sein wird, erfährt Johannes, dass die Vollendung des Weges Gottes unmittelbar bevorsteht.

Es wird keine Zwischenzeit mehr geben, *sondern in den Tagen der Stimme des siebten Engels, wenn er die Posaune blasen wird, ist auch das Geheimnis Gottes vollendet, wie er es seinen Dienern, den Propheten, verkündet hat* (7). Der Engel mit der siebten Posaune steht schon bereit; wenn sein Signal ertönt, kommt *Gottes Geheimnis* an sein Ziel. Nach dem Sprachgebrauch neutestamentlicher und apokalyptischer Texte ist dieses Geheimnis der für die Menschen nicht zu ergründende Ratschluss Gottes, sein gnädiger Heilsplan (vgl. Eph 3,4).

Und doch könnten die Menschen dieses Geheimnis kennen. Denn Gott hat es *seinen Dienern, den Propheten, verkündet.* Dass Gott seine Pläne durch die Propheten mitteilt, wird schon im Alten Testament festgehalten (vgl. Am 3,7). Dabei steckt in dem griechischen Verb für *verkünden* derselbe Wortstamm wie in dem Begriff *Evangelium* (vgl. 14,6). Was Gott seinen Dienern, den Propheten, über sein Kommen zu Gericht und Heil verkündet hat, das ist in jedem Fall *gute Botschaft.*

Mit dem Ertönen der siebten Posaune wird in 11,15 der Anbruch der unmittelbaren Herrschaft Gottes über diese Welt proklamiert werden. Danach wird freilich noch von vielem berichtet werden, was geschehen wird. Aber in der für die Offenbarung typischen Verschiebung der Perspektive wird dann schon das Entscheidende gesagt und geschehen sein.

Eine letzte Szene wird eingeleitet (8). Johannes selbst soll aktiv werden. *Die Stimme,* die er schon vorher *vom Himmel gehört hatte,* sprach ihn an und forderte ihn auf: *Auf, nimm die geöffnete Buchrolle in der Hand des Engels, der auf dem Meer und auf der Erde steht.* Er folgt dieser Aufforderung (9): *Ich ging zu dem Engel und bat ihn, mir die kleine Buchrolle zu geben.* Aber der Engel legt ihm

die Buchrolle nicht in die Hand, sondern sagt zu ihm: *Nimm und iss sie, und sie wird deinen Magen bitter machen, aber in deinem Mund wird sie süß sein wie Honig.*
Auch diese Szene hat ein alttestamentliches Vorbild. In Ez 2,9–3,1 wird dem Propheten Ezechiel eine Schriftrolle gezeigt, in der »Klage, Ach und Weh« geschrieben steht. Und dann sagt Gott zu ihm: »Iss diese Schriftrolle und geh hin und rede mit dem Haus Israel«. Der Prophet muss die Botschaft »verinnerlichen«, bevor er sie dem Volk ausrichten kann. Er tut, was von ihm verlangt wird: »Da aß ich sie, und sie war in meinem Munde so süß wie Honig« – trotz ihres bitteren Inhalts ist die Botschaft eine Botschaft des Heils!
Der Bericht des Johannes greift dieses Bild auf, verändert es jedoch charakteristisch. Schon in der Aufforderung wird angekündigt, dass die Rolle zwar im Mund süß schmecken, jedoch seinen Magen bitter machen wird. Die Voranstellung und die merkwürdige Formulierung der Ankündigung der bitteren Wirkung der Botschaft zeigen: Auch wenn die Gerichtsverkündigung zunächst nicht bitter schmeckt, muss ihr Bote damit rechnen, dass sein Dienst und Leben von »bitteren« Erfahrungen geprägt wird (vgl. 11,3–13).
Der Prophet tut, wie ihm geheißen (**10**): *Und ich nahm die kleine Buchrolle aus der Hand des Engels und aß sie, und sie war in meinem Mund süß wie Honig, und als ich sie gegessen hatte, wurde mein Magen bitter.* Wie Ezechiel muss auch er die Botschaft ganz in sein Innerstes aufnehmen. Dabei erlebt er gleichnishaft: »Träger und Botschafter des Wortes Gottes sein heißt zugleich die Süße und die Bitternis dieses Wortes in der eigenen Existenz erfahren müssen« (Roloff, 111).
Darauf erfolgt die ausdrückliche Beauftragung – ähnlich wie für Ezechiel in Ez 3,4–11. Ihr Beginn ist im griechischen Text merkwürdig formuliert (**11**): *Und sie sagen mir.* Das ist entweder eine Umschreibung des Gottesnamens, ähnlich wie sonst das Passiv (vgl. LÜ, EÜ, ZB: *Und mir wurde gesagt*). Oder es werden die Stimme des Engels und die Stimme vom Himmel zusammengefasst. In jedem Fall wird damit am Ende dieses Kapitels die Beauftragung des Propheten sehr betont erneuert: *Du musst wieder über Völker und Nationen und Sprachen und viele Könige prophetisch reden.*
Prophetisch reden oder *weissagen* bedeutet nicht so sehr die Zukunft vorherzusagen, obwohl dieser Aspekt in der Offenbarung mit eingeschlossen ist. Es bedeutet vor allem aufzudecken, wie es um die Betreffenden in den Augen Gottes steht. *Völker, Nationen, Sprachen und Könige* sind in der Offenbarung der Inbegriff der gottfeindlichen Welt (11,9; 17,15). *Über* sie – weder *gegen* sie noch *zu* ihnen – soll der Seher weiter als Beauftragter und Prophet Gottes reden, das heißt aufdecken, wie Gott sie sieht und was er mit

ihnen vorhat. Ob sie das wahrnehmen und darauf reagieren werden, bleibt offen. Johannes aber wird diesen Auftrag ausführen. Was er schreibt, betrifft nicht nur die Gemeinden, sondern auch die Welt.

Was ist die Aufgabe des Propheten? Das wird hier sehr unterschiedlich beschrieben: 1. Nicht alles, was er hört, darf er weitergeben. Auch das Verschweigen von Gehörtem oder Geschautem kann nötig sein. 2. Die Gewissheit der drängenden Nähe der Vollendung ist die Grundlage seiner Verkündigung. Dabei zeigt die Tatsache, dass die Offenbarung nicht mit dem Ertönen der siebten Posaunen endet, dass auch für Johannes diese »Nähe« nicht nur zeitliche Dimensionen hat. 3. Der Prophet muss die Botschaft verinnerlichen um den Preis dessen, dass sie auch das eigene Leben bitter macht. Von den alttestamentlichen Propheten hat dies Jeremia am intensivsten durchlitten (vgl. Jer 11,18 – 12,6; 15,10–21; 20,7–18). Und diese Erfahrung machen prophetische Mahner bis heute. Und zuletzt: 4. Nicht die Aussicht auf Erfolg, sondern die bleibende Berufung motiviert den Propheten, seinem Auftrag treu zu bleiben.

11,1–14
Die beiden letzten Zeugen

11 ¹Und mir wurde ein Messrohr gegeben, ähnlich einem Stab, und gesagt: Steh auf und miss den Tempel Gottes und den Brandopferaltar und die darin beten. ²Und den äußeren Vorhof lass draußen und miss ihn nicht, denn er ist den Völkern gegeben, und sie werden die heilige Stadt 42 Monate lang verwüsten.
³Und ich werde meinen zwei Zeugen (Vollmacht) geben, und sie werden 1260 Tage lang prophetisch reden, bekleidet mit Säcken. ⁴Diese sind die beiden Ölbäume und die zwei Leuchter, die vor dem Herrn der Erde stehen. ⁵Und wenn jemand ihnen Schaden zufügen will, geht Feuer aus ihrem Mund hervor und verzehrt ihre Feinde. Und wenn jemand ihnen Schaden zufügen will, muss er ebenso getötet werden. ⁶Diese haben die Vollmacht, den Himmel zu verschließen, dass kein Regen während der Tage ihrer Prophetie fällt, und sie haben Vollmacht über die Gewässer, sie in Blut zu verwandeln, und die Erde mit jeder Plage zu schlagen, sooft sie wollen.
⁷Und wenn sie ihr Zeugnis vollendet haben, wird das Tier, das aus dem Abgrund aufsteigt, mit ihnen Krieg führen und wird sie besiegen und sie töten. ⁸Und ihre Leiche (wird) auf der Straße der großen Stadt (liegen), die geistlich Sodom und Ägypten genannt wird, wo auch ihr Herr gekreuzigt wurde. ⁹Und (die Menschen) aus den Völkern und Stämmen und Sprachen und Nationen sehen ihre Leiche

drei Tage und einen halben und lassen nicht zu, dass ihre Leichen in ein Grab gelegt werden. ¹⁰Und die auf der Erde wohnen freuen sich über sie und jubeln und werden einander Geschenke schicken, denn diese beiden Propheten haben die gequält, die auf der Erde wohnen.
¹¹Und nach den dreieinhalb Tagen kam von Gott her der Geist des Lebens in sie, und sie stellten sich auf ihre Füße, und große Furcht überfiel die, die sie sahen. ¹²Und sie hörten eine laute Stimme vom Himmel, die zu ihnen sagte: Steigt hier herauf. Und sie stiegen hinauf in den Himmel in der Wolke, und ihre Feinde sahen sie. ¹³Und in jener Stunde geschah ein großes Erdbeben, und ein Zehntel der Stadt stürzte ein, und durch das Erdbeben wurden die Namen von 7 000 Menschen getötet, und die Übrigen gerieten in Furcht und gaben dem Gott des Himmels die Ehre.
¹⁴Das zweite Wehe ist vergangen. Siehe, das dritte Wehe kommt bald.

Kap. 11 handelt vom Auftreten zweier prophetischer Gestalten, die in V. 3 mit der Bezeichnung »meine Zeugen« eingeführt werden. Es beginnt jedoch mit einer kurzen Einleitung, die inhaltlich nichts mit dem Auftreten der beiden Zeugen zu tun zu haben scheint: *V. 1f: Die Vermessung des Heiligtums.* Dann wird in drei Schritten vom Geschick der beiden Propheten berichtet: *V. 3–6: Die Vollmacht der Zeugen; V. 7–10: Der Tod der Zeugen; V. 11–13: Die Auferstehung der Zeugen.* Ein knapper Hinweis beschließt das Kapitel, signalisiert aber auch das Ende der ganzen Sieben-Posaunen-Vision: *V. 14: Das zweite Wehe.*

Das größte Rätsel des Kapitels sind die beiden Verse am Beginn (1f). Worauf beziehen sie sich? Der Bericht knüpft lose an den Auftrag in 10,11 an. Nun geht es um eine symbolische Handlung. Johannes wird ein *Rohr* in die Hand gegeben, das *wie ein Stab* als *Messrohr* dienen soll. Und dazu erhält er die Anweisung: *Steh auf und miss den Tempel Gottes und den Brandopferaltar und die darin beten.* Wer diesen Auftrag erteilt, wird nicht gesagt; es kann Gott gemeint sein oder auch Christus. Hintergrund dieser Aktion ist zweifellos ein ähnlicher Bericht in Ez 40,3 – 42,20. Auch dort wird der Tempel vermessen. Allerdings geschieht dies durch eine himmlische Gestalt, die den neuen Tempel, der im Himmel bereitsteht, aufs genaueste vermisst und seine Maße dem Propheten mitteilt, bevor er an die Stelle des zerstörten alten Heiligtums tritt.
In der Offenbarung soll der Prophet den Tempel ausmessen, insbesondere den Brandopferaltar, auf dem die Opfer dargebracht werden, aber auch die Menschen, *die im Tempel beten.* Welchen Sinn

diese Aktion hat, wird aber erst deutlich, wenn davon gesprochen wird, wo sie unterlassen werden soll (2): *Aber den äußeren Vorhof lass draußen* (wörtlich: *wirf hinaus*) *und miss ihn nicht, denn er ist den Völkern gegeben, und sie werden die heilige Stadt 42 Monate lang verwüsten.* Die prophetische Zeichenhandlung des Vermessens des Tempels symbolisiert also, dass es einen abgemessenen heiligen Bereich gibt, der unter besonderem Schutz steht. Der *äußere Vorhof* des Tempels in Jerusalem, stand auch den *Völkern*, also den *Heiden*, offen. Er wird nun zum Ort, der für eine befristete Zeit den Völkern überlassen wird, um die *heilige Stadt*, also Jerusalem, zu verwüsten. Was ist damit gemeint und auf welche Vorgänge wird damit angespielt? Zur Zeit der Niederschrift der Offenbarung lag ja der Tempel in Jerusalem schon etwa 25 Jahre in Trümmern.

Von vielen Auslegern wird vermutet, dass diese Aussagen auf eine Episode im jüdischen Krieg in den Jahren 66–70 v.Chr. zurückgehen. Der Kampf um Jerusalem dauerte dreieinhalb Jahre, also *42 Monate*. Wie der jüdische Geschichtsschreiber Josephus berichtet, zogen sich die aufständischen Verteidiger der Stadt in das Heiligtum zurück und überließen die Stadt und den Vorhof der Heiden den römischen Angreifern, weil ein Prophet verkündet hatte, »Gott befehle, zu dem Heiligtum hinaufzusteigen und die Zeichen der Errettung zu erwarten« (Bell 6,285; vgl. 5,459). Darum wird von manchen angenommen, Johannes habe den Text eines zelotischen Flugblatts oder auch den Inhalt einer urchristlichen Prophezeiung aus dieser Zeit verarbeitet. Das ist aber unwahrscheinlich. Denn welchen Sinn sollte es haben, den Text einer unerfüllten Weissagung zu übernehmen? Möglich ist freilich, dass dieses Ereignis, an das man sich sicher noch lange erinnert hat, zum Bildspender für eine ganz andere, symbolische Voraussage wurde.

Im Urchristentum wie auch in der Gemeinschaft von Qumran sah man in der Gemeinde den wahren Tempel Gottes (vgl. 1Kor 3,16; Eph 2,19–22; 4QFlor I,6). Hier wird dieses Sinnbild in dreifacher Weise entfaltet: Als Tempel Gottes ist die Gemeinde der Ort der Gegenwart Gottes und der Begegnung mit ihm. In ihr stellen Menschen ihr Leben Gott ganz zur Verfügung, leben als Priester vor Gott (vgl. 1,6), hier symbolisiert durch den Altar. Die Gemeinde ist aber auch der Raum, in dem Menschen vor Gott treten und ihn anbeten. Dieser »Raum« soll »abgemessen« und damit als Schutzraum bei Gott umschrieben und festgelegt werden. Gemessen zu werden hat also eine ähnliche Funktion wie die Versiegelung in 7,2–8 (ähnlich in 1Hen 61,1–13).
Das Gegenbild bietet der *äußere Vorhof*, ein Ort, der eigentlich auch zum Heiligtum gehört, aber durch Händler und Geldwechsler profaniert wird (vgl. Mk 11,15–19). Er steht auch den Heiden offen

und wird so zum Sinnbild der Unentschlossenheit und des »Sowohl-als-auch«, die in der Offenbarung so heftig bekämpft werden. Dieser Ort (und die Menschen, die zu ihm gehören) wird preisgegeben. Er wird den *Völkern*, also den *Heiden* überlassen, und sie werden *die heilige Stadt verwüsten,* und zwar 42 Monate lang.

Diese Zeitangabe hat ihren Ursprung in Dan 7,25; 12,7, wo angesagt wird, dass »die Heiligen des Höchsten« »eine Zeit und zwei Zeiten und eine halbe Zeit« in die Hand eines gottfeindlichen Herrschers gegeben werden. Dreieinhalb Jahre sind 42 Monate, aber auch 1260 Tage, eine Zahl, die im Folgenden noch eine bedeutende Rolle spielen wird. Solange wirken die beiden prophetischen Zeugen (11,3) und solange wird nach 12,6.14 die Frau und ihr Kind mit Nahrung versorgt werden. Dort markiert diese Zeitangabe eine Zeit der Bewahrung, hier dagegen, wie in Dan 7 und 12, eine Zeit des Ausgeliefertseins, die jedoch begrenzt ist. Dass *dreieinhalb* die Hälfte von Sieben, der Symbolzahl für das Vollkommene, ist, dürfte im Hintergrund stehen. Was hier geschieht, ist nicht endgültig und Ausdruck für einen gebrochenen Zustand.

Gemeint ist also, dass alle, die sich nicht entschieden zu Gott halten, der Willkür gottloser Mächte ausgeliefert werden. Das bedeutet aber nicht die Vernichtung der *heiligen Stadt.* Sie wird *verwüstet,* wörtlich: *mit den Füßen zertreten,* das heißt *entweiht* (vgl. Ps 79,1; Jes 63,18; 1Makk 3,45). Die nächste Parallele ist Jesu Ankündigung in Lk 21,24: »Jerusalem wird zertreten werden von den Heiden, bis die Zeiten der Heiden erfüllt sind« (vgl. Dan 8,13f). Doch obwohl die *heilige Stadt* im biblischen Sprachgebrauch fast immer Jerusalem bedeutet (Jes 48,2; 52,1; Dan 9,24; Mt 4,5; 27,53), ist die Wendung hier offensichtlich Bild »für die Welt, die durch Götzendienst entweiht wird ... und so ihre Heiligkeit verliert« (Giesen, 245).
Damit wird eine doppelte Botschaft ausgerichtet: Diejenigen, die sich ganz zu Gott halten, und nur ihn anbeten, werden bewahrt werden; ihre Beziehung zu Gott wird nicht zerstört werden. Und doch stehen auch sie mitten in der geistlichen Verwüstung der *heiligen Stadt,* einer Welt, die eigentlich Gott gehört, und warten auf die wahre *heilige Stadt,* das neue Jerusalem, das von Gott aus dem Himmel herabkommen wird und einen neuen Himmel und eine neue Erde repräsentiert, in dem Gott bei »seinen Völkern« wohnt (21,1–4).
Von einer Erfüllung des Auftrags, den Tempel zu vermessen, wird nichts berichtet. Die Stimme, die den Auftrag erteilt hat, greift stattdessen ein ganz neues Thema auf, nämlich das Auftreten zweier endzeitlicher Propheten (3): *Und ich werde meinen zwei Zeugen (Vollmacht) geben.* Die beiden werden eingeführt, als sei allgemein

bekannt, um wen es sich dabei handelt. Die Formulierung *meine Zeugen* lässt darauf schließen, dass es Christus ist, der spricht (vgl. 2,13: *mein treuer Zeuge Antipas*). Dass es zwei sind, kann dadurch begründet sein, dass im israelitischen Recht für eine rechtskräftige Anklage zwei übereinstimmende Zeugen nötig sind (Dtn 17,6; 19, 15). Aber auch die Tatsache, dass Jesus seine Jünger zu zweit aussandte, könnte im Hintergrund stehen (Mk 6,7 par).
Die knappe Aussage im griechischen Text: *Ich gebe ihnen* ist ein Hebraismus und bedeutet: *Ich erlaube ihnen* oder *bevollmächtige sie* (vgl. EÜ: *trage ihnen auf*). Dieser Auftrag wird sofort genannt: *sie werden 1260 Tage lang prophetisch reden*. Erneut begegnet uns – nun in Tage umgerechnet – dieses endzeitliche Zeitmaß der dreieinhalb Jahre bzw. 42 Monate, hier offensichtlich als begrenzte Zeit für eine letzte Entscheidung. Deutlich ist auch, dass ihr Auftrag *prophetisch zu reden* bzw. *zu weissagen* nicht primär die Vorhersage zukünftiger Ereignisse bedeutet, sondern wie bei den klassischen Propheten die Konfrontation mit dem bevorstehenden Gericht. Der Ernst ihrer Botschaft wird dadurch unterstrichen, dass sie *mit Säcken bekleidet* sind: einerseits Zeichen für Trauer und Buße (Jes 3,24; 22,12; Jon 3,5–8), andererseits typische Kleidung von Gerichtspropheten (Jes 20,2; vgl. auch den härenen Mantel in 2Kön 1,8; Sach 13,4; Mk 1,6 par).

Wer sind diese beiden Zeugen, und welche Funktion hat ihr Wirken in der ganzen Offenbarung? Diese Frage hat die Ausleger von Anfang an beschäftigt. In einer späteren Apokalypse, der Apokalypse des Elia, findet sich eine Parallele zu Offb 11. Hier sind es Elia und Henoch, die gegen den Antichristen kämpfen (ApkEl 34,7,4 – 35,18), vermutlich weil diese beiden nach den alttestamentlichen Berichten in den Himmel entrückt wurden. Aufgrund der in V. 6 geschilderten Zeichen würde es näher liegen an Elia und Mose zu denken. Das ergäbe auch eine Berührung zur Verklärung Jesu, in der Mose und Elia zusammen mit Jesus erscheinen (Mk 9,4 par). Aber außer dieser Anspielung deutet nichts in dem Text auf eine solche Identifikation hin. Die beiden Zeugen erscheinen auch nicht als individuell handelnde Personen. Als Paar vertreten sie die Aufgabe der prophetischen Verkündigung in der letzten Zeit. Das spricht auch gegen die gelegentlich vorgeschlagene Deutung auf Petrus und Paulus.
Innerhalb der Offenbarung ist der Abschnitt in mancher Hinsicht ein Fremdkörper. Es tauchen Begriffe auf, die nur hier vorkommen; auch die Rolle der beiden Propheten und ihres Wirkens im Gesamtentwurf der Schrift ist unklar. Deshalb wird von vielen Auslegern angenommen, dem Abschnitt läge ein jüdischer Text aus der Zeit des jüdischen Kriegs zugrunde, der dann christlich überarbeitet wurde (vgl. z.B. V. 8). Das ist denkbar, löst aber die entscheidende Frage nicht, welche Bedeutung diese Episode im jetzigen Zusammenhang der Offenbarung hat. Das muss unsere Auslegung zeigen.

Es folgt ein weiterer Hinweis zur Deutung der beiden Zeugen – wobei ab hier wohl nicht mehr die Stimme Jesu spricht (**4**): *Diese sind die beiden Ölbäume und die zwei Leuchter, die vor dem Herrn der Erde stehen.* Damit wird auf Sach 4 verwiesen. Der Prophet sieht einen goldenen Leuchter, »und zwei Ölbäume dabei, einer zu seiner Rechten, der andere zu seiner Linken« (V. 2f). Auf seine Frage: »Was sind die zwei Ölbäume zur Rechten und zur Linken des Leuchters?« (V. 11) erhält er zur Antwort: »Es sind die zwei Gesalbten, die vor dem Herrscher aller Lande stehen« (V. 14). Bei Sacharja sind damit Serubbabel, ein Nachkomme Davids, und der Hohepriester Josua gemeint, die vor Gott stehen, dessen Gegenwart durch den Leuchter symbolisiert wird.
In der Gemeinde von Qumran ist aus dieser Stelle die Hoffnung auf das Kommen eines königlichen und eines priesterlichen Messias erwachsen (1QS 9,11). Hier aber werden die beiden Ölbäume mit zwei prophetischen Zeugen identifiziert, und aus dem einen Leuchter sind zwei geworden, die ebenfalls auf ihr Wirken verweisen. Für Johannes ist die königliche und priesterliche Vollmacht auf die Schar derer übergegangen, die durch das Blut des Lammes erlöst sind (1,5; 5,9), also auf die Gemeinde Jesu. Das unterstützt die Vermutung, dass die beiden Zeugen keine individuellen Gestalten darstellen, sondern den prophetischen Auftrag der christlichen Gemeinde personifizieren.
Darum wird ihre Funktion mit einem Doppelbild veranschaulicht. Ölbaum und Leuchter sollen zeigen: Sie sind von Gott gesandt, um Heilung und Licht in diese Welt zu bringen. Das gilt trotz allem, was gleich über die heftigen Auseinandersetzungen um ihr Wirken gesagt werden wird. Sie *stehen vor dem Herrn der Erde* und sind dem verantwortlich, der alles Geschehen in seiner Hand hält.
Überraschenderweise wird aber als erstes gesagt, welche Folgen es hat, wenn sie angegriffen werden, und was geschieht, *wenn jemand ihnen Schaden zufügen will* (**5**). Dann *geht Feuer aus ihrem Mund hervor und verzehrt ihre Feinde.* Sie stehen unter dem besonderen Schutz Gottes wie einst Mose und Elia, über deren Gegner Feuer vom Himmel fiel und sie vernichtete (Num 16,35; 2Kön 1,10–12; anders Lk 9,54f). Auch zu Jeremia sagt Gott angesichts der Missachtung seiner Gerichtsverkündigung durch das Volk: »Weil man solche Reden führt, seht, darum mache ich meine Worte in deinem Mund zu Feuersglut und dieses Volk da zum Brennholz, das von ihr verzehrt wird« (Jer 5,14). Worte wie Feuer – so wird die Verkündigung der beiden Zeugen gekennzeichnet (vgl. auch Sir 48,1).
Daneben tritt die parallele grundsätzliche Aussage: *Und wenn jemand ihnen Schaden zufügen will, muss er ebenso getötet werden.* Das Passiv umschreibt das Handeln Gottes: »Wer die Zeugen Got-

tes angreift, muß mit dem Eingreifen Gottes zu ihrem Schutz rechnen« (Giesen, 252). Dass hier am Prinzip der adäquaten Vergeltung festgehalten wird, scheint allerdings der Leidensethik Jesu und des Urchristentums zu widersprechen, die einschärft, nicht Gleiches mit Gleichem zu vergelten, sondern die zu segnen, die einen verfolgen (Mt 5,44f; Lk 6,27f; Röm 12,14; 1Petr 3,9). Das ist einer der Gründe, warum viele Exegeten diesen Text einer jüdischen Quelle zuschreiben. Aber auch, wenn das so wäre, müsste erklärt werden, warum und wie der Verfasser sich die Aussage zu eigen macht.
Auch im nächsten Vers wird der Inhalt ihrer Verkündigung nicht direkt genannt, sondern durch Zeichenhandlungen beschrieben, die den Ernst des Gerichtes Gottes veranschaulichen (6). Drei Elemente werden genannt: (1) *Diese haben die Vollmacht, den Himmel zu verschließen, dass kein Regen während der Tage ihrer Prophetie fällt.* Das ist eine klare Anspielung auf die Ankündigung Elias an König Ahab: »So wahr der HERR, der Gott Israels, lebt, vor dem ich stehe: Es soll diese Jahre weder Tau noch Regen kommen, ich sage es denn« (1Kön 17,1). Nach Jak 5,17 waren es auch damals dreieinhalb Jahre, dass es nicht regnete! (2) *Und sie haben Vollmacht über die Gewässer, sie in Blut zu verwandeln.* Damit wird an das Wirken Moses erinnert, der alles Wasser in Ägypten in Blut verwandelte (Ex 7,17–21). Die weiteren Plagen, die Mose über die Ägypter brachte (Ex 7–12; Jdt 5,12), sind auch das Vorbild für das dritte Element: (3) die Vollmacht, *die Erde mit jeder Plage zu schlagen, sooft sie wollen.* Die ganze Erde wird zu ihrem Wirkungskreis erklärt – ein weiteres Indiz dafür, dass es sich bei den Beiden nicht um zwei Einzelpersonen handelt, sondern um die Darstellung des prophetischen Auftrags der ganzen Kirche.
Wie die Dürre, die Elia ausrief, und die ägyptischen Plagen, mit denen Mose den Pharao zum Einlenken bewegen wollte, sollen das Wirken der Zeugen und ihre Wunder Gottes Macht erweisen und die Menschen so zur Umkehr rufen. Die enge Anlehnung an die alttestamentlichen Beispiele lässt aber vermuten, dass die Aussagen nicht wörtlich gemeint sind, sondern bildhaft die Härte und Unerbittlichkeit der Umkehrpredigt der endzeitlichen Propheten charakterisiert (siehe unten).
Wie die beiden Zeugen ihre Vollmacht genutzt und ihren Auftrag erfüllt haben, wird nicht erzählt. Vielmehr wird im Folgenden von ihrem tragischen Ende und seinen Folgen berichtet (7–10), *wenn sie ihr Zeugnis vollendet haben.* Das Wirken der Zeugen ist zeitlich begrenzt – und damit auch die Vollmacht, die sie schützt. Nun taucht plötzlich *das Tier* auf, *das aus dem Abgrund aufsteigt!*
Von dieser Verkörperung der gegengöttlichen Macht wird erst in Kap. 13 und 17 ausführlich berichtet werden. Der Verfasser scheint

jedoch anzunehmen, dass seine Leser und Leserinnen Bescheid wissen und diesen Gegenspieler Gottes und Todfeind seiner Gemeinde kennen.
Das Tier steigt *aus dem Abgrund* herauf, dem Gefängnis und Ort dämonischer und zerstörerischer Mächte (vgl. 17,8; weiter 9,2.11 und Lk 8,31; in 13,1 und Dan 7,3 heißt es: *aus dem Meer*). Das bestimmt sein Tun: Es wird mit den beiden Zeugen *Krieg führen und wird sie besiegen und sie töten*. Damit wird Dan 7,21 aufgenommen und weitergeführt. Dort heißt es von dem Horn des letzten Tieres: Es »führte Krieg gegen die Heiligen, und es besiegte sie«. Dieser Hintergrund und die Formulierung *Krieg führen* bekräftigt noch einmal die Vermutung, dass mit den beiden Zeugen keine einzelnen Personen gemeint sind, sondern die Gemeinde Jesu in ihrer prophetischen Aufgabe abgebildet wird.
Zunächst bleibt die Erzählung jedoch ganz auf der Ebene der Darstellung des Geschicks der beiden Zeugen: Das Tier, die feindliche Macht, *wird sie besiegen und töten*. Die Zeit ihrer Unverletzlichkeit ist begrenzt; ihr Wirken scheint ein trauriges Ende zu finden. Das wird mit schaurigen Bildern geschildert, die zeigen, wie totalitäre Regimes, damals wie heute, das Andenken ihrer ideologischen Gegner zu schänden versuchen (8f): *Ihre Leichen werden auf der Straße der großen Stadt liegen bleiben*, denn die Leute *lassen nicht zu, dass ihre Leichen in ein Grab gelegt werden*. Die Verweigerung der Bestattung galt in der Antike als äußerste Entwürdigung und Verächtlichmachung eines Toten (eindrücklich dargestellt in Sophokles' Tragödie Antigone, aber auch in 2Sam 21,10–14; 2Kön 9,10).
Was aber ist mit *der großen Stadt* gemeint? Sonst wird in der Offenbarung immer Babylon, das als Deckname für Rom dient, *große Stadt* genannt (16,19; 17,18; 18,10). Der Zusatz, *wo auch ihr Herr gekreuzigt wurde*, weist aber eindeutig auf *Jerusalem* hin. Die Zeugen Jesu erleiden das gleiche Geschick wie ihr Herr! Die *große Stadt* wird aber noch weiter gekennzeichnet: Sie wird *geistlich Sodom und Ägypten genannt*. Damit wird beschrieben, »was ihr Wesen vor Gott ausmacht: Sie ist zugleich Sodom, der Prototyp der Stadt, die Gottes Gebot und Willen verwirft (Jes 1,10; Jer 23,24), und Ägypten, der typische Ort der Fremdlingschaft und Sklaverei des Gottesvolkes (Mt 2,13–23; Apg 13,17)« (Roloff, 117).
Für Johannes hat Jerusalem aufgehört, heilige Stadt zu sein. Es ist jetzt Repräsentantin der ganzen gottfeindlichen Welt. Das zeigt sich auch daran, dass Menschen *aus den Völkern und Stämmen und Sprachen und Nationen* die Leichen der Zeugen *sehen* (10). Mehr noch: Alle, *die auf der Erde wohnen, freuen und jubeln* über ihren Tod und drücken diese Freude dadurch aus, dass sie *einander Geschenke schicken* (vgl. zu diesem Brauch Est 9,19).

Es wird auch der Grund für diese Freude genannt: *Diese beiden Propheten haben die gequält, die auf der Erde wohnen.* Die Wendung bezeichnet in der Offenbarung fast immer die Menschen, sofern sie sich gegen Gott wenden (vgl. 6,10; 8,13; 13,8.12; 17,2.8). Sie haben die Wirksamkeit der beiden Propheten als unerträgliche Qual empfunden. Äußerlich wird das durch die Plagen, die sie über die Erde bringen, veranschaulicht. In Wirklichkeit aber »quält das Zeugnis des ... Gottesvolkes, das in der prophetischen Tätigkeit der beiden Zeugen repräsentiert ist, die gottlose Menschheit« (Giesen, 252). Davon befreit zu sein löst Freude aus!
Aber die Zurschaustellung der Leichen und die Freude ihrer Gegner darüber wird nur dreieinhalb Tage dauern. Wieder taucht diese geheimnisvolle Zahl auf, die sicher nicht einfach von Kalendertagen spricht. Sie signalisiert, »daß die Erniedrigung der Zeugen nicht das Letzte sein wird: Auch sie gehört zu jenen zeitlich begrenzten Bedrängnissen, denen Gott durch sein Eingreifen ein Ende setzen wird« (Roloff, 117).
Gott behält das letzte Wort (**11–13**): *Nach den dreieinhalb Tagen kam von Gott her der Geist des Lebens in sie.* Der Geist Gottes, der Leben schenkt, erweckt die beiden Zeugen zu neuem Leben. Diese Aussage und ihre Formulierung gehen auf eine Vision des Propheten Ezechiel zurück. Er sieht ein Feld mit Totengebeinen, die das erstorbene Israel symbolisieren, und soll zu ihnen im Namen Gottes sagen: »Seht, ich lasse Geist in euch kommen, und ihr werdet leben« (Ez 37,5, ZB). Das geschieht alsbald: »Und der Geist kam in sie, und sie wurden lebendig und stellten sich auf ihre Füße« (37,10). Dementsprechend wird auch von den beiden Zeugen gesagt: *und sie stellten sich auf ihre Füße.*
Das bleibt nicht ohne Wirkung auf ihre Widersacher. Aus ihrem Jubel wird tiefes Erschrecken: *und große Furcht überfiel die, die sie sahen.* Die Menschen spüren: Hier ist der lebendige Gott am Werk. Das lässt sie zutiefst erschrecken, weil sie wissen: Vor ihm können wir nicht bestehen (vgl. auch Ex 15,16).
Aber zunächst wird weiter vom Geschick der beiden Zeugen berichtet (**12**): *Und sie hörten eine laute Stimme vom Himmel, die zu ihnen sagte: Steigt hier herauf.* Sie haben keinen Auftrag auf der Erde mehr, sondern werden in die vollendete Gemeinschaft mit Gott geholt, in biblischer Sprache: herauf in den Himmel gerufen.
Das wird dann auch ganz bildhaft beschrieben: Die beiden folgten dem Ruf und *stiegen hinauf in den Himmel in der Wolke.* Der Vorgang erinnert an die Entrückung Henochs oder die Himmelfahrt Elias (Gen 5,24; 2Kön 2,11), weist aber auch Berührungspunkte zu Schilderung der Entrückung der Gläubigen bei der Wiederkunft Christi in 1Thess 4,17 auf. *Die Wolke* ist biblisches Symbol für die

geheimnisvolle Grenzüberschreitung zwischen der irdischen und himmlischen Welt (Ex 19,16; Ps 104,3; Mt 17,5 par; 1Thess 4,17). Wichtig aber ist: *und ihre Feinde sahen sie.* Das Ja Gottes zu den Zeugen Jesu bleibt nicht verborgen.
Auch äußere Zeichen bestätigen das Eingreifen Gottes (**13**): *In jener Stunde geschah ein großes Erdbeben,* Zeichen endzeitlicher Erschütterung des Weltgebäudes (6,12; 16,18; Mt 24,7 par; 28,2). Es richtet große Schäden an: *ein Zehntel der Stadt stürzte ein,* was allerdings gegenüber den bisherigen Schadensquoten von ein Viertel oder ein Drittel (6,8; 8,6–12; 9,15.18) gering erscheint. Dadurch wurden *die Namen von 7 000 Menschen getötet* – so die wörtliche Übersetzung einer eigentümlichen Wendung, die das ganz persönliche Schicksal der Opfer betont. Die Zahl *7 000* mag wieder symbolische Bedeutung haben (vgl. 1Kön 19,18), deutet aber auch an, dass hier Jerusalem im Blick ist, dessen Einwohnerzahl von manchen auf etwa 70 000 geschätzt wird.
Die Überlebenden aber reagieren auf sehr überraschende Weise: *Sie gerieten in Furcht und gaben dem Gott des Himmels die Ehre.* Nach 9,20f kehrten die Menschen trotz der tiefen Erschütterung ihrer Lebensumstände nicht um. Hier aber scheinen sie zu spüren: Wir haben es mit dem Gott zu tun, der sich nicht spotten lässt. Dieser Gott wird der *Gott des Himmels* genannt. So wird im Alten Testament der Gott Israels genannt, wenn von ihm in heidnischem Gebiet gesprochen wird (Esr 1,2f; 5,12; Jon 1,9).
Er ist der wahre Gott, und die Menschen merken: Vor ihm können wir nicht bestehen. Er ist im Recht, deshalb *geben sie ihm die Ehre.* Das Verhalten der Überlebenden entspricht also dem, was der Engel, der ein »ewiges Evangelium« verkündet, fordern wird: »Fürchtet Gott und gebt ihm die Ehre!« (14,7) Dennoch sind die Ausleger nicht einig, welche Bedeutung diese Reaktion wirklich hat. Tun die Menschen damit das, was die Offenbarung »als heilsentsprechendes Tun von allen Bewohnern der Erde erwartet und erhofft« (Roloff, 118)? Oder bedeutet das »keineswegs, daß sie sich bekehren« (so Giesen, 259, und die meisten Ausleger)?
Gott die Ehre geben kann in der biblischen Sprache unterschiedlich akzentuiert sein. In Jos 7,19f; 1Sam 6,5 bedeutet es, seine Schuld anzuerkennen und zu bekennen. In Ps 29,1f; 96,7f; Jes 42,12 wird damit die Gott geschuldete Anerkennung beschrieben, ohne dass damit etwas über das Heil derer, die das tun, gesagt ist. Dagegen ist in Jer 13,16 der Aufruf, Gott die Ehre zu geben, ein Ruf zu Umkehr und Offenheit für die Botschaft des Propheten. Zweifellos wird auch an unserer Stelle zunächst gesagt, dass die Übriggebliebenen »die überlegene Macht« des biblischen Gottes anerkennen (Maier I, 489).

Was das für ihr Heil bedeutet, wird weder negativ noch positiv angedeutet. Dass in 16,21 berichtet wird, dass die Menschen wegen der erlittenen Plagen lästern, sollte nicht als Argument dafür verwendet werden, dass die Überlebenden hier Gott nur unter Zwang die Ehre geben. Die Offenbarung bietet keine kontinuierliche Darlegung der Geschichte der Menschen oder eine Analyse des Heilsstandes der Einzelnen. Dass die Menschen Gott die Ehre geben, zeigt an unserer Stelle: Der Einsatz des Lebens der Zeugen bleibt nicht ohne Frucht. Hier blitzt plötzlich die Perspektive des Heils auf, die immer wieder neben der des totalen Unheils steht. Das wird auch dadurch unterstrichen, dass die folgende siebte Posaune schon die Vision der endgültigen Herrschaft Gottes eröffnet.

Doch zunächst kommt eine Zwischenbemerkung, die den Auslegern viel Kopfzerbrechen bereitet hat, aber bei genauem Hinsehen einen wichtigen Hinweis zur Komposition des Buchs enthält (14): *Das zweite Wehe ist vergangen. Siehe, das dritte Wehe kommt bald.* Das *zweite Wehe* wurde in 9,12 vor dem Ertönen der sechsten Posaunen angesagt. Jetzt wird sein Ende festgestellt. Das signalisiert, dass Kap. 10 und 11 zu dem Geschehen gehören, das durch diese Posaune in Gang gebracht wird. Auf die Unbußfertigkeit der Menschen (9,20f) antwortet Gott mit dem Auftrag zum prophetischen Zeugnis durch seine Gemeinde.

Schwieriger ist das Verständnis des *dritten Wehe*, dessen Anfang oder Ende nirgends berichtet wird. Denn die folgende siebte Posaune eröffnet ja zunächst den Blick auf den endgültigen Sieg Gottes. Aber aus ihr erwachsen die Bilder von der Frau und dem Drachen, der sie verfolgt (12), die Schreckensherrschaft des Tiers (13) und die Plagen der Sieben-Schalen-Vision. Mit dem dritten Wehe ist also »die gesamte endzeitliche Trübsal gemeint, die von nun an geschehen soll. Das ist wohl auch der Grund, warum der V(erfasser) von dessen Vorübergehen nicht berichtet« (Satake, 272).

Fragen bleiben offen. Klar scheint, dass hier mit den Farben der Mose- und Eliaüberlieferung das Geschick christlicher Prophetie in der letzten Zeit geschildert wird. Dabei ist vor allem das Schicksal der Märtyrer im Blick oder vielleicht auch das einzelner herausgehobener Gestalten, die aber nicht genauer identifiziert werden. Grundsätzlich jedoch repräsentieren die beiden Zeugen »die prophetische Zeugendimension der Kirche.« »Die Kirche wird ihren Auftrag, Zeuge Jesu in der Welt zu sein, vollenden können, da Gott selbst mit ihr ist. Die Welt aber kann ihr Zeugnis nicht ertragen, es ist eine Qual für sie.« Ihre Botschaft ist ein unerträglicher Störfaktor für den faulen Frieden der Welt. Doch nicht die Kirche als Ganzes wird getötet. Bei den entsprechenden Aussagen des Sehers geht es »darum, die Christen zu

ermutigen, indem er ihnen das Grundwissen des christlichen Glaubens einschärft, daß der Tod des Christen nicht das Ende ist. Auch wenn die Welt das Zeugnis der Christen zum Verstummen bringt, die Heilszusage Gottes bleibt. Das müssen sogar die gottfeindlichen Menschen anerkennen« (Giesen, 260f).
Erst das Zeugnis einer sterbenden und von Gott zu neuem Leben erweckten Kirche bringt die Menschen dazu, Gott die Ehre zu geben und in der Botschaft und dem Geschick ihrer Verkündiger Gottes Wort und Wirken zu erkennen. Die Kirchengeschichte kennt dafür bis heute nicht wenige Beispiele! Für uns als etablierte und sich sicher wähnende Kirchen bleibt diese Aussage eine Herausforderung. Worauf vertrauen wir wirklich?

11,15-19
Die siebte Posaune

¹⁵Und der siebte Engel blies die Posaune. Und es erschollen laute Stimmen im Himmel und sagten: Die Herrschaft über die Welt gehört unserem Herrn und seinem Gesalbten, und er wird in alle Ewigkeit herrschen. ¹⁶Und die vierundzwanzig Ältesten, die vor Gott auf ihren Thronen sitzen, fielen auf ihr Gesicht und beteten Gott an ¹⁷und sagten: Wir danken dir, Herr, Gott, Allherrscher, (du,) der Seiende und der (immer) war, dass du deine große Macht ergriffen und die Herrschaft angetreten hast. ¹⁸Und die Völker wurden zornig und dein Zorn(gericht) kam und die Zeit der Toten, gerichtet zu werden und deinen Dienern den Lohn zu geben, den Propheten und den Heiligen und denen, die deinen Namen fürchten, den Kleinen und den Großen, und die zu verderben, die die Erde verderben. ¹⁹Und der Tempel Gottes, der im Himmel ist, wurde geöffnet und die Lade seines Bundes wurde in seinem Tempel sichtbar, und es geschahen Blitze und Getöse und Donner und Erdbeben und mächtiger Hagel.

Das Geschehen, das der Schall der siebten Posaune in Gang setzt, hat einen völlig anderen Charakter als das, was beim Ertönen der ersten sechs Posaunen geschah. Es wird von keiner neuen Plage berichtet, die über die Erde ergeht, sondern der Blick auf das gerichtet, was sich im Himmel, in der Dimension Gottes, ereignet. Der Kampf Gottes um die Durchsetzung seiner Ehre auf der Erde »ist mit V. 13 siegreich abgeschlossen«. Jetzt geht es »um die Proklamation des endgültigen Herrschaftsantritts Gottes und Jesu Christi« (V. 15b). Mit dem Dankgebet der Ältesten (V. 17f) wird das Thema von Kap. 4 aufgenommen und weitergeführt: »War es dort um den Lobpreis des Schöpfers gegangen, so ist hier der Dank dafür, daß dieser Schöpfer seine Schöpfung nicht allein gelassen, sondern seinem Recht in ihr Raum geschaffen hat, das beherrschende Thema« (alle Zitate Roloff, 119).

Die siebte Posaune ertönt, und im Himmel *erschollen laute* (wörtlich: *große*) *Stimmen* (**15**). Wer durch sie spricht, wird nicht gesagt. Vermutlich sind es die Wesen an Gottes Thron, die rufen: *Die Herrschaft über die Welt gehört unserem Herrn und seinem Gesalbten, und er wird in alle Ewigkeit herrschen*. Dass Gott am Ende der Zeit die Herrschaft als König für die ganze Welt antritt, wird schon im Alten Testament erhofft (vgl. Jes 24,23; Mi 4,7). Dabei »geht es nicht um das allgemeine Weltregiment des Schöpfers«, das er im Verborgenen immer ausübt. Gemeint ist vielmehr »das endzeitliche Sichtbarwerden der Königsmacht Gottes in allen Bereichen der Welt« (Roloff, 119).

Diese Erwartung hat sich nun erfüllt. *Unser Herr*, so wird Gott hier genannt, *und sein Gesalbter*, also der *Messias* bzw. der *Christus*, haben die Königsherrschaft endgültig angetreten. Damit klingt Ps 2,2 an, in dem der HERR und sein Gesalbter, d.h. der König, ihre Herrschaft gegen alle Feinde durchsetzen. Aber hier geht es grundsätzlich um *Gottes* Herrschaft. Deshalb die Fortsetzung: *Er*, also Gott, *wird in alle Ewigkeit* (wörtlich: *in die Ewigkeiten der Ewigkeiten*) *herrschen*.

Mit *Welt* mag zunächst die Menschenwelt gemeint sein; aber zugleich »ist vorausgesetzt, daß der Sieg Gottes über die ihm widerstrebenden Menschen auch Rückwirkungen auf die Natur und die gesamte kreatürliche Welt hat. Wenn Gott ... zur Herrschaft kommt, wird die ganze Erde heil!« (Roloff, 119; vgl. V. 18).

Was diese Stimmen proklamieren, wird durch *die vierundzwanzig Ältesten, die vor Gott auf ihren Thronen sitzen*, bestätigt (**16f**). Sie fallen vor Gott, dem Weltenherrscher, nieder, beten ihn an und rufen dankbar: *Wir danken dir, Herr, Gott, Allherrscher, (du,) der Seiende und der (immer) war*. Diese Anrede nimmt fast wörtlich die Selbstbezeichnung Gottes in 1,8 und den Lobpreis der vier Wesen von 4,8 auf – mit einem Unterschied: die Wendung *der kommt* fehlt hier. Gott ist da!

Die Ältesten danken Gott dafür, *dass du deine große Macht ergriffen und die Herrschaft angetreten hast*. Das gilt – trotz aller Auflehnung gegen ihn. Dass Gott die Herrschaft angetreten hat und auch über die Völker als König regiert, war schon in den Psalmen als Realität proklamiert und von Deuterojesaja als frohe Botschaft für das angefochtene Volk verkündet worden (Ps 47,8f; 93,1; 97,1; 99,1; Jes 52,7). Diese Verheißung hat sich nun endgültig erfüllt.

Gott hat seine Herrschaft gegen den heftigen Widerstand einer gottfeindlichen Welt durchgesetzt (**18**): *Die Völker wurden zornig*, so beschreiben auch die Psalmen die Reaktion der Menschen auf den Herrschaftsanspruch Gottes (Ps 2,1–3). Doch Gott setzt dagegen: *aber dein Zorn kam*. Die merkwürdige Formulierung zeigt: Gott wird nicht zornig wie die Völker; sein *Zorn* ist sein Nein gegen die Auflehnung und den Ungehorsam der Menschen (vgl. Röm 1,18), ein Urteil, das im Grunde schon im Fehlverhalten der Menschen begründet ist. »Gegen Gottes Zorn«, also gegen sein Nein zum Nein der Menschen, »erweist sich aller menschliche Zorn als ein ohnmächtiges Aufbäumen vor der Niederlage« (Giesen, 265).

Mit der *Zeit der Toten* ist offensichtlich das Jüngste Gericht gemeint. Das wird ausführlich in 20,12f geschildert werden, wo es ausdrücklich heißt, dass *die Toten* gerichtet werden. Es wird also in 11,15–19 kein »Etappensieg« Gottes gefeiert, nach dem dann in Kap. 12–19 der Kampf mit Gottes Gegnern weitergeht. Vielmehr wird schon der Blick auf das Ende, den endgültigen Sieg Gottes, geworfen.

Das Gericht hat ein doppeltes Ziel: In ihm werden die Toten *gerichtet werden*, und damit ist wohl das negative Urteil über die Feinde Gottes angesprochen. Aber das ist auch die Zeit, die dazu bestimmt ist, *deinen Dienern den Lohn zu geben*. Die Treue derer, die am Bekenntnis zu Christus festgehalten haben, soll nicht unbelohnt bleiben. Dabei ist nicht an eine Abrechnung gedacht, bei der je nach Verdienst ein himmlischer Lohn ausgezahlt wird. Wo im Neuen Testament vom *Lohn* gesprochen wird, ist nicht gemeint, dass man sich sein Heil verdienen müsse. Wohl aber wird bestätigt, dass Gott Treue und Einsatz für seine Sache nicht ohne Anerkennung lässt (vgl. 1Kor 4,5). Auch Jesus verspricht denen, die Verfolgung erdulden, dass sie »reichlich belohnt« werden (Mt 5,11f; Lk 6,22f). Gott steht zu denen, die in ihrem Leiden von ihm verlassen scheinen.

Es sind Gottes *Diener*, die so belohnt werden, und wer das ist, wird gleich erläutert. Es sind die *Propheten*. Sie werden schon im Alten Testament als Diener Gottes bezeichnet (Am 3,7). Hier aber sind urchristliche Propheten gemeint, die ihrem Auftrag treu geblieben sind (vgl. 10,7). Daneben stehen die *Heiligen*, auch in 16,6; 18,24 zusammen mit den Propheten genannt. Wie bei Paulus sind für Johannes alle Christen Heilige, weil sie durch Christus *geheiligt* sind und deshalb zu Gott gehören (vgl. 1Kor 1,2). Zuletzt werden die genannt, *die deinen Namen fürchten*, im Alten Testament Bezeichnung für alle, die Gott die Treue halten (Ps 15,4; 22,24.26). Ob damit in der Offenbarung ein weiterer Kreis von »Gottesfürchtigen« gemeint ist, bleibt offen. Dass aber ausdrücklich *die Kleinen und die Großen* genannt werden, macht deutlich: Mit den *Dienern* Gottes,

den *Heiligen* und denen, *die seinen Namen fürchten,* wird die Gesamtheit derer beschrieben, die Gott die Treue halten, gleich welche Aufgabe und Stellung sie hatten (vgl. Ps 115,13: »er segnet, die den HERRN fürchten, die Kleinen und die Großen«).
Noch einmal wird der Blick auf das Richten Gottes zurückgelenkt. Es besteht auch darin, *die zu verderben, die die Erde verderben.* Das zeigt tiefe Einsicht in die Tragweite und die Konsequenzen menschlicher Sünde. Wo Menschen mit der ihnen anvertrauten Schöpfung nicht in Verantwortung vor Gott umgehen und ihre Ressourcen ausbeuten und verschwenden, da richten sie sie zugrunde, *verderben die Erde.* Das aber schlägt auf sie selbst zurück. »Strafe« ist in biblischem Verständnis nicht eine willkürlich auferlegte Sanktion, sondern der Rückschlag der Schuld auf die Täter.
Die Vision, die durch die siebte Posaune ausgelöst wird, schließt mit einem großartigen Bild **(19)**: *Der Tempel Gottes, der im Himmel ist, wurde geöffnet.* Der himmlische Tempel galt als Urbild des irdischen, aber zugleich als der Ort, an dem Gott für immer wohnen würde. Seine Türen öffnen sich, und zwar nicht nur die zu den Vorhöfen, sondern auch die zum Allerheiligsten, denn die *Bundeslade,* das Symbol der unmittelbaren Gegenwart Gottes bei seinem Volk, wurde nun *sichtbar.*
Hinter diesem Bild steht die jüdische Hoffnung, dass die Bundeslade, die angeblich vor der Zerstörung des Tempels im Jahr 587 v.Chr. versteckt worden war, wieder erscheinen wird, wenn sich Gott seinem Volk erneut zuwendet. Dann wird auch Gottes Herrlichkeit, der sichtbare Ausdruck seiner Gegenwart, offenbar werden (vgl. 2Makk 2,4–8). Dieses Bild signalisiert, »daß die Endzeit, die in der Gegenwart begonnen hat, nunmehr zu ihrem Ziel gekommen ist« (Giesen, 267). Der Zugang zum Allerheiligsten, und damit der Zugang zu Gott, ist frei für alle, die ihm die Treue gehalten haben (vgl. Hebr 10,19–22).
Dass wir es mit Gottes Gegenwart zu tun haben, zeigen die Begleiterscheinungen des Geschehens: *und es geschahen Blitze und Getöse und Donner und Erdbeben und mächtiger Hagel.* So offenbart sich der rettende und richtende Gott (Ex 19,16; Ps 77,19; 104,7; vgl. zu 4,5; 8,5). Und ähnlich wie bei 8,5 ist diese Schilderung zugleich Abschluss der vorhergehenden Vision und Überleitung zur nächsten Schau des Sehers.

Gottes Gericht wird die verderben, die die Erde verderben. Das ist eine Schlüsselaussage dieses Abschnitts und der ganzen Offenbarung. Wir haben hier das Prinzip der adäquaten Vergeltung, das im Alten wie im Neuen Testament Ausdruck für Gerechtigkeit ist (vgl. zu 16,6). Wir fragen im Blick auf die Verkündigung Jesu: Wo ist dann Raum

für Gnade? Darüber wird an anderer Stelle gesprochen werden. Hier wird klargestellt: Göttliche Gnade ist kein *laissez faire*, und Gottes Richten verhängt nicht willkürliche Strafen. Gott lässt die Auswirkungen des menschlichen Fehlverhaltens auf die Menschen zurückfallen (vgl. Römer 1,24–31: »Darum hat sie Gott an die Begierden ihres Herzens dahingegeben«).
Dass *die verderben, die die Erde verderben*, berührt noch eine andere Thematik: »Kein anderes neutestamentliches Buch hat diese für uns angesichts heutiger Umweltproblematik fundamentale Einsicht so entschieden herausgestellt wie die Offenbarung.« »Auflehnung gegen Gott und Zerstörung der Erde werden hier als Ursache und Wirkung unmittelbar zusammengesehen. Wo Gottes Wille als der des Schöpfers nicht ernst genommen wird und der Mensch die Erde als Werkzeug und Mittel eigener Selbstverwirklichung mißbraucht, wird Gottes gute Schöpfung verdorben. Das Gottesverhältnis des Menschen ist nicht nur eine Sache der Innerlichkeit, sondern strahlt aus auf alle Lebensbereiche. Wo es zerstört wird, da wird auch die Erde in Mitleidenschaft gezogen« (Roloff, 120).
Wir finden also in der Offenbarung ein merkwürdiges Ineinander von menschlicher Schuld und göttlichem Gericht. Die Menschen, die Krieg führen, andere töten und verhungern lassen, werden durch die Vision der apokalyptischen Reiter nicht entlastet, sondern gerade an den Abgrund der Schuld geführt, die nicht zu rechtfertigen ist. Die Offenbarung beschreibt »ein dialektisches Verhältnis zwischen menschlichem und göttlichem Handeln: Das göttliche Gericht besteht darin, dass Menschen tun, wozu sie verführt werden und die Folgen ihres verfehlten Tuns am eigenen Leib zu spüren bekommen. Ist das unbarmherzig? Oder die Voraussetzung dafür, dass die Liebe die Gerechtigkeit nicht außer Kraft setzt?« (Söding, Heiliger Krieg 35f).

12,1 – 14,20
Der Drache und das Lamm – Bedrohung und Bewahrung der Gemeinde

Gott und sein Gesalbter haben die Herrschaft angetreten, die Geschichte Gottes mit dieser Welt scheint am Ziel zu sein, zumindest in der Perspektive, die dem Seher Johannes gezeigt wird (vgl. 10, 6f). Aber anstatt der Vision eines neuen Himmels und einer neuen Erde, die zu erwarten wäre, öffnet sich für Johannes und seine Leser und Leserinnen in den Kap. 12–14 noch einmal eine ganz neue Schau der Dinge. Dieser Abschnitt ist nach Meinung vieler Ausleger die »dramatische Mitte« (Giesen, 269), ja »das Kernstück des ganzen Buches« (Lohse, 65). Hier wird die tiefste Dimension des Endgeschehens aufgedeckt, nämlich die entscheidende Auseinandersetzung zwischen Gott und der satanischen Macht. Kap. 12 schildert, »wie es zu dieser Konfrontation gekommen ist. Die Erhöhung Christi zu Gott bedeutet den Sturz des Satans aus dem Himmel, der nun die christliche Gemeinde in Gestalt der Frau auf Erden verfolgt. Kap. 13 konkretisiert das satanische Gegenüber der Gemeinde durch die beiden Tiere, Symbolfiguren der endzeitlichen Gestalt des Römischen Reichs, das durch die Forderung der Staatsvergötzung im Kaiserkult vor die Frage des Martyriums stellt« (Müller, 225f). Kap. 14 macht jedoch deutlich, dass die Gemeinde bewahrt bleiben wird und Gott durch das Wirken des Lammes seine Gemeinde retten und die feindlichen Mächte vernichten wird. Der Sieg in diesem Kampf gehört Gott und seinem Christus.

12,1-18
Die Frau und der Drache

12 ¹Und ein großes Zeichen erschien am Himmel, eine Frau, bekleidet mit der Sonne und der Mond unter ihren Füßen und auf ihrem Kopf ein Kranz aus zwölf Sternen, ²und sie ist schwanger und schreit in den Wehen und im quälenden Schmerz des Gebärens. ³Und ein anderes Zeichen erschien am Himmel, und siehe, ein großer, feuriger Drache, der sieben Köpfe hatte und zehn Hörner und auf seinen Köpfen sieben Diademe. ⁴Und sein Schwanz fegt ein Drittel der Sterne des Himmels hinweg und warf sie auf die Erde. Und der Drache steht vor der Frau, die dabei ist zu gebären, damit er, sobald sie geboren hat, ihr Kind verschlingen könnte. ⁵Und sie gebar einen Sohn, ein männliches (Kind), der wird alle Völker mit eisernem Stab weiden. Und ihr Kind wurde zu Gott und zu seinem Thron entrückt. ⁶Und die Frau floh in die Wüste, wo sie einen Platz hat, der ihr von Gott bereitet worden ist, damit man sie dort 1260 Tage lang ernähre.
⁷Und es brach ein Krieg aus im Himmel; Michael und seine Engel (hatten) mit dem Drachen zu kämpfen. Und der Drache kämpfte, und (mit ihm) seine Engel, ⁸und er behielt nicht die Oberhand, es wurde für sie auch kein Platz mehr im Himmel gefunden. ⁹Und es wurde (hinab)geworfen der große Drache, die alte Schlange, die Teufel genannt wird, und der Satan, der den ganzen Erdkreis verführt, er wurde auf die Erde (hinab)geworfen, und seine Engel wurden mit ihm (hinab)geworfen. ¹⁰Und ich hörte eine laute Stimme im Himmel sagen: Jetzt ist das Heil und die Macht und die Königsherrschaft unseres Gottes und die Vollmacht seines Gesalbten (Wirk-

lichkeit) geworden, denn der Ankläger unserer Geschwister ist (hinab)geworfen worden, der sie Tag und Nacht vor unserem Gott anklagt. ¹¹Und sie haben ihn besiegt durch das Blut des Lammes und durch das Wort ihres Zeugnisses und haben ihr Leben nicht geliebt bis zum Tod. ¹²Deshalb freut euch, ihr Himmel und die in ihm wohnen! Wehe (aber) der Erde und dem Meer, denn der Teufel ist zu euch herabgestiegen in großem Zorn, denn er weiß, dass er wenig Zeit hat.
¹³Und als der Drache sah, dass er auf die Erde geworfen worden war, verfolgte er die Frau, die den Knaben geboren hatte. ¹⁴Und der Frau wurden die beiden Flügel des mächtigen Adlers gegeben, damit sie in die Wüste fliegen konnte, dorthin, wo sie eine Zeit und (zwei) Zeiten und eine halbe (Zeit) fern von dem Gesicht der Schlange ernährt wird. ¹⁵Und die Schlange spie aus ihrem Mund Wasser wie einen Strom hinter der Frau her, um sie von dem Strom fortschwemmen zu lassen. ¹⁶Und die Erde kam der Frau zu Hilfe, und die Erde öffnete ihren Mund und verschlang den Strom, den der Drache aus seinem Mund ausgespien hatte. ¹⁷Und der Drache wurde zornig über die Frau und ging weg, um mit den übrigen Nachkommen der Frau Krieg zu führen, mit denen, die Gottes Gebote halten und das Zeugnis Jesu haben.
¹⁸Und er trat auf den Strand des Meeres.

Das Drama, das diese Vision schildert, ist ein Stück in drei Bildern: *12,1–6: Die Frau und der Drache am Himmel und die Geburt des Knaben; 12,7–12: Der Sturz des Drachen und der himmlische Lobpreis; 12,13–17: Die Verfolgung der Frau und ihrer Nachkommen.* V. 18 leitet zum nächsten Abschnitt über. Die drei Bilder sind deutlich unterschieden und gehören doch als die drei Akte desselben Dramas eng zusammen. Wir besprechen deshalb einen Abschnitt nach dem anderen und versuchen am Ende die Bedeutung des Ganzen zu erfassen.

Nach 11,19 erwartet man eigentlich den Bericht von der endgültigen Offenbarung der Herrschaft Gottes für die ganze Welt. Aber stattdessen erscheinen am Himmel Zeichen, die noch einmal aus ganz anderer Perspektive den Kampf zwischen der gottfeindlichen Macht und Gott und seinem Volk veranschaulichen. Zunächst erscheint als erstes *großes Zeichen am Himmel eine Frau* (1). Ihre Erscheinung zeigt ihre Bedeutung für den ganzen Kosmos: Sie ist *bekleidet mit der Sonne, und der Mond ist unter ihren Füßen und auf ihrem Kopf ein Kranz aus zwölf Sternen.*
Damit scheint eine göttliche Gestalt gezeichnet: Der Strahlenkranz der Sonne umgibt sie, sie steht auf dem Mond, dem beherrschenden

Gestirn der Nacht, und ein Siegeskranz mit den zwölf Sternbildern des Tierkreises ziert ihr Haupt. Ein Bild der Himmelskönigin, so lesen wir in vielen Auslegungen. Allerdings gibt es aus der Zeit des Neuen Testaments keine bildliche Darstellung einer Göttin, in der alle diese Motive vorkommen, auch nicht von Isis, die von sich sagt: »Ich bin in den Strahlen der Sonne« (Isisaretalogie von Kyme, Z. 44).
Für diejenigen, die mit dem Alten Testament vertraut sind, gibt es aber Anklänge an biblische Bilder: Dort ist oft eine Frau Bild für das Volk Gottes (Jes 54; Jer 2,1f; Ez 16; 23; Hos 1f). Die Sonne symbolisiert Gottes Nähe (Ps 84,12; 104,2; Jes 30,26), die auch die Gerechten umleuchtet (Ri 5,31; Dan 12,3). Der Mond steht für das Reich der Nacht, das der Frau zu Füßen liegt. Die zwölf Sterne erinnern an die zwölf Stämme Israels. Das legt nahe, dass hier das Volk Gottes in seiner Bedeutung vor Gott dargestellt wird.
Neben die himmlische Bestimmung dieser Gestalt tritt aber plötzlich ein sehr irdisches Geschick (2): *sie ist schwanger*, und die Geburt steht unmittelbar bevor. Darum *schreit* die Frau *in den Wehen und im quälenden Schmerz des Gebärens*. Das Bild der Geburtswehen steht für eine Zeit der Angst und Bedrängnis (vgl. Jes 13,8; 21,3; 26,17; Jer 4,31; Joh 16,21; besonders eindringlich in dem Hymnus aus Qumran 1QH XI [III],7-11). Aber auch Jes 7,14 klingt an: »Eine junge Frau ist schwanger und wird einen Sohn gebären«. Es geht um die Geburt des Messias! Er stammt aus dem Volk Gottes.
Aber ein zweites *Zeichen* erscheint *am Himmel* (3): *und siehe, ein großer, feuriger Drache, der sieben Köpfe hatte und zehn Hörner und auf seinen Köpfen sieben Diademe*. In der Symbolwelt des Alten Orients und der Griechen und Römer ist der Drache ein Sinnbild für das Chaos und die Macht, die sich dem lebensbejahenden göttlichen Schöpferwillen entgegenstellt. Die Farbe *feuerrot* signalisiert Aggressivität. Einen siebenköpfigen Drachen kennt die babylonische Mythologie, und auch das biblische Ungeheuer Leviathan hat mehrere Köpfe (Ps 74,13f). Nach alttestamentlichem Zeugnis gehörte es zu Gottes schöpferischem Handeln, dass er diesen urzeitlichen Drachen, der auch Rahab heißen kann, tötete (Hiob 26,12; Ps 89,11; Jes 51,9). Es wird erwartet, dass er ihn am Ende der Zeit erneut besiegen und so die ursprüngliche Schöpfungsordnung wiederherstellen wird (Jes 27,1f).
Die zehn Hörner erinnern an das gewalttätige vierte Tier aus Dan 7,7.20.24. Zusammen mit den sieben Diademen charakterisieren sie die Macht des Drachens, aber auch die Gewalt und die Überheblichkeit, mit der er sie ausübt. Diese Kennzeichen werden im Bild des Tieres aus dem Meer in 13,1 wieder auftauchen. Hier aber zeigt sich das gewalttätige Wesen des Drachen in seinem Handeln (4):

Und sein Schwanz fegt ein Drittel der Sterne des Himmels hinweg und warf sie auf die Erde, ein Motiv, das aus Dan 8,10 stammt. Die kosmische Ordnung, die sich im gesetzmäßigen Lauf der Sterne zeigt und die der Sternenkranz der Frau symbolisiert, wird mit einem Schwanzschlag zerstört.
Dann wechselt jedoch das Bild und gibt den Blick frei auf eine gespenstische Szene. Plötzlich *steht der Drache vor der Frau, die dabei war zu gebären.* Die Leser und Leserinnen werden mit der grausigen Vorstellung konfrontiert, wie der Drache vor der in den Wehen liegenden Frau lauert, um ihr Kind zu verschlingen, sobald sie es geboren hat. Die Bedrohung neuen Lebens durch die Macht der Vernichtung und des Todes könnte nicht drastischer gezeichnet werden!
Diese Macht wird jedoch nicht die Oberhand behalten (5): Die Frau *gebar einen Sohn, ein männliches (Kind).* Das ist ein verdecktes Zitat zweier Bibelstellen, Jes 7,14 (*Sohn*) und 66,7 (*Männliches*); daher die merkwürdige Doppelung. Und auch was über die Bestimmung des Kindes gesagt wird, ist ein Bibelzitat. *Der wird alle Völker mit eisernem Stab weiden,* nimmt Ps 2,9 nach der griechischen Übersetzung auf. Die Stelle wurde auch im Judentum messianisch gedeutet (PsSal 17,23f) und beschreibt die machtvolle, aber zugleich heilsame Herrschaft des messianischen Königs über alle Völker.
Der Messias wurde geboren, und der Drache, die Macht des Bösen und der Vernichtung, kann ihn nicht verschlingen. Im Gegenteil: Das Kind der Frau *wurde zu Gott und zu seinem Thron entrückt.* Diese Aussage irritiert. War es nicht die Aufgabe des Messias, auf der Erde zu wirken und »die Werke des Teufels zu zerstören« (1Joh 3,8)? Und wenn mit dem Messias Jesus gemeint ist, kann dann sein Leben und Sterben auf das Ereignis seiner Geburt und Entrückung reduziert sein? Offensichtlich kommt es hier vor allem auf zwei Aussagen an: (1) Gott greift ein; das Passiv *wurde entrückt* umschreibt Gottes Handeln. (2) Statt vom Teufel verschlungen zu werden, wird das Kind vom Thron Gottes aufgenommen und bekommt Anteil an der Herrschaft Gottes; der Sohn wird »inthronisiert«.
Die Frau aber, seine Mutter, *floh in die Wüste* (6). Die *Wüste* war seit dem Auszug aus Ägypten immer wieder für das jüdische Volk Zufluchtsort und Ort der Versorgung durch Gott und der Begegnung mit ihm (Ex 16; Dtn 8,2–5). Auch für die Frau ist dies der Ort, *wo sie einen Platz hat, der ihr von Gott bereitet worden ist, damit man sie dort 1260 Tage lang ernähre.* Wieder erscheint das geheimnisvolle Zeitmaß der 1260 Tage (= 42 Monate = dreieinhalb Jahre), das sowohl die Zeit der Bedrängnis als auch der Bewahrung der Gemeinschaft der Zeugen Jesu benennt (vgl. 11,2f; 12,14; 13,5).

Aber wer ist diese Frau? Und wer ist ihr Kind? Und welche Vorstellungen stehen hinter diesen fremden und doch so eindrücklichen Bildern? Wir beginnen mit dem Versuch, die zweite Frage zu beantworten. Es ist schon lange aufgefallen, dass der Inhalt dieser Vision sich eng mit zwei Erzählungen aus der griechischen und ägyptischen Mythologie berührt.

Die Griechen kennen den Mythos von der Geburt des Apollo durch Leto, der vor der Verfolgung durch den Drachen Python gerettet wird, und aus Ägypten stammt die Geschichte von der Verfolgung der Göttin Isis und ihres Sohnes Horus durch ihren feindlichen Schwager Seth (griechisch: Typhon). Zwischen diesen mythischen Erzählungen und der Vision des Sehers gibt es enge Berührungspunkte: Die Geburt und Bedrohung des Hoffnungsträgers und seine wunderbare Bewahrung werden thematisiert. Aber es gibt auch gravierende Unterschiede: Im Mythos besiegt das Kind den Drachen – was ja eigentlich auch in der Offenbarung Thema hätte sein müssen. Vermutlich besteht also keine direkte Abhängigkeit von den mythischen Erzählungen. Aber es werden wichtige Motive aufgenommen, durch die die Aussagen zu Adressaten sprechen, die in der Welt dieser Mythen zu Hause waren.

Was hier geschieht, stellt ein Urtrauma im antiken Weltverständnis dar: Dem geordneten, lebensfreundlichen Kosmos, dargestellt durch die Frau, steht das lebensfeindliche Chaos, versinnbildlicht durch den Drachen, gegenüber. Und gerade der erhoffte Retter ist bedroht und muss gerettet werden.
Wer jedoch ist die Frau in der Vision des Sehers? Sehr früh wurde sie auf Maria, die Mutter des Messias Jesus, gedeutet. Maria als Himmelskönigin, im Strahlenkranz, mit der Sternenkrone und auf der Mondsichel stehend, ist ein wichtiges Motiv in der bildlichen Darstellung Marias. Diese Deutung scheitert allerdings daran, dass die Flucht in die Wüste, die Verleihung von Adlersflügeln sowie der Krieg des Drachen gegen ihre übrigen Nachkommen nicht mit der Gestalt der Maria zu vereinbaren sind. Deshalb ist diese Deutung inzwischen auch von der katholischen Auslegung aufgegeben worden.
Näherliegend scheint die Identifikation mit Israel, dem Volk, aus dem Jesus geboren wurde. Darauf scheint auch der Kranz mit den zwölf Sternen (für die zwölf Stämme) und unter Umständen die Flucht in die Wüste als Anklang an den Auszug aus Ägypten hinzuweisen. Doch was wären dann die *übrigen Nachkommen* Israels? Die Heidenchristen? Es geht in der Offenbarung nicht um die Verfolgung Israels, sondern der Kirche. Deshalb nehmen heute viele Ausleger an, die Frau sei Abbild der verfolgten Kirche. Aber auch dagegen erheben sich Einwände: Der Messias wird nicht von der

Kirche geboren, und die Kirche kann nicht schon vor dessen Geburt als Himmelskönigin dargestellt werden.
In der Gestalt der Frau werden offensichtlich Israel und Kirche zusammen als Volk Gottes gesehen in der Kontinuität und Diskontinuität der Zeit, als das wahre Israel, das Gottesvolk des Alten und Neuen Bundes, aus dem der Messias stammt und dessen Kinder auch die Christen sind (Gal 4,26).

Eine kurze Zwischenbilanz: Gerade bei dieser Vision ist zu bedenken, dass die Bilder der Offenbarung keine Allegorie sind, die man mit Hilfe des richtigen Codes eins zu eins entschlüsseln kann! Als Bilder haben sie ihre eigene Botschaft und sind nicht einfach mit den Vorgängen auf der »Sachebene« einer Deutung zu identifizieren. Die Frau repräsentiert nicht nur das Volk Gottes als Mutter des Messias, sondern auch den Kosmos Gottes, seine geordnete Schöpfung, und die aus ihr stammende gerettete Gemeinde.
Das Bild des Drachen symbolisiert nicht nur die widergöttliche satanische Macht, sondern auch das entfesselte Potential an Zerstörung, das der Schöpfung innewohnt. Das Kind aber ist der gefährdete und doch bewahrte Retter, also gerade nicht der Übermensch, sondern einer, in dessen Gestalt sich äußerste Verletzlichkeit und Ohnmacht mit der Verheißung von Herrschaft und Macht (*eiserner Stab*) verbinden. Eine geschichtliche Entsprechung dieser Vision ist die Bedrohung Jesu und die Flucht nach Ägypten nach Mt 2, die letztlich gemeinte Wirklichkeit aber die Rettung Jesu aus dem Tod am Kreuz durch seine Auferweckung von den Toten.

Ein neues Bild erscheint. Es führt zurück in die himmlische Welt (7–12). Eine dramatische Auseinandersetzung wird geschildert (*7*): *Und es brach ein Krieg aus im Himmel.* Der Himmel, Gottes Welt, ist offensichtlich keine ungestörte Einheit. Der *Drache* erscheint nicht nur *am* Himmel, sondern hat auch Raum *im* Himmel. Das aber kann nicht so bleiben. Denn der Himmel ist der Ort Gottes. Und aufgrund seiner Erhöhung übt hier der Messias, der Gesalbte Gottes, die Herrschaft in seinem Auftrag aus. Wo er herrscht und »die Weltherrschaft des Lammes bereits durchgesetzt ist, dort hat der Widersacher Gottes weder Raum noch Recht« (Roloff, 129).
Aber Christus greift nicht direkt in den Konflikt ein: *Michael und seine Engel (hatten) mit dem Drachen zu kämpfen.* Der Erzengel *Michael* wird im Neuen Testament nur hier und in Jud 9 erwähnt. Aber nach Dan 10,13.21; 12,1 ist er der Engelfürst für Israel, der gegen die Engelfürsten seiner Gegner kämpft und sie besiegt (vgl. auch 1Hen 20,5). In TestDan 6,2 ist er der Engel, der für das Volk »bittend eintritt«, ja »der Mittler zwischen Gott und Menschen«,

der Israel Frieden bringt. In der »Kriegsrolle« aus Qumran führt er den Kampf für Israel gegen die Herrschaft des Frevels und Belials, des Gegenspieler Gottes (1QM 17,5–8). Damit ist auch die Vorstellung verbunden, dass er über eine Schar von Engeln gebietet, die ihn beim Kampf unterstützen (vgl. auch Mt 26,53). Sein Wirken trägt also messianische Züge, und er ist beauftragt, stellvertretend für den Messias zu streiten.

Doch der Widersacher ergibt sich nicht kampflos: *Auch der Drache kämpfte und (mit ihm) seine Engel.* Wir treffen hier auf die im Judentum verbreitete Vorstellung, dass auch der Satan als gefallener Engel eine Gruppe von Engeln um sich schart (vgl. Mt 25,41). Damit wird bildhaft dargestellt, dass unsere Wirklichkeit nicht nur von guten Mächten umgeben ist, sondern auch von zerstörerischen und destruktiven Kräften bestimmt wird (vgl. Eph 6,11f).

Aber, so sehr der Drache sich auch wehrte (8), *er behielt nicht die Oberhand.* Er wurde besiegt. Ja, schlimmer noch, es wurde für ihn und seine Gefolgschaft *auch kein Platz mehr im Himmel gefunden.* Es gibt keinen Raum mehr für das Böse und Destruktive in der Welt Gottes. Was immer vorher sein Platz und sein Auftrag gewesen sein mochte, jetzt ist dafür kein Raum mehr.

Die logische Folge ist klar (9): *Und es wurde (hinab)geworfen der große Drache, die alte Schlange, die Teufel genannt wird, und der Satan, der den ganzen Erdkreis verführt.* Nun endlich wird das wahre Wesen des *Drachen* aufgedeckt. Drei Begriffe identifizieren ihn: Er ist niemand anders als *die alte Schlange*, die Adam und Eva verführt hat (Gen 3,1–15). Sie heißt deshalb zu Recht *Teufel*, im Griechischen *diabolos*, was kein Name ist, sondern ein spezieller Begriff für diese Gestalt mit der Bedeutung *Auseinanderbringer, Verführer, Ankläger.*

Auch das hebräische Äquivalent *Satan* ist ursprünglich kein Name, sondern bedeutet *Gegner, Ankläger* (1Sam 29,4; 1Kön 11,14.23). So wird auch einer der »Söhne Gottes«, d.h. der Engel, genannt, der als eine Art himmlischer Staatsanwalt die Aufgabe hat, die Menschen auf die Probe zu stellen und anzuklagen (Hiob 1,6; 2,1; 1Chr 21,1; vgl. V. 10). In der Überlieferung wird er aber immer stärker zum Verleumder, Versucher und Verführer (Sach 3,1f; Mt 4,1–11) und so zum Widersacher Gottes (Apg 26,18; Röm 16,20). Durch Jesu Wirken aber wird seine Macht gebrochen (Mk 3,26). In Lk 10,18 sagt Jesus: »Ich sah den Satan vom Himmel fallen wie einen Blitz« (vgl. Joh 12,31).

Allerdings bedeutet das noch nicht das absolute Ende des Bösen: *Er wurde auf die Erde (hinab)geworfen, und seine Engel wurden mit ihm (hinab)geworfen.* Im Himmel ist der Kampf entschieden; es gibt keinen »Schatten« von Bösem mehr im Bild Gottes! Aber auf der Erde liefern der Teufel und seine Truppe noch heftige Nachhutgefechte (siehe V. 12).

Die altorientalischen Religionen kennen eine ganze Reihe von Mythen, die von dem entscheidenden Kampf himmlischer Mächte berichten. Der Kampf Marduks gegen Tiamat bei den Babyloniern ist hier zu nennen. Ugaritische Texte kennen den Mythos eines Aufstands gegen den höchsten Gott, der aber niedergeschlagen wird; der Aufrührer wird in die Tiefen der Unterwelt gestürzt. Das ist der Hintergrund für das Spottlied über den Sturz des Königs von Babel in Jes 14 und das Klagelied über den Fall des Königs von Tyrus in Ez 28,11–19. Das Motiv findet sich dann auch wieder in den Aussagen über den Sturz des Satans in Lk 10,18; Joh 12,31. Es ist Ausdruck für ein tiefes Wissen darum, dass es auch in Gottes Wesen – oder in unserem Bild davon – Auseinandersetzungen und die Notwendigkeit der Klärung gibt.

Aber das Entscheidende ist geschehen. Das wird im Himmel verkündet (**10**): *Und ich hörte eine laute Stimme im Himmel sagen: Jetzt ist das Heil und die Macht und die Königsherrschaft unseres Gottes und die Vollmacht seines Gesalbten (Wirklichkeit) geworden.* Wie in 7,10 hat hier das griechische Wort für *Heil, Rettung* fast die Bedeutung *Sieg*. Der rettende und *Heil* schaffende, endzeitliche Sieg Gottes und die ungebrochene Geltung seiner schöpferischen *Macht* werden proklamiert. Und wie in 11,15 wird feierlich festgestellt, dass mit dem Sieg über den Satan die *Königsherrschaft Gottes* und die herrscherliche *Vollmacht seines Gesalbten*, also des *Messias* und *Christus*, zur alles bestimmenden Realität geworden sind.

Doch wer spricht hier? Wer steht hinter der *lauten* (wörtlich: *großen*) Stimme? Die Fortsetzung (*unsere Geschwister*) macht wahrscheinlich, dass hier wie in 19,1 an die Schar derer gedacht ist, die schon als Erlöste um Gottes Thron stehen. Sie begründen ihre Aussage damit, dass der Widersacher Gottes und der Seinen besiegt und aus dem Himmel *(hinab)geworfen* wurde.

Noch einmal wird der Gegenspieler Gottes identifiziert: Es ist *der Ankläger unserer Geschwister* (das griechische Wort für *Brüder* schließt auch die *Schwestern* mit ein), *der sie Tag und Nacht vor unserem Gott anklagt.* Damit scheint zunächst an die ursprüngliche Rolle Satans erinnert zu werden, der die Aufgabe hat, die Echtheit der Frömmigkeit derer zu prüfen, die zu Gott gehören (vgl. Hiob 1,6–11; 2,1–6) Aber wie in Sach 3,1f übt er hier nicht mehr diese notwendige Funktion aus, sondern ist zum teuflischen Verkläger und Verleumder geworden.

Aber die Angeklagten sind aus diesem Prozess siegreich hervorgegangen (**11**): Sie haben ihren Verkläger *besiegt durch das Blut des*

Lammes und durch das Wort ihres Zeugnisses. Damit ist eine ganz neue Perspektive eröffnet. Der Teufel ist nicht nur im Himmel durch Michael besiegt worden. Er ist auch von der irdischen Gemeinde derer, die sich zu Jesus halten, überwunden worden, aber nicht aus eigener Kraft, sondern *durch das Blut des Lammes,* das sie durch seinen Tod von der Sünde und darum von jeder Anklage freigekauft hat (1,5f; 5,9f; 7,14).
Der Sieg des Lammes wurde ihr Sieg, weil sie am *Wort ihres Zeugnisses,* das heißt am öffentlichen Bekenntnis zu ihm festgehalten haben, und zwar unter dem Einsatz ihres Lebens: Sie *haben ihr Leben nicht geliebt bis zum Tod.* Das muss nicht bedeuten, dass sie alle das Martyrium erlitten haben. Aber sie waren bereit, für den, der sein Leben für sie gelassen hat, auch mit ihrem Leben einzustehen. Und sie erfahren: Mit dem Sieg Christi ist »der Weg zum Sieg der Christen, die noch von der Verfolgung bedroht sind, unumkehrbar gebahnt worden«. Oder umgekehrt formuliert: »Der Sieg Christi wirkt bei den Christen gerade in ihrem Leiden« (Satake, 290; vgl. 1Joh 5,4: »unser Glaube ist der Sieg«).
Dieser paradoxe Sachverhalt wird durch einen doppelten Zuruf am Ende dieses hymnischen Stücks ausgesprochen (**12**). Nach alttestamentlichem Vorbild (Jes 44,23; 49,13) wird die himmlische Welt aufgefordert in freudigen Jubel über den Sieg Gottes auszubrechen: *Deshalb freut euch, ihr Himmel und die (ihr) in ihnen wohnt.* Noch sind es erst die Engel *(die in ihnen wohnen),* die ungebrochen in diesen Jubel einstimmen können, aber sie nehmen damit stellvertretend schon die Freude der Erlösten vorweg (vgl. 19,17).
Daneben steht jedoch – ebenfalls nach dem Vorbild prophetischer Verkündigung (Jes 1,4.24; Jer 13,27 u.ö.) – ein *Wehe,* das der irdischen Welt, und zwar *Land und Meer* gilt; aber nicht deshalb, weil sie sich etwas zu Schulden hätten kommen lassen, sondern weil sie Schauplatz der letzten großen Auseinandersetzung mit der Macht des Bösen sein werden: *denn der Teufel ist zu euch herabgestiegen in großem Zorn, denn er weiß, dass er wenig Zeit hat.* Das erste Tier, das gegen die Heiligen kämpft, wird aus dem Meer steigen (13,1), während das zweite Tier aus der Erde heraufsteigen wird (13,11). Aber bevor davon berichtet wird, richtet sich der Blick noch einmal auf das Geschick der Frau, die nun von dem Drachen verfolgt werden wird (13–17).

Noch einmal sind Schuld- und Machtfrage miteinander verbunden: Das Blut des Lammes ist Ursache für die Entmachtung des Drachen – zumindest im Himmel bei Gott, dort, wo die letzte Entscheidung fällt. Jesu Tod am Kreuz, der im Bericht vom Geschick des geretteten Messiaskindes zunächst übergangen zu sein schien, ist die Grundlage zum Sieg über den Satan, den die erringen, die sich zu ihm bekennen. Aber noch ist seine Macht auf der Erde nicht gebrochen. Das Leiden für Christus ist noch nicht zu Ende.

Die Szene wandelt sich. Nun steht wieder die »Unterbühne« im Scheinwerferlicht. Der Blick folgt dem Drachen, der aus dem Himmel vertrieben wurde (**13**). Als der *sah, dass er auf die Erde geworfen worden war, verfolgte er die Frau, die den Knaben geboren hatte*. Das Kind, der Messias, ist in Sicherheit, aber die Frau scheint dem Angriff des Drachen wehrlos ausgesetzt. Was in V. 6 kurz angedeutet worden war, wird jetzt ausführlicher wiederholt (**14**). Die Frau kann fliehen, denn ihr *wurden die beiden Flügel des mächtigen Adlers gegeben, damit sie in die Wüste fliegen konnte*. Damit wird ein Bild aus Ex 19,4 aufgenommen, wo Gott am Sinai den Israeliten sagen lässt: »Ihr habt gesehen, was ich den Ägyptern angetan habe, wie ich euch auf Adlerflügeln getragen und zu mir gebracht habe« (EÜ). Die Flügel des Adlers gelten »als Symbol der Geborgenheit und des Schutzes Gottes« (Giesen, 292; vgl. Dtn 32, 11; Jes 40,31). Das Bild sagt also: Es ist Gott, der die Frau in Sicherheit bringt, und auch hier gilt die *Wüste* als Ort der Zuflucht und der Fürsorge Gottes.
Dort wird sie *eine Zeit und (zwei) Zeiten und eine halbe (Zeit) fern von dem Gesicht der Schlange ernährt werden*. Wie Gott Israel in der Wüste mit Manna speiste (Ex 16; Dtn 8) und Elia in der Zeit der Dürre und in der Wüste versorgt wurde (1Kön 17; 19,5–8), so wird auch die Frau keine Not leiden müssen. Die *dreieinhalb Zeiten* (vgl. Dan 7,25; 12,7) entsprechen dreieinhalb Jahren und sind wie die 1260 Tage in V. 6 Symbol für eine kurze Zeit der Bedrohung, aber auch der Bewahrung vor der Verfolgung durch die Macht des Bösen, die hier wieder *Schlange* genannt wird.
Doch die gibt sich nicht geschlagen (**15**): *Die Schlange spie aus ihrem Mund Wasser wie einen Strom hinter der Frau her, um sie von dem Strom fortschwemmen zu lassen*. Die Frau befindet sich also einerseits *fern von dem Gesicht der Schlange* und muss nicht die direkte Konfrontation fürchten, aber andererseits ist sie doch der lebensgefährlichen Bedrohung durch sie ausgesetzt. Tödliche Wasserfluten in der Wüste sind eine reale Gefahr, wie sich jeder Wüstenwanderer belehren lassen muss. Hier aber wird daran erinnert, dass der Feind unberechenbar ist; der große Drache steht in Verbindung mit den chaotischen Kräften des Wassers und weiß sie zu nutzen (vgl. Ez 29,3; 32,2).
Aber Hilfe kommt von der entgegengesetzten Kraft, der Erde, die hier wie eine Person vorgestellt ist (**16**): *die Erde kam der Frau zu Hilfe, und die Erde öffnete ihren Mund und verschlang den Strom,*

den der Drache aus seinem Mund ausgespien hatte. Das erinnert an Erzählungen vom Auszug Israels aus Ägypten und der Wüstenwanderung, in denen Feinde von der Erde verschlungen werden (Ex 15,12; Num 16,30–33; Dtn 11,6). Hier aber erscheint die Erde als bewahrende Macht, als der Teil der guten Schöpfung, der noch Geborgenheit und Schutz gewähren kann.
Der Drache aber sinnt auf Rache (**17**): *Der Drache wurde zornig über die Frau und ging weg, um mit den übrigen ihrer Nachkommen* (wörtlich: *ihres Samens*) *Krieg zu führen* (vgl. Gen 3,15). Wer das ist, wird auch sogleich erklärt. Es sind die, *die Gottes Gebote halten und das Zeugnis Jesu haben.* War in 1,2 der Inhalt der Verkündigung des Sehers Johannes als »das Wort Gottes und das Zeugnis Jesu« gekennzeichnet worden, so werden hier die Christen als Menschen charakterisiert, *die Gottes Gebote halten und das Zeugnis Jesu haben.*
Die *übrigen ihrer Nachkommen* sind also nicht die Heidenchristen im Unterschied zu den Judenchristen, sondern die Brüder und Schwestern Jesu Christi, des erstgeborenen Kindes der Frau. »Die Glieder der Gemeinde ›halten die Gebote Gottes‹, d.h. sie treten inmitten einer vom Ungehorsam gegen Gott beherrschten Welt in bedingungslosen Gehorsam für den Willen Gottes ein (vgl. 14,12), und sie ›haben das Zeugnis Jesu‹«, d.h. sie halten an dem fest, was Jesus durch sein Leben und Sterben bezeugt hat (Roloff, 133; vgl. 1,2.9; 6,9; 12,11; 20,4).
Die eigenartige Aufspaltung der Symbolik in *die Frau* als Bild der verfolgten Gemeinde, die in Sicherheit gebracht wird, und *ihre Nachkommen,* gegen die der Drache Krieg führt, dient der seelsorgerlichen Ausrichtung dieser Vision: »Die Kirche ist sicher, aber ihre einzelnen Glieder nicht. Die Gemeinde ist in der Leidensnachfolge, als ganze jedoch sicher vor einem Untergang (Mt 16,18)« (Lichtenberger, 184). Das ist die Trostbotschaft des Johannes. Zugleich aber wird damit auf die Realität des bleibenden Kampfes der gottfeindlichen Mächte gegen die Christen und ihren zeitweiligen Sieg vorausgewiesen (vgl. 13,7).
Der folgende Satz bildet die Brücke zu der dramatischen Schilderung dieser Ereignisse, und wird deshalb von vielen schon zu Kap. 13 gezogen (vgl. LÜ): *Und er – der Drache – trat auf den Strand des Meeres* (**18**). Für israelitisches Denken ist das Meer Symbol für die unheilvolle Bedrohung der guten Schöpfungsordnung Gottes (Ps 46,3f). Aus dem Meer wird »das Tier«, das Werkzeug der Unheilsherrschaft des Drachen, aufsteigen.

Es sind faszinierende Bilder, die sich hier entfalten. Sie gleichen Traumbildern, die sich plötzlich verwandeln und nicht immer der

Logik unseres Realitätssinns folgen. Sie nehmen Urbilder menschlicher Hoffnung und Ängste auf, aber auch Vorgaben aus der biblischen Tradition. Sie sprechen nicht nur, wenn es uns gelingt, mit Hilfe religions- und zeitgeschichtlicher Vorbilder den entsprechenden Code aufzulösen, sondern tragen ihre eigene Sprachkraft und ihren Bedeutungsgehalt in sich.

Zugleich ist klar, worin die Botschaft dieser Vision als Ganzer besteht. Die Gewissheit, dass Gott seine Herrschaft durchsetzen wird und damit im Weg Jesu Christi, des Lammes, schon begonnen hat, schließt nicht aus, dass die Gemeinde und die einzelnen Christen irdisch noch schwere Verfolgung erleiden müssen. Dass die Gemeinde Jesu immer wieder verfolgt und ganze Kirchen verschwinden, liegt nicht daran, dass Gottes Wille für sie nicht eindeutig ist. Es gibt keine Spaltung des Gottesbildes; der Widersacher und Ankläger ist aus dem Wirkungskreis Gottes ausgestoßen. Da Christus zum Thron Gottes erhöht wurde, ist kein Platz mehr für den Verkläger (vgl. auch Röm 8,33f: »Wer will die Auserwählten Gottes beschuldigen?«) Die Gemeinde wird ihr Ziel in der Gemeinschaft mit Gott finden.

Noch aber begegnet ihr in der Nachfolge des Gekreuzigten Feindschaft und Tod. Das Rätsel, dass diese tödliche Bedrohung immer wieder neu ersteht, wird mit der Gestalt des Drachens, der Symbolfigur für den Teufel, erklärt. Die Christen sind nicht nur mit dem bösen Willen Einzelner konfrontiert, sondern mit einer gottfeindlichen Macht, deren Wirken sich nur mit den Wesenszügen einer Person beschreiben lässt. Solange diese Feindschaft besteht, ist der Weg der Gemeinde »geprägt vom Bild des Lammes, dem die ihm Angehörenden nachfolgen, wohin es geht. Das bedeutet für viele das Martyrium, die Gemeinde selbst aber wird bestehen bleiben« (Lichtenberger, 184). Das ist kein einfacher Trost für eine verfolgte Kirche und doch eine klare und verlässliche Zusage. Sie gibt Kraft, sich an Gottes Gebot und Jesu Wort zu halten.

13,1–18
Die beiden Tiere – die Selbstvergötterung menschlicher Macht

Was wird der Drache tun? Das Ringen um die Herzen der Menschen und den Kampf gegen die Christen delegiert er an die zwei »Tiere«, die aus dem Meer bzw. aus der Erde heraufsteigen. Aber Ziel ihres Handelns bleibt die göttliche Verehrung des Drachen und der gottfeindlichen Macht, die er verkörpert (V. 4). Wen die Tiere symbolisieren, bleibt zunächst offen. Die Vision hat zwei Teile, deren Ende jeweils durch einen Appell an die Lesenden markiert ist (V. 9f.18):
13,1–10: Das Tier aus dem Meer; 13,11–18: Das Tier vom Land.

13,1-10
Das Tier aus dem Meer

13 ¹Und ich sah aus dem Meer ein Tier heraufsteigen, das hatte zehn Hörner und sieben Köpfe und auf seinen Hörnern zehn Diademe und auf seinen Köpfen Namen der Lästerung. ²Und das Tier, das ich sah, war einem Panther gleich und seine Füße wie die eines Bären und sein Maul wie das Maul eines Löwen. Und der Drache gab ihm seine Kraft und seinen Thron und große Macht. ³Und einer seiner Köpfe war wie zum Tod geschlachtet, und seine Todeswunde wurde geheilt. Und die ganze Erde lief voll Verwunderung hinter dem Tier her, ⁴und (die Leute) beteten den Drachen an, denn er hatte die Macht dem Tier gegeben, und sie beteten das Tier an und sagten: Wer ist dem Tier gleich und wer kann mit ihm Krieg führen? ⁵Und ihm wurde ein Maul gegeben, Großes und Lästerungen zu reden, und ihm wurde Macht gegeben, 42 Monate zu wirken. ⁶Und es öffnete sein Maul zu Lästerungen gegen Gott, seinen Namen zu lästern und seine Wohnung (und) die im Himmel wohnen. ⁷Und es wurde ihm gegeben, Krieg gegen die Heiligen zu führen und (sie) zu besiegen. Und es wurde ihm Macht über jeden Stamm und jedes Volk und jede Sprache und jede Nation gegeben. ⁸Und alle werden es anbeten, die auf der Erde wohnen, deren Name nicht im Buch des Lebens des geschlachteten Lammes seit Grundlegung der Welt geschrieben war.
⁹Wenn jemand ein Ohr hat, der soll hören! ¹⁰Wenn jemand in die Gefangenschaft (gehen soll), geht er in die Gefangenschaft, wenn jemand mit dem Schwert getötet (werden soll), wird er mit dem Schwert getötet werden. Hier ist die Standhaftigkeit und die Treue der Heiligen (nötig).

Mit dieser Vision beginnt eine lange Folge von Bildern, die immer mit der Wendung *und ich sah* beginnen (V. 1 und 11; weiter 14,1.6. 14; 15,1.5). Dass das Tier *aus dem Meer heraufsteigt*, lässt Unheil erwarten. Das Meer gilt im Alten Testament als chaotischer, lebensfeindlicher Bereich, den Gott bändigen muss, damit auf der Erde geordnetes und sicheres Leben möglich ist (Ps 46,4; 93,3f). Die Darstellung einer unheilvollen Macht als *Tier*, das aus dem Meer aufsteigt, geht auf die Vision Daniels in Dan 7 zurück. Dort sind es vier Tiere, die die vier letzten Weltreiche in ihrer »Bestialität« symbolisieren: das Reich der Babylonier, der Meder, der Perser und der Griechen seit Alexander dem Großen. Das gefährlichste ist das vierte Tier, das zehn Hörner hat, die zehn Könige symbolisieren, die in der Nachfolge Alexanders stehen.

Johannes sieht nur *ein Tier*. Wie spätestens in 17,9 ganz eindeutig sein wird, ist damit Rom und sein Imperium gemeint. Vom Osten des Reichs gesehen steigen seine Truppen und Repräsentanten vom Meer her an Land. Die symbolische Darstellung in einem einzigen Tier vereinigt eine Reihe von Merkmalen der vier Tiere von Dan 7, greift aber auch Kennzeichen des Drachen aus 12,3 auf. Wie er hat das Tier *zehn Hörner und sieben Köpfe*. Die *Diademe* als Kennzeichen von Macht und Herrschaft sitzen bei dem Tier auf den zehn Hörnern, während *auf seinen Köpfen Namen der Lästerung* zu lesen sind. Damit »sind ohne Zweifel die Ehrentitel gemeint, die sich die römischen Kaiser beilegten, um ihren Anspruch auf göttliche Verehrung im Kaiserkult zu bekunden«, wie etwa »Göttlicher« (*divus*) oder »Herr und Gott« (*dominus ac deus*) (Roloff, 136).
Der Körper des Tiers vereint Merkmale der Tiere aus Dan 7 (**2**): *Es war einem Panther gleich und seine Füße wie die eines Bären und sein Maul wie das Maul eines Löwen*. Die Raubtiernatur menschlicher Herrschaft konzentriert sich in diesem Reich aufs äußerste. Dass durch diese Bildvermischung manches unanschaulich wird (z.B. sieben Köpfe und ein Maul), stört die Aussagekraft dieser Bilder nicht und hat auch die Künstler nicht abgehalten, das Tier bildlich darzustellen.
Ist damit Aussehen und Wesen des Tieres beschrieben, wird nun von seiner Inthronisation berichtet. Das Tier empfängt von dem Drachen *seine Kraft*, d.h. das Durchsetzungsvermögen gegen alle Widerstände, *seinen Thron*, d.h. seine Herrscherstellung als *Fürst dieser Welt* (Joh 12,31; 14,30; 16,11), und seine *große Macht*, d.h. seine Fähigkeit, die Herzen der Menschen zu gewinnen. Damit wird ein Doppeltes ausgesagt: Dieses Reich hat alles, was es auszeichnet, vom Teufel erhalten, im Klartext: Das Römische Reich ist ein satanisches Machwerk. Damit wird aber auch ein Gegenbild zur Bevollmächtigung des Lammes gezeichnet (vgl. 3,21; 5,7.12). Das Tier ist der Gegenspieler des Lammes, sein Reich trägt antichristliche Züge.
Dieser Eindruck wird durch die nächste Bemerkung auf überraschende Weise verstärkt (**3**). Von dem Tier wird gesagt: *Und einer seiner Köpfe war wie zum Tod geschlachtet* (EÜ: *wie tödlich verwundet*; ähnlich LÜ). Die wörtliche Übersetzung zeigt am klarsten, dass das Tier zum Gegenbild des Lammes wird, das nach 5,6 *wie geschlachtet* erscheint. Am Kopf des Tieres handelt es sich aber nicht um einen Schächtschnitt, sondern um eine Wunde durch das Schwert (vgl. V. 14). Von ihr heißt es: *und seine Todeswunde wurde geheilt*. Was ist damit gemeint?
Nach 17,9 symbolisieren die sieben Köpfe des Tiers »sieben Könige«, d.h. sieben römische Kaiser. Einer von ihnen hat durch das

Schwert eine tödliche Wunde erhalten, dadurch aber nicht endgültig den Tod gefunden. Von den Kaisern, die in Frage kommen, wurden Caligula (41 n.Chr.) und Domitian (96 n.Chr.) ermordet; vermutlich aber ist Nero gemeint, der sich im Jahr 68 n.Chr. 31-jährig mit dem Schwert tötete. Von ihm war die Legende verbreitet, er würde aus dem Totenreich zurückkommen und erneut die Herrschaft antreten (vgl. zu 17,10 und Sueton, Nero 57,2f). Tod und Auferstehung Jesu findet ihr trügerisches Gegenbild im Selbstmord und der Wiederbelebung eines Herrschers im Dienste Satans!
Doch das bleibt nicht ohne Wirkung, sondern erweckt tiefen Eindruck: *Und die ganze Erde* (gemeint ist: *die ganze Menschheit*) *lief staunend hinter dem Tier her.* Ja, noch mehr (**4**): Die Leute *beteten den Drachen an, denn er hatte die Macht dem Tier gegeben.* Die Menschen erkennen, wer hinter dem Auftreten und dem Erfolg des Reichs steht, das durch das Tier symbolisiert wird, und zollen ihm göttliche Verehrung.
Aber sie gehen noch einen Schritt weiter: *Sie beteten* auch *das Tier an.* In der Sache ist damit die Verehrung der Göttin Roma und des vergöttlichten Kaisers gemeint und gleichzeitig der Umkehrschluss nahegelegt: Die göttliche Verehrung des Kaisers ist in Wirklichkeit Anbetung des Satans. Diese Verehrung gipfelt in der Frage: *Wer ist dem Tier gleich und wer kann mit ihm Krieg führen?* Für die bibelkundigen Leser und Leserinnen ist das eine gotteslästerliche Frage, denn so wird im Alten Testament und im frühen Judentum Gott verherrlicht: »Wer ist dir gleich unter den Göttern?« heißt es in Ex 15,11 (vgl. Ps 89,7; 113,5; 1QM 10,8f; 13,13). Die Antwort kann nur lauten: Niemand! »Es handelt sich hier um eine in rhetorische Frageform gekleidete Allmachtsproklamation: Die Erdbewohner schreiben dem Tier unbegrenzte Macht zu« (Roloff, 137). Es ist unbesiegbar; Widerstand ist zwecklos! Die Anspielung auf die unüberwindliche militärische Macht Roms soll zeigen, »dass die Verehrung des Imperiums nichts anderes ist als die Anbetung nackter Gewalt, die Glorifizierung militärischer Stärke« (Wengst, 137).
Der folgende Abschnitt schildert die Wirksamkeit des Tiers (**5–8**). Der Abschnitt ist sehr sorgfältig gegliedert: Jeweils mit einem doppelten *ihm wurde gegeben* eingeleitet, werden zweimal zwei Merkmale seines Wirkens genannt (V. 5 und 7) und dann deren Folgen beschrieben (V. 6 und 8). Das Passiv der Wendung *ihm wurde gegeben* deutet auf ein verborgenes Wirken Gottes hin. Das Tier und der Drache haben keine absolute Macht. Ihre Herrschaft ist davon abhängig, dass Gott ihnen Raum dafür gibt.
Dieser Gedanke und auch manche Einzelheiten des folgenden Berichts sind von Dan 7 vorgegeben. Dem Tier *wurde ein Maul gegeben, Großes und Lästerungen zu reden* (**5**; vgl. Dan 7,8.11.20). Die

Großsprecherei und Ruhmredigkeit eines imperialen Systems und die Lästerung Gottes gehen ineinander über. Das wird in V. 6 noch näher ausgeführt werden. Zunächst folgt aber der zweite Teil dieses Aspektes des Wirkens des Tieres: *Ihm wurde Macht gegeben, 42 Monate zu wirken.* Einerseits wird damit deutlich: Das Tier wird die Macht bekommen, sich durchzusetzen (vgl. Dan 7,6). Andererseits wird dem eine klare zeitliche Grenze gesetzt sein, wobei wieder die geheimnisvolle Zeitangabe von *42 Monaten* (= dreieinhalb Jahre = 1260 Tage) auftaucht (vgl. Dan 7,25; 12,7; Offb 11,2; 12,14).

Das Tier nützt seine scheinbare Freiheit: *Und es öffnete sein Maul zu Lästerungen gegen Gott* (6). Es lästert Gottes *Namen*, d.h. es lehnt sich gegen Gott und seine Herrschaft auf, *und seine Wohnung*, womit konkret der Himmel als der Ort der Gegenwart Gottes gemeint ist, *(und) die im Himmel wohnen*, also die Engel, die Kräfte und Gestalten, durch die Gott wirkt und sich zeigt. All das wird durch das Tier geleugnet und diffamiert.

Diese Aussage scheint gegen die Identifikation des Tieres mit dem Römischen Reich zu sprechen. Denn von keinem Kaiser wird berichtet, er habe Gott oder die Götter gelästert. Jedoch geht es gar nicht um diese Form der Gotteslästerung. Hier ist vielmehr sehr klar erkannt, dass autoritäre und totalitäre Systeme immer die Tendenz haben, sich absolut und damit an die Stelle Gottes zu setzen. Den Himmel auf Erden zu versprechen und die eigenen Gefolgsleute zu göttlichen Boten zu machen ist nichts anderes als eine subtile Lästerung der Welt Gottes und seiner Boten.

Daneben tritt ein weiteres, doppeltes Merkmal der Wirksamkeit des Tieres (7): *Und es wurde ihm gegeben, Krieg gegen die Heiligen zu führen und (sie) zu besiegen.* Auch diese Aussage hat eine Parallele in Dan 7,21: »Und ich sah das Horn [gemeint ist König Antiochus IV. Epiphanes] kämpfen gegen die Heiligen«. Die *Heiligen* sind die Menschen, die ganz Gott gehören. Für die Offenbarung heißt das: die Gemeinde Jesu (vgl. 8,3f; 11,18). Die sich selbst vergötternde Macht, die durch das Tier repräsentiert wird, kann niemand dulden, der unter der Herrschaft Gottes und Jesu Christi steht. Daher bekämpft sie die christliche Gemeinde konsequent – eine Erfahrung, die diese immer wieder unter totalitären Regimen machen muss. Hier wird in endzeitlicher Perspektive sogar davon gesprochen, dass diese Macht die Vollmacht erhält, die Gemeinde *zu besiegen.* Was der Drache nach 12,17 beabsichtigte, scheint sich jetzt zu realisieren.

Dem wird als Kontrastbild ein weiteres Merkmal des Wirkens des Tieres gegenübergestellt: *Und es wurde ihm Macht über jeden Stamm und jedes Volk und jede Sprache und jede Nation gegeben.* Gott lässt zu, dass sich die Herrschaft des Tieres über die ganze

Menschheit ausbreitet. Einmal mehr werden die unterschiedlichen Formen menschlicher Gemeinschaft aufgezählt, um die universale, alle Bereiche durchdringende Herrschaft der widergöttlichen Macht zu charakterisieren. So entsteht ein Gegenbild zu der universalen Gemeinschaft, die durch die Lebenshingabe des Lammes entsteht (vgl. 5,9; 7,9).
Die Faszination der Macht erweist sich als äußerst wirkungsvoll (8): *Und alle, die auf der Erde wohnen, werden das Tier anbeten.* Die ganze Menschheit verfällt dem Anspruch des Tieres auf göttliche Verehrung. Aber es sind doch nicht alle Bewohner der Erde, die der Verführung oder der Repression unterliegen werden, sondern nur die, *deren Name nicht im Buch des Lebens des geschlachteten Lammes seit Grundlegung der Welt geschrieben war.* Im *Buch des Lebens* sind die aufgeschrieben, die zum ewigen Leben in der Gemeinschaft mit Gott bestimmt sind (vgl. 3,5; 17,8; 20,12.15; 21,27). Dass es das Buch des *geschlachteten Lammes* ist, »hebt das Paradox hervor, dass das ewige Leben erst im *Tod* Christi begründet worden ist« (Satake, 300). Dennoch stehen die Namen, derer, die in dieses Leben gehen werden, dort schon seit *Grundlegung der Welt* – oder eben *nicht.* Vorherwissen oder Vorherbestimmung? – diese Frage bleibt offen. Gottes Handeln ist unabhängig vom Ablauf irdischer Zeit. Wichtig ist: Die, deren Leben in der Wirklichkeit eines von Christus geschenkten Lebens gegründet ist »verweigern die Anerkennung dieses Reiches der Lästerung und selbstherrlichen Gewalt. Damit stellen sie sich außerhalb des Konsenses der weltweiten menschlichen Gesellschaft und ziehen sich deren Haß zu« (Roloff, 138). Die anderen aber zeigen durch ihr Verhalten, warum sie nicht im Buch des Lebens verzeichnet sind.
Dem folgt ein Weckruf an die Leser und Leserinnen, der ein entsprechendes Signal in den sieben Sendschreiben wiederholt (9; vgl. 2,7 u.ö.): *Wenn jemand ein Ohr hat, der soll hören!* Obwohl es Leute gibt, die ins Buch des Lebens geschrieben sind, ist es nötig, dazu aufzurufen, die Worte des Sehers zu beachten und sich auf die kommende Bedrückung und Verfolgung vorzubereiten. Es gibt keine absolute Vorherbestimmung zum Heil.
Allerdings müssen sich die Betroffenen über die Konsequenzen ihres Handelns im Klaren sein (10): *Wenn jemand in die Gefangenschaft (gehen soll), geht er in die Gefangenschaft, wenn jemand mit dem Schwert getötet (werden soll), wird er mit dem Schwert getötet werden.* Dieser Spruch greift ein Wort aus Jer 15,2 auf, wo der Prophet das Volk mit seiner ausweglosen Lage konfrontieren muss: »Wer dem Tod gehört, zum Tod, wer dem Schwert, zum Schwert, wer dem Hunger, zum Hunger, wer der Gefangenschaft gehört, in die Gefangenschaft!« In der Offenbarung fehlen Tod (= Pest) und

Hunger; in der Situation der Verfolgung drohen stattdessen Gefängnis oder Hinrichtung.
Die Christen müssen sich also entscheiden: Stellen sie sich auf die Seite Christi, dann müssen sie mit dem Weg in die Gefangenschaft und den Tod rechnen. Oder sie beugen sich dem Anspruch des Reichs auf göttliche Verehrung seiner Macht und seines obersten Repräsentanten, verspielen ihr Heil und verfallen dem zweiten, dem wahren Tod. Darum gilt: *Hier ist die Standhaftigkeit und die Treue der Heiligen (nötig)*. Zwar fordert der Seher »nicht dazu auf, das Martyrium anzustreben, aber es ermuntert die Christen dazu, dafür im Vertrauen auf Gott und seinen Christus bereit zu sein. ... Denn es gilt ohne Wenn und Aber das Wort Gottes zu bewahren« und am Zeugnis Jesu festzuhalten (Giesen, 309; vgl. 1,9; 6,9; 20,4).

Schlechte Aussichten für die christliche Gemeinde werden hier gezeigt. Keine Erfolgsstory liegt vor ihr, sondern Kampf und Niederlage gegen ein gottfeindliches Regime. Das Römische Reich wird als potentiell totalitäres System dargestellt und wird damit zur Wesensbeschreibung aller Herrschaftssysteme, in denen Menschen vergöttlicht werden. Auch dort, wo sie mit humanen Zielsetzungen begonnen haben, hat sich das immer wieder als große Versuchung erwiesen.
Die vier Mal wiederholte Wendung *ihm wurde gegeben* »verweist, wenn auch indirekt und verhüllt, darauf, daß Gott es ist, der dem Tier Raum gibt. Auch der Widersacher Gottes kann nichts tun ohne Gottes Dulden und Zulassen, das irgendwann ein Ende haben wird. Er mag seine Macht noch so hemmungslos entfalten – er bleibt dabei darauf angewiesen, daß Gott ihn gewähren läßt. Und das bedeutet, daß er Gott in jeder Hinsicht unterlegen ist. Damit ist zugleich eine Grenze gegen ein dualistisches Denken aufgerichtet, das die satanischen Mächte als gleichrangige und autonome Gegenspieler Gottes verstehen möchte« (Roloff, 137).
Es bleibt die Frage: Warum gibt Gott dem Bösen Raum? Sie wird uns immer wieder bei der Lektüre der Offenbarung bewegen. Aber gerade unsere Stelle zeigt, »dass Gott selbst an der widersprüchlichen Wirklichkeit teilhat, an ihr leidet und ihr widerspricht und so dem Widersprechen Raum gibt« (Wengst, 138). Auch Gott ist noch nicht am Ziel, aber er kommt.

13,11–18
Das Tier vom Land

[11]Und ich sah ein anderes Tier vom Land heraufsteigen, und es hatte zwei Hörner wie ein Lamm, und es sprach wie ein Drache. [12]Und die ganze Macht des ersten Tieres übt es vor ihm aus und bringt die

Erde und die auf ihr wohnen dazu, das erste Tier anzubeten, dessen Todeswunde geheilt worden war. ¹³Und es tut große Zeichen, dass auch Feuer vom Himmel auf die Erde herabfällt vor den Menschen, ¹⁴und es verführt (alle), die auf der Erde wohnen, durch die Zeichen, die ihm vor dem Tier zu tun gegeben sind, indem es denen, die auf der Erde wohnen, sagt, sie sollten ein Bild des Tieres machen, das die Wunde durch das Schwert hat und wieder lebendig wurde. ¹⁵Und es wurde ihm gegeben, dem Bild des Tieres Geist zu geben, sodass das Bild des Tieres auch sprechen konnte, und zu bewirken, dass alle, die das Bild des Tieres nicht anbeteten, getötet würden. ¹⁶Und es bewirkt bei allen, den Kleinen und den Großen, den Reichen und den Armen, den Freien und den Sklaven, dass sie sich auf ihre rechte Hand oder auf ihre Stirn ein Kennzeichen machen ¹⁷und niemand kaufen oder verkaufen kann, wenn er nicht das Kennzeichen, den Namen des Tieres oder die Zahl seines Namens, hat. ¹⁸Hier ist Weisheit (nötig). Wer Verstand hat, soll die Zahl des Tieres ausrechnen, denn es ist die Zahl eines Menschen, und seine Zahl ist 666.

Ein zweites *Tier* tritt auf – gewissermaßen das Gegenbild des ersten (**11**). War das erste Tier aus dem Meer, dem Ursprung von Chaos und Unheil, aufgestiegen, so erhebt sich das zweite vom *Land* (wörtlich: von der *Erde*). Das soll den Eindruck erwecken, dass es lebensfreundlicher und menschennaher ist. Dem entspricht sein Aussehen. Es hat *zwei Hörner, wie ein Widderlamm*, und soll so einen ganz natürlichen Eindruck machen. Es ist damit aber zugleich das trügerische Abbild des Lammes, das den erhöhten Christus verkörpert (vgl. 5,6). Die Hörner zeigen: Auch dieses Tier hat Macht, aber sie ist ihm vom *Drachen* verliehen. Das wird an dem deutlich, was es sagt: Es *sprach wie ein Drache*. Es ist Sprachrohr des Teufels, den der Drache verkörpert und der versucht Erde und Meer unter seine Herrschaft zu bringen (vgl. 12,12).
Dem zweiten Tier ist die *ganze Macht* des ersten übertragen (**12**), und es *übt sie vor ihm aus*, das heißt, es »stellt sich ganz in den Dienst des Tieres aus dem Meer« und handelt in seinem Auftrag (Lichtenberger, 190). Konkret heißt das: Es *bringt die Erde und die auf ihr wohnen dazu, das erste Tier anzubeten*. Anknüpfungspunkt für diese Aussage dürfte die verstärkte Propaganda für den Kaiserkult in der Zeit Domitians gewesen sein, die vor allem von den Priestern der Tempel für die Göttin Roma und den Kaiser betrieben wurde. Dadurch wurde der Druck auf die Christen verstärkt, sich an der Kaiserverehrung zu beteiligen.
Aber mit der Vision des zweiten Tieres erhält dieses Phänomen eine universale Bedeutung. Sie blickt voraus auf ein totalitäres Sys-

tem, indem sich niemand dem Zwang entziehen können wird, diese Macht und ihre Repräsentanten anzubeten. Ausdrücklich wird noch einmal betont, dass es um das Tier geht, *dessen Todeswunde geheilt worden war*. Damit wird erneut der antichristliche Charakter dieser totalitären Macht herausgestellt. Hintergrund dafür dürfte die Erwartung einer Wiederkunft des ermordeten Nero sein. Aber darüber hinaus wird deutlich gemacht, dass gerade totalitäre Systeme vom Mythos ihrer Märtyrer leben.
Wie die Beauftragten Jesu Vollmacht haben, Zeichen zu tun, die ihre heilvolle Botschaft bekräftigen (vgl. Mk 16,20; 2Kor 12,12; Hebr 2,4), so auch das zweite Tier (**13**): *Es tut große Zeichen*. Das Beispiel, das dafür genannt wird, stammt aus der Elia-Tradition. Bei dem Gottesurteil auf dem Karmel zeigt Elia, dass nicht Baal, sondern Jahwe der wahre Gott ist, indem er Feuer vom Himmel fallen lässt (1Kön 18,38; anders dagegen Lk 9,54f). Auch das zweite Tier bewirkt, *dass Feuer vom Himmel auf die Erde herabfällt vor den Menschen*. So soll bewiesen werden, dass allein dem Tier aus dem Meer göttliche Verehrung gebührt.
Das bleibt nicht ohne Wirkung (**14**). Das Tier *verführt* alle, *die auf der Erde wohnen, durch die Zeichen, die ihm vor dem Tier zu tun gegeben sind*. Die Warnung vor der Verführung durch Zeichen und Wunder falscher Propheten und Messiasse gehört zu den Grundaussagen endzeitlicher Lehre im Urchristentum (Mk 13,22). Die Verführung vollzieht sich konkret dadurch, dass das Tier denen, *die auf der Erde wohnen, sagt, sie sollten ein Bild des Tieres machen*. Hier ist zweifellos im Blick, dass in dieser Zeit in Kleinasien Kolossalstatuen des Kaisers errichtet und zum Zentrum der Kaiserverehrung gemacht wurden. Aber das ist nur Zeichen für das eigentliche Problem, die Vergötzung selbstherrlicher Macht (vgl. auch Dan 3,5). Noch einmal wird der Träger dieser Macht als der identifiziert, der *die Wunde durch das Schwert hat und wieder lebendig wurde*. Der Verkündigung von Kreuz und Auferstehung Jesu tritt als dämonisches Zerrbild die Anbetung eines Herrschers gegenüber, der durch den Tod mit dem Schwert hindurch zur Macht gelangt ist.
Aber damit sind die Aktivitäten des zweiten Tieres noch nicht am Ende (**15**). Weiter *wurde ihm gegeben, dem Bild des Tieres Geist zu geben, sodass das Bild des Tieres auch sprechen konnte*. Auch diese Aussage dürfte an konkrete Vorgänge anknüpfen. »Volkstümlicher Glaube schrieb Priestern die Fähigkeit zu, Götterstatuen zu Bewegungen und zum Sprechen zu veranlassen« (Roloff, 142, der Beispiele dafür nennt). Vermutlich wird damit auch auf das antike Orakelwesen angespielt, das bei der Kaiserverehrung eine nicht unbedeutende Rolle gespielt hat. Aber auch das ist nur der äußere Anknüpfungspunkt für die drohende Gefahr einer Verehrung von Bil-

dern menschlicher Macht, die für die Menschen zu einer lebendigen und fordernden Wirklichkeit werden.
Und wieder – wie schon in den V. 5–7 und 14f – wird betont: *es wurde ihm gegeben*, und damit angedeutet: Was hier geschieht, erfolgt nicht ohne das Zulassen Gottes. Das betrifft auch die Ermächtigung *zu bewirken* (wörtlich: *zu machen*), *dass alle, die das Bild des Tieres nicht anbeteten, getötet würden*.
Hier steht einerseits die Geschichte Daniels im Hintergrund, in der alle, die das Bild des Königs nicht anbeten, getötet werden sollen (Dan 3,6.11.15). Andererseits wird damit vorweggenommen, was wenig später im Römischen Reich festgelegt wurde: Wer sich weigert, vor den Stadtgöttern oder dem Bild des Kaisers Weihrauch oder Wein zu opfern, soll zum Tod verurteilt werden (Plinius, Epist X, 96).
Der totalitäre Anspruch dieses Regimes wird dann aber durch eine Maßnahme veranschaulicht, für die es in der Antike keine Parallele gibt, deren Verwirklichung aber durch heutige Möglichkeiten einer totalen Erfassung der Menschen gespenstische Aktualität bekommt (**16f**). Das Tier *bewirkt bei allen, dass sie sich auf ihre rechte Hand oder auf ihre Stirn ein Kennzeichen machen*. Dass mit dieser Maßnahme wirklich alle erfasst werden, wird durch eine Zwischenbemerkung klar gestellt: Das geschieht bei *den Kleinen und den Großen, den Reichen und den Armen, den Freien und den Sklaven*, das heißt: bei allen ohne jede Ausnahmen.
Das griechische Wort für *Kennzeichen* oder *Malzeichen* bezeichnet unter anderem den eingebrannten Stempel, mit dem Tiere oder Sklaven von ihren Besitzern gekennzeichnet wurden, aber auch kaiserliche Stempel zur Beglaubigung von Dokumenten oder das Gepräge von Münzen. Es gab auch Tätowierung oder Brandmale, die die Zugehörigkeit zu einem Gott signalisierten (vgl. 3Makk 2,27–30). Aber eine allgemeine Pflicht, sich durch ein entsprechendes Zeichen an Hand oder Stirn als einem Gott oder Herrscher zugehörig auszuweisen, ist aus der Antike nicht bekannt. Es handelt sich um eine Zukunftsvision, die als Gegenbild zur Versiegelung der Angehörigen des neuen Gottesvolkes entworfen ist. Wer sich zu dem Tier und seiner Herrschaft bekannte, zeigte das mit diesem Zeichen. Es scheint keine Zwangsmaßnahme zu sein, sondern eine Selbststigmatisierung in vorauseilendem Gehorsam.
Das hat schlimme Konsequenzen. Denn das zweite Tier veranlasst, *dass niemand kaufen oder verkaufen kann, wenn er nicht das Kennzeichen hat*, nämlich *den Namen des Tieres oder die Zahl seines Namens*. Damit ist die Schreckensvision eines gesellschaftlichen Systems entworfen, in dem man nur überleben kann, wenn man sich ihm völlig unterstellt. Wie auf den amtlichen Stempeln und

Münzen der Name des Kaisers steht, so auf den Malzeichen der *Name des Tieres* oder die *Zahl seines Namens.*

Die Zahl des Namens ist der Zahlenwert, der sich aus den Buchstaben eines Namens ergibt. Sowohl im Hebräischen als auch im Griechischen werden Zahlen durch Buchstaben ausgedrückt: *aleph* bzw. *alpha* ist 1; *bet* bzw. *beta* ist 2; *jod* bzw. *jota* ist 10 usw. Zählt man die Zahlenwerte der Buchstaben eines Namens zusammen, erhält man die *Zahl des Namens.* Die Kunst der Umrechnung eines Namens in eine Zahl und der Auflösung einer Zahl in einen Namen nannte man *Gematrie*. Das Verfahren war in der Antike sehr beliebt. In Pompeji fanden sich an die Wand gekritzelte Inschriften wie: »Ich liebe die, deren Zahl 545 ist« oder: »Die Zahl ihres schönen Namens ist 43«. Vor- und Nachteil dieses Verfahrens ist, dass es nicht ohne weiteres möglich ist, aus der Zahl den Namen abzuleiten, weil verschiedene Namen dieselbe Zahl ergeben konnten. Das half zur Geheimhaltung (die Betroffene wusste, dass sie gemeint war), aber eine eindeutige Identifizierung war nicht möglich.

Leser und Leserinnen werden auf die Bedeutung dieser Zahl hingewiesen (**18**). Sie sollen versuchen, herauszufinden, wer hinter dieser Zahl steht. Aber Vorsicht: *Hier ist Weisheit (nötig)*. Die Aufgabe ist nicht einfach. Dennoch: *Wer Verstand hat, soll die Zahl des Tieres ausrechnen*. Das sollte möglich sein, *denn es ist die Zahl eines Menschen*, das heißt: der Name eines Menschen steckt in der Zahl. Und dann folgt die entscheidende Angabe: *seine Zahl ist 666*.
Es gibt viele Versuche, den Namen, der hinter dieser Zahl steckt, zu identifizieren. Namen verschiedener römischer Kaiser wurden ebenso vorgeschlagen wie die Namen heutiger Machthaber. Mit einigem Geschick bei der Umschrift ins Hebräische oder Griechische kann man manches zusammenkombinieren. Die wahrscheinlichste und weithin anerkannte Auflösung sind die Zahlenwerte der Buchstaben in der hebräischen Umschrift des Namens und Titels Neros: *Neron Kesar* ergibt 666 (außer o zählen nur die Konsonanten, also n = 50; r = 200; das hebräische Äquivalent von o = 6; n = 50; k = 100; s = 60; r = 200, zusammen 666). Dabei mögen noch andere symbolische Bedeutungen dieser Zahl eine Rolle gespielt haben (die dreifache Sechs signalisiert das Verfehlen der Sieben, des Symbols der Vollkommenheit Gottes u.ä.).

Was hier geschildert wird, ist kein Abbild der Situation im Römischen Reich zur Zeit der Offenbarung. Aber anknüpfend an Phänomene dieser Zeit wird in prophetischer Klarsicht beschrieben, wie totalitäre Systeme mit ihrer Ideologie nach den Herzen der Menschen greifen, völlige Unterwerfung unter die von ihnen gesetzten Werte und Maßstäbe fordern und so das Leben der Einzelnen total überwachen und völlig beherrschen. Für Dissidenten ist hier kein Platz mehr. Das wird in endzeitlicher Perspektive fortgeschrieben, aber die totalitären Systeme des 20. Jahrhunderts sind diesem Bild schon beängstigend nahegekommen. Auch in einer demokratischen Gesellschaft ist die Gefahr nicht gebannt, dass Strukturen und Methoden totaler Kontrolle und Überwachung entwickelt werden, die dann von destruktiven Kräften usurpiert und missbraucht werden. Die Schau des Sehers ruft die Christen zur Wachsamkeit gegenüber solchen Entwicklungen auf und ermutigt sie, die innere Unabhängigkeit gegenüber allen Ideologien zu bewahren. Sie hilft damit aber auch zur Nüchternheit, die sich nicht von der Angstmache mancher endzeitlich inspirierten Kreise anstecken lässt, die hinter allen Maßnahmen, durch die persönliche Daten erfasst werden, das Wirken des Antichristen sieht.

Hinter all dem steht eine merkwürdige satanische Trinität: der Drache, Verkörperung des Satans als Urgrund allen Bösen, das Tier aus dem Meer, seine irdische Inkarnation, und das Tier vom Land, das als Geist des Bösen Menschen und Idole inspiriert. Besonders die neuere deutsche Geschichte könnte nahelegen, die beiden letzten Figuren mit historischen Personen zu identifizieren. Aber solche Festlegungen sind gefährlich. Richtig ist, dass es von dem, was Johannes als Wesen endzeitlicher Bedrohung beschreibt, immer wieder geschichtliche Ausformungen gab und geben wird. Aber zugleich muss festgehalten werden, dass auch diese Akteure des Schreckens Menschen bleiben, die für ihr Tun verantwortlich sind, und als Agenten des Bösen weder verteufelt noch entschuldigt werden sollten.

14,1–20
Heil und Gericht

Was nun folgt, steht in einem erstaunlichen Gegensatz zu dem, was in Kap. 13 berichtet wurde. Der Vision der totalen Unterdrückung, ja Vernichtung derer, die Gott und seinem Christus die Treue halten, wird der Blick auf die Bewahrung der Erlösten und auf das kommende Gericht an den Feinden Gottes gegenübergestellt. Diese Durchblicke zwischen der Schilderung der endzeitlichen Katastrophen und der Verfolgung der Gemeinde sind typisch für die Offenbarung und deuten an, was das Ziel dieser Schrift ist: Der Gemeinde Jesu soll gezeigt werden, dass hinter der scheinbaren Übermacht des Bösen und des Leids Gott und seine Herrschaft die alles bestimmende Wirklichkeit ist und bleibt.

Der Abschnitt gliedert sich in zwei Teile: *14,1–5: Das Lied der Erlösten* schildert die Bewahrung derer, die zu Christus gehören, und ihre ungebrochene Gemeinschaft mit Gott. Mit dem Motiv der

144 000 knüpft der Abschnitt an die Schau in Kap. 7 an. Es bleibt zunächst offen, ob hier schon eine gegenwärtige Realität geschildert oder auf zukünftiges Geschehen vorausgeblickt wird. Das ist anders beim zweiten Teil: *14,6–20: Der Ausblick auf das Gericht.* Hier geht es offensichtlich um das zukünftige Gericht. Viele Motive, die in Kap. 19 ausführlicher entfaltet werden, tauchen schon auf. Der Abschnitt mutet wie eine Skizze zu 19,11–20 an. Das ganze Kapitel bildet eine Art Pfeiler zwischen den Kap. 7 und 19 und trägt eine Brücke der Hoffnung, die sich über alle Plagen spannt.

14,1–5
Das Lied der Erlösten

14 ¹Und ich sah, und siehe, das Lamm stand auf dem Berg Zion und mit ihm 144 000, die seinen Namen tragen und den Namen seines Vaters, geschrieben auf ihren Stirnen. ²Und ich hörte eine Stimme vom Himmel wie die Stimme vieler Wasser und wie die Stimme gewaltigen Donners, und die Stimme, die ich hörte, (war) wie (die) von Harfenspielern, die auf ihren Harfen spielen. ³Und sie singen ein neues Lied vor dem Thron und vor den vier Wesen und den Ältesten, und niemand konnte das Lied lernen außer den 144 000, die von der Erde losgekauft worden sind. ⁴Diese sind es, die sich nicht mit Frauen befleckt haben, denn sie sind jungfräulich; diese sind es, die dem Lamm gefolgt sind, wohin es auch geht. Diese wurden losgekauft aus den Menschen als Erstlingsgabe für Gott und das Lamm, ⁵und in ihrem Mund ist keine Lüge gefunden worden, sie sind untadelig.

Was der Seher jetzt sieht, ist ein Kontrastbild zu dem, was er in Kap. 13 schauen musste. Er sieht *das Lamm auf dem Berg Zion stehen* (1). Alttestamentlich gilt der Zion, auf dem der Tempel erbaut wurde, als Ort der Gegenwart Gottes. Darum richtet sich auch die Hoffnung darauf, dass dies der Platz sein wird, von dem aus Gott am Ende zum Heil seines Volks handeln wird. So heißt es in Joel 3,5: »Auf dem Berge Zion und zu Jerusalem wird Errettung sein, wie der HERR verheißen hat, und bei den Entronnenen, die der HERR berufen wird« (vgl. Obadja 17). Die Szene spielt nicht im Himmel, sondern auf der Erde, allerdings an dem Ort, der symbolisiert, dass Gott nicht nur im Himmel herrscht, sondern auch die Erde für sich beansprucht. Hier steht das *Lamm*, Symbolfigur für Christus, das die Vollmacht und den Auftrag hat, Gottes Herrschaft auch auf der Erde durchzusetzen.

Aber das Lamm ist nicht allein: *mit ihm* sind die *144 000*, eine Zahl von Menschen, die schon in 7,4–8 als Symbol für das neue Heilsvolk vorgestellt worden ist. Es wird auch gleich gesagt, was sie auszeichnet: Es sind die, *die seinen Namen* (d.h. den Namen des Lammes) *tragen und den Namen seines Vaters, geschrieben auf ihren Stirnen.* Damit wird ein Doppeltes gesagt: Es wird erklärt, worin die Versiegelung dieser Leute in 7,4–8 bestand. Ihnen wurde der Name Gottes und seines Christus auf die Stirn geschrieben. Sie gehören damit ganz zu Gott. Zugleich aber wird damit ein Gegenbild zu dem Kennzeichen mit dem Namen des Tieres gezeichnet, das sich nach 13,16f alle übrigen auf die Hand oder die Stirn prägen ließen. Der Menschheit, die sich von der widergöttlichen Macht des Drachen verführen und gefangen nehmen ließ, steht die volle Zahl derer gegenüber, die sich allein von Gott bestimmen lassen.

Dieses Bild wird untermalt durch *eine Stimme vom Himmel*, die der Seher hört (**2**). Aber anders als sonst in der Offenbarung richtet diese Stimme keine Botschaft in Worten aus, sondern unterstreicht in einer Art Tongemälde den Einbruch göttlicher Wirklichkeit in die irdische Welt: Es ist eine Stimme wie *die Stimme vieler Wasser,* also ein gewaltiges Brausen und Rauschen (vgl. 1,15; 19,6; Ez 1,24; 43,2), *und wie die Stimme gewaltigen Donners,* was oft Zeichen für das Erscheinen Gottes ist (vgl. 19,6; Ex 19,16; 20,18).

Aber neben den Ton von Naturgewalten tritt auch der Klang kunstvoller Musik zum Lob Gottes. Johannes hört *eine Stimme wie (die) von Harfenspielern, die auf ihren Harfen* (wörtlich: *Kitharen*) *spielen.* Die *Kithara* (vgl. 5,8) ist eine kleine Harfe oder Leier mit sieben oder mehr Saiten, die auch in den Psalmen oft als Instrument erwähnt wird, mit dem Gott gelobt wird (Ps 33,2f; 43,4; 49,5 u.ö.).

Dazu tritt der Gesang der himmlischen Chöre (**3**). *Sie singen ein neues Lied.* Damit sind nicht die 144 000 gemeint, denn sie stehen auf dem Berg Zion und nicht *vor dem Thron und vor den vier Wesen und den Ältesten.* Es sind die Stimmen der Engel, die das *neue Lied* singen. Damit dürfte das *neue Lied* von 5,9f gemeint sein, mit dem das Lamm und seine Vollmacht gepriesen wird. Sein Inhalt wird durch die Vision bestätigt, in der das Lamm schon auf dem Berg Zion steht.

Aber dieses Lied zu lernen und dann mit den himmlischen Chören zu singen (vgl. 19,1–7) ist den 144 000 vorbehalten: *Niemand konnte das Lied lernen, außer den 144 000, denn sie sind von der Erde losgekauft worden.* Damit werden die 144 000 wie in Kap. 7 mit den »Menschen aus jedem Stamm und jeder Sprache und jedem Volk und jeder Nation« identifiziert, die das Lamm nach 5,9 durch sein Blut für Gott losgekauft hat. Durch Jesu Tod (vgl. 1,5; 7,14; 12,11) sind sie aus dem Herrschaftsgebiet des Tieres (*von der Erde*) und der Macht des Teufels befreit worden. Nur sie können verstehen und aufnehmen, was es heißt, dass nur das Lamm, das geschlachtet

ist, würdig ist, »die Macht und Reichtum und Weisheit und Stärke und Ehre und Ruhm und Lob zu empfangen« (5,12).
Der nächste Satz erklärt, was diese Menschen und ihr Verhalten auszeichnet (4): *Diese sind es, die sich nicht mit Frauen befleckt haben, denn sie sind jungfräulich.* Das ist eine überraschende Aussage, und die Ausleger rätseln, wie sie gemeint ist. Zunächst liegt es nahe, sie wörtlich zu verstehen. In 1Tim 4,3 wird vor Irrlehrern gewarnt, die »gebieten, nicht zu heiraten«, und in späteren Apostelgeschichten (z.b. den Thomasakten und den Akten des Paulus und der Thekla) ist sexuelle Enthaltsamkeit die wichtigste Forderung für den Weg zum Heil. Jungfräulichkeit wurde auch für Männer zur Kardinaltugend. Dass dies Leute sind, *die dem Lamm gefolgt sind, wohin es auch geht,* wäre dann in dem Sinn zu verstehen, dass sie Jesus auch in die Ehelosigkeit gefolgt sind. Es gab sicher Gruppen im Urchristentum, die Jesu Wort in Mt 19,10–12 so verstanden haben, und man kann nicht ausschließen, dass das auch die Meinung des Johannes war.
Dennoch erheben sich gegen diese Deutung erhebliche Bedenken. Erstens gibt es sonst nirgends in der Offenbarung eine Andeutung für eine solche Forderung. Zweitens würde das bedeuten, dass für Johannes nur Männer zur großen Schar derer gehören können, die gerettet werden, und wenn man die Aussage ganz wörtlich auffasst, nur solche, die nie sexuellen Kontakt mit einer Frau gehabt haben. Umgekehrt spricht für eine übertragene Bedeutung der Wendung, dass auch der jüdische Philosoph Philo (15 v.Chr. – 40 n.Chr.) meint, Gott verwandle die Seelen der Menschen, mit denen er in Beziehung tritt, zu Jungfrauen (Cherub 49f).
Die Aussage ist also wie der Vorwurf der Unzucht in 2,14.21f bildlich zu verstehen. In 17,2 wird das Römische Reich als »die große Hure« vorgestellt, mit der »die Könige der Erde Hurerei getrieben haben« (vgl. 19,2). Hier wird das Bild verallgemeinert. *Sich mit Frauen befleckt zu haben* ist Ausdruck für die unterschiedlichen Formen des Götzendienstes. Davor sind die 144 000 bewahrt geblieben. Sie haben sich rein und *jungfräulich* als »Braut« für das Lamm bewahrt (19,7; 21,2; 22,17; vgl. 2Kor 11,2). In solcher Treue sind sie *dem Lamm gefolgt, wohin es auch geht* – wenn es sein musste, auch in den Tod!
Das aber haben sie nicht aus eigener Kraft geschafft. Entscheidend ist: Sie *wurden losgekauft aus den Menschen als Erstlingsgabe für Gott und das Lamm.* Noch einmal taucht das Motiv des Loskaufs als Bild für die Erlösung auf (vgl. V. 3). Statt *von der Erde* heißt es jetzt *aus den Menschen.* Aus einer dem Bösen verfallenen Menschheit wurden sie durch die Lebenshingabe Jesu herausgeholt, und zwar als *Erstlings-* oder *Opfergabe.* Nach dem alttestamentlichen Gesetz

gehören die Erstlinge der Herde und der Ernte Gott und waren ihm als Opfer darzubringen. Israel selbst galt nach Jer 2,3 als Erstlingsfrucht seiner Herde und ihm geweiht. Gott hat also das, was ihm gehört, durch die Lebenshingabe Jesu für sich losgekauft.
Auffallend ist der Begriff *Erstling*. Soll er andeuten, dass die 144 000 nur den Anfang des rettenden Handelns Gottes darstellen, gewissermaßen das Unterpfand dafür, dass Gott die ganze Menschheit retten wird (vgl. die Verwendung des Worts für Christus in 1Kor 15,20–22 oder den Geist in Röm 8,23)? Doch der Begriff allein kann diese Beweislast nicht tragen, zumal er im griechischen Alten Testament oft einfach Opfergabe bedeutet.
Noch einmal wird ein Merkmal der 144 000 genannt, das ihr Verhalten auszeichnet (5): *In ihrem Mund ist keine Lüge gefunden worden*. Mit dieser Formulierung wird auf Zef 3,13 angespielt. Dort heißt es von »den Übriggebliebenen in Israel«: »man wird in ihrem Mund keine betrügerische Zunge finden«. Die 144 000 weisen also die Qualifikation auf, die nach dem Wort des Propheten den Rest Israels kennzeichnet, jenes »arme und geringe Volk«, das Gott übrig lassen wird und das aus Leuten besteht, »die auf den HERRN trauen werden« (Zef 3,12). Es ist die Verlässlichkeit und Aufrichtigkeit ihres Bekenntnisses, das die 144 000 auszeichnet.
Darum kann von ihnen gesagt werden: *Sie sind untadelig, ohne Makel und Fehler*. Damit wird ein Begriff der Opfersprache aufgenommen, mit dem die Opfertiere bezeichnet werden, die geeignet sind, ganz Gott übereignet zu werden (Ex 12,5; Lev 23,12). Es ist also weniger eine moralische Fehler- und Makellosigkeit im Blick als vielmehr die ungetrübte Treue zu Gott. Offen aber bleibt die Frage: Sind diese Eigenschaften Bedingung und Grund für ihre Erwählung und Errettung oder sind sie Folge davon, dass Gott die 144 000 aus der verlorenen Menschheit heraus erwählt und für ein Leben in seiner Gemeinschaft freigekauft hat?

Wer sind die 144 000? Noch einmal stellt sich diese Frage. In Kap. 7 war die Alternative: Repräsentieren sie ganz Israel, einschließlich der »verlorenen Stämme« oder die Vollzahl des Volkes Gottes aus Juden und Heiden? Hier dagegen stellt sich die Frage: Ist nur die Schar vollendeter Märtyrer und vorbildlicher Asketen gemeint oder sind alle treuen Glieder der irdischen Gemeinde eingeschlossen? Unsere Auslegung weist mit der Mehrzahl der Exegeten auf die zweite Möglichkeit hin. Für die verfolgten und angefochtenen Christen ist es wichtig zu wissen: »Sie sind in ihrem Kampf gegen die durch das Tier verkörperte totalitäre Macht des Weltreiches nicht auf sich selbst gestellt, sondern scharen sich um das ›Lamm‹ als den wahren Herrscher der Welt, dem die Zukunft gehört« (Roloff, 148).

Dass sie *von der Erde* bzw. *aus den Menschen* losgekauft sind und nun auf dem Berg Zion stehen, bedeutet also nicht, dass sie schon im Himmel leben, auch nicht, dass sie alle nach Jerusalem ausgewandert sind. Es beschreibt vielmehr einen geistlichen Ortswechsel: Sie stehen noch mit beiden Beinen auf der Erde – aber dort, wo Gott gegenwärtig ist.

Was der Seher sieht, ist also weder reine Zukunftsmusik noch beschreibt es die Gegenwart einer schon erlösten Sondergruppe. Der Blick in den »Himmel«, d.h. in die Dimension der unumschränkten Herrschaft Gottes, offenbart die wahre Wirklichkeit, die für alle gilt, die Christus die Treue halten.

Offen bleibt zunächst freilich eine letzte Frage: Sind die 144 000 perfekte Heilige, die sich von aller Befleckung durch die böse Welt reingehalten haben, oder sind auch sie begnadigte Sünder, gereinigt und losgekauft durch das Blut des Lammes? Beide Aussagen stehen in der Offenbarung unverbunden nebeneinander. Doch offensichtlich ist die zweite Grund und Vorbedingung für die erste! Was Paulus für die Glieder der Gemeinden erst erbittet, dass sie nämlich in der Gnade festbleiben und so bei der Wiederkunft Jesu untadelig, rein und »jungfräulich« sein werden (2Kor 11,2; Phil 2,15f; 1Thess 3,13), das sieht Johannes schon als Wirklichkeit.

14,6–20
Der Ausblick auf das Gericht

⁶Und ich sah einen anderen Engel hoch oben am Himmel fliegen, der hatte ein ewiges Evangelium über die, die auf der Erde sitzen, und über jede Nation und Stamm und Sprache und Volk zu verkünden ⁷und sagte mit lauter Stimme: Fürchtet Gott und gebt ihm Ehre, denn die Stunde seines Gerichts ist gekommen, und betet den an, der den Himmel und die Erde und Meer und Wasserquellen geschaffen hat.
⁸Und ein anderer, zweiter Engel folgte und sagte: Gefallen, gefallen ist Babylon, die Große, die von dem Wein des Grimms ihrer Hurerei allen Nationen zu trinken gab.
⁹Und ein anderer, dritter Engel folgte ihnen und rief mit mächtiger Stimme: Wenn jemand das Tier anbetet und sein Bild und (sein) Zeichen auf seine Stirn oder auf seine rechte (Hand) annimmt, ¹⁰wird er auch von dem Wein des Grimms Gottes trinken, ungemischt ausgegossen in den Becher seines Zorns, und wird gequält werden in Feuer und Schwefel vor den heiligen Engeln und vor dem Lamm. ¹¹Und der Rauch ihrer Peinigung steigt in alle Ewigkeit empor, und die das Tier und sein Bild anbeten, haben keine Ruhe Nacht und Tag, und wenn jemand das Kennzeichen seines Namens angenommen hat.

¹²Hier ist die Standhaftigkeit der Heiligen (nötig), die Gottes Gebote halten und die Treue zu Jesus.

¹³Und ich hörte eine Stimme aus dem Himmel sagen: Schreibe: Glücklich die Toten, die im Herrn sterben von jetzt an. Ja, sagt der Geist, damit sie von ihren Mühen ausruhen werden; denn ihre Werke folgen ihnen nach.

¹⁴Und ich sah, und siehe eine weiße Wolke, und auf der Wolke saß einer, einem Menschensohn gleich, der hatte auf seinem Kopf einen goldenen Kranz und in seiner Hand eine scharfe Sichel. ¹⁵Und ein anderer Engel kam aus dem Tempel heraus und rief mit lauter Stimme dem, der auf der Wolke saß, zu: Sende deine Sichel aus und ernte, denn die Stunde zu ernten ist gekommen, denn die Ernte der Erde ist reif geworden. ¹⁶Und der auf der Wolke saß, warf seine Sichel auf die Erde, und die Erde wurde abgeerntet.

¹⁷Und ein anderer Engel kam aus dem Tempel, der im Himmel war, und auch er hatte eine scharfe Sichel. ¹⁸Und ein anderer Engel kam vom Brandopferaltar, der Macht über das Feuer hatte, und er rief mit lauter Stimme zu dem, der die scharfe Sichel hatte, und sagte: Schicke deine scharfe Sichel aus und ernte die Trauben des Weinstocks der Erde, denn seine Trauben sind reif. ¹⁹Und der Engel warf seine Sichel auf die Erde und erntete den Weinstock der Erde ab und warf (die Trauben) in die Kelter des großen Grimmes Gottes. ²⁰Und die Kelter wurde außerhalb der Stadt getreten, und es floss Blut aus der Kelter bis zum Zügel der Pferde 1600 Stadien weit.

Dieser Abschnitt ist deutlich in zwei Teile geteilt. Der erste, V. 6–12, enthält die Botschaft von drei Engeln, die zur Umkehr rufen und das Gericht ankündigen. Der zweite, V. 14–20, blickt voraus auf den Vollzug des Gerichts durch den Menschensohn und drei weitere Engel. Diese Schilderung nimmt teilweise vorweg, was dann in 19,11–16 ausführlicher beschrieben werden wird. Zwischen den beiden Teilen steht eine Verheißung für die, die *im Herrn sterben*, also die Christen, die nicht ins Gericht kommen werden (V. 13). Verbunden sind die Teile durch das Thema Gericht und das immer neue Erscheinen eines *anderen Engels*.

Diese Vision des Sehers eröffnet wieder eine neue Perspektive. War in 14,1–5 die Bewahrung derer im Blick, die Gott für sich beschlagnahmt hat und die ihm die Treue gehalten haben, so wird jetzt gezeigt, wie sich Schritt für Schritt das Gericht über die Menschheit vollzieht (**6–12**). Drei Engel künden jeweils die nächste Phase bzw. den nächsten Aspekt des Geschehens an. Vom ersten heißt es (**6**): *Und ich sah einen anderen Engel hoch oben am Himmel* (wörtlich: *im Zenit*) *fliegen*. Merkwürdig ist, dass von einem *anderen* Engel

gesprochen wird, obwohl unmittelbar davor von keinem Engel die Rede war. Er ist der erste einer Reihe von *anderen* Engel (V. 8f.15. 17f). Damit wird angedeutet: Diese Engel haben eine andere Funktion als alle, von denen vorher die Rede war.
Dass ein Engel *fliegt*, wird in der Bibel sehr selten berichtet (sonst nur in Dan 9,21). Hier erinnert das an den Adler in 8,13, der hoch am Himmel fliegt und ein dreifaches Wehe ausstößt. Doch der Engel *hatte ein ewiges Evangelium über die, die auf der Erde sitzen, und über jede Nation und Stamm und Sprache und Volk zu verkünden.* Wird hier der Gerichtsbotschaft der drei Wehe die frohe Botschaft des Evangeliums vom Heilshandeln Gottes gegenübergestellt? Der weitere Text lässt Zweifel daran aufkommen. Was heißt hier *Evangelium*?

Evangelium bedeutet im Neuen Testament *gute Nachricht* oder *frohe Botschaft*. Dieser Gebrauch hat eine doppelte Wurzel. Die eine liegt in der griechisch sprechenden hellenistisch-römischen Kultur. Dort bezeichnet das Wort *Siegesbotschaft* oder sonstige *gute Nachricht*. So taucht es in der politischen Propaganda der Herrscherverehrung auf, und zwar immer in der Mehrzahl. In einer Inschrift aus dem Jahr 9 v.Chr. zu Ehren des Augustus heißt es: »Der [Geburtstag] des Gottes [d.h. des Kaisers] bildete den Anfang der durch ihn veranlassten guten Nachrichten [*euangelia*] für die Welt.« Augustus wird hier unverblümt als Gott bezeichnet, und die *guten Nachrichten* sind eng mit seiner Person verbunden.
Aber der Begriff hat auch eine alttestamentliche Wurzel. Zwar kommt er in der griechischen Übersetzung des Alten Testaments selten vor, aber das entsprechende Verb wird an wichtigen Stellen verwendet (vgl. vor allem Jes 61,1: »Er hat mich gesandt, den Elenden *gute Botschaft zu bringen*«; weiter Ps 96,2; Jes 52,7).
Jesus hat an diese prophetische Verheißung angeknüpft. Er sah seinen Auftrag darin, »den Armen *gute Botschaft* zu bringen« (Mt 11,5 // Lk 7,22; vgl. Lk 4,18). Darum wurde er für die Urchristenheit zum Träger *der frohen Botschaft* schlechthin, der guten Nachricht, dass Gott sich in Jesu Wirken einer verlorenen Menschheit angenommen hat. So begegnet der Begriff vor allem bei Paulus. Als Apostel weiß er sich zur Verkündigung des Evangeliums *Gottes* ausgesondert und beauftragt (Röm 1,1). Die rettende Botschaft von Gottes Heilshandeln in Jesus Christus ist Inhalt seiner missionarischen Verkündigung (vgl. Röm 15,16; 2Kor 11,7; 1Thess 2,2.8f). Inhaltlich wird dies in 1Kor 15,3–5 beschrieben, wo der Begriff mit einer knappen Darstellung des Geschicks Jesu verbunden ist. In der Offenbarung kommt er nur in 14,6 vor.

Um für unsere Stelle eine Entscheidung treffen zu können müssen wir den Inhalt der Botschaft des Engels betrachten (**7**). Er ruft: *Fürchtet Gott und gebt ihm Ehre, denn die Stunde seines Gerichts ist gekommen, und betet den an, der den Himmel und die Erde und*

Meer und Wasserquellen geschaffen hat. Das ist eine Gerichtsansage, zugleich aber auch ein Ruf, sich doch noch Gott zuzuwenden. *Gott fürchten und ihm die Ehre geben* ist die knappe Zusammenfassung dessen, was im Alten Testament von den Menschen erwartet wird. Dass damit nicht nur die Angst und der Respekt derer gemeint ist, die merken, dass sie dem Gericht nicht entgehen können, zeigt die Fortsetzung, die dazu aufruft, Gott als den Schöpfer anzubeten. Er hat alles geschaffen: *den Himmel und die Erde und das Meer* – die oft benutzte Formel für das Ganze der Schöpfung (Ex 20,11; Jon 1,9) – und auch die *Wasserquellen,* also Wasser als Grundstoff des Lebens.

Ist das ein letzter Ruf zur Umkehr an eine gottferne Welt, ein letzter Aufruf, anzuerkennen, was sie am Zeugnis der Schöpfung schon längst hätte erkennen müssen (Röm 1,21)? Die Ausleger sind hier völlig unterschiedlicher Meinung. Einerseits ist die Aufforderung, Gott zu fürchten, ihm die Ehre zu geben und ihn allein anzubeten, schon im Alten Testament die Grundforderung an Israel (Ex 34,14; Dtn 6,13; 13,5; Jer 13,16). Auch von den Völkern wird erwartet, dass sie einst diesem Ruf folgen werden (Ps 22,28; 86,9; Tob 13,14). Also sollte man annehmen, dass hier die Menschen aufgefordert werden, sich diesem Ruf zu öffnen. Andererseits wird eingewandt, dass auch diese Szene für Christen geschrieben sei. Die Botschaft richte sich auch nicht *an* die Genannten, sondern werde *über* sie verkündigt. Es gehe deshalb um »Glaubensermutigung für die Christen« (Giesen, 329) und nicht um einen letzten Aufruf zur Umkehr an die anderen.

Aber das ist ganz unwahrscheinlich. »Ein Aufruf, Gott anzubeten, kann nur ein Ruf zu Buße sein« (Lichtenberger, 200). Das *ewige Evangelium,* das der Engel verkündigt, ist also die *bleibend gültige gute Botschaft,* dass die Menschen Heil und Leben dadurch finden, dass sie sich Gott zuwenden und ihn den Gott und Herrn ihres Lebens sein lassen. Angesichts des kommenden Gerichts wird noch einmal *über* alle Menschen ausgerufen, was schon immer galt. Diese Botschaft gilt denen, *die auf der Erde sitzen,* wobei bei dieser Formulierung wohl im Unterschied zu *die auf der Erde wohnen* (vgl. 8,13; 11,10; 13,8.14) auch die Christen mitgemeint sind. Und sie ergeht *über jede Nation und Stamm und Sprache und Volk,* wird also für jede menschliche Gemeinschaft verkündet (vgl. 5,9; 7,9; 10,11; 11,9; 13,7; 17,15).

Aber *ein anderer, zweiter Engel folgte* mit seiner Botschaft (8) *und sagte: Gefallen, gefallen ist Babylon, die Große, die von dem Wein des Grimms ihrer Hurerei allen Nationen zu trinken gab.* Eine ganz neue Gestalt in dem großen Drama der Offenbarung taucht auf: *Babylon, die Große.* Wir heutigen Leser und Leserinnen werden erst in 17,5f erfahren, um wen es sich dabei handelt. Der Seher aber scheint anzunehmen, dass seine Adressaten wissen, wer damit gemeint ist. Denn im Alten Testament und im frühen Judentum verbinden sich mit Babylon/Babel ganz bestimmte Vorstellungen, die hier verarbeitet werden.

Im Alten Testament ist Babel einerseits Werkzeug für Gottes Gericht über das abtrünnige Juda durch die Zerstörung Jerusalems und des ersten Tempels (vgl. Jer 20,4–6; 21f; 25), andererseits aber auch der Inbegriff für Übermut und Götzendienst der Menschen (Gen 11; Jer 50f). In Dan 4,27 sagt Nebukadnezar, der König von Babel: »Das ist das große Babel, das ich erbaut habe zur Königsstadt durch meine große Macht zu Ehren meiner Herrlichkeit.« Im frühen Judentum wird Babylon zum Decknamen für Rom, vor allem wegen der Zerstörung des zweiten Tempels (SyrBar 67,7; Sib 5,143). Das wird im Urchristentum übernommen (1Petr 5,13).

Der Rückbezug auf alttestamentliche Aussagen zeigt sich bis ins Detail der Formulierungen: »Gefallen ist Babel, es ist gefallen, und alle Bilder seiner Götter sind zu Boden geschlagen!« (Jes 21,9). Auch das Bild vom Wein für die Verführung zum Götzendienst kommt von dort: »Ein goldener Kelch, der alle Welt trunken gemacht hat, war Babel in der Hand des HERRN. Alle Völker haben von seinem Wein getrunken; darum sind die Völker so toll geworden« (Jer 51, 7f). In der Offenbarung geht es um die Verführung zum Kaiserkult, die von Rom aus alle Nationen erreicht. Das ist mit *Hurerei* gemeint (siehe 2,7 u.ö.). Die merkwürdige Formulierung *Wein des Grimms ihrer Hurerei* ist also eine Vermischung der beiden Wendungen *Wein ihrer Hurerei* und *Wein des Zornes Gottes* (Ps 60,5; Jes 51,17; Jer 13,12–14 für Israel; Ps 75,9; Jer 49,12 für die Völker). Indem Babylon den Völkern den Becher mit dem Wein der Unzucht ihres Götzendienstes reicht, gibt es zugleich den Becher weiter, der vom Zorn und Grimm Gottes über den Abfall von ihm gefüllt ist.

Die Ansage *Gefallen ist Babylon* nimmt vorweg, was in 16,19 und 18,2 als vollzogen gemeldet werden wird. Dies ist »eine erste Konkretisierung des Gerichtsvollzugs, der ja Inhalt des ewigen Evangeliums ist: Der Fall Babylons bedeutet den Sieg Gottes über die die Christen bedrängende Macht« (Giesen, 329).

Doch damit ist das Entscheidende noch nicht gesagt. Ein weiterer Engel öffnet den Blick auf das kommende Gericht (9): *Und ein anderer, dritter Engel folgte ihnen und rief mit mächtiger Stimme: Wenn jemand das Tier anbetet und sein Bild und (sein) Zeichen auf seine Stirn oder auf seine rechte (Hand) annimmt.* Damit wird genannt, was Hauptanklagepunkt im Gericht sein wird. Wer sich dem Diktat der Selbstvergötzung menschlicher Macht beugt, verweigert dem wahren Gott die Ehre und verfällt damit der Strafe Gottes.

Sie wird mit zwei drastischen Bildern aus dem Alten Testament beschrieben (10): Wenn jemand sich so verhält, *wird er auch von dem Wein des Grimms Gottes trinken, ungemischt ausgegossen in den Becher seines Zorns.* Nach Jes 51,17 hat Jerusalem »von der Hand des HERRN den Becher seines Zorns getrunken«, eine bildhafte Beschreibung des Gerichts, das Gott an der Stadt und dem Volk durch die Zerstörung des Tempels vollzogen hat. Und in der Fassung der Septuaginta von Ps 75,9 heißt es: »Denn in der Hand des Herrn war ein Becher unvermischten Weins, voll eingeschenkt, und er neigte ihn von hier nach dort, doch seine Hefe wurde nicht ausgeleert, trinken werden ihn alle Sünder der Erde« (vgl. Jer 25,15f). In der Antike trank man den Wein der besseren Bekömmlichkeit wegen gemischt mit Wasser. Dass der Wein des Grimms *ungemischt* und *unverdünnt* bis zur bitteren Neige zu trinken ist, heißt nichts anderes, als dass das Gericht die Schuldigen mit voller Härte treffen wird.

Ein zweites Bild unterstreicht das: Wer das Tier angebetet hat, *wird gequält werden in Feuer und Schwefel vor den heiligen Engeln und vor dem Lamm.* Hier mischen sich verschiedene Bildmotive: Die gottlosen Städte Sodom und Gomorrha wurden durch einen Regen von Feuer und Schwefel vernichtet (Gen 19,24; Dtn 29,22); ein ähnliches Schicksal droht auch Edom (Jes 34,9), und in Jes 66,24 wird von denen, die sich gegen Gott aufgelehnt haben, gesagt: »Deren Qual nimmt kein Ende, sie brennen in ewigem Feuer« (GNB). Es ist die Qual der bleibenden Trennung von Gott, die hier in drastischen Bildern beschrieben wird, eine Qual, die umso tiefer empfunden wird, weil sie *vor den heiligen Engeln und vor dem Lamm,* und das heißt auch: *vor Gott,* geschieht (vgl. Lk 13,7.10).

Ähnlich wie in Jes 66,24 wird ausdrücklich betont, dass diese Qual nicht enden wird (11): *und der Rauch ihrer Peinigung steigt in alle Ewigkeit empor.* Im Hintergrund steht die Vorstellung von einer Feuerhölle, die in 19,20 und 20,10 wieder aufgenommen werden wird und auch in den Evangelien vorkommt (vgl. Mt 5,22; 18,8f; 25,41).

Noch einmal wird wiederholt, wer von diesem Geschick betroffen sein wird. Es sind die, *die das Tier und sein Bild anbeten ... und wenn jemand das Kennzeichen seines Namens angenommen hat.* Die den falschen Gott und Herrn gewählt haben, werden an den quälenden Folgen dieses Neins zum wahren Gott ewig leiden: sie *haben keine Ruhe Nacht und Tag.* Diese Aussage steht in deutlichem Kontrast zu dem, was in V. 13 von den standhaften Christen gesagt werden wird: sie *werden von ihren Mühen ausruhen.* Der Tod führt die, die Gott verraten und verleugnet haben, nicht in ein Nichts, in dem alles endet, sondern in den Schmerz ewiger Trennung von Gott.

V. **12** nennt in einer der seltenen Zwischenbemerkungen im Text der Offenbarung die Konsequenz für die Christen angesichts dieser Gerichtsansage: *Hier ist die Standhaftigkeit der Heiligen (nötig)* (vgl. 13,10; zur Standhaftigkeit vgl. 2,3.19; 3,10). Was das bedeutet, wird in einem Nebensatz erläutert. Er beschreibt, wer mit den *Heiligen* gemeint ist: Es sind die, *die Gottes Gebote halten und die Treue zu Jesus*. Schon in 12,17 wurden die Christen dadurch gekennzeichnet, dass sie »die Gebote Gottes und das Zeugnis Jesu halten«. Hier tritt zum Halten der Gebote *die Treue zu Jesus* (EÜ) bzw. – wie auch übersetzt werden kann – der *Glaube an Jesus* (ZB, LÜ) hinzu. *Heilige* sind also Menschen, die durch Jesus Christus geheiligt sind (vgl. 1Kor 1,2) und diese Zugehörigkeit zu Gott und zu Christus leben und bewahren.

Nach dieser furchterregenden Darstellung der Folgen der göttlichen Verehrung der Feinde Gottes und der knappen Mahnung an die, die Gott und Jesus die Treue halten, folgt eine eindrückliche Verheißung. Die Folge der Visionen wird unterbrochen durch einen besonderen Auftrag (**13**): *Und ich hörte eine Stimme aus dem Himmel sagen: Schreibe!* Hier ergeht eine wichtige Zusage, und sie soll ausdrücklich schriftlich festgehalten werden (vgl. 19,9; 21,5): *Glücklich die Toten, die im Herrn sterben von jetzt an.*
Das ist die zweite der sieben Seligpreisungen in der Offenbarung. Seligpreisungen sprechen aus, was ein gelingendes Leben ausmacht. Paradoxerweise gilt diese Seligpreisung den Toten, und zwar denen, *die im Herrn sterben*. Die Wendung *im Herrn* umschreibt die bleibende Gemeinschaft mit Christus, in der er das Sagen hat (vgl. Röm 16,8.11f; 1Kor 5,4; 7,22; 9,1 u.ö.). Es sind also die Christen gemeint, die ihrem Herrn bis zum Tod die Treue halten. Umstritten ist, ob dies in diesem Zusammenhang speziell für die Märtyrer gilt, die ihre Treue zu Jesus mit dem Leben bezahlen. Die Antwort darauf hängt auch davon ab, worauf sich das *von jetzt an* bezieht. Meint die Seligpreisung die Christen, die *von jetzt an* sterben? Dann würde sich die Aussage wahrscheinlich auf die beziehen, die in der kommenden Zeit der Verfolgung ihr Leben um Jesu willen drangeben.
Oder ist es die Seligpreisung, die *von jetzt an* gilt, also vom »Zeitpunkt, an dem die Leser zum ersten Mal eine sichere Aussicht auf das Ende der Geschichte bekommen«? Das ist wahrscheinlicher. »Von nun an können die christlichen Toten der Verwirklichung ihres eigenen Heils gewiss sein« (Satake, 320).
Das wird ausdrücklich durch die Stimme des Geistes bestätigt, dessen Aufgabe es ist, Gewissheit zu schenken (Joh 14,26; 15,26; Röm 8,16): *Ja, sagt der Geist,* und er fügt an, was das Ziel des Heilshandelns Gottes für die ist, die ihm treu bleiben: *Sie sollen von ihren*

Mühen ausruhen. »Ruhe finden« für seine Seele ist ein geläufiges biblisches Bild für ein Leben im Frieden mit Gott (Jer 6,16; Mt 11, 29; Hebr 4,9). Hier wird es verwendet für das endgültige Geborgensein in der ewigen Gemeinschaft mit Gott. Die *Mühen* (LÜ bis 1984: *Arbeit*), von denen die Verstorbenen ausruhen dürfen, sind all die Anstrengungen und Entbehrungen, die sie im Dienst Jesu auf sich genommen haben (vgl. 2,2). Das wird ein Ende haben.

Diese *ewige Ruhe* meint aber nicht das Aufgehen in die Erlösung eines Nicht-Seins, sondern das Ruhen in Gott, in dem aller Schmerz und alles Leid aufgehoben sein wird. Das steht im ausgesprochenen Gegensatz zum Geschick derer, die das Tier angebetet haben, und deren Qual gerade darin besteht, dass sie über ihrem verfehlten Leben nicht zur Ruhe kommen (V. 11).

Dennoch ist das, was im Leben der Christen geschehen ist, nicht ausgelöscht. Im Gegenteil: *ihre Werke folgen ihnen nach.* Diese *Werke* sind nicht die sog. *guten* Werke, die die Menschen vor sich hertragen, um sich durch sie zu rechtfertigen. Mit *Werken* bezeichnet die Offenbarung die christliche Lebensführung als Ganzes (vgl. 2,23; 22,12). Nichts von dem, was an Gutem geschehen ist, geht verloren. Es *folgt* den Verstorbenen als Teil ihres Lebens und findet Anerkennung bei Gott (vgl. 1Kor 4,5: »Dann wird einem jeden von Gott Lob zuteilwerden«).

Nachdem durch diesen »Zwischenruf« denen, die Gott treu bleiben, zugesichert wurde, dass sie nicht von Gottes vernichtendem Urteil betroffen sein werden, richtet sich der Blick des Sehers noch einmal auf das Gericht über die anderen. Es wird mit neuen Bildern geschildert (**14–20**): *Und ich sah, und siehe eine weiße Wolke, und auf der Wolke saß einer, einem Menschensohn gleich.* Damit wird ein traditionelles Motiv der urchristlichen Endzeiterwartung aufgenommen. Es stammt aus Dan 7,13; an unserer Stelle wird das durch die Wendung *einem Menschensohn gleich* besonders deutlich (vgl. Mk 13,26f; Mt 24,30f).

In der Schau des Johannes trägt der Menschensohn *auf seinem Kopf einen goldenen Kranz,* Zeichen des Sieges und der herrscherlichen Vollmacht, *und in seiner Hand eine scharfe Sichel,* Symbol für das kommende Gericht. Das Bild von der Ernte ist ein stehendes biblisches Bild für das Gericht (Jes 17,5; 27,12; Jer 51,33; Hos 6,11; Mt 3,12; 13,30). Hier wird das Bild doppelt entfaltet, zuerst als Getreide- und dann als Weinernte (V. 15f / 17–20). Dahinter steht Joel 4, 13: »Greift zur Sichel, denn die Ernte ist reif! Kommt und tretet, denn die Kelter ist voll, die Kufen laufen über, denn ihre Bosheit ist groß!«.

Merkwürdigerweise ergreift aber nicht der Menschensohn die Initiative, sondern es sind noch einmal drei *andere Engel,* die das Ge-

schehen vorantreiben. Sie kommen *aus dem Tempel* bzw. *vom Altar* und symbolisieren durch ihr Auftreten: Was jetzt geschieht, geht von Gott aus (vgl. auch 1Thess 4,16: der Herr wird kommen, »wenn die Stimme des Erzengels und die Posaune Gottes erschallen«).
Der erste dieser Engel *rief mit lauter Stimme dem, der auf der Wolke saß, zu: Sende deine Sichel aus und ernte, denn die Stunde zu ernten ist gekommen* (**15**). Das wird auch begründet: *denn die Ernte der Erde ist reif geworden.* Mit anderen Worten: Die Menschheit ist reif für das Gericht. *Der auf der Wolke saß,* folgt diesem Ruf und *warf seine Sichel auf die Erde, und die Erde wurde abgeerntet* (**16**). Wie das Gericht geschieht, wird nicht ausgemalt. Klar scheint nur: Hier wird nicht zwischen Weizen und Unkraut, d.h. zwischen Guten und Bösen, unterschieden (so in Mt 13,30), sondern alles, was nicht die erwartete Frucht gebracht hat, wird abgeerntet (so in Mt 13,40–42).
Doch das ist nicht alles (**17**): *Und ein anderer Engel kam aus dem Tempel, der im Himmel war, und auch er hatte eine scharfe Sichel.* Der Vorgang des Gerichts wird noch einmal aus einer anderen Perspektive geschildert. Auch dieser »Gerichtsdiener« handelt nicht aus eigenem Antrieb (**18**): *ein anderer Engel kam vom Brandopferaltar, der Macht über das Feuer hatte.* Der *Brandopferaltar* ist in der Offenbarung Symbolort für das Aufsteigen der Gebete der Gläubigen zu Gott (vgl. 6,9f; 8,3f). *Feuer* dagegen ist Symbol für das Gericht (Mt 18,8; Lk 9,54; 2Thess 1,7f). Möglicherweise wird damit angedeutet, dass der Ruf der Heiligen nach Gerechtigkeit Gott dazu bewegt, zum Vollzug des Gerichts zu rufen.
Der dritte Engel *rief mit lauter Stimme zu dem, der die scharfe Sichel hatte, und sagte: Schicke deine scharfe Sichel aus und ernte die Trauben des Weinstocks der Erde, denn seine Trauben sind reif.* Das geschieht dann auch sogleich (**19**): *Und der Engel warf seine Sichel auf die Erde und erntete den Weinstock der Erde ab und warf (die Trauben) in die Kelter des großen Grimmes Gottes.* Dabei verändert sich die Symbolik des Bilds von der Traubenernte. Es wird nicht geprüft, ob es sich um gute oder schlechte Frucht handelt. Vielmehr wird der Vorgang des Zertretens der Trauben in der Kelter zum Bild für das Gericht über die, die sich gegen Gott aufgelehnt haben, und ihre Vernichtung (*Kelter des großen Grimmes Gottes*).
Vorbild für diese Bildsymbolik ist neben Joel 4,13 (s.o.) vor allem Jes 63,2–4: Gott, der aus Edom kommt, wird gefragt: »Warum ist denn dein Gewand so rotfarben und dein Kleid wie das eines Keltertreters?« und er antwortet: »Ich trat die Kelter allein, und niemand unter den Völkern war mit mir. Ich habe sie gekeltert in mei-

nem Grimm. Da ist ihr Blut auf meine Kleider gespritzt, und ich habe mein ganzes Gewand besudelt. Denn ich hatte einen Tag der Vergeltung mir vorgenommen; das Jahr, die Meinen zu erlösen, war gekommen.« Von hier stammt sowohl die Drastik des Bildes als auch der Zusammenhang zwischen der Erlösung derer, die zu Gott gehören, und der Vernichtung der Feinde Gottes.

Der Seher berichtet weiter (20): *Und die Kelter wurde außerhalb der Stadt getreten.* Wer dies tut, wird nicht gesagt; an der parallelen Stelle 19,15 ist es Christus; hier scheint es wie in Jes 63 Gott selbst zu sein. Mit der *Stadt* ist jedenfalls »Jerusalem als Sinnbild des Ortes gemeint, in dem das Heil Gottes verwirklicht ist; vgl. 22,14« (Satake, 325; vgl. 14,1 und Joel 4,14–16). Gottes Gericht findet vor ihren Toren statt.

Noch einmal schlägt die Darstellung um. Aus dem Bild des Kelterns wird die schaurige Beschreibung der Unmenge an Blut, die bei dieser letzten Auseinandersetzung vergossen wird: *es floss Blut aus der Kelter bis zum Zügel der Pferde 1600 Stadien weit.* Die Erwähnung der Pferde zeigt: Hier ist schon die entscheidende Schlacht im Blick, von der dann in 19,11–21 ausführlich berichtet werden wird und die auch in anderen apokalyptischen Schriften ähnlich drastisch geschildert wird (vgl. Joel 4,8f; 1Hen 100,1–3). Dass es sich dabei um symbolische Aussagen handelt, zeigt die Angabe, dass die Ströme von Blut *1600 Stadien weit* reichten. Das wären umgerechnet 300 km, 1600 ist aber Quadratzahl von 40, sicher Symbol für die völlige Vernichtung von Gottes Feinden.

Ewige Höllenqualen der Verdammten in Feuer und Schwefel als Schauspiel für die Engel (aber nicht für die Geretteten!) – das kennen wir sonst nur von mittelalterlichen Bildern. Es auch im Neuen Testament zu finden ist erschreckend. Dabei steht die drastische Beschreibung der ewigen Qual ganz im Dienst der dringenden Mahnung »Lasst euch nicht auf den Kaiserkult ein« (Lichtenberger, 203). Es sind überlieferte Bilder, die hier wie in einer Collage mit verstörenden Zeitungsausschnitten verwendet werden, um den Sinn dieser für uns so befremdlichen Aussagen einzuprägen: Dabei geht es nicht darum, dass sich Gott an den Qualen seiner Feinde weiden will, sondern darum, dass ihre Macht für immer gebrochen ist. Gerade daran, dass sie vernichtet werden, müssen sie seine Herrschaft, die sie nicht anerkennen wollten, schmerzlich erfahren. Doch bleibt für uns in diesen Bildern »ein Rest, der nicht aufgeht« (Roloff, 153).

Ein innerbiblischer Querverweis gibt noch einen anderen Impuls zum Nachdenken: *draußen vor der Stadt* wird die Kelter getreten. Das ist mehr als ein topographischer Hinweis auf den Standort von Keltern in der Antike; das Gericht findet außerhalb des Heilsbereichs der

Stadt Gottes statt. *Draußen vor dem Tor* hat nach Hebr 13,12 auch Jesus gelitten, um das Volk »durch sein eigenes Blut zu heiligen«. Auch hier ist die Ortsangabe weniger ein Hinweis auf die Hinrichtungsstätte Jesu vor den Toren Jerusalems, sondern Ausdruck dafür, dass sich Jesus in seinem Tod am Kreuz aus dem Bereich alles Heiligen und zu Gott Gehörenden ausschließen ließ, um das Gericht über die Sünder auf sich zu nehmen. Wir werden in 19,13 noch einmal der Frage begegnen, ob das blutige Gewand des Richters nicht von seinem eigenen Blut getränkt ist, mit dem er das Gericht auf sich genommen hat!

Doch warum endet diese vorausschauende Vision überhaupt mit Bildern des Gerichts? Thema der Kap. 12–14 ist die Bewahrung der Gemeinde: Bewahrung in den Bedrängnissen, aber auch im Gericht. Und darum steht nicht am Ende, sondern in der Mitte der Gerichtsankündigung die Vergewisserung derer, die die Treue halten. Sie werden in und aus aller Bedrängnis Ruhe finden bei Gott, wie Augustin in ganz anderem Zusammenhang formuliert: »Unruhig ist unser Herz, bis es ruht in Dir« (Bekenntnisse, I, 1,1).

15,1 – 16,21
Die sieben Schalen – die kommende Zerstörung

Eigentlich scheint alles gesagt. Aber auf das zentrale Zwischenstück Kap. 12–14, dessen Visionen durch das Blasen der siebten Posaune angestoßen wurden und das die unterschiedlichen Dimensionen des Endgeschehens anschaulich macht, folgt in Kap. 15 und 16 noch eine dritte und letzte Plagenreihe. Das ganze Ausmaß der drohenden Zerstörung menschlicher Lebensgrundlagen wird hier vor Augen geführt. Der Abschnitt hat zwei Teile: *15,1–8: Die Vorbereitung* und *16,1–21: Die Ausgießung der sieben Schalen.*

15,1–8
Die Vorbereitung

15 ¹Und ich sah ein anderes Zeichen am Himmel, groß und wunderbar, sieben Engel, die sieben Plagen hatten, (und zwar) die letzten, denn mit ihnen kommt der Grimm Gottes an sein Ziel. ²Und ich sah (etwas) wie ein gläsernes Meer, vermischt mit Feuer, und die, die aus dem (Kampf mit dem) Tier und seinem Bild und der Zahl seines Namens siegreich hervorgegangen sind, auf dem gläsernen Meer stehen, die hatten Gottes Harfen (in Händen). ³Und sie singen das Lied

des Mose, des Dieners Gottes, und das Lied des Lammes und sagen: *Groß und wunderbar sind deine Werke, Herr, Gott, Allherrscher. Gerecht und wahr sind deine Wege, König der Völker.* ⁴*Wer sollte nicht vor Furcht erschrecken, Herr, und deinen Namen verherrlichen?* Denn (du) allein (bist) heilig, denn *alle Völker werden kommen und vor dir anbeten,* weil deine gerechten Taten offenbar geworden sind.
⁵Und danach sah ich, und der Tempel des Zeltes des Zeugnisses im Himmel wurde geöffnet, ⁶und die sieben Engel, die die sieben Plagen haben, kamen aus dem Tempel, bekleidet mit reinem, leuchtendem Leinen und um die Brust mit goldenen Gürteln umgürtet. ⁷Und eines der vier Wesen gab den sieben Engeln sieben goldene Schalen, gefüllt mit dem Grimm Gottes, der in alle Ewigkeit lebt, ⁸und der Tempel wurde mit Rauch von der Herrlichkeit Gottes und von seiner Macht erfüllt, und niemand konnte in den Tempel hineingehen bis die sieben Plagen der sieben Engel vollendet waren.

Ähnlich wie in 8,2–4 vor der Sieben-Posaunen-Vision, aber auch schon in 4,1 – 5,14 vor der Sieben-Siegel-Vision, steht vor der Sieben-Schalen-Vision ein einleitendes »Vorspiel im Himmel«. V. 1 stellt eine Art Überschrift dar; sie kündigt die sieben Engel und ihre Plagen an. Die V. 2–4 wenden noch einmal den Blick auf das Geschick derer, die gerettet werden, während die V. 5–8 von der Ausrüstung und Aussendung der sieben Engel berichten.

Ein *anderes Zeichen* erscheint *am Himmel* – hier keine einzelne Gestalt, sondern alles, was sich gleich dem Seher zeigen wird, ist Zeichen von Gott (1). Noch einmal wird eine neue Perspektive des Endgeschehens vor seine Augen treten. Was geschehen wird, ist *groß und wunderbar,* d.h. *Staunen erregend,* so wie nach V. 3 alle Werke Gottes sind. Hauptakteure sind *sieben Engel,* die *sieben Plagen* über die Erde bringen werden. Dies werden *die letzten* Plagen sein, denn mit ihnen kommt der *Grimm Gottes* an sein Ziel. Sie sind also schon Teil seines Gerichtshandelns. Alles, was dann noch über Gottes Gericht gesagt werden wird, ist Folge dessen, was diese Plagen bewirken (vgl. 17,1). Hintergrund dieser Aussage ist Lev 26,21, wo es heißt: »wenn ihr mir zuwiderhandelt und mich nicht hören wollt, so will ich euch noch weiter schlagen, siebenfältig, um eurer Sünden willen.«
Doch zunächst wird der Blick auf eine andere Erscheinung in der himmlischen Welt gelenkt (2–4). Zwei Dinge sieht Johannes: (1) *(etwas) wie ein gläsernes Meer, vermischt mit Feuer.* Schon in 4,6 schaute der Seher *(etwas) wie ein gläsernes Meer,* himmlisches Gegenbild zum »ehernen Meer« im Jerusalemer Tempel (1Kön 7,23–26) und zugleich Darstellung des himmlischen Ozeans über der

Himmelsfeste (Gen 1,7; 6,18). Hier könnte auch noch eine Anspielung auf das Schilfmeer vorliegen, durch das Israel nach Ex 14 zog und so vor seinen Feinden gerettet wurde. Doch dieses Meer ist *vermischt mit Feuer;* zur Gefährdung durch die Urgewalt des Wassers tritt die Bedrohung durch das Feuer des Gerichts.

Aber der Seher sieht mehr (2): *Auf dem gläsernen Meer* sieht er *die stehen, die aus dem (Kampf mit dem) Tier und seinem Bild und der Zahl seines Namens siegreich hervorgegangen sind.* Sie sind durch Wasser und Feuer gegangen (Jes 43,2) und sind trotz der tödlichen Bedrohung durch *das Tier* und den Zwang, *sein Bild* zu verehren und *die Zahl seines Namens zu tragen* (vgl. 13,15–17), standhaft geblieben. Es sind die Überwinder, die nun über dem stehen, was die Welt an Plagen trifft. Damit sind nicht nur die Märtyrer gemeint, sondern alle, die Christus die Treue gehalten haben. Sie scheinen von der nächsten Plagenreihe nicht mehr betroffen zu sein. Das muss nicht heißen, dass sie schon in die himmlische Welt entrückt worden sind. Vielmehr zeigt sich, wo im Gerichtshandeln Gottes ihr wirklicher Platz ist.

Sie nehmen teil am himmlischen Lob Gottes und haben *Gottes Harfen* in ihren Händen, himmlische Instrumente also, die bisher den Ältesten vor Gottes Thron vorbehalten waren. Und wie diese singen sie zu Gottes Lob (3), und zwar *das Lied Mose, des Dieners Gottes, und das Lied des Lammes.* Diese Doppelung überrascht auf den ersten Blick und hat doch einen tiefen Sinn.

Das *Lied Mose,* der in besonderer Weise *Diener Gottes* genannt wird (vgl. Ex 14,31; Hebr 3,5), ist das Siegeslied angesichts der Rettung vor den Ägyptern beim Durchzug durch das Schilfmeer in Ex 15. Das *Lied des Lammes* aber ist das *neue Lied,* das die Ältesten in 5,9f anstimmen. Beides sind Lieder von Befreiung und Erlösung, und darum sind es nicht zwei verschiedene Lieder, die die Überwinder singen, sondern es ist das *eine* Lob des alten und neuen Gottesvolks, das Gott als den Herrn der ganzen Welt preist, der seine gerechte Sache zum Sieg führt.

Dieses Lied wird in knappen Worten zitiert. Es entfaltet den Schluss des Siegeslieds Mose in Ex 15,18: »Der Herr wird König sein für immer und ewig«. Bezeichnend ist, dass es dafür fast ausschließlich alttestamentliche Wendungen verwendet. Es beginnt mit zwei parallelen Zeilen, die Gottes Wirken preisen:
Groß und wunderbar sind deine Werke, Herr, Gott, Allherrscher.
Gerecht und wahr sind deine Wege, König der Völker.
Hier klingt Ps 111,2 an: »Groß sind die Werke des Herrn« und Ps 139,14: »Wunderbar sind deine Werke« und aus der griechischen Übersetzung von Am 3,13; 4,13 die Anrede *Allherrscher,* die in der Offenbarung oft verwendet wird (1,8; 4,8; 11,17). Die zweite Zeile

greift Ps 145,17 auf: »Der Herr ist gerecht in all seinen Wegen« und Dtn 32,4: »alle seine Wege sind recht«. »König der Völker« heißt Gott auch in Jer 10,7 (EÜ, ZB). Mit diesen Worten werden »Gottes Schöpfertum und seine Geschichtsmächtigkeit« (Roloff, 159) gepriesen und ihre universale Bedeutung betont.

Dem entspricht der nächste Satz, der zwei rhetorische Fragen stellt (4): *Wer sollte nicht vor Furcht erschrecken, Herr, und deinen Namen verherrlichen?* Auch sie nehmen alttestamentliche Impulse auf (vgl. Jer 10,7, EÜ: »Wer sollte dich nicht fürchten, du König der Völker«). Und die Antwort, die erwartet wird, kann nur lauten: Alle werden das tun müssen. Das wird dann auch durch den letzten Teil des Liedes begründet: *Denn (du) allein (bist) heilig;* das heißt: Gott ist der einzige, dem wirklich göttliche Verehrung gebührt (Ex 15,11).

Das werden alle anerkennen müssen: *alle Völker werden kommen und vor dir anbeten.* Auch diese Feststellung greift eine alttestamentliche Hoffnung auf. In Ps 86,9f heißt es: »Alle Völker, die du gemacht hast, werden kommen und vor dir anbeten, Herr, und deinen Namen ehren, dass du so groß bist und Wunder tust und du allein Gott bist«. Die Erwartung einer endzeitlichen Wallfahrt der Völker zum Gott Israels wird aufgenommen und weitergeführt (vgl. Jes 2,2f; Jer 16,19). Auch wenn sich die Menschen der Umkehr verweigern, sie werden am Ende Gottes Herrschaft anerkennen müssen, und zwar *weil deine gerechten Taten offenbar geworden sind.* Alle werden erkennen, dass Gottes »Handeln von Anfang an darauf ausgerichtet war, Heil zu schaffen und dem Leben Raum zu geben« (Roloff, 159). In 21,24–26 wird die Erfüllung dieser Erwartung berichtet werden.

Nachdem damit noch einmal klargestellt ist, was das eigentliche Ziel des endzeitlichen Handelns Gottes ist, richtet sich die Aufmerksamkeit wieder auf die Vorbereitung für die letzte Plagenreihe (5–8). Sie nimmt ihren Anfang im Innersten des himmlischen Heiligtums, kommt also direkt von Gott: *Danach sah ich, und der Tempel des Zeltes des Zeugnisses im Himmel wurde geöffnet.* Im griechischen Alten Testament ist *Zelt des Zeugnisses* meist Wiedergabe für die hebräische Wendung *Zelt der Begegnung* (LÜ: *Stiftshütte*), dem Wanderheiligtum, das Israel bei seinem Zug durch die Wüste ins Gelobte Land begleitete (Ex 25f; 36; 40). Im himmlischen Tempel steht nicht nur die Bundeslade (so 11,19). Auch die Stiftshütte, das *Zelt des Zeugnisses* und *der Begegnung,* Ort der Gegenwart Gottes inmitten seines wandernden Volkes (Ex 40,34–38), ist dort präsent.

Dieser Tempel *wird geöffnet* (das Passiv deutet an, dass Gott dies tut), und *die sieben Engel, die die sieben Plagen haben, kamen aus*

dem Tempel, also aus der Gegenwart Gottes (**6**). Darauf weist auch ihre Kleidung hin: Sie sind *bekleidet mit reinem, leuchtendem Leinen und um die Brust mit goldenen Gürteln umgürtet.* Das erinnert an die Schilderung der Kleidung des Menschensohngleichen in 1,13 (vgl. Dan 10,5). Als seine Beauftragte treten sie auf.
Aus der unmittelbaren Nähe Gottes, von einem der vier Wesen, die zum Thron Gottes gehören, wird *den sieben Engeln* der Inhalt ihres Auftrags übergeben (**7**): *goldene Schalen gefüllt mit dem Grimm Gottes, der in alle Ewigkeit lebt.* In 5,8 hatten die Ältesten *goldene Schalen* mit Räucherwerk in Händen, das die »Gebete der Heiligen« darstellte. Jetzt sind die Schalen *mit dem Grimm Gottes* gefüllt. Dabei ist der *Grimm* oder *Zorn Gottes* im biblischen Sprachgebrauch keine momentane Gefühlsaufwallung, sondern Gottes entschiedenes Nein zu aller menschlichen Gottlosigkeit und Ungerechtigkeit (Röm 1,18). Auch beim Ruf der Märtyrer nach Vergeltung in 6,10 ging es nicht um die Erfüllung persönlicher Rachegefühle, sondern um die Durchsetzung göttlicher Gerechtigkeit. Der Gott, *der in alle Ewigkeit lebt,* muss Recht behalten.
Dass es um Gott und seinen Auftrag geht, zeigt sich an den Begleiterscheinungen des Vorgangs (**8**): *Der Tempel wurde mit Rauch erfüllt,* im Alten Testament Zeichen der Gegenwart Gottes (vgl. Ex 19,18; Jes 6,4), hier noch unterstrichen durch den Hinweis auf die Ursache dieser Erscheinung. Sie rührt her *von Gottes Herrlichkeit,* der Gegenwart seines göttlichen Wesens (vgl. Ex 40,34f), *und von seiner Macht,* mit der er seinen Willen und sein Recht durchsetzt. Das hat Konsequenzen: *Niemand konnte in den Tempel hineingehen bis die sieben Plagen der sieben Engel vollendet waren.* Solange die Plagen dauern, ist »Gottes Gegenwart eine Gegenwart des Zorns und des Gerichts«. Deshalb »ist sie unnahbar und Verderben bringend jedem, der sich ihr naht« (Bousset, 395). Darum kann niemand in den Tempel kommen. Gottes Gerechtigkeit und Heiligkeit wird sich im Gericht erweisen.

Dieses *Vorspiel im Himmel* zur letzten Plagenreihe will vor allem *eines* zeigen: Auch das, was durch die folgenden Plagen an Zerstörung angerichtet wird, geht von Gott aus und ist Teil seines Gerichtshandelns an dieser Welt. Nicht der verborgene Gott, sondern der sich offenbarende Gott ist für Johannes Urheber des kommenden Gerichts. Aber zugleich zeigt die Art der Darstellung in aller Deutlichkeit: 1. »Das Zornesgericht, das Gott sich nun zu vollziehen anschickt, ist nichts anderes als die dunkle Kehrseite seines Heilshandelns und gehört mit ihm untrennbar zusammen.« 2. »So ist denn auch das letzte Ziel, das Gott bei seinem Zornesgericht im Auge hat, das Heil der Seinen: Er verschafft der Heilsgemeinde Recht gegenüber ihren Gegnern, und er errettet sie in gleicher Weise, wie er einst sein Volk aus der Drangsal in Ägypten gerettet hat« (Roloff, 157). Letztes Ziel aber bleibt, dass nicht nur die Treugebliebenen, sondern alle den wahren Gott anbeten und ihm die Ehre geben (V. 4). Ob und wie sich das durchs Gericht hindurch verwirklichen wird, bleibt die spannende Frage, die durch die Offenbarung gestellt wird.

16,1–21
Die Ausgießung der sieben Schalen

16 ¹Und ich hörte eine laute Stimme aus dem Tempel zu den sieben Engeln sagen: Geht hin und gießt die sieben Schalen des Grimms Gottes auf die Erde aus. ²Und der erste ging weg und goss seine Schale auf die Erde aus. Und es entstand ein schlimmes und böses Geschwür an den Menschen, die das Zeichen des Tieres haben und sein Bild anbeten.
³Und der zweite goss seine Schale auf das Meer aus. Und es wurde zu Blut wie (das Blut) einer Leiche, und jedes lebende Wesen im Meer starb.
⁴Und der dritte goss seine Schale aus auf die Flüsse und die Wasserquellen, und (alles) wurde zu Blut. ⁵Und ich hörte den Engel der Wasser sagen: Gerecht bist du, der Seiende und der (immer) war, dass du so Gericht gehalten hast, ⁶denn sie haben Blut von Heiligen und Propheten vergossen, und du hast ihnen Blut zu trinken gegeben. Sie haben es verdient! ⁷Und ich hörte, wie der Brandopferaltar sprach: Ja, Herr, Gott, Allherrscher, wahr und gerecht sind deine Gerichte.
⁸Und der vierte goss seine Schale über die Sonne aus, und gab ihr (Macht), die Menschen im Feuer zu verbrennen. ⁹Und die Menschen verbrannten in der großen Hitze und lästerten den Namen Gottes, der die Macht über diese Plagen hat, und kehrten nicht um, um ihm die Ehre zu geben.
¹⁰Und der fünfte goss seine Schale über den Thron des Tieres aus, und sein Reich wurde verfinstert, und sie bissen sich vor Schmerz auf die Zunge ¹¹und lästerten den Gott des Himmels wegen ihrer Schmerzen und wegen ihrer Geschwüre, und sie kehrten nicht um von ihren Werken.
¹²Und der sechste goss seine Schale auf den großen Strom Euphrat, und sein Wasser trocknete aus, damit der Weg für die Könige vom Aufgang der Sonne bereitet würde. ¹³Und ich sah aus dem Mund des Drachen und aus dem Mund des Tieres und aus dem Mund des falschen Propheten drei unreine Geister wie Frösche (hervorgehen). ¹⁴Denn es sind die Geister der Dämonen, die Zeichen vollführen, die

ausziehen zu den Königen des ganzen Erdkreises, um sie zum Krieg am großen Tag Gottes, des Allherrschers, zu versammeln. ¹⁵Siehe, ich komme wie ein Dieb. Glücklich, wer wacht und seine Kleider bewahrt, damit er nicht nackt umhergehen muss und (die Leute) seine Schande sehen. ¹⁶Und sie versammelten sie an dem Ort, der auf Hebräisch Harmagedon heißt.
¹⁷Und der siebte goss seine Schale aus über die Luft, und eine laute Stimme kam aus dem Tempel von dem Thron, die sagte: Es ist geschehen. ¹⁸Und es geschahen Blitze und Getöse und Donner, und ein großes Erdbeben ereignete sich, wie es nie geschehen ist, seit ein Mensch auf der Erde lebt, ein derart gewaltiges Erdbeben, so groß. ¹⁹Und es geschah: Die große Stadt (zerbrach) in drei Teile und die Städte der Völker stürzten ein. Und Babylons, der Großen, wurde vor Gott gedacht, um ihr den Kelch mit dem Wein seines grimmigen Zornes zu geben. ²⁰Und jede Insel floh und Berge wurden nicht mehr gefunden. ²¹Und großer Hagel, (schwer) wie Talente, fiel vom Himmel auf die Menschen, und die Menschen lästerten Gott wegen der Plage des Hagels, denn diese Plage ist sehr groß.

Ein gewaltiges Finale: Mit dieser Schau endet die Reihe der drei großen Plagenvisionen. Diese dritte Reihe ist gleichmäßiger aufgebaut als die zwei vorhergehenden. Alle sieben Abschnitte folgen einem ähnlichen Schema, und es gibt keine so deutlichen Unterschiede zwischen den ersten vier und den letzten drei Plagen wie bei den anderen Reihen. Doch wird auch hier die Schilderung der Plagen und ihrer Folgen zum Ende hin breiter.
Die Sieben-Schalen-Vision weist viele Gemeinsamkeiten mit der Sieben-Posaunen-Vision auf. Beide greifen in der Wahl der Motive auf Plagen zurück, mit denen nach Ex 7–11 die Ägypter geschlagen werden. Werden in der Posaunenvision aber nur ein Drittel des Festlandes (8,7), des Meeres (8,8f), der Gewässer (8,10f) und der Gestirne (8,12) getroffen, so hier immer das Ganze.
Zwei Besonderheiten sind wichtig: *Erstens* werden nicht nur Naturkatastrophen geschildert, sondern es wird deutlicher herausgehoben, dass es um das Gericht über widergöttliche Mächte geht und über die, die sich ihnen angeschlossen haben. *Zweitens* wird drei Mal herausgestellt, dass die Betroffenen trotz allem nicht zur Umkehr bereit sind, sondern Gott lästern (V. 9.11.21; vgl. 9,20f). So bildet die Vision die Brücke zwischen dem zentralen Teil Kap. 12–14 und dem Finale der Gerichtsschilderung ab Kap. 17.

Noch einmal geht der Anstoß zu den folgenden Ereignissen von dem Ort aus, an dem Gott in besonderer Weise gegenwärtig ist (1): *Und ich hörte eine laute Stimme aus dem Tempel zu den sieben*

Engeln sagen: Geht hin und gießt die sieben Schalen des Grimms Gottes auf die Erde aus. Der Befehl zum Vollzug des Gerichtes Gottes ist erteilt. Vom Ausgießen des *Zorns* oder *Grimms Gottes* als Bild für Gottes Gericht spricht schon das Alte Testament: »Gieß über sie deinen Grimm aus, dein glühender Zorn soll sie treffen!« heißt es in Ps 69,25 (EÜ; vgl. Jer 10,25; 42,18; 44,6; Zef 3,8).

Diese Anweisung wird sofort befolgt (**2**): *der erste (Engel) ging weg und goss seine Schale auf die Erde aus.* Mit *Erde* ist hier das *Festland* im Gegensatz zum Meer (vgl. V. 3) gemeint. Die Kontamination hat gravierende Folgen: *Es entstand ein schlimmes und böses Geschwür an den Menschen.* Das entspricht den Blattern der sechsten Plage in Ägypten (Ex 9,8–12). Es sind quälende Geschwüre, die aber nicht bei allen Menschen auftreten, sondern nur bei denen, *die das Zeichen des Tieres haben und sein Bild anbeten.* Nur die sind betroffen, die sich dem Anspruch der Repräsentanten des Bösen gebeugt haben.

Nun geht es Schlag auf Schlag (**3**): *der zweite (Engel) goss seine Schale auf das Meer aus.* Auch das hat schlimme Konsequenzen: Das Wasser des Meeres *wurde zu Blut wie (das Blut) einer Leiche, und jedes lebende Wesen im Meer starb.* Das entspricht der ersten Plage in Ägypten, der Verwandlung von Wasser in Blut (Ex 7,14–25). Hier freilich ist das Meer betroffen, und es handelt sich um Leichenblut. Damit soll der Eindruck der tödlichen Wirkung verstärkt werden. Der Geschmack des Todes durchdringt alles. Alles Leben im Meer stirbt.

Der nächste Engel geht ans Werk (**4**): *Und der dritte (Engel) goss seine Schale aus auf die Flüsse und die Wasserquellen, und (alles) wurde zu Blut.* Es handelt sich also um eine Variation der vorherigen Plage. Nun wird – wie einst in Ägypten – alles Süßwasser zu Blut.

Was das bewirkt, wird nicht geschildert. Stattdessen wird das Geschehen in einer Art Wechselgebet kommentiert (**5–7**): *Und ich hörte den Engel der Wasser sagen: Gerecht bist du, der Seiende und der (immer) war, dass du so Gericht gehalten hast.* Mit dem *Engel der Wasser* ist der himmlische Beauftragte Gottes gemeint, den Gott über die Kräfte des Wassers gesetzt hat (so auch 1Hen 66,1f; vgl. Offb 14,18). Gerade er, dessen Wirkungsbereich zerstört wird, bekennt angesichts des Gerichtshandelns Gottes: *Gerecht bist du.* Noch einmal erscheint die für die Offenbarung typische Anrede Gottes als *der Seiende und der (immer) war* (1,4.8; 4,8), auch hier wie in 11,17 ohne das dritte Glied: »der Kommende«. Im Gericht ist Gott schon da!

Im Alten Testament wird Gottes Handeln dort für gerecht erklärt, wo die eigene Schuld bekannt wird: »Du bist gerecht in allem, was

du über uns gebracht hast; denn du hast recht getan, wir aber sind gottlos gewesen« (Neh 9,33; vgl. Dan 9,7). Hier aber geht es um Gottes Gericht über die Verfolger der Christen (6): *denn sie haben Blut von Heiligen und Propheten vergossen.* Das führt zur gerechten Vergeltung durch Gott: *du hast ihnen Blut zu trinken gegeben.* Die Verwandlung des Wassers zu Blut ist keine willkürlich verhängte Plage, sondern Folge des Vergießens unschuldigen Bluts. Wir begegnen hier dem »Prinzip der adäquaten Vergeltung«, das im Alten Testament eine große Rolle spielt, aber auch im Neuen Testament vorkommt: Gleiches wird mit Gleichem vergolten. So in Jes 49,26: »Ich will deine Schinder speisen mit ihrem eigenen Fleisch, und sie sollen von ihrem eigenen Blut wie von jungem Wein trunken werden« (vgl. Mt 7,2).
Knapp und hart wird festgestellt: *Sie haben es verdient!* Die Strafe ist angemessen. Auch hier sind also lediglich die betroffen, die mit »dem Tier« kooperiert haben. Das findet ein überraschendes Echo (7): *Und ich hörte, wie der Brandopferaltar sprach: Ja, Herr, Gott, Allherrscher, wahr und gerecht sind deine Gerichte.* Damit wird der Ruf der Seelen der Märtyrer am Altar in 6,10 wieder aufgenommen. Der Altar selbst wird zum Sprecher der Blutzeugen und stellt in ihrem Namen fest: Ihr Tod ist nicht ungesühnt geblieben. Gottes Gerichtshandeln ist *wahr und gerecht*; es entspricht dem, was an Bösem geschehen ist, und wird denen gerecht, die betroffen sind.
Nach diesem kurzen Exkurs folgt die nächste Plage (8): *Und der vierte (Engel) goss seine Schale über die Sonne aus.* Auch bei der entsprechenden Plage in der Posaunenvision ist die Sonne betroffen; dort verfinstert sie sich (8,12). Hier aber ist der Effekt umgekehrt: Das Ausgießen der Schale *gab ihr (Macht), die Menschen im Feuer zu verbrennen.* Die Folgen sind erschreckend (9): *Die Menschen verbrannten in der großen Hitze* und wegen den Qualen, die sie erlitten, *lästerten sie den Namen Gottes, der die Macht über diese Plagen hat, und kehrten nicht um, um ihm die Ehre zu geben.* Dass die Menschen sich Gott zuwenden und ihm die Ehre geben, ist das Ziel der Plagen. Aber sie verweigern die Umkehr. Not lehrt nicht nur beten, sondern auch fluchen (vgl. 9,20f).
Der nächste Engel tritt in Aktion (10f): *Und der fünfte goss seine Schale über den Thron des Tieres aus.* Mit dem *Thron des Tieres* könnte Rom gemeint sein, das Machtzentrum des Imperiums, das nach 17,9–11 durch die Herrschaft des Tieres symbolisiert wird. Die Wirkung bleibt nicht aus: *Sein Reich wurde verfinstert.* Das entspricht der neunten ägyptischen Plage (Ex 10,21.23) und macht offenkundig, was immer schon galt: Das Reich des Tieres, des Repräsentanten des Satans, ist ein Reich der Finsternis im Gegensatz zum

Licht der himmlischen Welt Gottes (vgl. 18,1; 21,23f; 22,5; Giesen, 355).
Wie einst in Ägypten wird der Weckruf auch jetzt nicht gehört (vgl. Ps 105,28: »Er ließ Finsternis kommen und machte es finster; doch sie blieben ungehorsam seinen Worten«). *Die Menschen bissen sich vor Schmerz auf die Zunge, und lästerten den Gott des Himmels* – aber nicht wegen der Finsternis, sondern *wegen ihrer Schmerzen und wegen ihrer Geschwüre*, also den Folgen der vorigen Plagen. So bleiben sie im Dunkel und *kehrten nicht um von ihren Werken*. Umkehr von einem verkehrten Leben mit seinen falschen Grundsätzen und ihren verderblichen Auswirkungen, das wäre die Rettung. Sie wird verweigert (vgl. Am 4,4–13).
Aber das ist nicht das Ende (**12**): *Und der sechste (Engel) goss seine Schale auf den großen Strom Euphrat, und sein Wasser trocknete aus.* Der Euphrat war lange die Ostgrenze des Römischen Reichs und galt auch als Grenze der zivilisierten Welt (vgl. 9,14f). Dass man trockenen Fußes ein Grenzhindernis wie das Meer (Ex 14,15–31), den Jordan (Jos 3,13–17) oder den Euphrat (Jes 11,15f) überqueren kann, ist eigentlich ein Wunder des heilvollen Handelns Gottes. Hier aber geschieht es, um dem Unheil den Weg zu bahnen, *damit der Weg für die Könige vom Aufgang der Sonne bereitet würde.*
Die *Könige des Ostens* sind die Parther, die das Römische Reich bedrohen. Mit ihnen soll der wiedererstandene Nero zurückkommen (vgl. zu 17,9–12). Aber das ist wahrscheinlich nur der äußere Anknüpfungspunkt für das, was weiter berichtet wird. Denn die Könige des Ostens sind traditionell die Feinde Roms; ihr Kommen würde also das Imperium des Tiers in Gefahr bringen. Doch davon ist im Folgenden nicht die Rede. Vor unseren Augen entsteht ein völlig anderes Szenario.
Es wird durch ein neues Bild eingeleitet (**13**): *Und ich sah aus dem Mund des Drachen und aus dem Mund des Tieres und aus dem Mund des falschen Propheten drei unreine Geister wie Frösche (hervorgehen).* Hier wird enthüllt, was in der widergöttlichen Dreiheit von *Drache*, der Verkörperung Satans, *Tier*, dem Symbol für die bestialische Macht des sich selbst vergötternden Imperiums, und *Prophet*, der Propagandamaschine des Herrscherkults, steckt: *unreine Geister*, also Dämonen, die sich in der Gestalt von *Fröschen* zeigen. Das ist eine Anspielung auf die Froschplage in Ägypten (Ex 8,2; Ps 78,45; 105,30). Frösche sind unreine Tiere (Lev 11,10–12) und bringen nach antiker Vorstellung Verderben und Tod.
Doch hier entfaltet sich ein ganz anderes Geschehen als damals in Ägypten (**14**): *Denn es sind die dämonischen Geister* (wörtlich: *Geister der Dämonen*), die sich in Gestalt der Frösche zeigen und

die Zeichen vollführen wie die ägyptischen Priester in Ex 8,3 oder das zweite Tier in 13,13–15. Mit diesen verführerischen Kräften ausgestattet *ziehen sie aus zu den Königen des ganzen Erdkreises* (griechisch: der *oikoumene*), *um sie zum Krieg am großen Tag Gottes, des Allherrschers, zu versammeln.*
Wer kämpft hier gegen wen? Ziehen die Könige des ganzen Erdkreises als Verbündete Roms gegen die Könige des Ostens? Oder erheben sich – angestachelt durch die dämonischen Geister – die Könige der Völker gemeinsam zum endzeitlichen Endkampf gegen Gott am Tag des HERRN (vgl. Ez 38f; Sach 14; 4Esr 13,5–12)? Der Seher sagt dazu nichts. Vom Zusammenhang her spricht alles für die zweite Alternative: Die gottferne Welt erhebt sich ausnahmslos gegen Gott (Giesen, 358; vgl. Kap. 17–19).
Die Anspielung auf den *Tag Gottes* verursacht eine kurze Unterbrechung dieser Schilderung. Es wird ein Wort des erhöhten Christus zitiert (**15**): *Siehe, ich komme wie ein Dieb.* Damit wird ein Gleichnis Jesu aufgegriffen, der mit diesem Vergleich auf die Unberechenbarkeit seiner Wiederkunft verweist (Mt 24,43f). Auch Paulus greift ihn auf: »Siehe der Tag des Herrn kommt wie ein Dieb in der Nacht« (1Thess 5,2).
Deshalb gilt es bereit zu sein: *Glücklich, wer wacht und seine Kleider bewahrt,* also jederzeit zum Aufbruch bereit ist, *damit er,* wenn er herausgerufen wird und vor seinen Herrn treten muss, *nicht nackt umhergehen muss und (die Leute) seine Schande sehen.* Nackt dazustehen bedeutet in der biblischen Tradition, in seinem absoluten Lebensdefizit bloßgestellt zu werden (vgl. zu 3,18).
Dies ist offensichtlich kein Aufruf an die Könige, sondern eine Warnung an die Gemeinde. Die Kleider stehen für das Heil, das Christus schenkt. Dieses Heil gilt es zu bewahren, auch angesichts von Bedrohung und Verfolgung. »Keiner darf sich in Sicherheit wiegen. ... Vom Gericht kann auch die Gemeinde betroffen sein« (Lichtenberger, 217). Dieser Zwischenruf zeigt: Auch wenn sie von den Plagen des Gerichts nicht getroffen wird, ist die Gemeinde noch nicht am Ziel, sondern immer auch in der Gefahr des Versagens und des Abfalls.
Ist das geklärt, kann die Schilderung weitergehen (**16**): *Und sie [die Geister] versammelten sie [die Könige] an dem Ort, der auf Hebräisch Harmagedon heißt.* Zunächst ist das nur der Ort, an dem die Könige und ihre Heere zusammengeführt werden. In der Schilderung der endzeitlichen Entscheidungsschlacht (19,19f; vgl. 20,9) wird der Name nicht mehr erwähnt werden. Merkwürdig ist aber, dass er so betont herausgestellt wird. Das hat ihn zum Kristallisationspunkt für eine Fülle weitergehender endzeitlicher Spekulationen gemacht, die in der Offenbarung selbst nicht bezeugt sind.

Der Name *Harmagedon* oder, in der angelsächsischen Tradition, *Armageddon*, leitet sich wahrscheinlich von *Har Megiddo* = *Berg Megiddos* ab. Megiddo ist eine alte kanaanäische, später israelitische Stadt, die in der Nähe der südlichen Ausläufer des Karmelgebirges liegt. Die Ebene um Megiddo war Ort vieler kriegerischer Auseinandersetzungen, vgl. Ri 4; 5,19; 2Kön 9,27; 23,29; Sach 12,11. Schwer zu erklären ist, warum der *Berg* Megiddos als Sammelplatz der feindlichen Heere genannt wird, was logistisch ungünstig ist. Möglicherweise steht dahinter die Erwähnung der *Berge Israels* als Ort der endzeitlichen Entscheidungsschlacht in Ez 38,8; 39,2.

Die geheimnisvolle, aber herausgehobene Nennung des Namens Harmagedon hat zu einer bedeutenden Wirkungsgeschichte geführt. Im angelsächsischen Dispensationalismus, der auf J.N. Darby (1800–1882) zurückgeht, wird Harmagedon als tatsächliche Schlacht zwischen dem Israel der Endzeit und den »Königen aus dem Osten« gesehen – was im 20. Jahrhundert meist mit der Sowjetunion identifiziert wurde. Für die Zeugen Jehovas steht die Lehre von der Schlacht von Harmagedon im Mittelpunkt ihrer Theologie: Sie erwarten, dass in naher Zukunft Jehova in der Schlacht von Harmagedon das Weltsystem Satans beseitigen und durch das tausendjährige Friedensreich ersetzen werde. Armageddon ist dann auch zum Titel einer Reihe apokalyptischer Katastrophenfilme geworden.

Aber noch ist die Zeit zur großen Entscheidungsschlacht nicht gekommen (**17**): *Und der siebte (Engel) goss seine Schale aus über die Luft.* Gemeint ist der Raum zwischen Himmel und Erde, in dem sich die meisten, aber nicht alle der folgenden Ereignisse abspielen. Doch zunächst ertönt *eine laute Stimme aus dem Tempel von dem Thron*, also eine Stimme, die von Gott kommt, *die sagte: Es ist geschehen.* Hieß es bisher *und es geschah,* so jetzt: *es ist geschehen!* Das Gericht über Rom, das gottfeindliche Weltreich, ist vollzogen. »Gott hat seine Herrschaft durchgesetzt und seine Macht endgültig erwiesen« (Roloff, 165). In 21,6 wird dann mit den gleichen Worten die Vollendung des Heilshandelns Gottes festgestellt werden.

Aber noch ist diese Ansage eine Vorwegnahme dessen, was gleich geschehen wird (**18**): *Und es geschahen Blitze und Getöse und Donner und ein großes Erdbeben ereignete sich,* Phänomene, die in der Offenbarung immer wieder als Kennzeichen des Erscheinens Gottes genannt werden (vgl. 4,5; 8,5; 11,19). Aber das Erdbeben ist einzigartig, es ist ein Beben, *wie es nie geschehen ist, seit ein Mensch auf der Erde lebt* (vgl. Dan 12,1), *ein derart gewaltiges Erdbeben, so groß.* Dem Seher fehlen fast die Worte, um das Ausmaß der Katastrophe zu beschreiben.

Entsprechend gewaltig ist die Wirkung (**19**): *Und es geschah: Die große Stadt (zerbrach) in drei Teile.* Die *große Stadt* ist sicher Rom als Zentrum und Leitsymbol der gottfeindlichen Macht und Selbstvergötterung der Menschen. Wie man sich das Auseinanderbrechen

der Stadt vorstellen soll, wird nicht beschrieben. Aber klar ist: Jetzt erfolgt die entscheidende Zerstörung ihrer Macht. Das hat Konsequenzen: *auch die Städte der Völker stürzten ein*. Das ist einerseits Folge des Erdbebens, aber bedeutet auch: Rom reißt die anderen Städte mit sich ins Verderben. Die urbane Kultur der Welt, die sich Gottes Anspruch verweigert, wird vernichtet.
Aber es geht vor allem um Rom: *Und Babylons, der Großen*, Deckname für Rom (vgl. 14,8), *wurde vor Gott gedacht*. Mit dieser Formulierung klingt die Vorstellung einer himmlischen Gerichtssitzung an. Der Frevel Roms ist nicht vergessen und nicht verjährt. Die Anklage gegen die Stadt wird vor Gott gebracht, *um ihr den Kelch mit dem Wein seines grimmigen Zornes zu geben*, das heißt: das Gericht an ihr zu vollziehen (zum Bild des Kelchs als Symbol des Gerichts siehe zu 14,10; vgl. Ps 75,9; Jes 51,17; Jer 25,15).
Das hat weltbewegende Konsequenzen (**20**): *Und jede Insel floh und Berge wurden nicht mehr gefunden*. Es kommt zu einer Erschütterung des ganzen Weltgebäudes (ähnlich AssMos 10,4; 1Hen 1,6). Nach antiker Vorstellung stützen die Inseln das Himmelsgewölbe, das einstürzt, wenn sie ihren Platz verlassen.
Das zeigt sich an den Folgen (**21**): *Und großer Hagel, (schwer) wie Talente, fiel vom Himmel auf die Menschen*. Auch Hagel gehört zu den ägyptischen Plagen (Ex 9,23–26; vgl. Ps 78,47f; 105,32) und wird auch an anderer Stelle als Strafe Gottes genannt (Jos 10,11; Jes 28,2.17; Ez 38,22). Hier aber wird aus einer meteorologischen Erscheinung eine kosmische Katastrophe. Interessant ist die Beobachtung, dass ein Talent (etwa ein halber Zentner) dem Gewicht eines schweren Schleudersteins für die römischen Wurfmaschinen entspricht. Belagert Gott die Stadt und schießt sie sturmreif?
Aber all diese Katastrophen ändern nichts an der Haltung der Menschen gegenüber Gott, ja verhärten eher noch ihr Herz. *Sie lästerten Gott wegen der Plage des Hagels, denn diese Plage ist sehr groß*. Die Zeichen des Gerichts bewirken keine Umkehr oder Buße, sondern führen zum Fluchen. Noch ist das Drama nicht zu Ende, obwohl alle Feinde Gottes vernichtet zu sein scheinen.

Warum diese Plagen? Und was sollen sie bewirken? Die Schilderung zeigt ein doppeltes Gesicht: Einerseits besteht immer noch die Erwartung, dass die Menschen umkehren. Aber je härter die Plagen werden, desto mehr weigern sie sich und lästern Gott. Und so wird andererseits das, was hier geschieht, schon zum Gericht über die Menschen. Alle werden getötet.
Doch gerade darin zeigt sich, dass auch hier *bildhaft* gesprochen wird. Denn es entsteht eine Art endzeitlicher Overkill – die Menschen scheinen mehrere Tode zu sterben. Es handelt sich also um Bilder, die

ganz grundsätzlich zeigen sollen, wie sehr eine Menschheit, die nicht bereit ist umzukehren, dem Tode verfallen ist.
Ähnliches gilt für das Geschick der großen Stadt Babylon: Sie bricht infolge des Erdbebens in drei Teile, wird aber in Kap. 17 noch einmal sehr lebendig dargestellt und ihr Untergang erst in Kap. 18 gefeiert werden. Hier aber wird der Zerbruch ihrer Macht schon symbolisch vorweggenommen. Geschichtliche Ereignisse wie der Untergang des Römischen Reichs und ein endzeitliches Katastrophenszenario wie die Zerstörung der menschlichen Lebenswelt werden als Beginn des göttlichen Gerichts über eine Welt gedeutet, die sich von Gott losgesagt hat. Aber Gericht und Vernichtung haben nicht das letzte Wort. Wichtig auch hier der kleine Hymnus in V. 5f, der zeigt, »wie sich die Geschichtsmächtigkeit Gottes zugleich in Gericht und Heil erweist« (Roloff, 161).
Allerdings zielen die drei Plagenreihen vor allem auf die christlichen Adressaten der Offenbarung. »Sie sollen die Christen dazu bewegen, ein Leben aus dem Glauben zu führen. Nur so sind sie gegen die Versuchung gefeit, zu ihren Widersachern überzuwechseln. ... Indem die Plagen zeigen, daß Gott sich schon jetzt gegen seine und ihre Feinde durchsetzt, machen sie deutlich, daß Gott den Seinen nicht nur das Heil schenken will, sondern auch die Macht dazu hat. Insofern sind Plagen Heilsvergewisserungen für die Christen« (Giesen, 367). Die Frage nach der Rechtfertigung Gottes angesichts aller Ungerechtigkeit in der Welt, die sog. Theodizee, wird aus der Perspektive der verfolgten Christen beantwortet (V. 5–7). Dennoch sind die Christen nicht Zuschauer von sicheren Plätzen im Himmel aus. Auch wenn sie von den Plagen nicht direkt getroffen werden, sind sie noch nicht am Ziel. Darum müssen sie ermahnt werden, wach zu sein (V. 15).

17,1 – 19,10
Das Gericht über die große Stadt

»Gefallen ist Babylon«, das hatte schon in 14,8 ein Engel verkündet, und in 16,19 wurde das Zerbrechen der Stadt geschildert. Nun wird entfaltet, was dort nur knapp berichtet worden war. Das Gericht über Babylon, die große Stadt, wird vollzogen. Dabei treten neben der bisherigen Symbolik des Tieres neue Bilder in den Vordergrund. Das Motiv von Babylon als weltbeherrschende Metropole wird breit ausgeführt und der Vergleich der Stadt mit einer Hure ins Zentrum der visionären Erzählung gerückt. Damit wird die Schilderung zum negativen Gegenbild für das neue Jerusalem als Braut des Lammes in 21,1 – 22,5 (vgl. 19,7).

Der Abschnitt stellt eine zusammenhängende Erzählung dar, lässt sich aber in drei Unterabschnitte gliedern:
17,1–18: Die Hure Babylon und das Tier; 18,1–24: Die Klage über den Sturz Babylons; 19,1–10: Der Jubel im Himmel.

17,1–18
Die Hure Babylon und das Tier

17 ¹Und es kam einer von den sieben Engeln, die die sieben Schalen haben, und sprach mit mir und sagte: Komm, ich werde dir das Gericht über die große Hure zeigen, die an vielen Wassern sitzt, ²mit der die Könige der Erde Hurerei getrieben haben; und von dem Wein ihrer Hurerei sind die, die auf der Erde wohnen, betrunken gemacht worden. ³Und er brachte mich im Geist weg in die Wüste. Und ich sah eine Frau auf einem scharlachroten Tier sitzen, voll mit Namen der Lästerung, das sieben Köpfe und zehn Hörner hatte. ⁴Und die Frau war mit Purpur und Scharlach bekleidet und mit Gold und Edelsteinen und Perlen geschmückt und hatte in ihrer Hand einen goldenen Becher, voll mit Gräueln und den unreinen Dingen ihrer Hurerei, ⁵und auf ihrer Stirn war ein Name geschrieben, ein Geheimnis: Babylon, die Große, die Mutter der Unzüchtigen und der Gräuel der Erde. ⁶Und ich sah, (dass) die Frau betrunken (war) vom Blut der Heiligen und vom Blut der Zeugen Jesu. Und große Verwunderung befiel mich, als ich sie sah.
⁷Und der Engel sagte zu mir: Warum wunderst du dich? Ich werde dir das Geheimnis der Frau und des Tieres, das sie trägt (und) das die sieben Köpfe und die zehn Hörner hat, erklären: ⁸Das Tier, das du gesehen hast, war und ist nicht und wird aus dem Abgrund emporsteigen und in das Verderben gehen, und die, die auf der Erde wohnen, deren Name nicht von Grundlegung der Welt an im Buch des Lebens geschrieben steht, werden sich wundern, wenn sie das Tier sehen; denn es war und ist nicht und wird sein. ⁹Hier (ist) Verstand (nötig), der Weisheit hat. Die sieben Köpfe sind sieben Berge, auf denen die Frau sitzt. Und das sind sieben Könige. ¹⁰Die Fünf sind gefallen, der eine ist, der andere ist noch nicht gekommen, und wenn er kommt, soll er (nur) kurze (Zeit) bleiben. ¹¹Und das Tier, das war und nicht ist, das ist der achte, und er ist von den sieben und geht ins Verderben. ¹²Und die zehn Hörner, die du gesehen hast, sind zehn Könige, die ihre Königsherrschaft noch nicht empfangen haben, aber (zusammen) mit dem Tier für eine Stunde Vollmacht wie Könige empfangen werden. ¹³Diese sind *einer* Meinung und geben ihre Kraft und Macht dem Tier. ¹⁴Diese werden mit dem Lamm Krieg führen, und das

Lamm wird sie besiegen, denn es ist der Herr der Herren und der König der Könige, und die, die mit ihm sind, sind berufen und erwählt und treu. ¹⁵Und er sagt mir: Die Wasser, die du gesehen hast, wo die Hure sitzt, sind Völker und (Menschen)massen und Nationen und Sprachen. ¹⁶Und die zehn Hörner, die du gesehen hast, und das Tier, die werden die Hure hassen und werden sie verwüsten und nackt machen und ihr Fleisch essen und sie mit Feuer verbrennen. ¹⁷Denn Gott hat in ihre Herzen gegeben, seine Absicht durchzuführen und nach *einem* Sinn zu handeln und ihre Herrschaft dem Tier zu geben, bis die Worte Gottes vollendet sind. ¹⁸Und die Frau, die du gesehen hast, ist die große Stadt, die die Herrschaft über die Könige der Erde hat.

Der Abschnitt hat zwei Teile: *V. 1–6: Die Vision der großen Hure* und *V. 7–18: Die Deutung der Vision.* Die Deutung schreitet die einzelnen Bildelemente der Vision ab und erklärt sie Schritt für Schritt: V. 8–9a das Tier, V. 9b–11 die sieben Köpfe, V. 12–14 die zehn Hörner, V. 15 die Wasser, V. 16f die zehn Hörner, V. 18 die Frau. Für viele Ausleger liefert diese Deutung den Schlüssel für die eigentlichen Aussagen der Offenbarung. Dabei wählen die einen eine *zeitgeschichtliche* Deutung, die die Angaben auf Personen und Sachverhalte der Zeit des Johannes bezieht, nicht wenige aber auch eine *endgeschichtliche* Deutung, die die Lösung in der Gegenwart oder nahen Zukunft der eigenen Auslegung sucht.

Der Auftrag der sieben Engel mit den sieben Schalen scheint zu Ende zu sein. Aber einer dieser Engel führt den Seher hinein in die nächste Szene und zeigt damit, dass alles, was noch geschieht, ganz eng mit dem Vorhergehenden verbunden ist (1): *Und es kam einer von den sieben Engeln, die die sieben Schalen haben, und sprach mit mir und sagte: Komm, ich werde dir das Gericht über die große Hure zeigen.* Die Bezeichnung *große Hure* taucht hier neu auf. Den bibelkundigen Lesern und Leserinnen ist dieses Bild vertraut. Jerusalem (Jes 1,21; Ez 16; 23), Tyrus (Jes 23,16f) und Ninive (Nah 3, 1–4) werden wegen ihrer Treulosigkeit bzw. ihrer verführerischen Machtpolitik *Hure* genannt.
Auch hier ist eine Stadt gemeint, die durch den Zusatz, *die an vielen Wassern sitzt*, mit Babylon identifiziert wird. Das antike Babylon lag am Euphrat, von dem viele Kanäle in die Stadt abzweigten. Aber *Babylon, die Große*, ist ja nur Deckname für die Stadt, die eigentlich gemeint ist, nämlich *Rom* (vgl. 14,8; 16,19). Rom ist die Stadt, *mit der die Könige der Erde Hurerei getrieben haben; und von dem Wein ihrer Hurerei sind die, die auf der Erde wohnen,*

betrunken gemacht worden (2). Das ist der Grund, dass sie dem Gericht verfallen ist.
Der Vorwurf der *Hurerei* bezieht sich in unserem Zusammenhang nicht auf käuflichen Sex oder sexuelle Ausschweifungen. Der Begriff meint wie an den genannten prophetischen Stellen und auch sonst in der Offenbarung jede Art von Götzendienst (vgl. zu 2,14. 21f). Die Fürsten und Könige in den an das Römische Reich grenzenden Gebieten schlossen mit Rom Vasallenverträge ab und bekundeten ihre Loyalität mit Opfern für die römischen Staatsgötter und den vergöttlichten Kaiser. Auch hier wird mit denen, *die auf der Erde wohnen,* die Menschheit als Ganze bezeichnet, sofern sie sich zu solchem Götzendienst hat verführen lassen. *Der Wein ihrer Hurerei* steht für die verführerische Kraft einer von Rom ausgehenden »Weltkultur« (Lichtenberger, 223), in der eine Art religiöser Promiskuität üblich wird, die den Menschen ihr Urteilsvermögen raubt (sie *betrunken* macht).
Um zu sehen, was mit der *großen Hure* geschieht, braucht der Seher eine neue Perspektive. Deshalb führt ihn der Engel *im Geist weg in die Wüste* (3a). *Im Geist* geführt und bewegt zu werden, bedeutet, in die Wirklichkeit Gottes hineingestellt zu werden und die Dinge aus ihr heraus zu sehen (vgl. zu 1,10). Die *Wüste* hat biblisch sehr unterschiedliche Bedeutungen: Sie ist der Ort, wo wilde Tiere und dämonische Mächte hausen (Jes 34,14f; Mt 4,1–11), und veranschaulicht die Verwüstung, die Babel treffen wird (Jes 13,20f; Jer 51,26.29.43). Die Wüste ist aber auch Ort der Offenbarung, an dem ein neuer Blick auf Gottes Wirken geschenkt wird (vgl. 1Kön 19,4; Hos 12,10). Die Parallele zu 21,9f, wo der Engel den Seher »auf einen großen und hohen Berg« führt, um ihm »die Braut, die Frau des Lammes« zu zeigen, legt nahe, dass diese Bedeutung hier vorliegt. »Von dem sicheren Ort der Wüste aus ... sieht Johannes die dem Untergang geweihte gottlose Stadt; von einem Berg aus schaut er die heilige Stadt, die Wohnstätte Gottes und seines Lammes« (Giesen, 370).
Zunächst wird geschildert, was Johannes sieht (3b–6). Dabei gilt die Aufmerksamkeit zunächst weniger der Frau, die ihm gezeigt wird, sondern mehr dem Tier, auf dem sie sitzt: *Und ich sah eine Frau auf einem scharlachroten Tier sitzen, voll mit Namen der Lästerung, das sieben Köpfe und zehn Hörner hatte.* Die *scharlachrote* Farbe des Tieres ist einerseits Ausdruck für Luxus und Prunk, die kennzeichnend für das römische Imperium waren, denn der entsprechende Farbstoff, hergestellt aus weiblichen Kermes-Schildläusen, war außerordentlich kostbar. Aber anderseits ist Scharlach (Karmesin) und Purpur nach Jes 1,18 (REB, ZB, EÜ) Farbe der Sünde.

Die weitere Beschreibung des Tiers nimmt auf, was schon in 13,1 gesagt worden ist. Nur sind hier nicht nur die Köpfe des Tiers, sondern sein ganzer Körper *voll mit Namen der Lästerung*. Wie sich schon in 13,1–3 zeigte, ist das Tier ganz und gar »Kreatur des Satans«, »die Verkörperung der widergöttlichen Macht, deren Wesen die Lästerung Gottes ist (13,5)« (Roloff, 168).

Dem entspricht die Erscheinung der Frau (**4**): Sie *war mit Purpur und Scharlach bekleidet*, beides auch bei ihr Zeichen von großem Luxus und zugleich nach Jes 1,18 Symbol für die Sünde. Zunächst wird allerdings hervorgehoben, welchen immensen Reichtum die Frau repräsentiert. Denn sie war *mit Gold und Edelsteinen und Perlen geschmückt und hatte in ihrer Hand einen goldenen Becher*. Die verführerische Pracht des Römischen Reichs, angesammelt durch die Ausbeutung unterworfener Völker und der Sklaven, wird damit vor Augen gestellt. Auch hier stehen prophetische Aussagen über Babel im Hintergrund. In Jer 51,7 (EÜ) heißt es: »Babel war in der Hand des Herrn ein goldener Becher, der die ganze Erde berauschte. Von seinem Wein haben die Völker getrunken; deshalb haben die Völker den Verstand verloren«.

In der Schau des Johannes hat die Frau den Becher in der Hand, und sein Inhalt entspricht ihrem ganzen Wesen. Er *ist voll mit Gräueln und den unreinen Dingen ihrer Hurerei*. Gräuel sind wie im Alten Testament (vgl. Ez 16 und 23) der »Inbegriff all dessen, was die richtige Beziehung zwischen Gott und den Menschen zerstört« (Satake, 345). Auch *die unreinen Dinge ihrer Hurerei* beziehen sich nicht so sehr auf die sexuellen Verirrungen der Zeit, sondern diskreditieren »den gesamten synkretistischen Religionsbetrieb« im Römischen Reich (Giesen, 372).

Das alles aber ist Ausdruck der Macht, die durch die Gestalt der Frau symbolisiert wird. Ihre Identität und ihr wahres Wesen bleiben dem Seher nicht verborgen (**5**). Denn *auf ihrer Stirn war ein Name geschrieben*. Wer diese Frau ist, kann man lesen und wissen. Dabei ist wohl weniger darauf angespielt, dass römische Dirnen ihren Namen auf ihrem Stirnband geschrieben hatten. Vielmehr ist das Bild Symbol dafür, dass sich am Leben der Menschen ablesen lässt, wer sie sind (vgl. für die Christen 14,1). »Der Name auf der Stirn bringt die tiefste Wirklichkeit des Seins zum Ausdruck« (Giesen, 372).

Der Name verrät also *ein Geheimnis*, denn er lautet: *Babylon, die Große, die Mutter der Unzüchtigen und der Gräuel der Erde*. Die Frau repräsentiert *das große Babylon* (vgl. 14,8; 16,19; 18,2 und im AT Jes 21,9; Jer 51,8), die große Stadt, Inbegriff und Brutstätte aller Gottesfeindschaft. Deshalb wird sie auch *die Mutter der Unzüchtigen und der Gräuel der Erde* genannt. Von ihr geht der Götzen-

dienst aus, der die Menschen dazu verführt, Gott untreu zu werden. Sie lässt eine Religiosität entstehen, in der die Humanität verloren geht, die zum Dienst des wahren Gottes gehört. Damit kann nur Rom und die Propaganda für die Staatsgötter und den Kaiserkult gemeint sein (siehe zu 14,8).
Das zeigt sich vor allem in der Verfolgung und Vernichtung derer, die zu diesem Gott gehören (6): *Und ich sah, (dass) die Frau betrunken (war) vom Blut der Heiligen und vom Blut der Zeugen Jesu.* In einem schockierenden Bild wird das Maß der Vernichtung, aber auch der Blutrausch der Verfolger charakterisiert (vgl. Dtn 32,42; Jes 49,26; Jer 46,10). Die *Heiligen* sind die Christen, Menschen, die ganz zu Gott gehören, und vermutlich sind auch mit *Zeugen Jesu* nicht nur Märtyrer oder Propheten gemeint, sondern alle Christen, die für Jesus durch ihr treues Bekenntnis Zeugnis ablegen. Ob der Seher hier schon eine konkrete, blutige Verfolgungswelle wie die unter Nero im Blick hat oder ob er vorwegnimmt, was für die Christen schreckliche Realität werden wird, bleibt offen.
Die Reaktion des Sehers ist merkwürdig: Er berichtet: *Und große Verwunderung befiel mich, als ich sie sah.* Nicht Entsetzen erfüllt ihn, wie manche Ausleger meinen (vgl. Dan 7,15), sondern große *Verwunderung* bzw. großes *Staunen* (ZB, EÜ; vgl. Dan 8,27). Fast hat man den Eindruck, er sei fasziniert von dem Bild dieser Frau. Das aber gibt Anlass, ihre Erscheinung ausführlich zu deuten.
Vorwurfsvoll fragt der Engel zurück (7): *Warum wunderst du dich?* Wer das Wesen der Frau erkannt hat und vor allem auch ihre enge Beziehung zu dem *Tier,* auf dem sie sitzt, und dessen wahre Identität, wundert sich über nichts mehr. Darum kündigt der Engel an: *Ich werde dir das Geheimnis der Frau und des Tieres, das sie trägt (und) das die sieben Köpfe und die zehn Hörner hat, erklären.*
Es folgt eine Deutung der Vision, die in sechs Schritten die Einzelheiten der vorigen Vision erklärt: 1. das Tier (8.9a); 2. die sieben Köpfe (9b-11); 3. die zehn Hörner (12–14); 4. die Wasser (15); 5. noch einmal die zehn Hörner und das Tier (16f) und 6. die Frau (18).
1. *Das Tier* ist den Leserinnen und Leser nicht unbekannt. Schon in 13,1–8 hatte Johannes von ihm berichtet und die Bedrohung geschildert, die von ihm für die Christen ausgehen wird. Hier wird es erneut vorgestellt und seine Bedeutung aus einer anderen Perspektive erklärt (8). Dabei erfolgt eine doppelte Bestimmung seines Auftretens: *Das Tier, das du gesehen hast, war und ist nicht.* Damit wird das Tier einerseits als Gegenspieler Gottes identifiziert, »der ist und der war und der kommt« (1,8; vgl. 4,8). Andererseits wird damit angedeutet, dass die Gegenwart nicht mehr bzw. noch nicht von dem gegenwärtigen Wirken des Tieres bestimmt ist. Es liegt

nahe, bei dem Rückblick auf das vergangene Wirken des Tieres an die Verfolgung unter Nero zu denken, während zur Zeit der Abfassung der Offenbarung die Christen nicht systematisch verfolgt wurden.

Aber das wird sich ändern: das Tier *wird aus dem Abgrund emporsteigen und in das Verderben gehen.* Die Herkunft des Tiers *aus dem Abgrund* verrät sein Wesen: Es ist ein Geschöpf des Teufels und der Hölle. Aber es wird mehr gesagt: Jemand, den man schon in der Unterwelt wähnte, wird wieder auftauchen, freilich nur um endgültig *ins Verderben zu gehen* und vernichtet zu werden. Es spricht viel dafür, dass hinter diesem Bild die Legende vom wiederkommenden Nero steht (vgl. zu 6,2; 13,3.12). Diese Vermutung wird gestützt durch 13,3 (die wieder geheilte tödliche Wunde) und vor allem durch die Ausführungen über die Könige bzw. Kaiser in V. 9b.10.

Das Wiederkommen Neros wird zu einem tiefen Erstaunen in der Menschheit führen: *Es werden sich die, die auf der Erde wohnen, wundern, wenn sie das Tier sehen; denn es war und ist nicht und wird sein.* Seine Auferstehung zu neuer Herrschaft wird unter den Erdbewohnern größte Bewunderung auslösen. Allerdings werden nicht alle sich von dieser Begeisterung anstecken lassen, sondern nur die, *deren Name nicht von Grundlegung der Welt an im Buch des Lebens geschrieben steht* (vgl. 13,8). Wessen Existenz nicht in der Lebenszusage Gottes geborgen ist, ist der Verführung durch das Tier ausgeliefert.

Um zu erkennen, was hier wirklich vorgeht und welche Bedrohung das für die Christen bedeutet, dazu ist *Verstand (nötig), der Weisheit hat,* das heißt ein Verstand, der von göttlicher Weisheit geleitet ist (**9a**). Wie in 13,18 im Blick auf die Zahl 666 werden Leser und Leserinnen mit diesem Signal darauf hingewiesen, dass die Aussagen eine tiefere, aktuelle Bedeutung haben, die aber nicht weiter offengelegt werden kann, ohne die Betroffenen zu gefährden. Die aber sollten wissen, wer gemeint ist.

2. Nun werden Einzelheiten der Vision mit dem Tier erklärt (**9b. 10**): *Die sieben Köpfe sind sieben Berge, auf denen die Frau sitzt.* Das ist zunächst eine merkwürdige Ausmalung des Bildes. Johannes hat die Frau ja nicht auf den Köpfen des Tieres sitzend gesehen! Aber hier schlägt die gemeinte Sache durch. Die sieben Berge weisen eindeutig auf Rom hin, von dem es heißt, dass es auf sieben Hügeln erbaut ist. Die Frau ist also das personifizierte Rom, die auf den sieben Hügeln sitzt. Diese Hügel sind aber zugleich die Köpfe des Tieres, das damit gleichfalls mit Rom gleichgesetzt wird.

Doch die Köpfe verkörpern noch einen weiteren Aspekt der römischen Herrschaft: Sie repräsentieren *sieben Könige* bzw. sinngemäß übersetzt: *sieben Kaiser,* denn im Osten des Reichs wurden die römischen Kaiser als *Könige* bezeichnet (vgl. 1Petr 2,13.17; 1Tim 2,2). Und diese sieben Kaiser werden nun näher beschrieben: *Die ersten Fünf sind gefallen,* sie sind also gestorben oder umgebracht worden. *Der eine,* d.h. der sechste, *ist.* Das müsste also der Kaiser sein, der zur Zeit der Offenbarung an der Herrschaft ist. *Der andere,* d.h. der siebte, *ist noch nicht gekommen, und wenn er kommt, soll er (nur) kurze (Zeit) bleiben.* Das weist auf einen Kaiser hin, der nur kurz herrschen wird.

Aber obwohl dies der siebte ist, endet damit die Reihe nicht. Es kommt zu einer ganz unerwarteten Thronnachfolge (**11**): *Und das Tier, das war und nicht ist, das ist der achte.* Im Auftreten des achten Kaisers ergreift das Tier selbst die Herrschaft. Und dann folgt noch ein besonderer Hinweis: Dieser achte Kaiser *ist von den sieben,* das heißt in ihm tritt einer der sieben Kaiser erneut die Herrschaft an. Das ist noch einmal eine eindeutige Anspielung auf die Erwartung eines wiederkehrenden Nero! Hier scheint ganz klar auf eine Reihe von Kaiser hingewiesen zu werden, die in der Zeit der Entstehung der Offenbarung bzw. vorher geherrscht haben. Aber welche sind gemeint?

Die Liste der Kaiser, die in Frage kommen, lautet: Augustus (27 v.Chr. – 14 n.Chr.), Tiberius (14–37), Caligula (37–41), Claudius (41–54), Nero (54–68; die Soldatenkaiser Galba – Otho – Vitellius [68] sind ziemlich sicher nicht berücksichtigt), Vespasian (69–79), Titus (79–81), Domitian (81–96), Nerva (96–98) und unter Umständen auch Trajan (98–117). Vor allem zwei Rekonstruktionen der von der Offenbarung gemeinten Reihenfolge werden vorgeschlagen:
a) Die Reihe beginnt mit Augustus, dann wäre Nero der fünfte Kaiser, der gegenwärtig regierende wäre Vespasian, der siebte, der nur kurz regiert, wäre Titus, und Domitian würde dann mit dem wiederkehrenden Nero identifiziert, in dem *das Tier,* Kreatur des Teufels und Antichrist, die Herrschaft übernimmt. Johannes würde sich damit selbst in die Zeit Vespasians stellen. Dass er in dieser Zeit gewirkt hat, ist aber eher unwahrscheinlich. Deshalb überlegen manche, ob er diesen Standort fiktiv einnimmt oder eine ältere Quelle aus der Zeit Vespasians verwendet.
b) Die Reihe beginnt mit Caligula, dem ersten Kaiser, der ausdrücklich göttliche Verehrung für sich beansprucht hat. Dann wäre der 5. Titus, der gegenwärtige Domitian, der, der nur kurz herrscht, wäre Nerva, und der kommende achte wäre dann Trajan, wobei Johannes möglicherweise noch gar keine konkrete Person im Blick hatte. Aber wie konnte Johannes, wenn er sein Werk in der Zeit Domitians geschrieben hat, schon wissen, dass der nächste Kaiser nur kurz herrschen würde, und wie passt das mit seiner Naherwartung zusammen?
c) Neuerdings verzichten viele Ausleger auf eine genaue Identifizierung der sieben Könige mit bestimmten römischen Kaisern, sondern sehen zu-

nächst die Zahl sieben als Ausdruck der Vollzahl der römischen Kaiser; der sechste mag in der Vorstellung des Sehers Domitian sein, der zu seiner Zeit regierte, und die Kürze der Regierungszeit des siebten deutet an, dass die Herrschaft des Tieres bald kommt, aber nicht unmittelbar bevorsteht. Der Achte wird mit dem wiederkommenden Nero identifiziert, dessen Stellung unter den Sieben offenbleiben kann, Denn keiner der historisch zu identifizierenden Kaiser ist mit dieser, in hochmythologischen Bildern gezeichneten Gestalt einfach identisch.

3. Das nächste Detail, das erklärt wird, sind die *zehn Hörner* des Tieres (**12**). Allerdings ist die Erklärung nicht leicht zu verstehen: *Und die zehn Hörner, die du gesehen hast, sind zehn Könige, die ihre Königsherrschaft noch nicht empfangen haben, sondern (zusammen) mit dem Tier für eine Stunde Vollmacht wie Könige empfangen.* Das Motiv der zehn Hörner und ihre Gleichsetzung mit Königen stammt aus Dan 7,24. Dort folgen die zehn Könige aufeinander, hier treten sie miteinander auf. Gemeint sind Vasallenkönige von Roms Gnaden, die somit Verbündete des Reichs waren. Doch nach der Erklärung, die dem Seher gegeben wird, empfangen sie ihre Macht zusammen mit dem Tier. Gott gibt sie ihnen, aber nur für ganz kurze Zeit, bildlich gesprochen *für eine Stunde*.

Sie aber missbrauchen diese Macht (**13**). Gemeinsam übernehmen sie die Ideologie des Imperiums (*sind einer Meinung*) *und geben ihre Kraft und Macht dem Tier*, das heißt, sie unterstützen die Politik des wiederkehrenden Kaisers. Gemeinsam kämpfen sie gegen Christus (**14**): Sie *werden mit dem Lamm Krieg führen*, aber *das Lamm wird sie besiegen.* Der entscheidende Sieg gehört Gott und seinem Beauftragten.

Das wird feierlich begründet: *Denn es* (das Lamm) *ist der Herr der Herren und der König der Könige.* König aller Könige war der Titel der persischen Großkönige (Esra 7,12; Dan 2,37). Für die biblische Überlieferung ist Gott der Herr aller Herren und der König aller Könige (vgl. Dtn 10,17; Dan 2,47; 2Makk 13,4), und in der Offenbarung kommt dieser Titel Christus zu (vgl. 19,16). Das macht deutlich: Nicht der römische Kaiser und nicht das Tier, das für sich die Herrschaft über die Herzen der Menschen beansprucht, regieren, sondern *das Lamm*, Gottes Beauftragter.

Auf seiner Seite, der Seite des Siegers, stehen auch *die, die mit ihm sind.* Drei Merkmale werden für sie genannt: Sie *sind berufen und erwählt und treu.* Zuerst wird also gesagt, was an ihnen geschehen ist: Sie sind von Gott *berufen und erwählt.* Er hat sie zu sich gerufen und in seine Gemeinschaft geführt, wobei die beiden Begriffe unterschiedliche Aspekte desselben Vorgangs benennen (anders Mt 22,14). Dann aber wird hervorgehoben, wie sie ihre Berufung gelebt haben: Sie sind *treu* geblieben und haben am Bekenntnis zu Jesus festgehalten, unter Umständen bis zum Tod. V. 14 nimmt vorweg, was in Kap. 19 ausführlich erzählt werden wird. Damit wird signalisiert, worum es hier eigentlich geht.

4. Ein weiteres Detail wird gedeutet (15). Der Engel sagt zu Johannes: *Die Wasser, die du gesehen hast, wo die Hure sitzt, sind Völker und Menschenmassen und Nationen und Sprachen.* Allerdings waren *die Wasser* in der Vision selbst gar nicht erwähnt worden, wohl aber hatte der Engel die Frau als *die große Hure* vorgestellt, *die an vielen Wassern sitzt.* Auch im Alten Testament werden Heere und Völker mit Wasserströmen verglichen (Jes 8,7; Jer 46,7f; 47,2f). Hier sind *die Wasser* Bild für das Völkermeer, die Masse an Menschen und die Vielfalt an Nationen und Kulturen, die sich das Römische Reich unterworfen hat.

5. Noch einmal kommt der Engel auf *die zehn Hörner, die du gesehen hast, und das Tier* zu sprechen (16). Über sie wird eine überraschende Aussage gemacht: *Sie werden die Hure hassen und werden sie verwüsten.* Die Formulierung *verwüsten* zeigt: In der Person der Frau ist Rom vor Augen. Die Vasallenkönige werden sich mit dem Tier, also wohl dem wiederkehrenden Nero verbünden und Rom zerstören. Dahinter steht die »damals im Volk lebendige Erwartung, wonach der wiederkommende Nero sich mit den gefürchteten Heerscharen der Parther verbünden und an ihrer Spitze gegen Westen ziehen würde, um das Reich zu vernichten« (Roloff, 172; vgl. Sib 4,119ff.137f; Tacitus Hist 1,2).
Veranschaulicht wird die Vernichtung Roms mit recht brutalen Bildern, die die Stadt als Frau darstellen: Die Verbündeten werden *sie nackt machen und ihr Fleisch essen und sie mit Feuer verbrennen.* Noch einmal steht bei dieser Schilderung Ez 16,35–42; 23,22–31 im Hintergrund. Dort sind es die ehemaligen Liebhaber des abtrünnigen (»hurerischen«) Israel und Juda, die sich gegen die Frauen verbünden, sie ausziehen und ihre Häuser verbrennen. Dass das Fleisch der Besiegten gegessen wird, gehört zu den drastischen Bildern für Ausbeutung und Vernichtung im Alten Testament (vgl. Mi 3,3f). Die sich mit Purpur und Scharlach kleidete und mit Gold, Edelsteinen und Perlen schmückte, wird entblößt und geschändet.
Dass dies durch die Könige und das Tier geschieht, dafür gibt der Engel eine überraschende Erklärung (17): *Denn Gott hat in ihre Herzen gegeben, seine Absicht durchzuführen und nach einem Sinn zu handeln und ihre Herrschaft dem Tier zu geben.* »Die irdischen Repräsentanten Satans vollstrecken, ohne daß sie sich dessen bewußt sind, das göttliche Gericht« (Giesen, 386; vgl. 18,8). Sie meinen dem Tier zur Herrschaft zu verhelfen und führen gerade so Gottes Weg zum Ziel, *bis die Worte Gottes* – all das, was er durch den Seher offenbart – *vollendet sind.*

6. Endlich, und wohl sehr bewusst am Schluss, wird klar gesagt, wen die Frau darstellt (**18**): *Und die Frau, die du gesehen hast, ist die große Stadt, die die Herrschaft über die Könige der Erde hat.* Es kann kein Zweifel sein, dass damit Rom und sein Imperium gemeint ist. Zwar wissen wir, dass das Römische Reich nicht den ganzen Erdball umspannte. Aber für Johannes und seine Leserschaft beherrschte Rom so gut wie die ganze bewohnte Welt, die sog. Oikumene. Doch ist mit dieser Identifikation noch nicht alles gesagt. Rom ist Typus für jede politische Macht, die sich selbst absolut setzen und an die Stelle Gottes treten will.

Auf den ersten Blick wird in dieser Vision von Rom und seiner unheilvollen Rolle für die Christen gesprochen. Aber ihre Bedeutung erschöpft sich nicht in dieser zeitgenössischen Deutung. Es wird sehr viel Grundsätzlicheres angesprochen. Aber Rom ist auch nicht nur ganz allgemein Symbol für die menschliche Ur-Feindschaft gegen Gott. Es geht vielmehr um den Missbrauch und die religiöse Überhöhung politischer Macht. Babylon/Rom ist »ein eindrucksvolles Symbol weltlicher und religiöser Macht und damit die Personifizierung von Unterdrückung im ganzen Reich … Gerade in seinem totalitären, menschenverachtenden Machtanspruch nimmt es typische Bedeutung für ähnliche Regime an. So stellt der Seher dem Christen zu allen Zeiten vor Augen, daß er sich dem widergöttlichen Machtanspruch in Gesellschaft und Staat nicht unterwerfen darf« (Giesen, 387).
Zugleich aber wird denen, die unter solcher Herrschaft leiden, zugesagt, dass auch die Macht der totalitärsten Regime begrenzt ist. Dabei ist hochinteressant, wie das beschrieben wird (V. 16f). Dass solche Weltreiche oft am Widerstreit der inneren Kräfte im Kampf um die Macht zugrunde gehen, entspricht geschichtlicher Erfahrung. Prophetische Weitsicht aber weiß, dass auch darin Gott am Werk ist. Das ist angesichts des Leidens und der Opfer, die solche Zusammenbrüche mit sich bringen, nicht nur tröstlich, aber es gibt Raum für die Hoffnung auf einen völligen Neubeginn.

18,1–24
Die Klage über den Sturz Babylons

18 ¹Und danach sah ich einen anderen Engel vom Himmel herabsteigen, der hatte große Macht, und die Erde wurde voll Licht von seiner Herrlichkeit. ²Und er rief mit lauter Stimme und sagte: Gefallen, gefallen ist Babylon, die Große, und sie wurde zur Wohnstätte für Dämonen und zum Schlupfwinkel für jeden bösen Geist und

zum Schlupfwinkel für jeden unreinen Vogel und zum Schlupfwinkel für jedes unreine und verhasste Tier, ³denn vom Wein des Grimms ihrer Hurerei haben alle Völker getrunken, und die Könige der Erde haben mit ihr Hurerei getrieben, und die Kaufleute der Erde sind von der Kraft ihres Luxus reich geworden.
⁴Und ich hörte eine andere Stimme aus dem Himmel sagen: Zieht fort, mein Volk, aus ihr, damit ihr euch nicht mit ihren Sünden gemein macht, und fort aus ihren Plagen, damit ihr sie nicht auf euch nehmen müsst. ⁵Denn ihre Sünden haben sich gehäuft bis zum Himmel, und Gott hat ihrer Unrechtstaten gedacht.
⁶Zahlt ihr heim, wie auch sie heimgezahlt hat, und vergeltet zweifach nach ihren Werken; mischt das Doppelte für sie in den Becher, den sie gemischt hat. ⁷Wie viel sie sich verherrlicht hat und üppig gelebt, so viel gebt ihr als Qual und Trauer zurück. Denn in ihrem Herzen sagt sie: Ich throne als Königin und bin keine Witwe, und Trauer werde ich gewiss nicht sehen. ⁸Deshalb werden ihre Plagen an *einem* Tag (über sie) kommen, Tod und Trauer und Hunger, und im Feuer wird sie verbrannt werden, denn Gott, der Herr, ist stark, der sie richtet.
⁹Und die Könige der Erde, die mit ihr Hurerei getrieben und im Luxus gelebt haben, werden über sie weinen und klagen, wenn sie den Rauch ihres Brandes sehen. ¹⁰Von ferne stehend aus Furcht vor ihrer Qual sagen sie: Wehe, wehe, große Stadt, Babylon, starke Stadt, denn in *einer* Stunde ist das Gericht über dich gekommen.
¹¹Und die Kaufleute der Erde weinen und trauern um sie, denn niemand kauft ihre Fracht mehr, ¹²Fracht von Gold und Silber und Edelsteinen und Perlen und Byssosleinen und Purpur und Seide und Scharlach, und alles Holz vom Zitrusbaum und alles Gerät aus Elfenbein und alles Gerät aus Edelholz und Bronze und Eisen und Marmor ¹³und Zimt und Amomum und Räucherwerk und Myrrhe und Weihrauch und Wein und Öl und Feinmehl und Weizen und Rinder und Schafe und (Fracht) von Pferden und Wagen und Sklaven und Menschenleben.¹⁴Auch das Obst, nach dem dein Herz begehrte, hat dich verlassen, und alle Kostbarkeiten und herrlichen Dinge sind dir verloren gegangen, und man wird sie sicher nicht mehr finden.
¹⁵Die Kaufleute dieser Waren, die durch sie reich geworden sind, werden von ferne stehen aus Furcht vor ihrer Qual, weinend und trauernd, und ¹⁶sagen. Wehe, wehe, du große Stadt, die mit Byssosleinen bekleidet war und mit Purpur und Scharlach und mit Gold geschmückt und mit Edelsteinen und Perlen, ¹⁷denn in *einer* Stunde ist dieser Reichtum verwüstet worden.
Und jeder Steuermann und jeder, der die Küste entlang segelt, und Seeleute und alle, die auf dem Meer tätig sind, standen von ferne

¹⁸und riefen, als sie den Rauch ihres Brandes sahen: Wer ist der großen Stadt gleich? ¹⁹Und sie warfen Staub auf ihre Köpfe und riefen weinend und trauernd und sagten: Wehe, wehe, du große Stadt, in der alle, die Schiffe auf dem Meer hatten, durch ihren Wohlstand reich wurden. Denn in *einer* Stunde ist sie verwüstet worden.
²⁰Freue dich über sie, Himmel, und ihr Heiligen und Apostel und Propheten, denn Gott hat euretwegen das Gericht an ihr vollzogen.
²¹Und ein starker Engel hob einen Stein, groß wie ein Mühlstein, und warf ihn ins Meer und sagte: Genauso wird Babylon, die große Stadt, mit stürmischer Gewalt (weg)geworfen und nicht mehr gefunden werden. ²²Und der Klang von Lautenspielern und Musikanten und Flötenspielern und Trompetern wird nicht mehr in dir gehört werden, und kein Handwerker jedweden Handwerks wird in dir mehr gefunden werden, und das Geräusch der Mühle wird nicht mehr in dir gehört werden, ²³und kein Licht einer Lampe wird in dir scheinen, und die Stimme von Bräutigam und Braut wird nicht mehr in dir gehört werden, denn deine Kaufleute waren die Mächtigen der Erde, weil du mit deiner Zauberei alle Völker verführt hast, ²⁴und in ihr wurde Blut von Propheten und Heiligen gefunden und von allen, die auf der Erde hingeschlachtet worden sind.

Literarisch ist dieses Kapitel einer der faszinierendsten Texte der Offenbarung; theologisch wirft es Fragen auf. Es stellt eine große Einheit dar, ist aber sehr kunstvoll als doppeltes Triptychon gestaltet. Am Anfang (V. 1–3) stellt ein Engel den Vollzug des Gerichts über Babylon fest. Dem entspricht am Ende (V. 21–24) die Zeichenhandlung eines Engels. Sie symbolisiert die Zerstörung der Stadt, deren Verödung eindrucksvoll geschildert wird. Der lange Mittelteil ist noch einmal dreigeteilt: Am Anfang (V. 4–8) ruft eine »andere Stimme« dazu auf, die Stadt zu verlassen und ihr alles Unrecht zu vergelten; dem entspricht am Ende (V. 20) der Aufruf, sich über den Vollzug des Gerichts zu freuen. Im Zentrum (V. 9–19) aber steht die Schilderung der Klage dreier Menschengruppen, die von dem Reichtum Babylons profitiert haben: Könige (V. 8f), Kaufleute (zwei Mal: V. 11–14.15–17a) und die Seeleute (V. 17b–19). Jedes Mal ertönt dabei der Ruf: *Wehe, wehe, du große Stadt!*

Mit der Wendung *ein anderer Engel* (1) schließt sich diese Vision eng an die Schilderung der sieben Engel mit den sieben Schalen an (vgl. 17,1). Diesem Engel ist besonders *große Macht* gegeben. Er kündet Gottes gerechtes Gericht an, und das strahlt auf die Erde aus: Sie *wurde voll Licht von seiner Herrlichkeit*. Es ist Gottes Gegenwart und Herrlichkeit, die durch den Engel und seine Botschaft auf der dunklen Erde aufleuchtet (vgl. Ez 43,2).

Diese Botschaft ist einfach und klar und meldet den Vollzug dessen, was schon in 14,8 vorausschauend vom Himmel herab verkündet wurde (2): *Gefallen, gefallen ist Babylon, die Große*. Auch jetzt ist Babylon/Rom noch nicht zerstört (vgl. V. 4ff). Dass sein Fall aber hier schon in der Vergangenheit geschildert wird, das besagt: »Vor Gott ist die Stadt schon im Augenblick seines Urteilsspruchs vernichtet, auch wenn dessen Realisierung auf der Ebene irdischer Zeit noch aussteht« (Roloff, 175).
In dieser Perspektive schon geschehener Zukunft wird dann auch geschildert, welche Folgen das für die Stadt haben wird: *Sie wurde zur Wohnstätte für Dämonen und zum Schlupfwinkel für jeden bösen Geist und zum Schlupfwinkel für jeden unreinen Vogel und zum Schlupfwinkel für jedes unreine und verhasste Tier*. Schon in prophetischen Texten des Alten Testaments wird das Gericht über Babel und andere Feinde Israels mit solchen Bildern beschrieben. Nur noch wilde Hunde, Schakale, unreine Vögel und Dämonen werden in diesen Städten hausen (Jes 13,21f; 34,11–15; Jer 50,39).
Noch einmal wird begründet, warum dieses Gericht über die Stadt ergeht (3): *Denn vom Wein des Grimms ihrer Hurerei haben alle Völker getrunken und die Könige der Erde haben mit ihr Hurerei getrieben*. Mit diesen bereits bekannten Bildern (vgl. 14,8; 17,2) »werden Machtkult, selbstherrliche Anmaßung und Götzendienst beschrieben, in die die große Stadt alle Völker der Erde verstrickt hat«. Doch hier tritt ein weiterer Faktor hinzu: *und die Kaufleute der Erde sind von der Kraft ihres Luxus reich geworden*. »Damit ist eine das Folgende beherrschende Note angeschlagen. Der Zusammenbruch einer Wohlstandsgesellschaft wird geschildert, deren unersättliche Gier nach kostbaren Gütern Folge und Symptom ihrer Vergötzung menschlicher Macht und Möglichkeiten ist« (Roloff, 175).
Eine neue Szene tut sich auf, die noch einmal auf die Zeit vor dem Vollzug des Gerichtsurteils blickt (4–8). *Eine andere Stimme aus dem Himmel* lässt sich hören. Wie die Anrede *mein Volk* zeigt, spricht Gott selbst: *Zieht fort aus ihr!* ruft er denen zu, die zu ihm gehören. Hier klingen vielfache Anspielungen auf alttestamentliches und zeitgenössisches Geschehen an: der Auszug Lots und seiner Familie aus Sodom (Gen 19,12–16) und der Israels aus Babel (Jer 50,8; 51,6: »Flieht aus Babel«; 51,45: »Zieh aus von dort, mein Volk«; ähnlich Jes 48,20; 52,11), aber auch der Ruf zur Flucht aus Judäa in Mk 13,14.
Diese Aufforderung wird auch gleich begründet. Die Angesprochenen sollen aus der Stadt ziehen, *damit ihr euch nicht mit ihren Sünden gemein macht, und aus ihren Plagen, damit ihr sie nicht auf euch nehmen müsst*. Die Mahnung ist also nicht wörtlich ge-

meint. Es geht um die klare Distanzierung von dem Verhalten, das für Babylon/Rom typisch ist, um sich nicht mit der gleichen Schuld zu beladen und deshalb dieselbe Strafe erleiden zu müssen. Hier ist eine klare Trennung nötig; Kompromisse sind gefährlich.
Gott kann das Verhalten der herrschenden Gesellschaft nicht länger hinnehmen (5): *Denn ihre Sünden haben sich gehäuft bis zum Himmel* (so auch von Babel in Jer 51,9; vgl. auch Gen 18,20), *und Gott hat ihrer Unrechtstaten gedacht.* Was an Unrecht geschehen ist, das ist nicht vergessen und bleibt nicht ungesühnt.
Davon sprechen die nächsten Sätze. Sie sind nicht an die Christen gerichtet. Nicht sie werden aufgefordert, sich zu rächen, sondern die Mächte, die Gott mit der Durchführung des Gerichts beauftragt hat, vermutlich Strafengel, möglicherweise auch das Tier und seine Verbündete (vgl. 17,16). Vielleicht sind die Imperative aber auch »rhetorischer Ausdruck für den göttlichen Urteilsspruch« (Giesen, 394).
Was für uns wie der Ausdruck ungezügelter Rachsucht klingt, bewegt sich in den vorgezeichneten Bahnen alttestamentlich-biblischer Vorstellungen, wie sie sich in den prophetischen Gerichtsworten über Babel finden. So entspricht die erste Aufforderung (6) *Zahlt ihr heim, wie auch sie heimgezahlt hat* Aussagen in Jer 50,15 (»Übt Vergeltung an Babel, tut ihr, wie sie getan hat«) oder 50,29 (»Vergeltet Babel, wie es verdient hat; wie es getan hat, so tut ihm wieder!«; vgl. Ps 137,8). Auch zu *vergeltet zweifach nach ihren Werken; mischt das Doppelte für sie in den Becher, den sie gemischt hat* gibt es eine Parallele in Jer 16,18 (»Zuerst aber vergelte ich ihre Schuld und ihre Sünde doppelt«, ZB; vgl. Jes 40,2).
Dass sich nach dem Prinzip der adäquaten Vergeltung Sünde und Strafe entsprechen, zeigt sich auch daran, »daß für Babylon der verderbliche Zornestrank in demselben Becher gemischt werden soll, aus dem sie andere zu trinken genötigt hat« (Roloff, 176).
So auch in V. **7**: *Wie viel sie sich verherrlicht hat und üppig gelebt, so viel gebt ihr als Qual und Trauer zurück.* »Entsprechend ihrer Selbstüberhebung und ihrem Luxus, soll sie Qual und Trauer erhalten« (Lichtenberger, 235). Das wird noch näher beschrieben: *Denn in ihrem Herzen sagt sie: Ich throne als Königin und bin keine Witwe, und Trauer werde ich gewiss nicht sehen.* Hintergrund ist Jes 47,8: »So höre nun dies, die du in Wollust lebst und so sicher sitzt und sprichst in deinem Herzen: ›Ich bin's, und sonst keine; ich werde keine Witwe werden noch ohne Kinder sein‹«.
Dem entspricht die Strafe (**8**): *Deshalb werden ihre Plagen an einem Tag (über sie) kommen, Tod und Trauer und Hunger, und im Feuer wird sie verbrannt werden, denn Gott, der Herr, ist stark, der sie richtet;* auch hier mit einer Entsprechung in Jes 47,9: »Dies bei-

des wird plötzlich über dich kommen auf einen Tag, dass du Witwe und ohne Kinder bist«. Die vier schweren Strafen werden auch in Ez 14,21 genannt, mit Feuer verbrennen in Jes 47,14.
Aber über das Geschick der großen Stadt herrscht wenig Freude. Im Gegenteil: Ihr Sturz wird vielfältig beklagt (9–19). Drei Gruppen stimmen in die Klage ein: Die Könige der Erde, also die politisch Verantwortlichen (9f), die Kaufleute, die ökonomischen Nutznießer der Herrschaft Roms (11–17a), und die Seeleute, sowohl Schiffseigner als auch einfache Leute, die schuften mussten, denen die prosperierende Wirtschaft dennoch Arbeit bot (17b–19). Alle drei Strophen des Klageliedes beginnen mit sehr ähnlichen Wendungen (9. 15.17b), sprechen von *Weinen und Klagen* und rufen ein zweifaches *Wehe* über die *große Stadt*. Der Inhalt der Klage lehnt sich sehr stark an entsprechende Vorbilder aus der prophetischen Klage über den Fall von Tyrus an (Ez 26–28), gewinnt aber dennoch ein ganz eigenes Profil.
Die erste Gruppe sind *die Könige der Erde* (9f), Repräsentanten einer weltweit gedachten Völkergemeinschaft (vgl. 1,5; 6,15; 19,19; 21,24). Sie haben mit der Frau *Hurerei getrieben* und mit ihr *im Luxus gelebt* (vgl. V. 3), jetzt aber *weinen und klagen* sie *über sie* wie eine Gruppe von Klageweibern, *wenn sie den Rauch* der brennenden Stadt *sehen* (vgl. 17,16). Sie bleiben freilich in vorsichtiger Distanz *aus Furcht,* in die *Qual* und den Schmerz ihres Untergangs einbezogen zu werden. Aus der Ferne tönt ihre Totenklage: *Wehe, wehe, große Stadt, Babylon, starke Stadt, denn in einer Stunde ist das Gericht über dich gekommen.* Plötzlich erkennen sie, dass die Stadt und ihr Tun dem Gericht Gottes verfallen ist.
Die nächste Gruppe sind *die Kaufleute der Erde,* genauer gesagt die international agierenden Großhändler (11–17a). Auch sie *weinen und trauern um sie* – allerdings aus einem sehr egoistischen Grund: *denn niemand kauft ihre Fracht mehr.* Durch die Zerstörung der Handelsmetropole ist der internationale Handel zusammengebrochen, an dem vor allem die profitiert haben, die kostbare Güter aus fernen Ländern transportieren. Diese Warenladungen werden nun im Detail aufgezählt, wobei im Hintergrund eine vergleichbare Aufzählung in Ez 27,12–25 steht (12f).
Es ist *Fracht von Gold, Silber, Edelsteinen und Perlen,* dazu kostbare Stoffe wie *Byssosleinen* (feinste Leinwand), *Purpur, Seide und Scharlach,* weiter kostbare Hölzer wie das besonders geschätzte *Holz vom Zitrusbaum,* dann Geräte und Geschirr *aus Elfenbein, Edelholz, Bronze und Eisen und Marmor,* vor allem wertvolle Gewürze wie *Zimt, Amomum* (schwarzes Kardamom), *Räucherwerk, Myrrhe und Weihrauch,* aber auch Grundnahrungsmittel, auf deren Lieferung Rom so sehr angewiesen war, wie *Wein, Öl, Fein-*

mehl und Weizen, Haustiere wie *Rinder und Schafe,* dazu auch *Pferde und Wagen* und nicht zuletzt *Leiber und Seelen* (so wörtlich für *Sklaven und Menschenleben).* Die antike Gesellschaft war eine Sklavenhaltergesellschaft und ihre wirtschaftliche Stärke beruhte auf der billigen Arbeitskraft von Sklaven und Sklavinnen.
Ganz kurz wird die Stadt persönlich angesprochen, um zu beschreiben, was sie verloren hat (**14**): *Auch das Obst, nach dem dein Herz begehrte* (wörtlich: *dein Obst der Begierde der Seele), hat dich verlassen.* Frische Früchte, oft unter großem Aufwand von weit her transportiert, waren römischen Feinschmeckern wichtig. Sie gibt es nicht mehr. Ja, *alle Kostbarkeiten und herrlichen Dinge sind dir verloren gegangen, und man wird sie sicher nicht mehr finden.* Die Zeit von Luxus und Verschwendung ist unwiederbringlich vorbei.
Aber noch einmal wird die Klage der Großhändler aufgenommen, diesmal ganz parallel zu der Schilderung der Klage der Könige, aber auf die Situation und Perspektive der Händler angepasst (**15–17a**): *Die Kaufleute dieser Waren, die durch sie reich geworden sind,* sie verdanken ihren Wohlstand dem riesigen Wirtschaftsraum und den internationalen Handelsbeziehungen, die durch das Imperium geschaffen wurden. Auch sie *werden von ferne stehen aus Furcht vor ihrer Qual, weinend und trauernd, und sagen. Wehe, wehe, du große Stadt.* Sie haben aber eher den Blick für den Reichtum und den Luxus, für die die Stadt bekannt war und der durch das Outfit der Frau charakterisiert war, *die mit Byssosleinen* (feinste Leinwand) *bekleidet und mit Purpur, Scharlach, Gold, Edelsteinen und Perlen geschmückt war* (so auch die Beschreibung der *Hure* in 17,4). Aber *in einer Stunde ist dieser Reichtum verwüstet worden.* Sic transit gloria mundi – so vergeht der Ruhm der Welt!
Eine letzte Gruppe wird genannt, die durch den regen Handelsverkehr im Mittelmeer, dem *mare nostrum* der Römer, besonders profitierten (**17b–19**). Es sind *jeder Steuermann* oder *Kapitän und jeder, der die Küste entlang segelt* (evtl. auch *jeder, der mitreist), und alle Seeleute,* also die einfachen Matrosen, *und alle, die auf dem Meer tätig sind,* vermutlich die Ruderer und andere auf dem Schiff Beschäftigte. Auch sie *standen von ferne und riefen, als sie den Rauch ihres Brandes sahen: Wer ist der großen Stadt gleich?*
Sie zeigen ihre Betroffenheit besonders eindrücklich: *Sie warfen Staub auf ihre Köpfe,* Ausdruck großer Trauer (Hiob 2,12; Ez 27, 30), *und riefen weinend und trauernd und sagten: Wehe, wehe, du große Stadt.* Ihr Bedauern hat einen handfesten Grund: In dieser Stadt wurden *alle reich, die Schiffe im Meer hatten.* Zwar war Rom anders als Tyrus, dessen Untergang in der Vorlage in Ez 27 beklagt wird, keine Hafenstadt. Aber »der Seehandel war auf Rom hin ausgerichtet« (Lichtenberger, 239), und es war der Reichtum und der

Wohlstand, der hier angehäuft war, durch den Investitionen in Schiffe sicheren Gewinn eintrugen. Aber nun war das alles dahin, denn in einer Stunde ist sie verwüstet worden.
Nach dieser Klage, die ähnlich wie ihr Vorbild in Ez 26–28 auch manche ironischen Züge aufweist, wechselt die Perspektive wieder. Nun scheint der Seher selbst das Wort zu ergreifen und das Geschehene zu kommentieren. Plötzlich wird der Himmel, also die Welt Gottes, angesprochen (vgl. 12,12; Ps 96,11; Jes 44,23; 49,13) und mit ihm die Menschen, die zu Gott gehören (**20**): *Freue dich über sie, Himmel, und ihr Heiligen und Apostel und Propheten, denn Gott hat euretwegen das Gericht an ihr vollzogen.* Auffallend die Aufteilung der Menschen, die angesprochen werden: die *Heiligen* sind auch hier alle Christen, die Christus die Treue gehalten haben. *Apostel und Propheten* sind die besonderen Beauftragten, die das Fundament der Christusverkündigung gelegt haben (vgl. 21,14; Eph 2,20) und die Botschaft weitertragen (vgl. 10,7). Den drei Trauerchören werden drei Jubelchöre gegenübergestellt.
Die Freude hat ihren Grund: *denn Gott hat euretwegen das Gericht an ihr vollzogen.* Der Ruf der Märtyrer nach Gerechtigkeit ist erhört (6,10; 11,18; 16,7). »Gott hat ihren Rechtsanspruch gegenüber ihren Peinigern zu dem seinen gemacht und ihn durch sein Gericht vollstreckt. Wieder wird deutlich, daß Gottes Gericht nur die Außenseite seines Heilshandelns ist (vgl. 15,1–8)« (Roloff, 178). Uns macht dieser Aufruf zur Freude eher Mühe!
Eine letzte Szene in diesem Kapitel zeigt bildhaft mit einer Zeichenhandlung, was mit der großen Stadt geschieht (**21–24**). *Und ein starker Engel hob einen Stein, groß wie ein Mühlstein, und warf ihn ins Meer und sagte. Genauso wird Babylon, die große Stadt, mit stürmischer Gewalt (weg)geworfen und nicht mehr gefunden werden* (**21**). Vorbild für diese Aussage ist Jer 51,63f (ZB): »Wenn du diese Schrift ganz verlesen hast, binde einen Stein daran und wirf sie in den Eufrat und sprich: So wird Babel versinken, und es wird nicht wieder auftauchen wegen des Unheils, das ich über es bringe«. Möglicherweise spielt auch Jesu Wort vom Mühlstein (Mk 9,42; Mt 18,6; Lk 17,1f) mit hinein. Die symbolische Handlung soll zeigen: So sicher wie ein Mühlstein, der ins Meer geworfen wird, dort versinkt und für immer verschwindet, so gewiss wird auch Babylon/Rom ausgelöscht werden.
Welche Verwüstung und Verödung dies für die Stadt bedeutet, wird an fünf anschaulichen Beispielen geschildert (**22.23a**). Dabei ist die Auswahl dieser Beispiele von einem Gerichtswort über Jerusalem in Jer 25,10 inspiriert, wo Gott durch den Propheten sagt: Ich »will wegnehmen allen fröhlichen Gesang, die Stimme des Bräutigams und der Braut, das Geräusch der Mühle und das Licht der Lampe«.

Hier heißt es: *Der Klang von Lautenspielern und Musikanten und Flötenspielern und Trompetern wird nicht mehr in dir gehört werden* (vgl. Jes 24,8; Ez 26,13). Es wird keine fröhlichen Feste mehr in ihr geben. Auch *kein Handwerker jedweden Handwerks wird in dir mehr gefunden werden,* und *das Geräusch der Mühle wird nicht mehr in dir gehört werden.* Keiner der Männer wird mehr an der Arbeit sein, und die häusliche Arbeit der Frauen an der Handmühle wird aufhören. In der Nacht herrscht völlige Finsternis: *Kein Licht einer Lampe wird in dir scheinen.* Auch *die Stimme von Bräutigam und Braut,* Zeichen, dass das Leben von Generation zu Generation weitergeht, *wird nicht mehr in dir gehört werden* (vgl. Jer 7,34; 16,9). Totenstille und völlige Dunkelheit liegen über der Stadt.
Warum das so sein muss, wird noch einmal mit drei Aussagen begründet (**23b.24**): *denn deine Kaufleute waren die Mächtigen der Erde* (vgl. Jes 23,8 vom Gericht über Tyros, dessen »Kaufleute Fürsten waren und ihre Händler die Herrlichsten auf Erden«). Diese wirtschaftliche Macht, mit der sie die Erde beherrschten, haben sie missbraucht. Das zeigt die zweite Begründung: *weil du mit deiner Zauberei alle Völker verführt hast* (Jes 47,12; Nah 3,4). Verführung zum Götzendienst durch Manipulation und magische Gewalt ist ebenfalls ein Anklagepunkt gegen die Stadt (vgl. 9,21).
Vor allem aber: *in ihr wurde Blut von Propheten und Heiligen gefunden und von allen, die auf der Erde hingeschlachtet worden sind.* Nicht nur vom Tod der Märtyrer wird hier gesprochen, sondern von allen Opfern von Unrechtsjustiz und staatlich sanktionierter Gewalt. Nicht nur das Blut der Märtyrer am Fuß des Altars schreit zum Himmel (vgl. 6,9f), sondern alles unschuldig vergossene Blut dieser Erde (Gen 4,10; Ps 9,13; Mt 23,35).

Ein faszinierendes Bild wird hier entfaltet und zugleich ein Einblick in die Arbeitsweise des Sehers geboten. Das Ganze ist nichts anderes als eine großangelegte Collage aus alttestamentlichen Bildern und Zitaten und erscheint doch als eindrückliches, in sich geschlossenes Gesamtbild. Gezeigt wird die ökonomische Seite missbrauchter Macht. Gerade durch sie hat Babylon auch Freunde und Nutznießer gewonnen, von den politischen Herrschern über die Wirtschaftsbosse bis hin zu den einfachen Matrosen. Die Stimme der Sklaven – also der *Leiber und Seelen,* die auch verhökert werden (V. 13) – fehlt jedoch. Die Opfer bleiben stumm, aber sie sind nicht vergessen (V. 24).
Heißt das: Globalisierung ist immer vom Teufel? Sind – wie das manche endzeitbeflissenen Kreise meinen – alle Einheitsbestrebungen verdächtig, gleich ob politisch, ökonomisch oder ökumenisch? Das wäre eine zu simple Schlussfolgerung. Aber zweifellos schärft die Polemik der Offenbarung den Blick für die Problemseiten mancher Einheits-

bestrebungen. Um des großen Zieles willen werden Minderheiten übergangen, unbequeme Stimmen unterdrückt und die Schwachen an den Rand gedrängt. Das muss nicht so sein. Einheit, die den Menschen dient und nicht dem Machterhalt, kann Spannungen aushalten und hat die Kraft, sich für Schwache und Unbequeme zu öffnen und einzusetzen. Aber der Zwang zur Uniformität ist meist stärker.
Es bleiben Fragen: Wie kann verhindert werden, dass der Jubel über den Sieg der Gerechtigkeit zur himmlischen Schadenfreude degeneriert? Immerhin setzt der letzte Halbsatz in V. 24 den Impuls, dass dieser Sieg nicht nur den treuen Christen Genugtuung verschafft, sondern dass Gott gerade zu denen steht, »die der damaligen [und der heutigen] Gesellschaft als unbedeutend erscheinen« (Giesen, 407).
So gesehen kann und muss dieses Kapitel »als Versuch gelesen werden, Hoffnung und Ermutigung bei denen zu wecken, die um das wirtschaftliche Überleben und Freiheit von Verfolgung und Mord kämpfen« (Schüssler Fiorenza, 124).

19,1–10
Der Jubel im Himmel

19 ¹Und ich hörte (etwas) wie die mächtige Stimme einer großen Menge im Himmel sagen: Halleluja, das Heil und der Ruhm und die Macht (sind) unseres Gottes, ²denn wahrhaftig und gerecht sind seine Gerichte, denn er hat die große Hure gerichtet, die die Erde mit ihrer Hurerei ins Verderben gestürzt hat, und er hat das Blut seiner Knechte von ihrer Hand gerächt.
³Und zum zweiten Mal sprachen sie: Halleluja, und ihr Rauch steigt auf in alle Ewigkeit.
⁴Und die 24 Ältesten fielen nieder und die vier Wesen und beteten Gott an, der auf dem Thron sitzt, und sagten: Amen, Halleluja. ⁵Und eine Stimme ging vom Thron aus und sagte: Lobt unseren Gott, alle seine Diener und die ihr ihn fürchtet, Kleine und Große.
⁶Und ich hörte (etwas) wie die Stimme einer großen Menge und wie die Stimme vieler Wasser und wie die Stimme mächtiger Donner sagen: Halleluja, denn der Herr, unser Gott, der Allherrscher, hat die Herrschaft angetreten. ⁷Lasst uns freuen und frohlocken und ihm die Ehre geben, denn es ist die Hochzeit des Lammes gekommen und seine Frau hat sich bereit gemacht, ⁸und ihr wurde gegeben, sich mit glänzendem, reinen Byssosleinen zu bekleiden. Denn das Leinen sind die gerechten Taten der Heiligen.
⁹Und er sagt zu mir: Schreibe: Glücklich sind die, die zum Hochzeitsmahl des Lammes geladen sind. Und er sagt zu mir: Dies sind wahrhaftig Gottes Worte! ¹⁰Und ich fiel zu seinen Füßen nieder und

betete ihn an. Und er spricht zu mir: Ja nicht! Ich bin dein Mitknecht und (einer) deiner Brüder, die das Zeugnis Jesu haben. Bete Gott an. Denn das Zeugnis Jesu ist der Geist der Prophetie.

Wieder, wie in Kap. 4 und 5, wird der Seher in den Bereich des himmlischen Gottesdienstes geführt. Ein vielstimmiges Lob wird hörbar. Fünf Mal ergreifen ganz unterschiedliche Stimmen das Wort, um den Sieg Gottes zu preisen (V. 1f.3.4.5.6–8). Anfang und Ende entsprechen sich: Dem Fall der großen Hure steht die Hochzeit der Frau des Lammes gegenüber. In der Mitte aber steht das schlichte Lob der 24 Ältesten und der vier Wesen am Thron Gottes, das nur aus den beiden Worten *Amen, Halleluja* besteht. Den Abschluss bildet eine Aussage, die ausdrücklich niedergeschrieben werden soll, die also so etwas wie die Quintessenz des ganzen Abschnitts darstellt (V. 9f).

Der Seher hört etwas, was er nur vage beschreiben kann (**1**), *(etwas) wie die mächtige Stimme einer großen Menge im Himmel.* Es ist die Stimme der himmlischen Heerscharen, und was sie sagen, ist klar und eindeutig: *Halleluja, das Heil und der Ruhm und die Macht (sind) unseres Gottes. Halleluja* (wörtlich: *Preist Jahwe*) ist eigentlich Aufforderung zum Gotteslob (vgl. Ps 104,35), wird dann aber zum Ausdruck des Lobes selbst (vgl. Tob 13,18). Das Wort kommt im Neuen Testament nur in diesem Abschnitt vor! Nach jüdischer Tradition ist es der Endzeit vorbehalten.
Drei Attribute werden Gott zugeschrieben: Er ist die Quelle von *Heil* bzw. *Rettung* (manche übersetzen hier mit *Sieg*; vgl. 7,10); ihm gebührt aller *Ruhm*, anders übersetzt: *die Herrlichkeit*, das Kennzeichen seines Gottseins (vgl. 4,11), und ihm allein gehört die *Macht* diese seine Welt zu beherrschen (vgl. 4,11 u.ö.).
Für den Lobpreis Gottes gibt es eine klare Begründung (**2**): *Denn wahrhaftig und gerecht sind seine Gerichte, denn er hat die große Hure gerichtet, die die Erde mit ihrer Hurerei ins Verderben gestürzt hat, und er hat das Blut seiner Knechte von ihrer Hand gerächt.* Dass Gottes Gericht gerecht ist, das ist wichtiges Thema in der Offenbarung (vgl. 15,3; 16,7; 18,20). Die Bitte der Seelen unter dem Altar (6,10) ist erhört worden. »Die zu verderben, die die Erde verderben«, ist nach 11,18 eine wichtige Aufgabe des Richtens Gottes. Das Blut der Märtyrer ist ein Indikator für den gesamten Schaden, der die Menschheit und die Erde durch die falsche Haltung der Menschen Gott gegenüber trifft.
Die große Menge erhebt ein *zweites* Mal ihre Stimme (**3**): Noch einmal erklingt der Ruf zu Gottes Lob: *Halleluja*, und in einem etwas verkürzt formulierten Nachsatz wird auch dieser Ruf begrün-

det: Die große Stadt Babylon/Rom wurde im Feuer zerstört *und ihr Rauch steigt auf in alle Ewigkeit*. Ihre Vernichtung ist endgültig, an ein Wiedererstehen aus den Trümmern ist nicht zu denken. Es wird kein Raum für den Widerstand gegen Gott mehr sein. Auch hier stehen alttestamentliche Vorstellungen im Hintergrund, z.B. ein Gerichtswort über Edom aus Jes 34,10, dessen Land zu brennendem Pech werden wird, »das weder Tag noch Nacht verlöschen wird, sondern immer wird Rauch von ihm aufgehen« (vgl. auch Gen 19,24–28, die Vernichtung von Sodom und Gomorrha).
Im Zentrum des vielfältigen Gotteslobs aber stehen die *24 Ältesten und die vier Wesen* (vgl. 4,4–8). Sie *fielen nieder und beteten Gott an, der auf dem Thron sitzt, und sagten: Amen, Halleluja* (4). Sie sprechen das himmlische *Amen* und rufen zugleich mit ihrem *Halleluja* zu neuem Lob auf. Dieser Ruf wird aufgenommen von einer Stimme, die *vom Thron ausging*, also unmittelbar aus Gottes Gegenwart hervortritt und den Kreis derer, die zum Lob aufgerufen werden, erweitert (5): *Lobt unseren Gott, alle seine Diener und die ihr ihn fürchtet, Kleine und Große*. Damit ist zweifellos die christliche Gemeinde gemeint (vgl. 1,1). Doch selbst wenn zunächst speziell an die Propheten gedacht wäre (11,18), wird durch den Nachsatz *die ihr ihn fürchtet, Kleine und Große*, klargestellt, dass alle angesprochen sind, die zu Gottes Volk gehören.
Viele Ausleger nehmen an, dass die fünfte Lobstrophe diesen Aufruf aufnimmt und nun die irdische Gemeinde zu Wort kommt (6–8): *Und ich hörte (etwas) wie die Stimme einer großen Menge und wie die Stimme vieler Wasser und wie die Stimme mächtiger Donner sagen: Halleluja, denn der Herr, unser Gott, der Allherrscher, hat die Herrschaft angetreten* (6). Aber da im nächsten Vers mit dem Bild von der *Frau* bzw. der *Braut des Lammes* vom endzeitlichen Volk Gottes in der dritten Person gesprochen wird, ist es wohl richtiger wie in V. 1 auch hier die *Stimme einer großen Menge* auf die Menge der himmlischen Heerscharen zu beziehen. Dafür spricht auch die Beschreibung dieser Stimme als ein Ton *wie die Stimme vieler Wasser und wie die Stimme mächtiger Donner*. Die Stimme des Himmels findet Resonanz in Tönen der Natur und verkündet: *Halleluja, denn der Herr, unser Gott, der Allherrscher, hat die Herrschaft angetreten* oder – in anderer Übersetzung – *ist König geworden*. Hier wird eine Formulierung aus den sog. Jahwe-König-Psalmen aufgegriffen, in denen im Tempel in Jerusalem der Herrschaftsantritt Gottes gefeiert wird (Ps 93,1; 96,10; 97,1; 99,1). Hier wie dort zeigt sich in dieser Aussage eine wichtige Spannung: Gott war und ist Allherrscher – aber erst jetzt hat er auch die Herrschaft über die Erde und alle feindlichen Mächte so angetreten, dass es für alle sichtbar und spürbar wird.

Deshalb erfolgt der Aufruf (**7**): *Lasst uns freuen und frohlocken und ihm die Ehre geben.* Gott die Ehre zu geben – in der Offenbarung die wichtigste Aufgabe der Menschen – ist keine beschwerliche Pflicht, sondern Ausdruck der Freude und des Jubels darüber, dass er die Herrschaft angetreten hat. Hier wird noch eine besondere Begründung dafür gegeben, in der ein ganz neues Bild eingeführt wird: *denn es ist die Hochzeit des Lammes gekommen und seine Frau* (bzw. *Braut*) *hat sich bereitgemacht.*

Auch das Bild von der Hochzeit des Lammes und seiner Braut beruht auf alttestamentlichen Vorgaben: Israel wird als Frau Gottes bezeichnet (Jes 50,1; 54,6; Hos 2,21f) und die messianische Heilszeit mit einem fröhlichen Hochzeitsfest verglichen (Jes 61,10; 62,5). Das wird im Neuen Testament in unterschiedlicher Weise aufgegriffen (vgl. Mt 22,1–14; 2Kor 11,2; Eph 5,25–33). In der Offenbarung wird dann die Bezeichnung der erlösten Gemeinde als *Braut* bzw. *Frau des Lammes* zu ihrem wichtigsten Ehrentitel (19,7; 21,2.9; 22,17).

Doch zunächst wird beschrieben, woran sich die Bereitschaft der Frau des Lammes für die Hochzeit zeigt (**8**): *und ihr wurde gegeben, sich mit glänzendem, reinen Byssosleinen zu bekleiden.* Byssosleinen (sehr feines Leinen) entspricht der Kleidung des Heers des kommenden Christus (19,14; vgl. die Engel in 15,6), ist aber auch Gegenbild zur Hure in 18,16! Das festliche Gewand ist Bild für die neue Existenz vor Gott (vgl. 6,11; 7,9; bei Paulus steht dafür das verwandte Motiv des »Christus anziehen«; Gal 3,27). Sie anlegen zu dürfen ist reines Geschenk.

Allerdings wird diese Feststellung durch die Erläuterung in Frage gestellt: *Denn das Leinen sind die gerechten Taten der Heiligen.* Das klingt nach Werkgerechtigkeit! (Die LÜ las deshalb bis 1984 *Gerechtigkeit* statt *gerechte Taten*. Das konnte als geschenkte Gerechtigkeit verstanden werden. Erst 2017 wurde dem Urtext entsprechend verbessert: *gerechtes Tun.*) Tatsächlich zeigt sich hier einmal mehr das Ineinander von geschenkter Gerechtigkeit und rechtem Verhalten in der Offenbarung. Das festliche Kleid, die neue Existenz vor Gott, die der Gemeinde als Braut Christi geschenkt wird, besteht in dem, was Gott durch die *Heiligen,* die Menschen, die zu ihm gehören, bewirkt!

Das Schlusswort hat ein zunächst nicht identifizierter Sprecher; nach V. 10 ist es einer der Engel (**9**). Er sagt zu Johannes: *Schreibe: Glücklich sind die, die zum Hochzeitsmahl des Lammes geladen sind.* Wenn ein zusätzlicher Schreibbefehl erteilt wird, heißt dies: Darauf kommt es wirklich an (vgl. die parallelen Stellen in 14,13 und 21,5): Gast zu sein am Tisch des himmlischen Festes Gottes und in die Gemeinschaft mit ihm zu gehören (vgl. Lk 14,15–24).

Die christliche Gemeinde erscheint hier in zwei Rollen: Sie ist die *Braut* Christi, aber zugleich gilt ihr und ihren Gliedern die Einladung, Gäste zu sein beim festlichen Mahl! Damit wird das Bild einer in sich geschlossenen Gemeinschaft (der »Brautgemeinde«) aufgebrochen zur Vision einer großen Schar von geladenen Gästen. Umgekehrt aber wird durch das Bild der Braut deutlich: Die Geladenen sind nicht nur vorübergehend Gäste bei einer Hochzeitsfeier, sondern werden bleibend in die Gemeinschaft mit Christus aufgenommen. Die Bedeutung des Gesagten wird durch eine zweite Aussage des Engels unterstrichen: *Dies sind wahrhaftig Gottes Worte!* Das sagt Gott selbst zu!

Der Seher ist überwältigt von den Worten, die er hört. Er spürt: Hier spricht Gott und so ist seine Reaktion (**10**): *Und ich fiel zu seinen Füßen nieder und betete ihn an.* Aber der unbekannte Sprecher weist ihn zurück: *Ja nicht!* Der Überbringer der Worte Gottes darf nicht an Gottes Stelle treten. *Ich bin dein Mitknecht und (einer) deiner Brüder, die das Zeugnis Jesu haben.* Der Engel reiht sich unter die irdischen Boten Gottes ein. »Die Engel haben keinen höheren Rang als jedes Glied der Gemeinde«; alle, *die das Zeugnis Jesu haben,* sind ihnen ebenbürtig (Roloff, 182). Jede Engelverehrung ist damit ausgeschlossen. *Bete Gott an!* Darum geht es, hier und in der ganzen Offenbarung! Gott allein gebührt die Ehre!

Doch es folgt noch eine merkwürdig klingende Erläuterung: *Denn das Zeugnis Jesu ist der Geist der Prophetie.* Alles prophetische Reden hat nur das eine Ziel, das Zeugnis Jesu, sein Wirken und sein Wort, lebendig zu halten. Und überall, wo Jesus als der Herr in Vergangenheit, Gegenwart und Zukunft bezeugt wird, da wirkt auch der Geist der Prophetie (vgl. 22,9). Damit wird die Bedeutung, aber auch die klare Begrenzung prophetischen Redens beschrieben.

Die Genugtuung, dass der Tod der Märtyrer gerächt ist, steht am Anfang dieses Abschnitts. Das wirft Fragen auf: »Handelt es sich um Gewaltphantasien, um Vernichtungswünsche, die der Minderheitensituation einer bedrängten Gemeinde entspringen?« (Lichtenberger, 246) Oder genügt die Auskunft, dass diese uns befremdenden Zukunftsaussagen nicht Selbstzweck sind, sondern es ihr Anliegen ist, »die Christen in der Gegenwart zu motivieren, ganz zu Gott und zu seinem Christus zu stehen« (Giesen, 417)? Dafür spricht, dass neben dem Bild der Vernichtung sehr viel ausführlicher und einladender das Bild der Hochzeit steht, und damit Lesern und Leserinnen das Ziel der endgültigen und völligen Gemeinschaft der Christen mit Jesus Christus, ihrem Herrn und Heiland, vor Augen gestellt wird. Das Gericht über die, die die Erde verderben, ist Befreiung für eine Zukunft, in der Gottes Gerechtigkeit alles bestimmt. Die Überzeugung, dass das eine nicht ohne das andere zu haben ist, stellt für uns heute freilich eine ziemliche Herausforderung dar. Sie wird uns noch sehr viel drängender im nächsten Abschnitt beschäftigen.

19,11 – 22,5
Die Vollendung

Dieser letzte große Abschnitt der Offenbarung zeigt, wie Gottes Herrschaft und sein Handeln zum Heil der Menschen ans Ziel kommen. Er ist in fünf Unterabschnitte gegliedert: *19,11–21: Der Sieg des wiederkommenden Christus*, die irdischen Repräsentanten Satans werden vernichtet; *20,1–10: Das Tausendjährige Reich und das Ende Satans*; *20,11–15: Das Weltgericht*, auch der Tod und das Totenreich werden verschwinden; *21,1 – 22,5: Die neue, heile Welt Gottes*.
Auffallend sind in diesem Abschnitt die vielen Berührungspunkte mit den Visionen in Ez 37–48. Sie haben offensichtlich den Seher wesentlich zu seiner Schau inspiriert (vgl. *19,17* = Ez 39,4.17–20; *20,8* = Ez 38,1–39,16; *20,9* = Ez 38,22; *21,3* = Ez 37,27; *21,10* = Ez 40,1f; *21,11* = Ez 43,2–5; *21,12* = Ez 48,30–35; *21,15* = Ez 40,3.5; *21,16* = Ez 43,16; 48,16f; *22,1* = Ez 47,1; *22,2* = Ez 47,12). Umso wichtiger wird es sein, festzustellen, wo und warum er von dieser Vorlage abweicht.

19,11–21
Der Sieg des wiederkommenden Christus

[11]Und ich sah den Himmel geöffnet, und siehe, ein weißes Pferd, und der darauf sitzt, (heißt:) Treu und Wahrhaftig, und er richtet und kämpft in Gerechtigkeit. [12]Und seine Augen (sind) wie eine Feuerflamme, und auf seinem Kopf sind viele Diademe. Und er trägt einen Namen, den niemand kennt außer er selbst. [13]Und er ist bekleidet mit einem Gewand, das in Blut getaucht ist, und sein Name heißt: Wort Gottes. [14]Und die Heere im Himmel folgten ihm auf weißen Pferden, gehüllt in weißes, reines Byssosleinen. [15]Und aus seinem Mund kommt ein scharfes Schwert hervor, damit er mit ihm die Völker schlage, und er wird *sie mit eisernem Stab weiden*, und er tritt die Kelter des Weins des grimmigen Zornes Gottes, des Allherrschers, [16]und auf seinem Gewand und auf seinem Schenkel hat er einen Namen geschrieben: König der Könige und Herr der Herren.

¹⁷Und ich sah einen Engel in der Sonne stehen, und er rief mit lauter Stimme und sagte allen Vögeln, die im Zenit fliegen: Kommt, versammelt euch zum großen Mahl Gottes, ¹⁸damit ihr Fleisch von Königen und Fleisch von Heerführern und Fleisch von Starken und Fleisch von Pferden und von denen, die auf ihnen sitzen, und Fleisch aller Freien und Sklaven und Kleinen und Großen fressen könnt. ¹⁹Und ich sah das Tier und die Könige der Erde und ihre Heere versammelt, um mit dem, der auf dem Pferd sitzt, und mit seinem Heer Krieg zu führen. ²⁰Und das Tier wurde ergriffen und mit ihm der falsche Prophet, der Zeichen vor ihm getan hat, durch die er die verführt hat, die das Malzeichen des Tieres angenommen und sein Bild angebetet haben. Lebendig wurden die beiden in den See aus Feuer geworfen, der mit Schwefel brennt. ²¹Und die Übrigen wurden mit dem Schwert dessen getötet, der auf dem Pferd saß, und das aus seinem Mund hervorgeht, und alle Vögel wurden satt von ihrem Fleisch.

Was für ein grausames Mahl! Welch ein blutiger Sieg! Was bedeuten diese Bilder, und können sie eine angemessene Darstellung des Sieges Christi sein? Sind sie nicht eher Ausdruck einer grausamen »Endlösung« als Ausblick auf den Sieg der Gerechtigkeit Gottes? Fragen, denen wir uns stellen müssen! Aber Grundlage dafür muss eine sorgsame Lektüre des Abschnitts sein. Er gliedert sich in drei Teile, von denen jeder mit *und ich sah* beginnt: *V. 11–16: Der Reiter auf dem weißen Pferd*; *V. 17f: Der Ruf zum Leichenschmaus*; *V. 19–21: Der Endsieg Christi*.

Der Seher ist nun offensichtlich wieder auf der Erde, aber er sieht *den Himmel geöffnet* (11). Was folgt, geht von Gott aus. Die Endgeschichte tritt in ihre letzte Phase ein. Dabei richtet sich der Blick zunächst auf *ein weißes Pferd*. Das Pferd gilt als kriegerisches und königliches Reittier (vgl. Est 6,8f; Ez 23,6.12), und weiß ist die Farbe des Himmels und des Sieges (6,2). Als nächstes wird der Reiter charakterisiert, *der darauf sitzt*. Er *heißt* bzw. *ist: Treu und Wahrhaftig*. Damit wird sein Wesen beschrieben: Er ist absolut vertrauenswürdig und zuverlässig. Was für Gott gilt (vgl. 6,10), das gilt auch für ihn (vgl. 1,5; 3,7).

Dem entspricht auch sein Handeln: *Er richtet und kämpft in Gerechtigkeit*. Beides wird schon in Jes 11,4f vom messianischen Friedenskönig gesagt: Er »wird mit Gerechtigkeit richten die Armen und rechtes Urteil sprechen den Elenden im Lande, und er wird mit dem Stab seines Mundes den Gewalttätigen schlagen und mit dem Odem seiner Lippen den Gottlosen töten. Gerechtigkeit wird der Gurt sei-

ner Lenden sein und die Treue der Gurt seiner Hüften« (dasselbe sagen Ps 72,2 vom König und Ps 9,9; 96,13; 98,9 von Gott).
Erst jetzt wird auch das Äußere des Reiters geschildert. Fünf sehr unterschiedliche Merkmale werden genannt (**12**): *Seine Augen (sind) wie eine Feuerflamme*, das identifiziert ihn mit dem, der einem Menschensohn gleicht in 1,14. Weiter heißt es: *und auf seinem Kopf sind viele Diademe*, das macht ihn zum herrscherlichen Gegenbild zu dem Drachen und dem Tier aus dem Meer (12,3; 13,1). Das dritte Merkmal ist paradox: *Und er trägt einen Namen, den niemand kennt außer er selbst*. Paradox ist das aus doppeltem Grund: Wie kann man einen Namen tragen, den niemand kennt? Und werden nicht doch mehrere Namen genannt (V. 11.13.16)? Nun ist auffallend, dass die Offenbarung im Blick auf traditionelle Titel für Jesus sehr zurückhaltend ist. »Dahinter scheint die Überzeugung zu stehen, daß keiner der gegebenen Namen und Titel das Wesen Jesu wirklich zu erfassen vermag und daß der wahre, dem Wesen des Heilbringers angemessene Name erst am Ende offenbar werden wird. Bis dahin kennt ihn nur Jesus allein. Dieser wahre Name ist identisch mit den ›neuen Namen‹ Jesu, der dem Überwinder angeschrieben werden wird (vgl. 3,12)« (Roloff, 185).
Ein viertes Merkmal wird beschrieben (**13**): *und er ist bekleidet mit einem Gewand, das in Blut getaucht ist*. Auf den ersten Blick scheint das nicht das Blut des Lammes zu sein, sondern das der besiegten Feinde. Dahinter steht das Bild des göttlichen Richters als »Keltertreters« (14,20; 19,15), das auf Jes 63,1–6 zurückgeht. Dort sagt Gott von seinem Gericht über die Völker: »Ich habe sie gekeltert in meinem Zorn ... Da ist ihr Blut auf meine Kleider gespritzt, und ich habe mein ganzes Gewand besudelt« (V. 3). Das blutige Gewand ist das Kennzeichen des siegreichen Richters!
Und als fünftes Merkmal wird genannt: *und sein Name heißt: Wort Gottes*. In Jesus »gibt sich Gott selbst redend und handelnd kund, er ist der Vollstrecker von Gottes Wort und Willen« (Roloff, 185). Ob damit auch die Bezeichnung Jesu in Joh 1,1.14 als das WORT (*Logos*) aufgenommen wird, ist umstritten. Dort steht die Funktion des Wortes als Schöpfungsmittler und seine Menschwerdung im Vordergrund; hier ist das Wort Träger und Vollstrecker des göttlichen Gerichts (V. 15; vgl. Weish 18,15f, wo es heißt, dass Gottes »allmächtiges Wort vom Himmel herabfährt«, als »harter Krieger«, der das scharfe Schwert des »unerbittlichen Befehls« Gottes trägt).
Der Reiter auf dem weißen Pferd ist nicht allein (**14**): *die Heere im Himmel folgten ihm auf weißen Pferden, gehüllt in weißes, reines Byssosleinen*. Gemeint sind die Heere der Engel (zu dieser Vorstellung vgl. Ps 91,11; aber auch Mt 26,53). Auch sie sind ganz in *weiß*, der Farbe des Sieges (vgl. V. 11), und feinstem Leinen gekleidet

(vgl. V. 8). Doch die Entscheidung geht von Christus aus (15): *aus seinem Mund kommt ein scharfes Schwert hervor, damit er mit ihm die Völker schlage.* Mit diesem Bild wird der Reiter noch einmal eindeutig mit dem wiederkommenden Christus identifiziert, wie er zu Beginn des Buches vorgestellt wurde (vgl. 1,16; 2,12). Das Bild selbst ist von einer merkwürdigen Zweideutigkeit geprägt, die für den ganzen Abschnitt typisch ist: Einerseits ist *ein scharfes Schwert* eine Kriegswaffe, mit der Menschen getötet werden. Dass dieses Schwert *aus seinem Mund* kommt, deutet aber an, dass der kommende Christus die Völker mit seinem Wort überwindet (wörtlich: *schlägt*; vgl. 2Thess 2,8: Jesus wird den Antichrist »mit dem Hauch seines Mundes« töten).
Das Gleiche gilt für das nächste Bild: *und er wird sie mit eisernem Stab weiden.* Auch das klingt gewalttätig, ist aber Zitat aus der griechischen Übersetzung von Ps 2,9 und steht für die Durchsetzung der heilsamen Herrschaft des messianischen Königs (vgl. 2,27; 12,5). Eindeutig vom Strafgericht spricht dagegen das nächste Bild: *Er tritt die Kelter des Weins des grimmigen Zornes Gottes, des Allherrschers.* Wie in 14,20 wird damit Jes 63,1–3 aufgenommen. Was dort in eindrücklichen Farben das Gerichtshandeln Gottes beschreibt, wird hier durch Christus, seinen endzeitlichen Beauftragten, ausgeführt.
Ein letztes Merkmal des kommenden Richters und endzeitlichen Siegers wird genannt (16): *Auf seinem Gewand und auf seinem Schenkel hat er einen Namen geschrieben: König der Könige und Herr der Herren.* Also noch ein *Name*, der aber in Wirklichkeit ein Titel ist und einen wichtigen Aspekt der Identität des Kommenden aufzeigt (vgl. zu V. 12). *König der Könige und Herr der Herren* war ursprünglich Titel der persischen Großkönige, wurde im Judentum auf Gott bezogen (Dtn 10,17; Dan 2,47; 2Makk 13,4) und war schon in 17,14 für das Lamm, welches das Tier besiegt, beansprucht worden. Der, der jetzt als Sieger kommt, ist wirklich König und Herr über alle menschlichen Könige und Herrscher.
Es folgt ein »Zwischenruf«, der ein grausiges Gemälde entfaltet (17f): *Und ich sah einen Engel in der Sonne stehen, und er rief mit lauter Stimme und sagte allen Vögeln, die im Zenit fliegen: Kommt, versammelt euch zum großen Mahl Gottes, damit ihr Fleisch von Königen und Fleisch von Heerführern und Fleisch von Starken und Fleisch von Pferden und von denen, die auf ihnen sitzen, und Fleisch aller Freien und Sklaven und Kleinen und Großen fressen könnt.* Es schaudert uns. Wie kann man solch ein Bild entwerfen? Einerseits ist das die fast wörtliche Übernahme von Ez 39,17–20, andererseits das realistische Bild eines antiken Schlachtfeldes, wenn es auch im Ausmaß des Geschehens an die Grenze des Vorstellbaren geht. Es

soll eingeschärft werden: Es wird kein Entkommen geben, nicht für *Freie und Sklaven*, nicht für *Kleine und Große*, vor dem kommenden Sieger wird es keine Privilegien und keine Standesunterschiede geben!

Dies war die Vorankündigung der großen endzeitlichen Schlacht. Nun folgt die äußerst knappe Schilderung ihres Verlaufs (**19–21**). Zunächst sammeln sich die Gegner zum Kampf. Es ist die Koalition, deren Kampf mit dem Lamm schon in 17,14 angekündigt war: *Und ich sah das Tier und die Könige der Erde und ihre Heere versammelt, um mit dem, der auf dem Pferd sitzt, und mit seinem Heer Krieg zu führen* (vgl. auch Ps 2,2).

Die Schlacht selbst wird nicht geschildert, nur ihr Ergebnis. Das Heer der Angreifer wird seiner Anführer beraubt (**20**): *Und das Tier wurde ergriffen*; aber nicht nur das Tier selbst, *mit ihm* auch *der falsche Prophet, der Zeichen vor ihm getan hat, durch die er die verführt hat, die das Malzeichen des Tieres angenommen und sein Bild angebetet haben*. Sie sind die eigentlichen Verursacher des Abfalls der Menschen von Gott (vgl. Kap. 13). Darum ist ihre Strafe besonders grausam und »nachhaltig«: *Lebendig wurden die beiden in den See aus Feuer geworfen, der mit Schwefel brennt*. Der *See aus Feuer* ist der endgültige Strafort, in den auch der Teufel und der Tod und alle, die »nicht im Buch des Lebens geschrieben sind«, geworfen werden (20,10.14f; vgl. zur Feuerhölle Mt 5,22; 18,8f; 25, 41). Damit sind die irdischen Repräsentanten des Satans, der Antichrist und sein zweites Ich, der falsche Prophet, ausgeschaltet. Der Sieg über den Satan selbst steht noch aus.

Was aber geschieht mit dem großen Heer und den Königen, die sich mit ihnen verbündet haben? Darüber wird knapp Auskunft gegeben (**21**): *Und die Übrigen wurden mit dem Schwert dessen getötet, der auf dem Pferd saß, und das aus seinem Mund hervorgeht, und alle Vögel wurden satt von ihrem Fleisch*. Noch einmal begegnen wir der genannten Doppeldeutigkeit: Einerseits wird das Bild einer realen Schlacht, einschließlich des »Leichenschmauses« für die Vögel, gezeichnet, wenn auch nicht ausgemalt; andererseits geht die vernichtende Macht aus dem *Mund* Christi hervor. Es ist die Kraft seines Wortes, die den Widerstand bricht. Das weist uns auf eine ganz andere Ebene des Geschehens als auf das irdische Schlachtfeld, das die Bilder beschreiben. Auf dieser Ebene ist das Festmahl der Vögel vor allem Hinweis darauf, dass die prophetische Ankündigung des Sieges Gottes über seine Feinde in Ez 39,17–20 erfüllt ist. Nur, diese Ebene wird nicht näher ausgeführt.

Was für ein grausames Gemälde! Auf den ersten Blick scheint es, »als habe die hier gezeichnete Gestalt des kriegerischen Christus, der ein

unbarmherziges Vernichtungsgericht vollzieht, nichts gemein mit dem Jesus der Evangelien, der Liebe verkündigt und grenzenlose Vergebung im Namen Gottes gewährt« (Roloff, 187). Christus wird als siegreicher Herrscher dargestellt (19,11–16). Durch ihn kommen Treue, Wahrheit und Gerechtigkeit zum Sieg. Messianische Siegesbilder kennzeichnen die Realität der Machtübernahme, und zwar auch mit Symbolen der Gewalt: dem scharfen Schwert und dem eisernen Stab (vgl. Jes 11,4; 49,2; Ps 2,9), dem mit Blut getränkten Gewand und der Kelter des Zornes Gottes (Jes 63,1–3).

Wie verhält sich das zu anderen Aussagen der Offenbarung? Sagt sie doch ausdrücklich, dass niemand anderes als *das Lamm, das geschlachtet ist*, also der gekreuzigte Christus, würdig und fähig ist, Gottes Herrschaft zum Ziel zu führen (vgl. Kap. 5). Nur der, der sich selbst geopfert hat, ist in der Lage, die »Machtfrage« wirklich zu lösen. Hier dagegen verwendet der Seher Bilder von Gewaltherrschaft, um die Realität des Sieges zu bezeugen. Lässt sich das miteinander vereinbaren?

Ein eindrucksvolles mittelalterliches Bildmotiv zeigt »Christus in der Kelter«: Christus tritt mit den Füßen die Trauben, aber auf ihn drückt die Weinpresse in Gestalt des Kreuzes und aus seinen Wunden strömt das Blut (vgl. Lexikon der christlichen Ikonographie 2, 497–504). Ist also der blutgetränkte Mantel des Reiters eher »als bildhafter Verweis auf den Kreuzestod Christi zu verstehen«, der die Paradoxie dieser Machtübernahme signalisiert (Huber, Jesus Christus 463)? Oder ist er nicht doch ein mit dem Blut getöteter Feinde signiertes Siegeszeichen?

In 19,19–21 mündet das Geschehen in eine Reihe von Bildern einer grauenvollen »Endlösung«. Die Hauptakteure der Feindschaft gegen Gott werden vernichtet und mit ihnen ihre ganze Gefolgschaft. Dem Hochzeitsmahl des Lammes steht als grausiges Gegenbild das Festessen der Vögel gegenüber, die schon vor dem Kampf (19,17f) zu dem »großen Mahl Gottes« eingeladen worden waren. Daneben aber steht die Aussage, dass Christus seine Gegner allein »mit dem Schwert seines Mundes«, also mit seinem vollmächtigen Wort, überwindet. Werden die schrecklichen Bilder, die die Totalität dieses Sieges beschreiben sollen, durch die Schilderung der »Waffe«, die den Sieg erringt interpretiert und korrigiert?

Oft wird betont, dass es sich bei der Offenbarung um ein Trostbuch für die Gemeinde handelt, die deutlich vor Augen geführt bekommt, »daß die Vorteile, die vom Götter- und Kaiserkult mit ihren Feiern ausgehen, keinen Bestand haben, sondern letztlich ins Verderben führen« (Giesen, 428). Aber »kann die Vernichtung der Feinde Trostgrund sein?« (Lichtenberger, 254). Eine Erklärung muss auf einer anderen Ebene gesucht werden.

Auch die Verkündigung Jesu kennt die Warnung, dass diejenigen, die sich der heilvollen Botschaft Jesu verschließen, das Gericht wählen (Lk 10,13f par Mt 11,21f u.ö.). Auch in dieser Tradition wird Jesus als wiederkommender Richter gezeichnet, der Abrechnung hält und die Ungehorsamen bei den Folgen ihres Tuns behaftet (Mt 25,14–20 par Lk 19,11–27; Mt 25,31–46). Der Offenbarung ist wichtig, dies als einen Vorgang zu schildern, der die ganze Existenz eines Menschen und die Machtverhältnisse in dieser Welt betrifft. Es geht bei ihrer »Geschichtsschilderung nicht um die Befriedigung von Rachsucht und Ressentiment der Leser ..., sondern ausschließlich um die Gewißheit: Gott wird die Verderber der Erde verderben (11,18), um so diese Erde zum Raum seiner heilvollen Herrschaft zu machen« (Roloff, 188). Hier wird »letztlich eine Antwort auf die Theodizeefrage versucht ...: Gott wird schließlich doch als gerechter Richter der Gerechtigkeit zum Sieg verhelfen« (Lichtenberger, 254).

Drei Gedanken zum Schluss: (1): Dass diese Vision auch für den Seher kein historisches Geschehen darstellt, sondern symbolische Bedeutung hat, mag man daran sehen, dass die *Könige der Erde*, die doch eigentlich vernichtet sind, ihre »Herrlichkeit« in das neue Jerusalem bringen werden (vgl. 21,24f)! (2) Nirgends gibt es auch nur eine Andeutung dafür, dass die Christen mit militärischen Mitteln an diesem Kampf gegen die Feinde Gottes teilnehmen sollten. Selbst die himmlischen Heerscharen kämpfen nicht; Christus, das Wort Gottes, siegt allein mit »dem Schwert seines Mundes«. Die Hoffnung auf Gottes endgültigen Sieg beruht nicht auf dem Einsatz irgendwelcher Wunderwaffen, sondern auf dem Vertrauen auf die Kraft des Wortes Gottes. (3) Dennoch bleibt die Frage: Wird die Art und Drastik der Bilder der eigentlichen Aussageabsicht des Buches wirklich gerecht? Können sie ein heilsames Erschrecken bewirken? Oder entzünden sie nicht doch unvermeidlich das Gefühl von Rache oder Entsetzen?

20,1–10
Das Tausendjährige Reich und das Ende Satans

20 ¹Und ich sah einen Engel vom Himmel herabsteigen, der hatte den Schlüssel für den Abgrund und eine große Kette in seiner Hand. ²Und er ergriff den Drachen, die alte Schlange, das ist der Teufel und der Satan, und band ihn tausend Jahre lang ³und warf ihn in den Abgrund und schloss zu und versiegelte über ihm, damit er nicht mehr die Völker verführen konnte, bis die tausend Jahre vollendet sein würden. Danach aber muss er (wieder) für kurze Zeit freigelassen werden.

⁴Und ich sah Throne, und sie setzten sich auf sie, und das Gericht wurde ihnen übergeben, und (ich sah) die Seelen derer, die um des Zeugnisses für Jesu willen und um des Wortes Gottes willen enthauptet worden waren, und die, die weder das Tier noch sein Bild angebetet und auch das Zeichen auf ihrer Stirn und auf ihrer Hand nicht angenommen hatten. Und sie wurden wieder lebendig und herrschten mit dem Messias tausend Jahre lang. ⁵Die übrigen Toten wurden nicht lebendig, bis die tausend Jahre vollendet sind. Das ist die erste Auferstehung. ⁶Glücklich und heilig (ist), wer Teil hat an der ersten Auferstehung. Über sie hat der zweite Tod keine Macht, sie werden Priester Gottes und des Messias sein und werden mit ihm tausend Jahre herrschen.
⁷Und wenn die tausend Jahre vollendet sein werden, wird der Satan aus seinem Gefängnis freigelassen werden, ⁸und er wird herausgehen, um die Völker an den vier Ecken der Erde zu verführen, den Gog und den Magog, um sie zum Krieg zu versammeln; ihre Zahl (ist) wie der Sand des Meeres. ⁹Und sie stiegen auf die Ebene der Erde und umzingelten das Lager der Heiligen und die geliebte Stadt, und Feuer fiel vom Himmel herab und verzehrte sie. ¹⁰Und der Teufel, der sie verführt hat, wurde in den See aus Feuer und Schwefel geworfen, wo auch das Tier und der falsche Prophet (sind), und sie werden Tag und Nacht in alle Ewigkeit gequält werden.

Das ist sicher einer der befremdlichsten Abschnitte in der Offenbarung und zweifellos der theologisch umstrittenste. Das geht so weit, dass das Augsburger Bekenntnis, die grundlegende Bekenntnisschrift der lutherischen Kirchen, ausdrücklich Lehren verwirft, die sich auf Offb 20,4 und 6 berufen und »nach denen vor der Auferstehung der Toten reine Heilige, Fromme ein weltliches Reich aufrichten und alle Gottlosen vertilgen werden« (CA 17). Wie sind die Aussagen dieses Textes wirklich zu verstehen?
Der Abschnitt gliedert sich in drei Teile: *20,1–3: Die zeitweise Fesselung des Satans; 20,4–6: Das Tausendjährige Reich; 20,7–10: Die Freilassung des Satans, die letzte Schlacht und die Bestrafung des Teufels.*

Erneut kommt es, wie schon in 19,11, zu einer Aktion, die vom Himmel ausgeht (**1**): *Und ich sah einen Engel vom Himmel herabsteigen, der hatte den Schlüssel für den Abgrund und eine große Kette in seiner Hand.* Der *Abgrund* (griechisch: *abyssos*) ist ein fester Begriff für den Ort widergöttlicher Mächte und die Quelle des Unheils (9,1f.11; 11,7; 17,8). Die Symbole von *Schlüssel* und *Kette* zeigen: Der Engel, den Gott vom Himmel her sendet, hat die Vollmacht, diesen Ort auf- und zuzuschließen und diese Mächte zu binden.

Das geschieht dann auch sofort (2): Der Engel *ergriff den Drachen, die alte Schlange, das ist der Teufel und der Satan*. Noch einmal wird der Widersacher Gottes mit seinen verschiedenen Identitäten und Namen bezeichnet. Damit wird auf 12,9 zurückverwiesen, wo der Satan und seine Gefolgschaft aus dem Himmel hinab auf die Erde geworfen wurden. Jetzt wird er auch von dort verbannt werden.
Der Engel überwältigte ihn und *band ihn*, aber nicht für immer, sondern zunächst *tausend Jahre lang, und warf ihn in den Abgrund und schloss zu und versiegelte über ihm* (3). Der Satan ist nicht nur mit der Kette gebunden und das Tor zum Abgrund mit dem Schlüssel verschlossen, sondern der Eingang ist versiegelt, sodass es kein Entkommen gibt – alles Bilder dafür, dass die Macht des Widersachers Gottes nun auch auf der Erde gebrochen ist.
Der Satan wird gefangen gesetzt, *damit er nicht mehr die Völker verführen konnte*. Das zeigt, worin seine eigentliche Macht seit den Anfängen im Garten Eden liegt: in der Verführung der Menschen zum Misstrauen und zur Auflehnung gegen Gott (vgl. Gen 3,1–5; Mt 4,1–11). Aber das Wegschließen des Satans ist befristet. Es dauert *bis die tausend Jahre vollendet sein würden* – eine lange Zeit, aber doch begrenzt! *Danach aber muss er (wieder) für kurze Zeit freigelassen werden*.
Warum das so sein muss, wird nicht gesagt. Es gibt dafür auch keinen Hinweis aus der alttestamentlichen oder frühjüdischen Tradition. In Jes 24,21f wird zwar vom »Heer der Höhe« (den rebellischen Gestirnen) und den »Königen der Erde« gesagt, »dass sie gesammelt werden als Gefangene im Gefängnis und verschlossen werden im Kerker und nach langer Zeit heimgesucht [= zur Rechenschaft gezogen] werden«. Aber von einer erneuten Freilassung ist dort nicht die Rede.
Hier wird zunächst von einem anderen, parallelen Vorgang berichtet (4): *Und ich sah Throne, und sie setzen sich auf sie, und das Gericht wurde ihnen übergeben*. Damit wird auf Dan 7,9f angespielt: »Ich sah, wie Throne aufgestellt wurden«. Dort heißt es freilich weiter: »einer, der uralt war, setzte sich«. Es ist *Gott*, der Gericht hält (V. 10). Das setzt auch die Offenbarung voraus (20,11–13), und im Folgenden wird auch nicht gesagt, dass die, die auf den Thronen sitzen, Gericht abhalten (anders Mt 19,28; 1Kor 6,2). Darum muss hier wohl übersetzt werden: *ihnen wurde Recht verschafft* (wie an der parallelen Stelle Dan 7,22) oder: *ihnen wurde Herrschaft übertragen* (vgl. V. 6 und Dan 7,27).
Wer aber sind die, die auf den Thronen sitzen? Auch das wird nicht direkt gesagt. Vermutlich sind es diejenigen, die im Folgenden genannt werden. Zwei Gruppen werden aufgeführt: *und (ich sah) die*

Seelen derer, die um des Zeugnisses für Jesu willen und um des Wortes Gottes willen enthauptet worden waren. Hier sind daher eindeutig Märtyrer, sog. Blutzeugen, gemeint. Mit dem Beil enthauptet zu werden, war eine Art der Hinrichtung, die vornehmeren Angeklagten vorbehalten war. Wahrscheinlich steht diese Angabe jedoch für alle, die ihr Leben für ihr Bekenntnis zu Jesus gelassen haben.

Als zweite Gruppe werden die genannt, *die weder das Tier noch sein Bild angebetet und auch das Zeichen auf ihrer Stirn und auf ihrer Hand nicht angenommen hatten.* Auch sie sind dem Bekenntnis zu Jesus treu geblieben und haben sich dem Anspruch des widergöttlichen Herrschers versagt. Offen bleibt, ob auch sie deshalb den Märtyrertod erlitten haben. Möglicherweise handelt es sich nicht um zwei verschiedene Gruppen, sondern das Geschick der Märtyrer wird in zwei parallelen Aussagen in verschiedener Perspektive dargestellt. Dafür könnte auch sprechen, dass alle gestorben sind. Jetzt aber *wurden sie wieder lebendig und herrschten mit dem Messias tausend Jahre lang.*

Dass die Christen zusammen mit Christus herrschen werden, ist eine Erwartung, die auch Paulus teilt (1Kor 4,8; 6,2f). In 1Kor 15,23f scheint auch angedeutet, dass zunächst Christus als Messias zur Herrschaft gelangt, bis er sie Gott, dem Vater, übergibt. Aber diese Gedanken werden nirgends systematisiert, und in 1Thess 4,16f werden bei der Wiederkunft Christi zuerst die Toten auferstehen und dann die noch lebenden Christen mit Christus zur ewigen Gemeinschaft mit ihm entrückt werden. Hier aber werden die treu gebliebenen Christen auferweckt werden und mit Christus, dem Messias, tausend Jahre herrschen (das griechische Wort *christos* hat hier seine ursprüngliche Bedeutung: *Gesalbter, Messias*).

Bevor darüber noch etwas mehr gesagt wird, erläutert eine Zwischenbemerkung, was mit den übrigen Toten geschieht (5). Sie werden *nicht lebendig, bis die tausend Jahre vollendet sind.* Die Auferstehung der Märtyrer ist deshalb *die erste Auferstehung.* Wer an ihr teilhat, ist zu beglückwünschen (6): *Glücklich und heilig (ist), wer Teil hat an der ersten Auferstehung.* Diese Seligpreisung ist charakteristischerweise erweitert. Nicht nur *glücklich* oder *selig* werden sie sein, sondern *heilig*, das heißt: Sie werden ganz zu Gott gehören.

Deshalb hat *der zweite Tod keine Macht über sie.* Der zweite Tod ist die endgültige Trennung von Gott, was aber nicht die völlige Vernichtung bedeutet, sondern das schmerzhafte Bleiben in der Trennung von Gott (vgl. 20,14f). Die Märtyrer aber werden im glücklichen Kontrast dazu *Priester Gottes und des Messias sein,* das heißt, Gott und seinem Gesalbten dienen und ganz für sie da sein.

Sie sind schon jetzt hineingenommen in den Sieg Christi und *werden mit ihm tausend Jahre herrschen*. Dass Christus die Seinen zu Priestern und zur Königsherrschaft gemacht hat (vgl. 1,6; 5,10), das realisiert sich nun in der Gemeinschaft mit ihm.
Offen bleibt freilich die Frage, ob sie ihren priesterlichen Dienst und ihre Teilhabe an der Herrschaft Christi auch für andere Menschen ausüben. Einerseits wird der Satan gebunden, damit er die *Völker* nicht mehr verführe (V. 3), was er dann in V. 8 wieder tun wird. Es muss also noch Leute auf der Erde geben. Andererseits scheinen außer denen, die an der ersten Auferstehung teilhaben, keine anderen Menschen zu leben. Ist dieser priesterliche Dienst Kennzeichen eines Lebens, das nur noch für Gott gelebt wird, und das Herrschen mit Christus Ausdruck eines Gemeinwesens, in dem niemand mehr über andere herrscht, sondern alle in die Entscheidungen einbezogen sind und mitbestimmen? Der Seher lässt diese Fragen offen. Er malt die Situation im Tausendjährigen Reich in keiner Richtung aus.

Die Vision von einem *Tausendjährigen Reich* ist eine besondere Ausformung der jüdischen Vorstellung von einem messianischen Zwischenreich zwischen der endzeitlichen Bedrängnis und dem letzten Gericht bzw. der Erschaffung eines neuen Himmels und einer neuen Erde. Sie schafft den Ausgleich zwischen der Hoffnung auf das irdische Friedensreich des Messias (Jes 11) und der Erwartung einer ganz neuen Welt, die Gott schafft (Jes 65,17). Deshalb spricht auch die Offenbarung hier ausdrücklich von *Christus* als dem *Messias*. Der deutlichste Beleg für diese Vorstellung findet sich in 4Esr 7,26–30, wo dieses Reich 400 Jahre dauert. In SyrBar 29 werden die paradiesischen Zustände geschildert, die in ihm herrschen. In der Offenbarung liegt der Nachdruck allerdings nicht auf der Friedensherrschaft des Messias, sondern auf der Herrschaft der Christen mit ihm.
1000 Jahre sind sicher als symbolische Zahl zu verstehen. Es handelt sich um eine lange Zeit, die seit der frühen Kirche mit dem Konzept der sieben Jahrwochen in Verbindung gebracht wird. Nach Ps 90,4; 2Petr 3,8 (»tausend Jahre sind vor Gott wie ein Tag«) setzte man die Geschichte der Welt mit einer Sieben-Tage-Woche gleich und sah in den letzten 1000 Jahren, dem Tausendjährigen Reich, den Weltensabbat. Für Augustin hat dieses Reich jedoch schon mit der Auferstehung Jesu begonnen und verwirklichte sich in der Existenz der Kirche. Diese Auffassung war lange vorherrschend, aber es entstanden auch immer wieder Bewegungen, die aufgrund dieser Verheißung auf ein irdisch-politisches Reich Christi und der Christen warteten oder es errichten wollten. Deshalb wurde diese Auslegung von 20,4–6 durch das Augsburger Bekenntnis ausdrücklich abgelehnt (CA XVII). Das hat nicht verhindert, dass die Vision eines solchen Reichs und die Frage seiner Verwirklichung bis heute christliche Kreise beschäftigt.

Aber diese Zeit eines ungestörten Gemeinwesens ist befristet (7–10): *Und wenn die tausend Jahre vollendet sein werden, wird der Satan aus seinem Gefängnis freigelassen werden.* Warum das noch einmal nötig ist, wird nicht gesagt. Es muss zu einer letzten Auseinandersetzung kommen. Der Satan wird tun, was sein Wesen ausmacht: *Er wird herausgehen, um die Völker an den vier Ecken der Erde zu verführen* (8). Die Ausleger fragen sich, um welche Völker es sich handeln kann, da doch anscheinend nur noch die Christen am Leben sind. Ist an die Völkerscharen an den Rändern der bewohnten Welt gedacht, jenseits des Römischen Reichs (*an den vier Ecken der Erde*)? Oder zeigt sich darin, dass die Offenbarung keine in sich geschlossene Schilderung der Endereignisse bieten will, sondern unterschiedliche Aspekte dieses Geschehens aufzeigt?
Der Seher nennt die Völker mit Namen: *den Gog und den Magog* wird der Teufel verführen. Die Namen stammen aus Ez 38,2. Dort freilich ist Gog, im Land Magog, der Großfürst von Meschech und Tubal, dem Land der Skythen, deren Reiterheere gefürchtet waren (Gen 10,2f; Ez 27,13f). Er will mit seinem mächtigen Heer Israel vernichten, wird aber selbst durch Gottes Eingreifen vernichtend geschlagen (Ez 38–39). In der zeitgenössischen jüdischen Überlieferung sind Gog und Magog zu mythischen feindlichen Mächten geworden, die Jerusalem zerstören wollen, aber vom Messias besiegt werden.
Diese Tradition greift Johannes auf. Der Teufel verführt diese Völker, *um sie zum Krieg zu versammeln.* So entsteht ein riesiges, unzählbares Heer, denn *ihre Zahl (ist) wie der Sand des Meeres.* Diese Heere brachen auf (9) und *stiegen auf die Ebene der Erde.* Gedacht ist hier an das Zentrum des Erdkreises, eine hochgelegene Ebene, nahe bei Gott. Und hier *umzingelten sie das Lager der Heiligen und die geliebte Stadt.* Die Wendung *Lager der Heiligen* erinnert an die bedrohte Situation Israels auf seiner Wüstenwanderung (Ex 14,20; 16,13) und *die geliebte Stadt* an die Bezeichnung Jerusalems in Sir 24,11 (vgl. Ps 87,2). Angesichts der kritischen Bewertung, die das irdische Jerusalem in der Offenbarung erfährt (vgl. 11,8), bezeichnen beide Wendungen hier sicher den irdischen Aufenthaltsort derer, die Christus die Treue gehalten haben. Ihnen gilt der letzte Angriff des Teufels und seiner Verbündeten.
Aber die, die zu Gott gehören, stehen unter seinem Schutz: *Feuer fiel vom Himmel herab und verzehrte* die feindlichen Heere. So hat Gott die Seinen oft gerettet (vgl. 2Kön 1,10–14; Jes 26,11; Ez 39,6). Vor allem aber wird jetzt dem Wirken des Teufels ein für alle Mal ein Ende gesetzt (10): *Und der Teufel, der sie verführt hat, wurde in den See aus Feuer und Schwefel geworfen, wo auch das Tier und*

der falsche Prophet (sind). Wie in 19,20 und dann in V. 14f wird der Ort der ewigen Strafe als *See aus Feuer und Schwefel* beschrieben, in den der Teufel, wie vorher seine irdischen Repräsentanten, das Tier und der falsche Prophet, geworfen werden wird. *Feuer und Schwefel* stehen für den brennenden Schmerz, der darin besteht, völlig von Gott ausgeschlossen zu sein (vgl. die Rede von der Feuerhölle in Mt 5,22; 18,8f; 25,41). Das bedeutet die Aussage, dass sie *Tag und Nacht in alle Ewigkeit gequält werden*, und nicht, dass sie Tag und Nacht mit ausgesuchten Marterwerkzeugen gepeinigt werden.

Die Vorstellung von einem *Tausendjährigen Reich*, in dem die Christen mit Christus herrschen, dürfte den meisten von uns fremd sein. Kann uns diese Schau dennoch heute etwas sagen? Zweifellos sind die tausend Jahre wie viele Zahlen in der Offenbarung symbolisch zu verstehen. Es geht um eine sehr lange Zeit – nicht nur um ein kurzes Intermezzo, sondern um eine Epoche. Christen dürfen also darauf hoffen, dass sie nicht immer unterdrückt und verfolgt sind, sondern darauf, dass sie etwas von dem verwirklichen können, was Gottes Wille für die Schöpfung ist. Das heißt jedoch nicht, dass nun die Christen die Herren und die anderen die Sklaven sind. Die Christen erfüllen im Geist Christi und zusammen mit ihm den ursprünglichen Auftrag der Menschen, in Gottes Schöpfung im Sinne ihres Schöpfers zu *herrschen* (Gen 1,26). Nicht Herrschaft *über* ist gemeint, sondern Herrschaft *mit*, also Mitverantwortung und Mitbeteiligung an dem, was Christus im Auftrag Gottes für diese Welt verwirklichen wird.

Ein zweiter Impuls: Das letzte Ziel Gottes in der Offenbarung ist die Schaffung einer neuen Welt. Das heißt aber nicht, dass Gott diese alte Welt völlig preisgibt. Er holt sie zunächst unter seine Herrschaft heim und lässt zugleich den ihm zugehörigen Menschen ihr Recht auf diese alte Welt zuteilwerden (nach Roloff, 191). Johannes verzichtet auf die Ausmalung von paradiesischen Zuständen im Friedensreich des Messias ebenso wie auf den Entwurf einer idealen Verfassung für das Leben in Gerechtigkeit. Aber er macht deutlich: Christen werden nicht immer in der Fundamentalopposition bleiben müssen, sondern sind berufen, Mitverantwortung wahrzunehmen.

Und in diese Richtung wird auch die Aussage über Bindung und Wiederfreilassung des Satans zu verstehen sein. Christen dürfen auf ein Leben hoffen, das nicht von der Macht des Bösen bedroht und beherrscht wird. Auch das ist Teil der ihnen von Gott geschenkten Wirklichkeit, bleibt aber in seiner Realisierung befristet. So gilt es im Blick zu behalten, dass diese Macht erst am Ende der Zeit ganz gebrochen sein wird.

20,11–15
Das Weltgericht

¹¹Und ich sah einen großen, weißen Thron und den, der auf ihm saß; vor dessen Angesicht flohen die Erde und der Himmel, und für sie wurde kein Ort (mehr) gefunden. ¹²Und ich sah die Toten, die Großen und die Kleinen, vor dem Thron stehen. Und Bücher wurden geöffnet, und ein anderes Buch wurde geöffnet, welches (das Buch) des Lebens ist, und die Toten wurden aufgrund dessen gerichtet, was in den Büchern geschrieben war, (d.h.) nach ihren Werken. ¹³Und das Meer gab die Toten frei, die in ihm waren, und der Tod und das Totenreich gaben die Toten frei, die in ihnen waren, und jeder wurde nach seinen Werken gerichtet. ¹⁴Und der Tod und das Totenreich wurden in den See aus Feuer geworfen. Dies ist der zweite Tod, der See aus Feuer. ¹⁵Und wenn einer nicht in dem Buch des Lebens geschrieben gefunden wurde, wurde er in den See aus Feuer geworfen.

Nachdem der letzte Aufstand Satans niedergeschlagen und der große Widersacher Gottes endgültig überwunden und ausgeschaltet ist, kann auch das alles entscheidende Gericht abgehalten werden (11). Wie in Dan 7 sitzt Gott selbst auf dem Richtstuhl und führt das Gericht durch (Dan 7,9f; anders Mt 25,31f). Aber wie in 4,2 oder 5,1 wird von ihm nur mit der Umschreibung *der auf dem Thron saß* gesprochen. Noch scheint Gott eine unnahbare und unnennbare Größe. Aber das bestehende Weltsystem kann seiner Gegenwart nicht standhalten: *vor seinem Angesicht flohen die Erde und der Himmel*. Mit *Himmel* ist hier nicht die Wohnstätte Gottes (englisch: *heaven*) gemeint, sondern das Himmelsgewölbe (*sky*). *Erde und Himmel* stehen für die alte Welt, die das Kommen Gottes nicht ertragen kann. Diese alte Welt hat keinen Platz mehr in der Gegenwart Gottes (*und für sie wurde kein Ort gefunden*). Sie muss weichen, damit der neue Himmel und die neue Erde kommen können (21,1).

Vor Gottes Richtstuhl stehen nun *die Toten*, und zwar alle, die Großen wie die Kleinen, ohne Ausnahme (12). Es sind *Tote* – also nicht die, die schon an der ersten Auferweckung teilhatten. Die »Überwinder« gehen nicht durch dieses Gericht. Merkwürdigerweise spricht Johannes nicht von einer zweiten, allgemeinen Auferstehung zum Gericht. Setzt er sie voraus? Eher nicht. Wirkliches Auferstehungsleben gibt es nur für die, die in die Gemeinschaft mit Gott und Christus berufen sind. Es werden *Tote* gerichtet.

Dann aber erfolgt die zentrale Aussage: *Bücher wurden geöffnet, und ein anderes Buch wurde geöffnet, welches (das Buch) des Lebens ist, und die Toten wurden aufgrund dessen gerichtet, was in den Büchern geschrieben war, (d.h.) nach ihren Werken.* Auch das Motiv der Bücher stammt aus Dan 7,10. Irritierend ist jedoch, dass es neben den Büchern, in denen die *Werke* bzw. *Taten* der Menschen verzeichnet sind, auch das *Buch des Lebens* gibt (vgl. Ps 69, 29, weiter Ex 32,32; Dan 12,1). Es wurde schon in 3,5; 13,8 und 17,8 erwähnt: Wer das Tier nicht anbetet, ist im Lebensbuch des Lammes aufgeschrieben. Und doch müssen alle Bücher geöffnet werden, damit vor Gott ans Licht kommt, was gut und was schlecht in einem Leben war.

Doch zunächst wird, etwas nachklappend, geschildert, dass wirklich alle Toten sich diesem Gericht stellen müssen (**13**). Auch die Mächte des Unheils, die die Toten ins Nichts verschlungen zu haben scheinen, geben sie heraus: *Auch das Meer gab die Toten frei, die in ihm waren, und der Tod und das Totenreich gaben die Toten frei, die in ihnen waren* (vgl. 4Esr 7,32; 1Hen 51,1; 61,5). Und darauf folgt die lapidare Feststellung: *und jeder wurde nach seinen Werken gerichtet.* Das erweckt den Eindruck, dass dieses Gericht ein Prozess mit offenem Ausgang ist – je nachdem, ob in den Büchern gute oder böse Taten der Menschen festgehalten sind.

Aber bevor darüber mehr gesagt wird, wird von einer anderen Konsequenz des Gerichts Gottes berichtet (**14**): *Und der Tod und das Totenreich* (griechisch: der *Hades*, der wie der Tod als Person gedacht ist) *wurden in den See aus Feuer geworfen.* Sie können in der unmittelbaren Gegenwart Gottes nicht mehr existieren und werden »entsorgt«. Auch dies ist Erfüllung einer prophetischen Aussage: Gott »wird den Tod verschlingen auf ewig« (Jes 25,8; vgl. 1Kor 15, 54). Was das bedeutet, wird noch näher erklärt: *Dies ist der zweite Tod, der See aus Feuer* (vgl. 2,11; 21,8). Der *Feuersee* ist also nicht einfach ein Marterort; er steht für die endgültige Trennung von Gott, den definitiven Tod, der aber nicht einfach ins Nichts führt, sondern in den Schmerz der völligen Abwesenheit Gottes.

Wie für Paulus bedeutet auch für Johannes der Tod nicht das natürliche Ende des Geschöpfs, sondern ist Konsequenz der Entfremdung von Gott. Wenn Christus siegt, ist er »der letzte Feind, der vernichtet wird« (1Kor 15,26). Dass der Tod in den zweiten Tod verschlungen wird, bedeutet also die Negation der Negation, die Vernichtung des Neins über dem Leben der Menschen, oder mit Martin Luthers Osterlied gesagt: »Die Schrift hat verkündet das, wie ein Tod den andern fraß, ein Spott aus dem Tod ist worden« (EG 101,4).

Aber das gilt nur für die, die auf der Seite des Lebens stehen (**15**): *Und wenn einer nicht in dem Buch des Lebens geschrieben gefunden wurde, wurde er in den See aus Feuer geworfen.* Damit ist die entscheidende Begründung für das Urteil genannt. Wie das *Gericht*

nach den Werken ausgeht (vgl. V. 13), wird nicht gesagt. Sie werden berücksichtigt; entscheidend ist aber nicht das Ergebnis der Aufrechnung der positiven und negativen Taten, sondern *ob jemand im Buch des Lebens steht*. Ins Buch des Lebens schreibt man sich aber nicht selbst ein, man wird von Gott eingeschrieben, und zwar nach 13,8 und 17,8 »von Grundlegung der Welt an« (vgl. weiter 21,27; Lk 10,20; Phil 4,3). Es ist Gottes Vor-Entscheidung, die zählt, nicht die eigene Leistung. Dass der Name in diesem Buch geschrieben bleibt, liegt dann freilich auch an der Treue und Standhaftigkeit der Erwählten (3,5; 13,8). Beides zählt: Gottes erwählender Ruf und die Antwort des Menschen.
Allerdings kann man fragen, ob im letzten Gericht noch Namen in diesem Buch gefunden werden können. Denn nach 13,8 stehen nur die im Buch des Lebens, die sich der Verehrung des Tieres verweigert haben, und sie sind ja schon mit der ersten Auferstehung in die Gemeinschaft mit Christus aufgenommen worden. Es können also eigentlich keine weiteren Namen im Buch des Lebens stehen. Oder haben an der ersten Auferstehung nur die Märtyrer teilgenommen und nun werden auch die Namen der übrigen Christen aufgerufen? Das bleibt offen, und mit der nächsten Szene in 21,1–8 scheint sich dem Seher noch einmal eine ganz andere, universellere Perspektive des zukünftigen Heils aufzutun.

Gott richtet gerecht. Das ist eine Grundthese der Bibel und insbesondere der Offenbarung (15,3f; 16,5–7; 19,2.11). Dass es dabei grundsätzlich nicht auf die Lebensleistung eines Menschen ankommt, sondern auf Gottes Ja zu ihm, also in der Sprache der Bibel: auf seine Erwählung, ist gleichfalls grundlegend (Joh 15,16; Röm 9,16). Aber kann es sein, dass bestimmte Menschen von diesem Ja von vornherein ausgeschlossen sind? So fragt Jacques Ellul: »Ist es möglich, daß Menschen nicht in das Buch des Lebens geschrieben sind? Ist es möglich, daß die Liebe jemanden verwirft? Ist es möglich, daß der Lebendige etwas anderes zerstört als die Mächte der Zerstörung? ... Ist es denkbar, daß der Allmächtige ... in seiner Macht letztlich durch die Auflehnung der Menschen (die doch, wie wir gesehen haben, vernichtet wird) begrenzt ist?« (Ellul, Offenbarung 207f). Seine Antwort ist eindeutig: »Theologisch gesehen ist es unmöglich, daß es verurteilte Menschen gibt, denn es würde ja bedeuten, daß es für die Liebe Gottes eine äußere Grenze gäbe« (Ellul, 209).
Aber was bedeutet das für das Verständnis unseres Textes? Sind seine Aussagen theologisch falsch und müssen aus dem neutestamentlichen Zeugnis ausgeschieden werden? Wichtig scheint mir die Beobachtung, dass Johannes diese Fragen offener hält, als das nach dem ersten Hinsehen der Fall zu sein scheint. Bücher werden aufgetan, damit Ta-

ten sichtbar werden, verborgenes Unrecht genauso wie ungenannte Wohltaten. Entscheidend aber bleibt der Eintrag im Buch des Lebens, das gnädige Ja Gottes – eine Spannung, die sich ähnlich bei Jesus und Paulus findet (vgl. Mt 20,1–16; 25,31–46; Röm 14,10; 2Kor 5,10).
Dazu zwei weitere Überlegungen:
1. Im Neuen Testament wird fast immer vom Gericht über einzelne Menschen gesprochen. Hier aber wird am Geschick der Einzelnen aufgezeigt, was grundsätzlich der Sinn des biblischen Gerichtsgedankens ist: »die definitive Verwirklichung von Gottes Gerechtigkeit, die das Gute ins Recht setzt und dem Bösen das Recht auf Existenz entzieht« (Zager, Gericht Gottes 327). Das steht hinter den Bildern der Vernichtung und des ewigen Todes.
2. Die Gerichtsverkündigung des Neuen Testaments richtet Warntafeln auf. Auf ihnen steht: Vorsicht! Lebensgefahr! Es kommt alles auf Gottes Ja zu deinem Leben und auf deine Antwort darauf an! Und es bleibt wichtig, was du tust! Also, Vorsicht! Aber Warntafeln sagen nichts darüber, ob es auch Rettungsmöglichkeiten gibt, wenn man die Warnung nicht beachtet oder übersieht! So auch die Gerichtsworte der Bibel. Sie sagen: Hier geht es um Leben oder Tod! Aber sie geben nicht endgültig darüber Auskunft, wie Gott über die Einzelnen urteilen wird, ob es dabei auch eine differenzierte Beurteilung des Lebens gibt und ob Gottes Erbarmen nicht viel umfassender ist, als das die Warntafeln zeigen.
Auch unser Abschnitt spricht eine klare Warnung aus: Es kommt alles darauf an, ob jemand im Buch des Lebens steht und dieser Berufung treu geblieben ist. Aber daneben tritt in 21,1–7 eine viel umfassendere Perspektive des Heils, der freilich in 21,8 noch einmal ein klarer Warnruf folgen wird.

21,1 – 22,5
Die neue, heile Welt Gottes

Dieser Abschnitt ist zweifellos der Höhepunkt des Buchs: Er schildert Gottes vollendete Gemeinschaft mit den Menschen als Ziel einer neuen Schöpfung. Veranschaulicht wird das am Bild eines neuen Jerusalems, der Stadt, in der Gott mit den Seinen wohnt. Das geschieht in zwei Teilen: *21,1–8 Die neue Schöpfung* ist die Vision einer neuen Gemeinschaft Gottes mit den Menschen. Was hier grundsätzlich und sehr persönlich gezeigt wird, entfaltet *21,9 – 22,5: Das neue Jerusalem* in allen Dimensionen seiner Bedeutung. Hier wird die heilige Stadt als Ort der Gegenwart Gottes und Quelle des Lebens beschrieben. Es geht um eine völlig neue Art der Begegnung und des Lebens mit Gott – und doch finden sich in keinem

Abschnitt der Offenbarung so viel versteckte Zitate aus dem Alten Testament. Die Vollendung ist die Erfüllung dessen, was Gott zugesagt hat.

21,1–8
Die neue Schöpfung

21 ¹Und ich sah einen neuen Himmel und eine neue Erde. Denn der erste Himmel und die erste Erde sind vergangen, und das Meer ist nicht mehr. ²Und ich sah die heilige Stadt, das neue Jerusalem, aus dem Himmel von Gott herabkommen, bereitet wie eine Braut, geschmückt für ihren Mann. ³Und ich hörte eine laute Stimme von dem Thron sagen: Siehe, die Wohnung Gottes bei den Menschen, und er wird bei ihnen wohnen, und sie werden seine Völker sein, und er, Gott, wird bei ihnen sein als ihr Gott, ⁴und *er wird jede Träne von ihren Augen abwischen*, und der Tod wird nicht mehr sein, auch nicht Trauer oder Geschrei oder Schmerz werden mehr sein, denn das Erste ist vergangen.
⁵Und der auf dem Thron saß, sprach: Siehe, ich mache alles neu, und er sagt: Schreibe, denn diese Worte sind zuverlässig und wahrhaftig. ⁶Und er sagte mir: Es ist geschehen! Ich bin das Alpha und das Omega, der Anfang und das Ende. Ich werde dem, der dürstet, aus der Quelle des Wassers des Lebens geben umsonst. ⁷Wer den Sieg behält, der wird dies erben, und ich werde für ihn Gott sein, und er wird für mich Sohn sein. ⁸Für die Feigen aber und Untreuen und mit Gräueln Befleckten und Mörder und Unzüchtigen und Zauberer und Götzendiener und alle Lügner wird ihr Teil in dem See sein, der mit Feuer und Schwefel brennt, das ist der zweite Tod.

Dies ist das Herzstück dessen, was die Offenbarung an Trost und Zuversicht vermitteln will. Was dazu zu sagen ist, wird in einem Dreischritt geschildert: Die V. 1f beschreiben das Erscheinen einer neuen Welt und des neuen Jerusalems, in den V. 3f deutet eine Stimme vom Himmel das Geschehen und in den V. 5–8 ergreift Gott selbst das Wort – das erste und einzige Mal seit 1,8.

Siehe, ich mache alles neu, lautet ein Kernsatz dieses Abschnitts (V. 5). Und darum beginnt er mit einer ganz umfassenden Schau (1): *Und ich sah einen neuen Himmel und eine neue Erde.* Damit geht die Verheißung Gottes aus Jes 65,17 in Erfüllung: »Denn siehe, ich will einen neuen Himmel und eine neue Erde schaffen, dass man der vorigen nicht mehr gedenken und sie nicht mehr zu Herzen nehmen wird« (vgl. auch Jes 66,22). Diese Erwartung war auch in der jüdischen Apokalyptik lebendig (vgl. 1Hen 91,15f; Jub 1,29;

SyrBar 32,6) und bestimmte die Hoffnung der christlichen Gemeinden (vgl. 2Petr 3,13: »Wir warten aber auf einen neuen Himmel und eine neue Erde nach seiner Verheißung, in denen Gerechtigkeit wohnt.«) In der Schau des Sehers ist diese Hoffnung erfüllt; völlig neue Verhältnisse und Bedingungen sind geschaffen für eine ganz neue Gemeinschaft mit Gott.

Es gibt Raum für das Neue: *Denn der erste Himmel und die erste Erde sind vergangen und das Meer ist nicht mehr.* Himmel, Erde und Meer stehen hier für den alten Kosmos, das vergangene Weltsystem, wobei – wie oft im Alten Testament – das Meer die Sphäre des Bedrohlichen, Chaotischen und Gottfeindlichen repräsentiert und deswegen ganz verschwindet (vgl. zu 13,1).

Dazu tritt ein zweites Bild (2): *Und ich sah die heilige Stadt, das neue Jerusalem, aus dem Himmel von Gott herabkommen.* In der neuen Welt Gottes ist Raum für eine ganz neue Weise der Gegenwart Gottes, repräsentiert durch *die heilige Stadt, das neue Jerusalem.* Hinter diesem Bild steht eine im zeitgenössischen Judentum geläufige Vorstellung, »dass das Neue Jerusalem bereits im Himmel bereitstehe, um als Ersatz für das verunreinigte oder zerstörte zu dienen (4Esr 10,54)« (Lichtenberger, 260). Und dieses neue Jerusalem kommt *herab*, also doch wohl auf die neue Erde! Nicht wie es im Himmel sein wird, zeigt das Bild dieser Stadt, sondern was Gott mit der Erde, dem Ort, wo die Menschen sind, vorhat.

Herrlichkeit und Glanz des neuen Jerusalems werden durch einen Vergleich veranschaulicht. Die Stadt erscheint *wie eine Braut, geschmückt für ihren Mann.* Auch im Alten Testament wird Zion bzw. Jerusalem, die Stadt Gottes, nicht selten als Braut oder Frau Gottes bezeichnet (vgl. Jes 50,1; 54,6; Hos 2,21f). Schönheit und Schmuck einer orientalischen Braut und die Freude, die sie ausstrahlt, charakterisieren die Erscheinung des neuen Jerusalems. Der Vergleich ist nicht einfach identisch mit der Bezeichnung der Gemeinde als Braut des Lammes in 19,7.9, denn das neue Jerusalem symbolisiert mehr als die Schar geretteter Menschen. Aber wer diese Worte hörte, verband doch beide Fassungen des Vergleichs miteinander. Die Gemeinde Jesu wusste sich dem himmlischen Jerusalem zugehörig (vgl. Gal 4,21–31; Hebr 12,22).

Vor allem aber ergab sich ein eindrucksvoller Gegensatz »zu dem anderen Doppelbild von der großen Stadt Babylon und der den Erdkreis verführenden großen Hure (17,1–6). An die Stelle jener Stadt und jener Gesellschaft, die das Recht Gottes auf seine Welt bestritt und die unbegrenzte Macht der Menschen mit ihren Götzen religiös verherrlichte, tritt in der Endzeit die Heilsgemeinde als die Gemeinschaft derer, die ganz mit Gott und aus ihm leben. Sie ist die Mitte der neuen Welt Gottes« (Roloff, 199).

Aber es bleibt nicht bei dem Bild (3). *Eine laute Stimme von dem Thron*, also aus der unmittelbaren Gegenwart Gottes, erklärt die Bedeutung des Vorgangs: *Siehe, die Wohnung Gottes bei den Menschen, und er wird bei ihnen wohnen, und sie werden seine Völker sein.* Auch damit wird eine zentrale Verheißung alttestamentlicher Prophetie aufgenommen. In Sach 2,14f lässt Gott der »Tochter Zion« sagen: »Siehe, ich komme und will bei dir wohnen«, und in Ez 37,27 verheißt Gott Israel: »Und meine Wohnung wird über ihnen sein, und ich werde ihnen Gott sein, und sie werden mir Volk sein« (ZB; ähnlich Lev 26,12).
Allerdings gibt es eine charakteristische Veränderung dieser Zusage, die in der Lutherbibel erst in der Revision 2017 erkennbar ist. Jetzt heißt es: *Sie werden seine Völker sein.* Das ist stilistisch hart, macht aber deutlich, dass die neue Menschheit eine Schar »aus allen Nationen, Stämmen, Völkern und Sprachen« sein wird (7,11). Auch das ist schon in Sach 2,15 angekündigt: »Es sollen zu der Zeit viele Völker sich zum HERRN wenden und sollen mein Volk sein, und ich will bei dir wohnen«. Dieses neue Gottesvolk ist keine uniforme Gruppe. Es sind Gottes *Völker*, die eine vielfältige neue Menschheit bilden.
Kern der Verheißung aber ist die Zusage: *Und er, Gott, wird bei ihnen sein als ihr Gott.* In der intensiven Gemeinschaft mit dem wahren und lebendigen Gott liegt das ewige Heil der Menschen. Auch das nimmt eine Verheißung auf, die ursprünglich nur Israel galt, nun aber der ganzen Menschheit zugesprochen wird: »Sie sollen mein Volk sein, und ich will ihr Gott sein« (Jer 31,33).
Das wird menschliches Leben von Grund auf verändern (4). Schon in 7,17 war vorausblickend verheißen worden, wie Gott in der kommenden Gemeinschaft der Menschen mit ihm an ihnen handeln wird: *Er wird jede Träne von ihren Augen abwischen und der Tod wird nicht mehr sein.* Auch damit wird eine prophetische Verheißung aufgenommen. In Jes 25,8 heißt es: »Er wird den Tod verschlingen auf ewig. Und Gott der HERR wird die Tränen von allen Angesichtern abwischen«. Wo Menschen in völliger Gemeinschaft mit Gott leben, da ist ihr Leben nicht mehr von Tod und Leid bedroht.
Und wo der Tod besiegt ist, wo menschliches Leben nicht mehr bedroht oder beschädigt wird, werden *Trauer oder Geschrei oder Schmerz* verschwinden. *Denn das Erste*, all das, was die Welt der Menschen an Auflehnung gegen Gott und Entfremdung von ihm und sich selbst gekennzeichnet und von innen her zerstört hat, das *ist vergangen* (vgl. Jes 43,18). Dass alles beseitigt werden wird, was unser irdisches Leben schwer und leidvoll macht, ist das erste Kennzeichen des zukünftigen Heils. Das ist Trost, aber zugleich auch

Protest gegen alles, was Menschen einander an Leid, Schmerz und Hass zufügen!

Doch nun ergreift Gott selbst das Wort (5–8). Es ist das erste und einzige Mal nach 1,8, dass Gott in der Offenbarung spricht. Was dort gesagt wurde (»Ich bin das Alpha und das Omega«), wird bekräftigt und in seiner Bedeutung entfaltet. Aber immer noch wird von Gott in der verhüllenden Weise gesprochen, die für die Offenbarung typisch ist (5): *Und der auf dem Thron saß, sprach.* Hier spricht der, von dem alle Macht und Herrschaft ausgeht!

Umso gewichtiger ist seine Botschaft: *Siehe, ich mache alles neu.* Wieder klingt eine alttestamentliche Verheißung aus Jes 43,19 an: »Siehe, ich will ein Neues schaffen«. Schon dort wird der Neuanfang für Israel als ein Geschehen beschrieben, das auch die Schöpfung einschließt. Hier aber verspricht Gott ausdrücklich eine universale Erneuerung: *Alles* wird neu.

Von Neuschöpfung spricht auch Paulus: »Wer in Christus ist, ist neue Schöpfung; das Alte ist vergangen, siehe, Neues ist geworden« (2Kor 5,17). Was in der Gemeinschaft mit Christus und im Glauben an ihn schon beginnt, sieht die Offenbarung für die ganze Schöpfung erfüllt. Das ist das Ziel Gottes in allem, was sie von seinem Handeln in Gericht und Gnade berichtet: »die Schaffung einer neuen Welt, die ihm ganz gemäß ist, in der nur sein heilvoller Wille gilt« (Roloff, 200).

Noch einmal erfolgt der Auftrag, das alles niederzuschreiben (vgl. 19,9), nun aber ausdrücklich von Gott erteilt und mit einer ausführlichen Begründung: *Schreibe, denn diese Worte sind zuverlässig und wahrhaftig.* Der Schreibbefehl bezieht sich wie immer in der Offenbarung auf die folgenden Aussagen (vgl. 14,13; 19,9). Aber nicht nur sie sind *zuverlässig und wahrhaftig*, nein, alle *Worte*, die in diesem Buch gesprochen wurden.

Das bekräftigt auch der erste der folgenden Sätze (6): *Es ist geschehen!* Wörtlich: *Sie* (d.h. die Worte und das, was sie angekündigt haben) *sind geschehen.* Gottes Verheißung einer Neuschöpfung hat sich erfüllt. Das kann gar nicht anders sein. Denn als der Herr der Geschichte steht er als Schöpfer am Beginn allen Werdens und bringt es als Vollender zum Ziel. Hatte in 16,17 das *Es ist geschehen* die Vollendung des Gerichtshandelns Gottes konstatiert, so hier die Erfüllung seines Heilswillens. Darum wiederholt der nächste Satz noch einmal die Aussage Gottes von 1,8: *Ich bin das Alpha und das Omega,* und fügt als Erklärung dazu: *der Anfang und das Ende.* Gott ist Ursprung und Ziel allen Geschehens.

Sehr überraschend nach diesen grundsätzlichen und umfassenden Aussagen erfolgt nun eine Zusage, die das Heil des Einzelnen beschreibt: *Ich werde dem, der dürstet, aus der Quelle des Wassers*

des Lebens geben umsonst. Dass Gott durch Jesus den Lebensdurst der Menschen stillt, ist ein elementares Bild für das, was Gottes Gnade den Menschen schenkt (vgl. 7,17; 22,17; weiter Joh 4,10–14; 7,37f). Das Bild stammt aus Jes 55,1: »Wohlan, alle, die ihr durstig seid, kommt her zum Wasser! ... Kommt her und kauft ohne Geld und umsonst Wein und Milch!« (vgl. auch Ps 36,10; Jes 49,10; Jer 2,13).
In diesen Worten ist alles auf Zusage und Einladung gestimmt. Grammatikalisch wird im Futur formuliert, und doch wird nicht nur von dem gesprochen, was Gott in Zukunft für die bereit hält, die zu ihm gehören. Das Wort ist in diesem Zusammenhang auch eine Wesensaussage Gottes: So handle ich! Und damit ragt die Verheißung als Einladung bis hinein in die Gegenwart: Gott zu begegnen bedeutet, durch das *Wasser des Lebens*, durch Gottes lebendiger Gegenwart, den Durst nach Leben, den Durst nach mehr und immer mehr, gestillt zu bekommen. Hier wird keine Bedingung genannt und nicht nur von denen gesprochen, die im Buch des Lebens stehen, oder von denen, die durch ihre Werke ihre Treue beweisen. Die Zusage gilt: *dem, der dürstet* werde ich geben, und zwar *umsonst*.
Das ist die eine Seite dessen, was die Offenbarung im Namen Gottes zu sagen hat. Es gibt auch die andere Seite, die deutlich macht, dass dieses *umsonst* gerade nicht eine *billige Gnade* (Bonhoeffer) anpreist, sondern zur ganzen Hingabe an Gott und sein Schenken aufruft. Daher folgt ein letzter »Überwinderspruch«, der all das zusammenfasst, was schon in den sieben Sendschreiben denen verheißen wurde, die Gott die Treue halten (**7**): *Wer den Sieg behält, der wird dies erben, und ich werde für ihn Gott sein, und er wird für mich Sohn sein.*
Nach biblischem Sprachgebrauch bedeutet *dies erben* nicht, dass diejenigen, die an Gott und seiner Gnade festhalten, diese oder jene himmlische Heilsgabe erhalten werden. Das *Erbe*, von dem hier und an anderen Stellen im Neuen Testament gesprochen wird, ist der Anteil an der bleibenden Gemeinschaft mit Gott und dem ewigen Leben (vgl. Mt 25,34; Mk 10,17; Lk 10,25; 1Kor 6,9; 1Petr 3,9; Hebr 1,14). Und selbstverständlich wird damit auch nicht Gott beerbt, sondern gerade umgekehrt: Das Erbe, das Gott verspricht (vgl. Apg 26,18; Eph 1,11; Kol 1,12), besteht in der ganz persönlichen Gemeinschaft mit Gott: *ich werde für ihn Gott sein, und er wird für mich Sohn sein* – und gleicherweise gilt: *ich werde für sie Gott sein, und sie wird für mich Tochter sein.*
Die ausschließlich männliche Formulierung hängt damit zusammen, dass auch hinter dieser Zusage ein alttestamentliches Vorbild steht. In 2Sam 7,14 wird dem König verheißen: »Ich will sein Vater sein,

und er soll mein Sohn sein«. Aber auch die Verheißung für Israel in Ez 11,20: »Sie sollen mein Volk sein, und ich will ihr Gott sein« (vgl. Lev 26,12) ist aufgenommen. Die ursprünglich nur dem messianischen König geltende Zusage ist damit »gleichsam demokratisiert« (Roloff, 201) und die Verheißung für Israel universalisiert und »personalisiert« (Lichtenberger, 262): Alle, die Gottes Ruf folgen und ihm die Treue halten, sind Söhne und Töchter Gottes. Allerdings, es gibt eine dunkle Kehrseite dieser umfassenden Heilszusage (8): Für *die Feigen aber und Untreuen und mit Gräueln Befleckten und Mörder und Hurer und Zauberer und Götzendiener und alle Lügner wird ihr Teil* (oder: *ihr Los*) *in dem See sein, der mit Feuer und Schwefel brennt, das ist der zweite Tod.* Das ist eine klare Absage an alle, die die Einladung Gottes abgelehnt oder es nicht gewagt haben, sich auf sie einzulassen.

Dass die *Feigen und Untreuen und mit Gräuel Befleckten* am Beginn dieses Lasterkatalogs stehen, zeigt, dass vor allem diejenigen im Blick sind, die angesichts der Bedrohung durch Verfolgung und Diskriminierung ihrem Bekenntnis zu Jesus untreu wurden und dem Zwang erlegen sind, dem Kaiser und den Göttern der Stadt und des Staates zu opfern. Aber daneben werden auch Grundverfehlungen im menschlichen Zusammenleben genannt: *Mörder und Hurer und Zauberer und Götzendiener und alle Lügner* (vgl. 9,20f), also die Missachtung des Lebens und der sexuellen Integrität anderer, die Manipulation ihrer Lebensumstände, die Verehrung falscher Götter und die Teilhabe an den verschiedenen Formen der Lebenslüge, die in der Verleugnung des wahren Gottes gipfelt (vgl. in 14,5 das Gegenbild der 144 000, »in deren Mund keine Lüge gefunden wurde«).

All das trennt von Gott und deshalb auch von der bleibenden Gemeinschaft mit ihm (so auch in 22,15). Wer so handelt, hat gemeinsame Sache mit dem Satan und seinen Kreaturen gemacht und teilt ihr Geschick (vgl. 20,10.14f): *ihr Teil* (oder: *ihr Los*) *wird in dem See sein, der mit Feuer und Schwefel brennt, das ist der zweite Tod.* Der Schmerz der endgültigen Trennung von Gott wird mit dem Bild von brennendem *Feuer und Schwefel* umschrieben und als *zweiter Tod*, der das Nein zum Leben schmerzlich verewigt.

»Gerade angesichts der Größe der empfangenen Zusage ist die Bedrohung durch Ungehorsam und mangelnde Treue zu Jesus umso ernster. Wer ihr erliegt, gehört nicht zu denen, die im Buch des Lebens stehen ... und ist damit im Urteil Gottes grundsätzlich den Feinden Gottes gleich« (Roloff, 201).

Dieser Abschnitt gehört zu dem Kostbarsten, was die Offenbarung als Botschaft weitergibt. Mit wunderbar anrührenden Bildern wird be-

schrieben, was Heil ist. Alles wird neu. Nicht nur die persönliche Existenz der Einzelnen wird verwandelt, auch alles systemische Elend und Misslingen, das Gottes gute Schöpfung verdirbt, wird einer neuen Ordnung weichen müssen. Vor allem aber: Gott ist bei den Menschen. Die tiefe und schmerzliche Entfremdung zwischen Schöpfer und Geschöpf wird aufgehoben sein. Tränen und Schmerz und Tod werden ein Ende haben und in einer von Leben, Liebe und Friede erfüllten, ganz persönlichen Beziehung zu Gott aufgehen. Was hier mit dem Bild des Miteinanders von Vater und Sohn oder Tochter beschrieben wird, entspricht der Verheißung von 1Joh 3,2: »Wir werden ihm gleich sein; denn wir werden ihn sehen, wie er ist« (vgl. 1Kor 13,12).

Es ist geschehen, sagt Gott. Sein Weg mit den Menschen ist am Ziel. Das erinnert an das *Es ist vollbracht* Jesu am Kreuz (Joh 19,30). *Gott bei den Menschen* in ihrer tiefsten Not von Schuld und Tod – das ist die Zusage des letzten Wortes Jesu am Kreuz. *Die Menschen bei Gott* in seinem endgültigen Sieg über die Mächte des Bösen und der Überwindung all dessen, was sie von ihm trennt – das ist die Verheißung des letzten Wortes Gottes angesichts der Vollendung des Wegs seiner Gerechtigkeit und Liebe. Und zugleich wird verheißen, dass diese Wirklichkeit, die das neue Jerusalem symbolisiert, *herabkommt*. Gott geht auch hier den Weg nach unten, zu denen, für die er ganz da sein wird.

Welcher künftigen Wirklichkeit entspricht das? Bleibt das Zukunftsmusik? Was hier so tröstlich entfaltet wird, weist auf ein Leben und ein Sein in einer anderen Dimension hin, von der wir nur in Bildern sprechen können (vgl. die Zusammenfassung auf S. 321–323). Aber in den Bildern leuchtet diese Wirklichkeit schon hinein in die Realität unserer beschränkten vierdimensionalen Welt. Wo diese Worte und Bilder weitergetragen werden, bricht der »süße Schein selger Ewigkeit« schon in »unser armes Leben« herein (Marie Schmalenbach, EG 680).

Dass Gott alle Tränen abwischen wird, das bedeutet schon jetzt: Leid und Not und Krieg sollen nach Gottes Willen nicht sein. Auch die Zusage: *Ich werde dem, der dürstet, aus der Quelle des Wassers des Lebens geben umsonst*, gilt nicht erst in der Ewigkeit und wird deshalb in 22,17 zur Einladung an alle: *Wer Durst hat, komme; wer will, nehme Wasser des Lebens umsonst.*

Diese wunderbare Szene scheint uns die umfassende Weite einer erneuerten Menschheit vor Augen zu stellen. Aber der Abschnitt endet mit V. 8! Es sind also doch manche ausgeschlossen! Warum sind sie ausgeschlossen, und was sind die Kriterien?

Es geht um die Treue zu Jesus, aber auch darum, wie mit den Mitmenschen umgegangen wird. Wer hier versagt, ist aus der Gemeinschaft mit Gott ausgeschlossen. Der Vers ist ein negatives Gegenstück zu 20,6. Dort ging es um die, die an der ersten Auferstehung teilhaben, also an dem, was Leben schenkt; hier geht es um die, die am zweiten Tod teilhaben, also an dem, was das Nein zum Leben schmerzlich verewigt. Auch das ist ein Paradox: Der irdische Tod, der diesem Leben mit all seinen Möglichkeiten ein Ende setzt, wird nicht mehr sein. Das Leben hat gesiegt. Aber der zweite Tod, in dem das Nein zum Leben, das Gott schenkt, festgehalten wird, er bleibt. Die offene Frage, die die Offenbarung an ihrem Ende stellt, heißt also: Sind wir *Teilhaber, Shareholder* des Lebens oder des Todes?

Wir würden gerne auf diesen Schluss verzichten. Die Perikope für den Ewigkeitssonntag mit diesem Text lässt den Vers einfach weg! Aber für den Seher geht es darum, »die ganze Wahrheit von Geschichte und Welt selbst im Angesicht des Neuen Himmels und der Neuen Erde bewußt zu halten. Es gibt verfehltes Leben, eine ... für alle Zeiten wirksame Bedrohung des Daseins« (Holtz, 135). Johannes ist überzeugt, dass Gott uns zumutet, dieser Wahrheit standzuhalten.

Und doch bleibt angesichts der Intensität der Heilsverheißung und der Weite der Einladung an alle, die an Durst nach Leben leiden, die offene Frage: Geht es vor Gott immer um ein Alles oder Nichts, oder gibt es auch Rettung für Versager und Sünder? Gilt nicht auch für sie: Wen dürstet, der komme!? Ist die Drohung mit dem Ausschluss aus der Gemeinschaft mit Gott auch hier Warnung und Ruf zur Umkehr, aber noch nicht das letzte Urteil über Menschen, vor allem nicht aufgrund dessen, was wir an ihrem Verhalten beobachten und feststellen? Gerade unser Abschnitt gibt zu dieser Hoffnung Anlass.

21,9 – 22,5
Das neue Jerusalem

⁹Und es kam einer von den sieben Engeln, die die sieben Schalen hatten, die mit den letzten sieben Plagen gefüllt waren, und sprach mit mir und sagte: Komm! Ich will dir die Braut, die Frau des Lammes, zeigen. ¹⁰Und er führte mich im Geist auf einen großen und hohen Berg und zeigte mir die heilige Stadt Jerusalem, wie sie aus dem Himmel von Gott her herabstieg, ¹¹erfüllt von der Herrlichkeit Gottes, ihr Glanz gleich einem kostbaren (Edel-)Stein, wie ein kristallklarer Jaspis. ¹²Sie hat eine große und hohe Mauer, hat zwölf Tore, und auf den Toren (stehen) zwölf Engel und Namen (sind auf ihnen) geschrieben, das sind die Namen der zwölf Stämme Israels; ¹³von Osten her drei Tore und von Norden her drei Tore und von Süden her drei Tore und von Westen her drei Tore. ¹⁴Und die Mauer der Stadt hat zwölf Grundsteine und auf ihnen (stehen die) zwölf Namen der zwölf Apostel des Lammes.

¹⁵Und der mit mir sprach, hatte ein goldenes Rohr als Maßstab, um die Stadt und ihre Tore und ihre Mauer zu vermessen. ¹⁶Und die Stadt ist viereckig angelegt, und ihre Länge ist so groß wie die Breite. Und er maß die Stadt mit dem Rohr: 12 000 Stadien; die Länge und die Breite und ihre Höhe sind gleich. ¹⁷Und er maß ihre Mauer: 144 Ellen nach dem Maß eines Menschen, das ist (auch das) eines Engels. ¹⁸Und die Umfassung ihrer Mauer (ist) aus Jaspis und die Stadt aus reinem Gold gleich reinem Glas. ¹⁹Und die Grundsteine der Mauer der Stadt sind mit jeder Art von Edelstein geschmückt: Der erste Grundstein ein Jaspis, der zweite ein Saphir, der dritte ein Chalzedon, der vierte ein Smaragd, ²⁰der fünfte ein Sardonyx, der sechste ein Sardion, der siebte ein Chrysolith, der achte ein Beryll, der neunte ein Topas, der zehnte ein Chrysopras, der elfte ein Hyazinth, der zwölfte ein Amethyst. ²¹Und die zwölf Tore (sind) zwölf Perlen, jedes einzelne der Tore war aus *einer* Perle. Und die Straße der Stadt (war) aus reinem Gold wie durchsichtiges Glas.
²²Und ich sah keinen Tempel in ihr, denn der Herr, Gott, der Allherrscher, ist ihr Tempel und das Lamm. ²³Und die Stadt braucht weder die Sonne noch den Mond, damit sie ihr Licht geben, denn die Herrlichkeit Gottes hat sie erleuchtet, und ihre Leuchte (ist) das Lamm. ²⁴Und die Völker werden in ihrem Licht wandeln, und die Könige der Erde bringen ihre Herrlichkeit in sie, ²⁵und ihre Tore werden bei Tag nicht geschlossen sein, denn eine Nacht wird es dort nicht geben, ²⁶und sie werden die Herrlichkeit und die Ehre der Völker zu ihr bringen. ²⁷Und nichts Unreines wird in sie hineingehen oder wer Gräuel verübt und Lüge, sondern nur die im Buch des Lebens des Lammes geschrieben sind.
22 ¹Und er zeigte mir einen Fluss mit Wasser des Lebens, hell wie Kristall, der vom Thron Gottes und des Lammes hervorfließt. ²In der Mitte zwischen ihrer Straße und dem Fluss, auf beiden Seiten (des Flusses), (stand der) Baum des Lebens, der zwölffach Frucht bringt, indem er jeden Monat seine Frucht hervorbringt, und die Blätter des Baums (dienen) zur Heilung der Völker. ³Und es wird nichts Verfluchtes mehr geben. Und der Thron Gottes und des Lammes wird in ihr sein, und seine Diener werden ihm dienen ⁴und werden sein Angesicht sehen, und sein Name (wird) auf ihren Stirnen (stehen). ⁵Und es wird keine Nacht mehr geben, und sie werden kein Licht einer Lampe oder das Licht der Sonne nötig haben, denn Gott, der Herr, wird über sie leuchten, und sie werden in alle Ewigkeit herrschen.

Wie lässt sich das Heil, das Gott am Ende von Zeit und Geschichte schaffen wird, so beschreiben, dass wir Menschen eine tröstliche Vorstellung davon haben? Diese Frage versuchen die Visionen der

Offenbarung zu beantworten. In 21,1–8 waren es Bilder von der intensiven und Leben spendenden persönlichen Gemeinschaft mit Gott, die zu den Leserinnen und Lesern des Buches sprachen. Dazu tritt nun in 21,9 – 22,5 die Vision der neuen Stadt Gottes, des neuen Jerusalems. Die Bilder, die der Seher vor unseren Augen entfaltet, sind offensichtlich aus der Meditation der prophetischen Schau des endzeitlichen Tempels in Ez 40–48 heraus entstanden. Viele Motive aus unserem Abschnitt finden sich auch dort, sind aber zu einer ganz neuen Vision gestaltet.

Der Abschnitt hat zwei Teile: 21,9–21 enthält die Beschreibung und Vermessung des neuen Jerusalems, 21,22 – 22,5 berichten, wie das Licht der Gegenwart Gottes und das Wasser des Lebens die Stadt als neuen Lebensraum auszeichnen. Beide Teile sind jeweils in zwei Erzähleinheiten mit unterschiedlicher Akzentsetzung gegliedert (21,9–14 und 15–21 bzw. 21,22–27 und 22,1–5). So entsteht ein eindrucksvolles und facettenreiches Bild der himmlischen Stadt.

Bemerkenswert ist schon, wer dem Seher das neue Jerusalem zeigt (**9**): Es ist *einer von den sieben Engeln, die die sieben Schalen hatten, die mit den letzten sieben Plagen gefüllt waren.* Dieselben Engel sind Boten des *einen* Gottes, der in Gericht und Gnade handelt und »den Christen gegenüber seinen und ihren Feinden Recht schafft und ihnen das ewige Heil schenkt« (Giesen, 464).

Auch in 17,1 ist es einer der Schalenengel, der dem Seher »die große Hure« zeigt, das endzeitliche Babylon, das dann mit der Weltstadt Rom identifiziert wird. Jetzt führt ihn einer von ihnen zu ihrem Gegenbild: *Komm! Ich will dir die Braut, die Frau des Lammes, zeigen.* Die beiden Frauengestalten charakterisieren zwei unvereinbare Gegensätze: Die Hure steht für Babylon/Rom, die Verkörperung einer menschlichen Gemeinschaft, die sich selbst an die Stelle Gottes setzt. *Die Braut* und *Frau des Lammes* (vgl. 19,7; 21,2) symbolisiert das neue Jerusalem, den Ort, an dem Menschen in intensivster Beziehung und Gemeinschaft mit Gott und Christus leben. Bei der *Hure* ist alles käuflich; das Bild von der *Braut* und *Frau des Lammes* versinnbildlicht dagegen die innige »Liebes- und Lebensgemeinschaft der vollendeten Heilsgemeinde mit Christus« (Giesen, 464).

Brachte der Engel den Seher in 17,2 »im Geist in die Wüste«, wo er »die große Hure« sah, so führte er ihn jetzt *im Geist auf einen großen und hohen Berg* (**10**). Dieser Berg entspricht keiner geographisch identifizierbaren Größe; er ist Symbol für den Ort der Offenbarung, das immer wieder in biblischen Erzählungen erscheint (vgl. Ex 19,11.20; Mt 5,1; 17,1). Aber dort wird ihm nicht das Bild der Frau gezeigt, sondern die Wirklichkeit, die durch ihre Gestalt

symbolisiert wird: *die heilige Stadt Jerusalem, wie sie aus dem Himmel von Gott herabstieg.*
Davon war schon in 21,2 berichtet worden. Dort aber war vom Bild der Stadt sofort auf das übergeblendet worden, worauf es verweist: die vollendete Gemeinschaft mit Gott. Hier wird nun das Wesen dieser Stadt durch eine ausführliche Beschreibung ihres Plans und ihrer Bauart dargestellt, wobei klar ist, dass auch diese Angaben eine symbolische Bedeutung haben.
Das wichtigste Merkmal dieser Stadt steht am Anfang (**11**): Sie ist *erfüllt von der Herrlichkeit Gottes* (wörtlich: *sie hat die Herrlichkeit Gottes*). Dieser im Grunde unbeschreibliche Lichtglanz ist das Zeichen der Gegenwart Gottes in seinem Heiligtum und bei seinem Volk (Ex 24,16f; 40,34; 1Kön 8,11; Ez 10,4). Er weicht, wenn Gott sich seinem Volk entzieht (Ez 11,23), und kommt zurück, wo sich Gott ihm neu zuwendet (Ez 43,2–4; vgl. Jes 60,1). Eine Stadt, in der die Herrlichkeit Gottes wohnt, ist erfüllt von seiner Gegenwart und bestimmt von seinem Wesen.
Allerdings macht der Seher doch den Versuch, diese Herrlichkeit zu beschreiben: *ihr Glanz gleicht einem kostbaren (Edel)Stein, wie ein kristallklarer Jaspis.* Schon in 4,3 war das Aussehen dessen, »der auf dem Thron saß«, mit der Ausstrahlung dieses Edelsteins verglichen worden. Doch letztlich lässt sich Gottes Herrlichkeit mit keinem irdischen Glanz vergleichen.
Johannes bricht diesen Versuch deshalb gleich wieder ab und wendet seine Aufmerksamkeit den Mauern der Stadt zu (**12**): *Sie hat eine große und hohe Mauer,* deren Maße allerdings erst später (V. 17) genannt werden. Wichtig an dieser Mauer ist vor allem, dass sie *zwölf Tore* hat. Auf ihnen stehen *zwölf Engel* als himmlische Wächter und Torhüter (vgl. Jes 62,6), *und Namen (sind auf ihnen) geschrieben, das sind die Namen der zwölf Stämme Israels.* Damit wird die Stadt als Heimstatt des Volkes Gottes ausgewiesen, wobei zunächst offenbleibt, ob damit die Wiederherstellung des Zwölf-Stämme-Volkes im Blick ist oder die Gemeinde Jesu als neues Gottesvolk bezeichnet wird (vgl. die 144 000 aus allen Stämmen Israels in 7,4).
Durch ihre Tore ist die Stadt nach allen Seiten offen (**13**). Den Zugang gewähren *von Osten her drei Tore und von Norden her drei Tore und von Süden her drei Tore und von Westen her drei Tore.* Die Schilderung lehnt sich eng an Ez 48,30–33 an, wobei dort bei jedem Tor auch der Name des zugehörigen Stammes genannt wird.
In der Offenbarung aber wird noch ein weiteres Merkmal der »Architektur« der Stadt erwähnt (**14**): *Und die Mauer der Stadt hat zwölf Grundsteine und auf ihnen (stehen die) zwölf Namen der*

zwölf Apostel des Lammes. Jeder Mauerabschnitt ist auf einem Fundamentstein erbaut, der den Namen eines der *zwölf Apostel des Lammes,* also *Jesu Christi,* trägt. Damit wird die urchristliche Vorstellung, dass die Gemeinde als Tempel und Haus Gottes auf dem Fundament der apostolischen Verkündigung aufgebaut ist, auf die Mauern der Gottesstadt übertragen (vgl. Mt 16,18; Eph 2,20; und etwas anders 1Kor 3,10).

Für Johannes ist der Kreis der Apostel, ähnlich wie bei Lukas, auf die Zwölf beschränkt (vgl. Lk 6,12–16; Apg 1,12–26). Sie sind die Repräsentanten des neuen Gottesvolkes, das neutestamentliche Gegenüber zu den zwölf Stämmen (vgl. Mt 19,28). Die Rahmung des Abschnitts durch die Namen der zwölf Stämme und der zwölf Apostel zeigt, dass sich für die Offenbarung die Verheißungen für Israel im Bau einer neuen Heilsgemeinde aus Juden und Heiden erfüllen. Klar scheint aber auch, dass sich der Seher selbst *nicht* zu den zwölf Aposteln zählt.

Es folgt mit **15–21** ein neuer Abschnitt in der Beschreibung der heiligen Stadt, und zwar zunächst die Schilderung der Vermessung der Stadt und ihrer Mauer. Sie geschieht durch einen Engel, und zwar mit einem *goldenen Rohr als Maßstab.* Das zeigt, dass es hier nicht um ein architektonisches Aufmaß, sondern um die Bedeutung dieses Bauwerks geht. Vorbild ist Ez 40–43, wobei dort die detaillierten Maße des neuen Tempels wichtig sind, während in den V. 16f nur die Grundmaße von Stadt und Mauer genannt werden.

Zunächst wird berichtet, dass der Grundriss der Stadt quadratisch ist (**16**). Sie *ist viereckig angelegt, und ihre Länge ist so groß wie die Breite.* Dieses Gleichmaß galt in der Antike als ideal für eine Stadt, und Städte wie Babylon oder Ninive hatten nach antiker Überlieferung einen solchen Grundriss. Dann aber wurde die Stadt mit dem Rohr gemessen mit dem Ergebnis: *12 000 Stadien,* das sind umgerechnet 2 220 km und ergibt ein Quadrat mit den Ausmaßen »von London nach St. Petersburg, von St. Petersburg bis Istanbul, von Istanbul bis Tunis und von Tunis bis London« (Lichtenberger, 265).

Aber dass die Länge *zwölfmal tausend* Stadien beträgt, macht deutlich, dass es sich um eine symbolische Zahl handelt. Das wird noch deutlicher dadurch, dass gesagt wird: *die Länge und die Breite und ihre Höhe sind gleich.* Die »Stadt« ist also als ein Kubus von über 2 000 km Seitenlänge gedacht! Das wäre architektonisch nicht realisierbar, hat aber eine eindeutige Botschaft: Kubische Gestalt hat auch das Allerheiligste im Jerusalemer Tempel (1Kön 6,20). Nun ist die ganze Stadt zum Allerheiligsten und zum Ort der Gegenwart Gottes geworden, ihre Maße bieten Platz für alle, und sie umfasst alle Dimensionen menschlichen Lebens.

Relativ bescheiden ist demgegenüber die Höhe der Mauer (**17**): Sie misst *144 Ellen*, das sind umgerechnet etwa 70 Meter, für eine Mauer recht hoch, aber im Verhältnis zu der Höhe der Stadt winzig. Dabei wird ausdrücklich gesagt: Diese Angabe bezieht sich auf das *Maß eines Menschen*, ist also die normale menschliche Elle. Nach diesem Maß hat der Engel gemessen, es ist also gültig, und das bedeutet wohl auch: Diese Mauer hat keine übermenschlichen Dimensionen, sondern orientiert sich an menschlichen Maßen und ist überschaubar.

Dann spricht der Seher über das Material, aus dem die Stadt und insbesondere ihre Fundamente gebaut sind (**18–21**): *Die Umfassung* (andere übersetzen: *der Unterbau*) *ihrer Mauer (ist) aus Jaspis* (**18**). Die Mauer ist außen mit Jaspis verkleidet und strahlt in dem Glanz, der in V. 11 für die Herrlichkeit Gottes typisch ist. *Die Stadt* selbst aber ist *aus reinem Gold gleich reinem Glas*. Gold, das so rein ist, dass es durchsichtigem Glas gleicht, kommt in Wirklichkeit nicht vor. Das paradoxe Bild soll veranschaulichen: Diese Stadt ist aus kostbarstem Material gebaut, zugleich aber völlig transparent für Gottes Gegenwart.

Die *Fundamente der Mauer* tragen nicht nur die Namen der zwölf Apostel. Sie *sind mit jeder Art von Edelstein geschmückt*. Mehr noch: Jeder einzelne der Grundsteine besteht aus einem Edelstein (vgl. Jes 54,11: »ich will deine Mauern auf Edelsteine stellen«). Sie werden der Reihe nach aufgezählt (**19f**): *Der erste Grundstein ein Jaspis, der zweite ein Saphir, der dritte ein Chalzedon, der vierte ein Smaragd, der fünfte ein Sardonyx, der sechste ein Sardion, der siebte ein Chrysolith, der achte ein Beryll, der neunte ein Topas, der zehnte ein Chrysopras, der elfte ein Hyazinth, der zwölfte ein Amethyst*.

Die Aufzählung der zwölf Edelsteine erinnert an die zwölf Edelsteine, die das Brustschild des Ornats des Hohepriesters schmücken, auch wenn die Namen der Steine nicht identisch sind (Ex 28,17–20; 39,10–13; die genaue Identifizierung ist in beiden Fällen schwierig). Die Steine auf dem Brustschild des Hohepriesters trugen die Namen der zwölf Stämme Israels (Ex 28,21; 39,14), die Fundamente der Mauer des neuen Jerusalems die Namen der zwölf Apostel – auch dies ein Hinweis darauf, dass die endzeitliche Heilsgemeinde im Erbe des alttestamentlichen Gottesvolkes steht.

Ein letzter Blick auf die Pracht der Stadt Gottes erfolgt (**21**): *Und die zwölf Tore (sind) zwölf Perlen, jedes einzelne der Tore war aus einer Perle*, eine Vorstellung, die sich in Anlehnung an Jes 54,12 auch in der rabbinischen Überlieferung findet (BB 75[a]). Dazu eine letzte Angabe: *Und die (Haupt-)Straße der Stadt (war) aus reinem Gold, wie durchsichtiges Glas*. Was die Stadt als Ganzes auszeichnet, gilt auch für die Straße, die sich durch ihre Mitte zieht und auf der sich Menschen bewegen und begegnen: Alles ist aus reinem, strahlendem und kristallklarem Gold.

Im zweiten Teil dieses Abschnitts (21,22 – 22,5) wird nicht mehr die Architektur der Stadt beschrieben, sondern das, was das Leben in ihr auszeichnet. Im Zentrum eines ersten Unterabschnitts (22–27) steht die Schilderung dessen, was die Gegenwart Gottes in der Stadt für sie und ihre Bewohner bedeutet. Sie beginnt mit einer überraschenden Feststellung (22): *Und ich sah keinen Tempel in ihr.* Eine Stadt ohne Tempel – das war in der Antike nicht vorstellbar, und dass das neue Jerusalem keinen Tempel haben sollte, war für jüdische Leser und Leserinnen sicher ein schwer nachvollziehbarer Gedanke. Darin liegt auch der entscheidende Unterschied zu der »Vorlage« in Ez 40–48, die ganz der Beschreibung des neuen himmlischen Tempels gewidmet ist. Für jüdische Endzeithoffnungen war die Erwartung eines Wiederaufbaus des Tempels ein zentrales Motiv (vgl. Dan 8,14; Tob 14,5; 1Hen 93,7; Jub 1,17).

Hier aber erhält diese Hoffnung eine ganz neue Perspektive. Das zeigt die Begründung: *denn der Herr, Gott, der Allherrscher, ist ihr Tempel und das Lamm.* »Der Tempel als Symbol des Zugangs zur göttlichen Gegenwart ist ersetzt durch die Gegenwart Gottes selbst« (Giesen, 470). Zwar kennt auch die Offenbarung das Bild eines endzeitlichen Tempels (vgl. 3,12: wer siegt, wird zur »Säule im Tempel Gottes«). Damit wird das urchristliche Motiv von der Gemeinde als Tempel Gottes aufgenommen (vgl. 1Kor 3,16f; 2Kor 6,16; Eph 2, 20). Doch der Tempel, von dem dort die Rede ist, ist kein Bauwerk im neuen Jerusalem, sondern Symbol für das Leben in der unmittelbaren Gegenwart Gottes.

Die Schlussvision des Buches aber spricht von der direkten, leibhaften Gegenwart Gottes (21,3: »Gott wird bei ihnen wohnen«). »Die vollendete Heilsgemeinde wird sich darum nicht mehr um den Ort der Gegenwart Gottes und der Heilsvermittlung scharen, sondern sie wird selbst dieser Ort sein« (Roloff, 206).

Es ist der *Herr, Gott, der Allherrscher,* der gegenwärtig ist. Von der ersten Selbstvorstellung Gottes in 1,8 an ist das immer wieder die Bezeichnung für den Gott, von dessen Handeln die Offenbarung berichtet (4,8; 11,17; 15,3; 16,7.14; 19,6.15). Er, den die hebräische Bibel *Herr Zebaoth* nennt, ist gegenwärtig, er, der alles bestimmt und beherrscht. Fast nachklappend heißt es dann noch: *und das Lamm.* Das macht deutlich: Es geht in der Offenbarung immer um Gott und seine Herrschaft. Zugleich aber wird »das Lamm, das geschlachtet ist«, d.h. der gekreuzigte Christus, zum Garanten dafür, dass Gottes Herrschaft zu ihrem heilvollen Ziel kommt (vgl. 5,6–

12). Und so werden »der auf dem Thron sitzt und das Lamm« zur Gestalt dieser endzeitlichen Herrschaft (5,13; 7,10; 14,4).
Was die Gegenwart Gottes für die Stadt bedeutet, kann nur in einem Bild beschrieben werden (23): *Und die Stadt braucht weder die Sonne noch den Mond, damit sie ihr Licht geben, denn die Herrlichkeit Gottes hat sie erleuchtet.* Diese Vorstellung stammt aus Jes 60,19, wo mit diesem Bild das Ende allen Leidens für das Volk veranschaulicht wird: »Die Sonne soll nicht mehr dein Licht sein am Tage, und der Glanz des Mondes soll dir nicht mehr leuchten, sondern der HERR wird dein ewiges Licht und dein Gott wird dein Glanz sein« (vgl. Jes 24,23).
Johannes fügt freilich noch bedeutungsvoll hinzu: *und ihre Leuchte (ist) das Lamm.* Damit wird keine zusätzliche Lichtquelle beschrieben. Christus, das Lamm, ist die *Leuchte*, durch die der Glanz der Herrlichkeit Gottes für alle sichtbar wird. Er ist das Licht, das von Gott ausgeht und Leben schenkt (vgl. Joh 1,4.9; 3,19; 8,12; 9,5).
Aus Jes 60 stammen auch die folgenden Motive. Dort heißt es: »Nationen wandern zu deinem Licht und Könige zu deinem strahlenden Glanz. ... Deine Tore bleiben immer geöffnet, sie werden bei Tag und bei Nacht nicht geschlossen, damit man den Reichtum der Nationen zu dir bringen kann; auch ihre Könige werden zu dir geleitet« (60,3.11, EÜ). Hier begegnet die Vorstellung einer »Völkerwallfahrt« zum Zion. Wenn Gott Israel befreit, dann werden die heidnischen Völker kommen, die Zerstreuten Israels zurückführen, ihre Opfergaben bringen und den Gott Israels als wahren Gott verehren (Jes 45,14; 66,20; Zef 3,9f; Hag 2,6–9; Sach 14,14f).
Diese Vorstellung ist in den V. 24–26 aufgenommen und neu gestaltet: *Und die Völker werden in ihrem Licht wandeln, und die Könige der Erde bringen ihre Herrlichkeit in sie, und ihre Tore werden bei Tag nicht geschlossen sein, denn eine Nacht wird es dort nicht geben, und sie werden die Herrlichkeit und die Ehre der Völker zu ihr bringen.* Hier scheint sich noch einmal eine ganz neue Perspektive des Heils zu öffnen (24f): *die (heidnischen) Völker werden im Licht* der Herrlichkeit Gottes und des Lammes *wandeln,* d.h. ihr Leben und Handeln von diesem Licht bestimmen lassen! Ist hier davon die Rede, dass das Licht der Gegenwart Gottes über die Stadt hinausstrahlt und auch die Menschen, die noch draußen sind, erreicht und erleuchtet?
Aber – so wenden viele Ausleger ein – welche Völker sollen das sein? Sind sie nicht alle vernichtet (vgl. 19,19–21; 20,8f)? Oder sind damit die Menschen der unzählbaren Menge aus allen Nationen und Völkern in 7,9–17 gemeint, die »ihre Kleider im Blut des Lammes gewaschen haben«? Aber warum werden sie dann hier nur *Völker* genannt? Dieselben Fragen werden durch die Fortsetzung

gestellt: *die Könige der Erde bringen ihre Herrlichkeit in sie.* Sie scheinen nun wirklich von außen zu kommen, aber gerade sie sind nach 19,19–21 völlig vernichtet worden. Welche *Herrlichkeit* könnten sie noch bringen?
Auch die *Völker* kommen von außen. Ausdrücklich wird gesagt, dass die Tore der Stadt nicht verschlossen sind (26), damit man *die Herrlichkeit und die Ehre der Völker zu ihr bringen* kann. *Herrlichkeit und Ehre* könnte nach alttestamentlichem Sprachgebrauch der Reichtum und die Pracht der Könige und der Völker sein (vgl. Jes 60,13: »die Herrlichkeit des Libanon«). Aber hier haben diese Begriffe sicher eine tiefere Bedeutung: die *Herrlichkeit und Ehre* der Könige und der Völker stehen nicht mehr im Gegensatz zur Herrlichkeit und Ehre Gottes. Sie werden ihm gebracht, und damit wird Gott die Ehre gegeben (vgl. 11,13).
Freilich erfolgt auch hier wieder eine wichtige Abgrenzung (27): *Und nichts Unreines wird in sie hineingehen oder wer Gräuel verübt und Lüge.* Das erinnert an Jes 52,1, wo zu Jerusalem, der heiligen Stadt gesagt wird: »Es wird hinfort kein Unbeschnittener oder Unreiner zu dir hineingehen«. Heißt das für das neue Jerusalem der Offenbarung, dass grundsätzlich noch Menschen von außen dazukommen können, wenn auch keine, die sich durch Götzendienst verunreinigt haben? Aber wer sollte das sein, nachdem in 20,12–15 schon das Urteil über alle gesprochen worden ist?
Die Frage wird noch drängender durch das, was über die ausgesagt ist, die in die Stadt dürfen: nur *die im Buch des Lebens des Lammes geschrieben sind.* Im *Buch des Lebens* zu stehen ist nach 20,15 das entscheidende Kriterium im letzten Gericht. Hier wird dieses Buch auch als *Buch des Lammes* bezeichnet. In ihm stehen die, die ihre Kleider »im Blut des Lammes gewaschen haben« (7,14; vgl. 14,4). Es scheint hier also nicht von einer missionarischen Öffnung des neuen Jerusalems die Rede zu sein, sondern anhand der Kriterien des letzten Gerichts aufgezeigt zu werden, wer in diese Stadt, und damit in die Gemeinschaft mit Gott, kommen wird. Johannes lässt wohl bewusst beides nebeneinander stehen: die Weite und Offenheit der Stadt für alle und die eindeutige Einlassbedingung für das Leben in ihr. Das ist ein Signal, diesen Kreis nicht zu eng zu fassen und nicht mit dem eigenen Zählappell zu verwechseln!
Ein letzter Unterabschnitt (22,1–5) bringt noch einmal eine neue Perspektive: *Und er zeigte mir einen Fluss mit Wasser des Lebens, hell wie Kristall, der vom Thron Gottes und des Lammes hervorfließt.* Ein Fluss, der im Heiligtum entspringt, ist im Alten Testament ein wichtiges Bild der Hoffnung. Wir finden es in Ps 48,5 »Eines Stromes Arme erfreuen die Gottesstadt« (ZB), wo es offensichtlich das Motiv der Paradiesströme aufnimmt (Gen 2,10). In Ez 47,

1–12 wird sehr eindrücklich geschildert, wie aus dem endzeitlichen Tempel ein immer stärker anschwellender Strom entspringt, der bisher unfruchtbares Land bewässert und aus dem Toten Meer ein fischreiches Gewässer macht (vgl. Joel 4,8; Sach 14,8).
Die Vision des Johannes nimmt diese Hoffnung auf. Bei ihm geht der Fluss natürlich nicht vom Tempel aus, sondern vom *Thron Gottes und des Lammes,* also aus der Gegenwart Gottes und seines Christus. Darum wird auch nicht geschildert, wie dieses Wasser die Vegetation zu paradiesischem Gedeihen erweckt, sondern schlicht festgestellt, dass es *Wasser des Lebens* ist, Bild des Heils, das von Gott und Christus ausgeht (vgl. Joh 4,13; 7,38f).
Ein neues Bild wird aufgenommen (**2**): *In der Mitte zwischen ihrer Straße und dem Fluss, auf beiden Seiten (des Flusses), (stand der) Baum* (wörtlich: *Holz*) *des Lebens.* Wie das genau aussah, lässt sich schwer sagen. Vor allem ist unklar, ob der Singular *Holz* kollektiv zu verstehen ist und also mehrere Bäume auf beiden Seiten des Flusses standen (so nach Ez 47,12 die LÜ, ZB, EÜ) oder ob damit bewusst auf *den Baum des Lebens* in Gen 2,9 angespielt wird. Vermutlich liegt eine Vermischung beider Stellen vor, denn in der Beschreibung der Fruchtbarkeit des *Baums, der zwölffach Frucht bringt, indem er jeden Monat seine Frucht hervorbringt,* liegt eine Anspielung auf die Bäume von Ez 47,12 vor. Sie ist Johannes wichtig, da sie noch einmal die Bedeutung der Zahl *zwölf* als Ausdruck für die vollendete Gemeinschaft hervorhebt.
Hieß es aber in Ez 47,12 einfach, dass die Blätter der Bäume als Arznei (LÜ) bzw. als Heilmittel (EÜ, ZB) dienen, so stellt Johannes fest: *die Blätter des Baums (dienen) zur Heilung der Völker.* Noch einmal bekommt die Vision durch das Stichwort *Völker* einen universalen Klang. Und da der Baum bzw. die Bäume erst in der neuen Stadt Gottes zu finden sein werden, erhebt sich erneut die Frage, ob es noch einmal Heil und Heilung für bisher Ausgeschlossene geben wird.
In diese Richtung könnte auch die nächste Aussage weisen (**3**): *Und es wird nichts Verfluchtes mehr geben,* also nichts Widergöttliches, was die Gemeinschaft mit Gott unmöglich macht und zum Untergang bestimmt ist (vgl. Sach 14,11, wo es vom neuen Jerusalem heißt: »nichts wird mehr der Vernichtung geweiht werden«, ZB). Liegt das einfach daran, dass alles, was unter dem Fluch begangener Verfehlungen stand, schon gerichtet und vernichtet ist? Oder wird die *Heilung der Völker* bewirken, dass am Ende der Fluch, der über ihnen lastet, überwunden und entmachtet wird (vgl. Gal 3,13)?
Die meisten Ausleger halten das für unwahrscheinlich, weil es dem widersprechen würde, was in 20,11–15 geschildert wurde. Ihrer Meinung nach bezeichnet *Heilung der Völker* das, was schon vorher

im Entstehen der Heilsgemeinde aus Juden und Heiden, d.h. *der Völker*, geschehen ist (vgl. 7,9). In ihr wird es niemand und nichts mehr geben, das außerhalb der heilvollen Gemeinschaft mit Gott steht. Aber es bleibt bemerkenswert, dass hier am Ende der Offenbarung, in der Schilderung der Vollendung des Werkes Gottes, immer wieder der universale Horizont seines Handelns aufgerissen wird.

Diese heilvolle Gemeinschaft mit Gott wird nun, am Schluss des Abschnitts und damit am Ende aller Visionen der Offenbarung, eindrucksvoll beschrieben: *Und der Thron Gottes und des Lammes wird in ihr*, d.h. der Stadt Gottes, *sein*. Gottes Herrschaft, symbolisiert durch den *Thron Gottes*, ist nicht nur eine Wirklichkeit im fernen Himmel, die allenfalls für eine visionäre Schau zugänglich wird. Gott »residiert« und wirkt mitten unter den Menschen. Es ist darum auch *der Thron des Lammes*, also die Herrschaft Jesu Christi. Seine Lebenshingabe und sein endgültiger Sieg weisen Gott als den Gott aus, der die Menschen und die Gemeinschaft mit ihnen sucht.

Zugleich wird klar, dass Gott und Christus eine unauflösliche Einheit bilden. Der Seher spricht weiter in der Einzahl von ihnen: *seine Diener werden ihm dienen*. Damit ist Gott gemeint, aber Christus zugleich mit eingeschlossen. Im Griechischen werden für *Diener* und *dienen* unterschiedliche Wortstämme verwendet. Das Wort für *dienen* bezieht sich in der Bibel immer auf den Dienst für Gott – allerdings nicht beschränkt auf das, was wir heute Gottesdienst nennen (vgl. Dtn 6,13 = Mt 4,10; Lk 1,74; Röm 1,9; Phil 3,3). War in 21,7 die vollendete Gemeinschaft mit Gott im Bild des Miteinanders des Vaters mit seinen Kindern beschrieben, so hier (wie schon in 7,15) durch die Ausrichtung der ganzen Existenz auf Gott. Dem wahren Gott zu dienen, darin liegt die Erfüllung für das menschliche Leben.

Eine doppelte Aussage beschreibt das Wesen dieser Gemeinschaft noch näher (4): Die, die Gott so dienen, *werden sein Angesicht sehen*. Das *Angesicht Gottes schauen* zu dürfen ist im Alten Testament Ausdruck für die Sehnsucht nach einer heilvollen Begegnung mit Gott (Ps 17,15; 42,3). Aber kein sündiger Mensch kann Gott schauen, ohne zu sterben (Ex 33,20; doch vgl. Gen 32,31; Jes 6,5). Die alttestamentliche Verheißung: »Die Frommen werden sein Angesicht schauen« (Ps 11,7) wird für das Neue Testament in der endgültigen Begegnung mit Gott in der Ewigkeit erfüllt. Gott »schauen, wie er ist« (1Joh 3,2; vgl. Mt 5,8), das ist die Erfüllung der Sehnsucht nach wirklicher Gemeinschaft mit ihm.

Dazu tritt ein zweites Merkmal dieser neuen Beziehung zu Gott: *sein Name (wird) auf ihren Stirnen (stehen)* (vgl. 3,12; 14,1). Sie

»sind damit als Gottes Eigentum ausgewiesen« (Roloff, 208) und gehören endgültig zu Gott. Das bestimmt und erhellt ihre ganze Existenz (vgl. als Kontrast die Bezeichnung mit dem Namen des Tiers in 13,16).
Noch einmal wird betont (5): *Und es wird keine Nacht mehr geben, und sie werden kein Licht einer Lampe oder das Licht der Sonne nötig haben* (vgl. 21,25). Das ist keine Auskunft über die Beleuchtung der Stadt Gottes. Ein Leben ohne Nacht wäre wörtlich genommen ja durchaus problematisch. Es geht vielmehr um das Ende der Gottesfinsternis, die das Leben der Menschen umnachtet. Das zeigt sich auch in der Begründung, die nicht von der Beleuchtung der Stadt, sondern vom Licht für die Menschen spricht: *denn Gott, der Herr, wird über sie leuchten*. Es geht um das Heil. Was im aaronitischen Segen immer wieder neu zugesprochen wird (»der Herr lasse sein Angesicht leuchten über dir und sei dir gnädig«, Num 6,25; vgl. Ps 80,4), das ist jetzt bleibende Wirklichkeit für die, die zu Gott gehören.
Das hat eine überraschende Konsequenz: *sie werden in alle Ewigkeit herrschen*. Dieses Motiv taucht immer wieder in der Offenbarung auf (vgl. 2,26–28; 3,21; 5,10; 20,6). Uns befremdet es eher. In der aktuellen Situation der Gemeinden der Offenbarung aber war es tröstlich zu erfahren, dass die Herrschaft der Feinde Gottes nicht ewig dauern wird, sondern dass die, die zu Christus und Gott gehören, auch an deren Herrschaft teilhaben werden. Allerdings geht es dabei nicht einfach um eine Umkehr der Machtverhältnisse, denn die Christen nehmen nicht am Kampf gegen die gottfeindlichen Mächte und Menschen teil und beherrschen niemanden (vgl. zu 20, 4–6).
Über die aktuelle Situation hinaus aber könnte dieses Motiv andeuten, dass die Menschen nie aus der Verantwortung entlassen werden, im Auftrag Gottes mitzuherrschen (vgl. Gen 1,26). Zwar bleibt völlig offen, worüber sie herrschen sollen. Gibt es Bereiche des neu erschaffenen Kosmos, die beherrscht werden müssen? Das zeigt: Die Offenbarung bietet kein durchorganisiertes Szenario von Gottes neuer Welt. Sie hält am Schluss dieser großartigen Vision einfach fest: Zur vollendeten Gemeinschaft mit Gott gehört auch, einbezogen zu sein in sein Herrschen und Leiten und damit auch in die Mitverantwortung für Gottes neue Schöpfung.

Es sind faszinierende Bilder, die hier vor unseren Augen entstehen. Sie haben die Liederdichter vergangener Zeiten inspiriert: »Jerusalem, du hochgebaute Stadt, wollt Gott, ich wär in dir«, dichtete Johann Meyfahrt, »Von zwölf Perlen sind die Tore an deiner Stadt« Philipp Nicolai oder »Wie wird's sein, wie wird's sein, wenn ich zieh in Salem

ein, in die Stadt der goldnen Gassen!« Gustav Knak. Was aber bedeuten uns diese Bilder? Die Grundaussage ist klar: Unser Leben und der Weg dieser Welt mündet in ein Sein, das ganz von der Gegenwart Gottes bestimmt ist. Das Bild von der Stadt signalisiert, dass dadurch eine Gemeinschaft entsteht, in der Menschen frei und sicher leben können. Allerdings wird dieser Ort weder als Wohlfühloase noch als ökologisches Paradies beschrieben, und es wird auch nichts von dem fürsorglichen Miteinander in einer sozial ausgerichteten Kommunität berichtet. Aller Nachdruck ist darauf gerichtet, dass dies eine lebendige Gemeinschaft mit Gott sein wird.
Sehr betont wird freilich, dass dies eine offene Stadt ist, deren Mauern nicht der Verteidigung, sondern der »Definition« und dem Schmuck des Ortes dienen und deren Tore nicht verschlossen, sondern zur freien Kommunikation immer geöffnet sind. Was aber bedeutet dies angesichts der Feststellung, dass nur die in die Stadt hineinkommen, die im *Lebensbuch des Lammes geschrieben sind* (21,27)? Und doch werden auch die *Völker* im Licht Gottes wandeln und *die Könige der Erde ihre Herrlichkeit und Ehre in sie bringen* (21,24–26)!
Wieder begegnen wir der Spannung zwischen einer rigorosen Engführung, die nur die Erwählten und treu Gebliebenen am Heil teilhaben lässt, und der Perspektive einer universalen Weite, die im Grundsatz alle in die künftige Gemeinschaft einbezieht, ohne dass damit das Konzept einer Allversöhnung im Blick ist. Die Ausleger setzen sehr unterschiedliche Akzente: Beschreibt der Seher doch so etwas wie eine letzte Heilsvollendung, in der auch die Heilung der Völker ihren Platz haben wird? Sieht er darin einen Vorgang, der schon jetzt in der Mission der Kirche beginnt und dessen verborgene Früchte in der Ewigkeit sichtbar werden wird? Oder beschränkt sich auch diese Vision auf die unangefochtene Gottesgemeinschaft der Schar der treu gebliebenen Nachfolger, und das Kommen der Könige und Völker ist nicht mehr als ein schmückendes Element aus dem Motivkreis der endzeitlichen Völkerwallfahrt, das die Bedeutung dieser Gemeinschaft illustriert?
Die Spannung bleibt, und man wird sie nicht einfach nach der einen oder anderen Seite auflösen können. Aber das Vorzeichen, das in 21,3 mit der Ansage gesetzt ist: *Siehe, die Wohnung Gottes bei den Menschen, und er wird bei ihnen wohnen, und sie werden seine Völker sein,* ermutigt, den Kreis derer, die dazu gehören, nicht zu eng zu denken. *Gott bei den Menschen* – das ist Thema und Inhalt dieser letzten Vision.

22,6–21
Was noch zu sagen ist – wichtige Hinweise zum Schluss

Die Botschaft ist ausgerichtet. Was inhaltlich zu sagen war, das ist gesagt. Der große Brief an die sieben Gemeinden (vgl. 1,4) kann zum Schluss kommen. Formal wird der Brief mit dem Segensgruß in V. 21 abgeschlossen. Statt einer Reihe kurzer Mitteilungen und Grüße, wie sie sich am Schluss der Briefe des Paulus finden, stehen davor knappe, abschließende Worte zur Botschaft des Schreibens. Wie in der Schlussrunde eines langen, inhaltsreichen Gesprächs melden sich unterschiedliche Stimmen zu Wort, und diese Stimmen sind nicht immer leicht zuzuordnen. Aber alles, was gesagt wird, kreist darum, die Bedeutung der Botschaft des Briefs zu unterstreichen. Und ähnlich wie Paulus am Schluss seiner Briefe sein baldiges Kommen ankündigt (vgl. 1Kor 16,5), ertönt hier immer wieder der Ruf Jesu: *Ich komme bald.*

⁶Und er sprach zu mir: Diese Worte sind zuverlässig und wahrhaftig, und der Herr, der Gott der Geister der Propheten, hat seinen Engel gesandt, um seinen Dienern zu zeigen, was in Kürze geschehen soll. ⁷Und siehe, ich komme bald. Glücklich, wer die Worte der Prophetie in dieser Buchrolle bewahrt.
⁸Und ich (bin) Johannes, der dies hört und sieht. Und als ich (es) gehört und gesehen hatte, fiel ich nieder, um vor den Füßen des Engels anzubeten, der mir diese gezeigt hatte. ⁹Und er sagt zu mir: Ja nicht! Ich bin dein Mitknecht und (der) deiner Brüder, der Propheten, und derer, die die Worte dieser Buchrolle bewahren. Bete Gott an!
¹⁰Und er sagt zu mir: Versiegle die Worte der Prophetie dieser Buchrolle nicht, denn die Zeit ist nah. ¹¹Wer Unrecht tut, soll weiter Unrecht tun, und der Schmutzige soll sich weiter beschmutzen, und der Gerechte soll weiter Gerechtigkeit üben, und der Heilige soll sich weiter heiligen. ¹²Siehe, ich komme bald, und mein Lohn ist mit mir, jedem zu vergelten, wie es seinem Werk entspricht. ¹³Ich (bin) das Alpha und das Omega, der Erste und der Letzte, der Anfang und das Ende.
¹⁴Glücklich sind, die ihre Kleider waschen, damit sie Anrecht haben am Baum des Lebens und durch die Tore in die Stadt einziehen.
¹⁵Draußen (bleiben) die Hunde und die Zauberer und die Hurer und

die Mörder und die Götzendiener und jeder, der die Lüge liebt und tut.
¹⁶Ich, Jesus, habe meinen Engel gesandt, euch dies zu bezeugen über die Gemeinden. Ich bin die Wurzel und das Geschlecht Davids, der helle Morgenstern. ¹⁷Und der Geist und die Braut sprechen: Komm. Und wer es hört, sage: Komm. Und wer Durst hat, komme; wer will, nehme Wasser des Lebens umsonst.
¹⁸Ich bezeuge jedem, der die Worte der Prophetie dieser Buchrolle hört: Wenn jemand ihnen (etwas) hinzufügt, wird Gott ihm alle die Plagen hinzufügen, die in dieser Buchrolle geschrieben sind, ¹⁹und wenn jemand (etwas) wegnimmt von den Worten der Buchrolle dieser Prophetie, wird Gott seinen Anteil vom Buch des Lebens und von der heiligen Stadt, von denen in dieser Buchrolle geschrieben ist, wegnehmen.
²⁰Es sagt der, der dies bezeugt: Ja, ich komme bald. Amen, komm, Herr Jesu.
²¹Die Gnade des Herrn Jesus sei mit allen.

Welch ein eindrucksvoller Schluss eines außergewöhnlichen Briefs! Verschiedene Stimmen werden laut, und der Inhalt des Schreibens klingt an vielen Stellen nach. Die Verbindung zu dem vorigen Abschnitt ist eng; V. 6 bildet keine deutliche Zäsur, der Übergang ist fließend. Denn die V. 6–9 sind auch Abschluss von 21,1–22,5, wie die Parallele in 19,10, dem Schluss von 17,1–19,10, zeigt. Manche Ausleger ziehen diese Verse deshalb noch zum vorigen Abschnitt. Aber die V. 6–9 eröffnen zugleich den Schlussabschnitt des Buches: V. 6 bezieht sich zurück auf den Anfang in 1,1–3, und in den V. 7 und 9 wird auf die ganze Buchrolle zurückgeschaut.
Es ist allerdings schwer, einen logischen Aufbau zu erkennen. Unterschiedliche Aspekte stehen unverbunden nebeneinander, und die Zuordnung der Aussagen zu bestimmten Sprechern ist schwierig. Dennoch lässt sich eine sinnvolle Gliederung ausmachen, wenn auch weniger im Sinne eines logischen Gedankenfortschritts. Die einzelnen Aussagen sind zu thematischen Gruppen in Form kleiner Gesprächseinheiten geordnet. In jeder von ihnen ertönt Jesu Zusage: *Ich komme bald* (V. 7.12.20) bzw. die Bitte: *Komm* (V. 17), und jede endet mit einer eindrucksvollen Schlussaussage:

V. 6–9   Die Bedeutung der Offenbarung und ihr Ziel: *Bete Gott an!*
V. 10–13   Die Aktualität der Botschaft: *Christus ist Anfang und Ende*
V. 14–17   Eine letzte Einladung: *Wer es hört, sage: Komm!*
V. 18–20   Eine Schutzbestimmung für das Buch und die Zusage: *Ich komme bald.*

V. 21　　Segenswort zum Schluss: *Die Gnade des Herrn Jesus sei mit allen*

Der Abschnitt beginnt mit der knappen Bemerkung: *Und er sprach zu mir* (6). Aber es bleibt offen, wer hier spricht. Dem Zusammenhang nach (vgl. 21,9ff) müsste es der Engel sein, der Johannes durch das neue Jerusalem geführt hat. Aber in V. 7 spricht dann eindeutig Christus (ebenso in V. 12f und V.20). Darum nehmen viele Ausleger an, dass er auch schon in V. 6 das Wort ergreift. Doch in V. 9 spricht wieder der Engel. Offensichtlich wechseln in diesem Abschnitt die Sprecher, ohne dass dies ausdrücklich angezeigt wird (vgl. V. 20).
In V. 6 mag die Frage, wer spricht, auch deswegen offenbleiben, weil dieser Satz Aussagen aus dem bisherigen Text aufnimmt. Zunächst wird grundsätzlich festgestellt: *Diese Worte sind zuverlässig und wahrhaftig*. Damit wurde in 21,5 der Schreibbefehl an Johannes begründet. Hier wird die Aussage zum Gütesiegel für das ganze Buch. Was in ihm zu lesen ist, ist absolut vertrauenswürdig.
Darauf folgt eine weitere Feststellung, die mit etwas anderen Worten wiederholt, was schon in 1,1 gesagt worden war: *der Herr, der Gott der Geister der Propheten, hat seinen Engel gesandt, um seinen Dienern zu zeigen, was in Kürze geschehen soll*. Ungewöhnlich ist dabei die Bezeichnung *der Gott der Geister der Propheten*. Es ist eine weitere Beglaubigung der prophetischen Botschaft: Gott selbst ist der Autor der Worte, die durch einen Propheten wie Johannes übermittelt werden. *Seine Diener* sind also in diesem Zusammenhang die urchristlichen Propheten, hier vor allem Johannes selbst, dem Gottes Engel gezeigt hat, *was in Kürze geschehen soll*. Damit wird fast wörtlich die Überschrift in 1,1 aufgenommen.
Doch nun ergreift Jesus selbst das Wort (7): *Und siehe, ich komme bald*. Das ist ein knapper Kommentar zu dem, *was in Kürze geschehen soll*. Das Entscheidende ist, dass Jesus selbst kommt. Dafür will der Brief des Johannes die Gemeinden bereit machen. Und deshalb gilt die Seligpreisung: *Glücklich, wer die Worte der Prophetie in dieser Buchrolle bewahrt*. Die prophetischen Worte dieses Buches zu *bewahren* bedeutet nicht nur, sie aufzubewahren, sondern sich an sie zu halten und sich von ihnen warnen und leiten zu lassen. Etwas knapper formuliert ist damit aufgenommen, was schon am Anfang des Buches als erste Seligpreisung stand: »Glücklich, wer die Worte der Prophetie vorliest, und die, die sie hören, und die bewahren, was in ihr geschrieben ist, denn die Zeit ist nahe« (1,3).
Nun aber stellt sich der Verfasser noch einmal selbst vor (8): *Ich (bin) Johannes, der dies hört und sieht*. Wieder nennt er nur seinen Namen, identifiziert sich aber als Augen- und Ohrenzeuge dessen,

was er berichtet (vgl. 1,4.9f). Doch kommt ihm deswegen keineswegs ein besonderer Rang zu. Fast wörtlich wiederholt sich noch einmal eine Szene, die schon in 19,10 berichtet wurde: *Und als ich (es) gehört und gesehen hatte, fiel ich nieder, um vor den Füßen des Engels anzubeten, der mir diese gezeigt hatte.* Verehrung gehört nicht ihm, sondern dem, der die Botschaft überbracht hat.
Aber der wehrt entschieden ab (**9**): *Ja nicht! Tu das nicht!* Und die Begründung zeigt: Auch der Engel ist nur Bote: *Ich bin dein Mitknecht und (der) deiner Brüder, der Propheten, und derer, die die Worte dieser Buchrolle bewahren.* Obwohl der Engel aus der himmlischen Welt kommt, ist er nichts anderes als *Mitknecht*, Diener Gottes, wie Johannes und seine Brüder und Schwestern, die anderen Propheten.
Aber anders als in 19,10 werden als Mitknechte des Engels auch die genannt, *die die Worte dieser Buchrolle bewahren*. Darauf kommt es jetzt an: Sich an das zu halten, was der Engel Johannes als Botschaft Gottes gezeigt hat. Wer das tut, mit dem stellt sich der Engel auf die gleiche Stufe. Denn entscheidend ist: Verehrung gebührt allein Gott. Deshalb der Aufruf: *Bete Gott an!* Das ist die Kernbotschaft der ganzen Offenbarung und wird gegen den Anspruch von Staat und Kaiser auf göttliche Verehrung, aber auch gegen die Vergöttlichung irgendwelcher anderer Mittlergestalten festgehalten. Zwischen Schöpfer und Geschöpf verläuft eine klare und eindeutige Trennungslinie!
Auch der nächste Abschnitt (**10–13**) beginnt mit einem knappen: *Und er sagt zu mir.* Wieder ist nicht ganz klar, wer spricht. Wahrscheinlich ist es der Engel, doch könnte der ganze Abschnitt auch als Wort des erhöhten Christus aufgefasst werden (vgl. V. 12f). Jedenfalls ergeht eine klare Anweisung: *Versiegle die Worte der Prophetie dieser Buchrolle nicht, denn die Zeit ist nah.* Das ist ohne Zweifel im Gegensatz zu dem Befehl formuliert, den der Prophet Daniel in Dan 12,4 erhält: »Du, Daniel, verbirg diese Worte und versiegle dies Buch bis auf die letzte Zeit«. Das Buch Daniel will – wie viele andere jüdische Apokalypsen – den Eindruck erwecken, sehr viel früher als zur Zeit der ersten Verbreitung geschrieben worden zu sein. Deshalb wird berichtet, dass es versiegelt und erst in der Zeit seiner wirklichen Entstehung, »der letzten Zeit«, geöffnet werden soll (vgl. Dan 8,26; 12,9; 1Hen 1,2). Die Offenbarung ist dagegen sofort, im Augenblick ihrer Niederschrift, aktuell.
Doch auf diese klare Anweisung folgt eine rätselhafte Aussage (**11**): *Wer Unrecht tut, soll weiter Unrecht tun, und der Schmutzige soll sich weiter beschmutzen, und der Gerechte soll weiter Gerechtigkeit üben, und der Heilige soll sich weiter heiligen.* Das ist eine der pessimistischen Aussagen der Offenbarung im Blick auf die Wirk-

samkeit ihrer Botschaft (vgl. auch 9,20f; 16,9.11.21). Sie steht in »der Tradition der prophetischen Verstockungsaussagen« (Roloff, 211). In Dan 12,10 heißt es im Blick auf die Versiegelung des Buchs: »Viele werden geläutert, gereinigt und geprüft. Doch die ruchlosen Sünder sündigen weiter. Von den Sündern wird es keiner verstehen; aber die Verständigen verstehen es« (EÜ). Und in Ez 3,27 steht: »Wer es hört, der höre es; wer es lässt, der lasse es; denn sie sind ein Haus des Widerspruchs«.
Obwohl die Botschaft des Johannes nicht versiegelt wird, besteht doch wenig Hoffnung, dass sich die Menschen zur Umkehr rufen lassen. Vielleicht spricht aus diesen Worten aber doch mehr als nur ein trotziger oder resignierter Fatalismus. Vielleicht teilen sie die grimmige Ironie eines Amos, der den Israeliten zuruft: »Ja, kommt her nach Bethel und treibt Sünde, und nach Gilgal, um noch viel mehr zu sündigen« (4,4), um sie auf die Absurdität ihres Tuns hinzuweisen. Das hieße hier: *Tut weiter Unrecht* und tretet Gottes Recht mit Füßen, *beschmutzt euch weiter* durch die Verehrung falscher Götter! Doch von jetzt an könnt ihr wirklich wissen, was ihr euch damit antut!
Doch das Hauptgewicht liegt auf dem zweiten Teil, der Mahnung an die *Gerechten* und die *Heiligen*, also die treuen Christen. *Gerechtigkeit üben* und *sich heiligen* sind die Gegenbegriffe zu *Unrecht tun* und *sich beschmutzen*: Sich vom Willen des wahren Gottes leiten zu lassen und ihm das Leben ganz zur Verfügung zu stellen, das ist der Weg zum Leben, den dieses Buch weist. Es darf nicht versiegelt werden, um die zu stärken und zu vergewissern, die diesen Weg eingeschlagen haben. Ihre Treue ist wichtig.
Spätestens hier ergreift der erhöhte Christus das Wort und unterstreicht die Dringlichkeit dieser Mahnung (**12**): *Siehe, ich komme bald, und mein Lohn ist mit mir, jedem zu vergelten, wie es seinem Werk entspricht.* Noch einmal die Zusicherung: *Ich komme bald,* die Herrschaft von Ungerechtigkeit und Gottlosigkeit wird bald ein Ende haben (vgl. 3,11; 22,7.20). Und dann wird Jesus die belohnen, die Gott die Treue gehalten haben. *Mein Lohn ist mit mir*, sagt er, und damit klingt Jes 40,10 an: »Siehe, der Herr, HERR, kommt mit Kraft, ... sein Lohn ist bei ihm« (REB). In Jes 40 meint *Lohn* das, was Gott sich erarbeitet hat (LÜ: »was er gewann«, nämlich das Volk im Exil), hier ist dagegen von der Belohnung die Rede, die Jesus für die bereithält, die Anfechtung und Verfolgung überstanden haben.
Noch einmal wird betont, dass Jesus *jedem vergelten* wird, *wie es seinem Werk entspricht*. Das ist die Entsprechung zu dem, was für die anderen im letzten Gericht geschieht (vgl. 20,13: »jeder wurde nach seinen Werken gerichtet«). Auffallend ist aber, dass hier – an-

ders als sonst in der Offenbarung – der Singular *sein Werk* bzw. *sein Tun* verwendet wird (vgl. Spr 24,12; Ps 62,13). Das macht deutlich: Es geht nicht um eine Ansammlung frommer oder humanitärer Leistungen, die man vorweisen kann; es geht um das Verhalten als Ganzes, darum, wie ein Mensch sein Leben vor Gott und mit den Menschen gelebt hat. V. 14 wird das noch einmal mit einem anderen Bild deutlich machen.

Zunächst aber schließt dieser Gesprächsteil mit der Versicherung des erhöhten Christus (**13**): *Ich (bin) das Alpha und das Omega, der Erste und der Letzte, der Anfang und das Ende.* Damit werden verschiedene Aussagen über Gott und Jesus Christus in der Offenbarung zusammengefasst: In 1,8 sagt Gott: »Ich bin das Alpha und das Omega« und in 21,6: »Ich bin das Alpha und das Omega, der Anfang und das Ende«. In 1,17 und 2,8 nennt sich Christus »der Erste und der Letzte«. Jetzt aber wird klar: Was von Gott gilt, das gilt auch von Christus. Wie Gott selbst umfasst und bestimmt er alles, was in Natur und Geschichte geschieht, vom Anfang bis zum Ende. Darum ist auch bei ihm das Urteil über die Menschen in guten Händen.

Einen anderen Ton schlägt der nächste Abschnitt an (**14–17**). Er beginnt mit der letzten Seligpreisung der Offenbarung: *Glücklich sind, die ihre Kleider waschen, damit sie Anrecht haben am Baum des Lebens und durch die Tore in die Stadt einziehen.* Schon in 7,14 war von den Menschen in weißen Kleidern aus der unzählbaren Schar aus allen Völkern und Nationen gesagt worden: »Sie haben ihre Kleider gewaschen und im Blut des Lammes weiß gemacht«. Das ist die andere Seite der Aussagen über das Heil in der Offenbarung. Weiße, reingewaschene Kleider ist das Symbol für ein Leben, das vor Gott bestehen kann (vgl. Ex 19,10.14). Entscheidend ist aber nicht, dass sie ihre Kleider nicht beschmutzt haben, sondern, dass sie sie gewaschen haben, d.h. dass sie ihr Leben durch Jesus Christus von allem, was es befleckt und verunreinigt hat, haben reinigen lassen! Dabei steht die Aussage im Präsens (sie *waschen* ihre Kleider). Es geht nicht nur um einen einmaligen Akt, etwa in der Taufe. Treue zu Jesus bedeutet auch, sich immer neu von ihm reinigen zu lassen und von der Vergebung zu leben, die er schenkt.

Zwei Bilder kennzeichnen das Heil, das sie dadurch empfangen: Sie werden *Anrecht haben am Baum des Lebens*, dem Symbol für ein Leben in der bleibenden Gemeinschaft mit Gott (Gen 2,9; 3,22). Durch die Sünde haben sich die Menschen von Gott als Quelle des Lebens getrennt (Gen 3,24). Doch »neu vom Baum des Lebens, der im Paradies Gottes ist«, essen zu dürfen (2,7; 22,2), ist in der Offenbarung Sinnbild für die neue, unzerstörbare Lebensgemeinschaft mit Gott.

Und das andere Bild verspricht: Sie werden *durch die Tore in die Stadt einziehen*. Damit wird die ganze Bildwelt des neuen Jerusalems und des Wohnens mit Gott von Kap. 21 und 22 aufgenommen. Dazuzugehören, Bürgerrecht in der Stadt Gottes und Zugang zu der Gemeinschaft mit Gott zu haben, das sind Bilder für das in Christus geschenkte Heil (vgl. Phil 3,20; Hebr 10,19–25). Die Seligpreisung ist eine herzliche Einladung, dieses Geschenk anzunehmen und durch die geöffnete Tür zu Gott einzutreten.
Aber immer wieder muss in der Offenbarung auch die Kehrseite dieser Zusage angesprochen werden, der drohende Ausschluss vom Heil (**15**): *Draußen (bleiben) die Hunde und die Zauberer und die Hurer und die Mörder und die Götzendiener und jeder, der die Lüge liebt und tut*. Anders als in unserem Kulturkreis gelten im Orient Hunde nicht als bester Freund des Menschen, sondern als Inbegriff für Unreinheit, Unverschämtheit und Gier (Ps 22,17.21; 59,7.15). Deshalb dienen sie auch im Urchristentum zur negativen Bezeichnung für Heiden, Irrlehrer und abgefallene Christen (Mt 7,6; 15, 26f; Phil 3,2).
Die Polemik gegen *Zauberer, Hurer, Mörder und Götzendiener* fand sich auch in 9,20f; 21,8. Die Zusammenstellung dürfte traditionell vier Hauptlaster der Menschen bezeichnen: Menschen werden manipuliert, sexuell missbraucht oder umgebracht, und dem wahren Gott wird die Ehre verweigert. In der Offenbarung wird vor allem die religiöse Seite, also der Zwang zum Götzendienst und die tödliche Verfolgung, betont.
Bemerkenswert ist, wie stark am Schluss *jeder, der die Lüge liebt und tut*, hervorgehoben wird (so auch 21,8.27). Gegenbild sind die 144 000, in deren Mund laut 14,5 »keine Lüge gefunden wurde«. Wer *die Lüge liebt und tut*, ist für die Offenbarung jemand, der Christus bewusst verleugnet oder sich durch feige Halbwahrheiten und unehrliches Handeln vor dem Bekenntnis zu ihm drückt. Solche Leute müssen *draußen* bleiben, weil sie ihr Verhalten aus der Gemeinschaft mit Gott ausschließt (so auch 21,27; vgl. Ps 101,7).
Noch einmal erfolgt eine ausdrückliche Autorisierung des Werks (**16**). Hieß es in V. 6: *Gott hat seinen Engel gesandt*, so jetzt: *Ich, Jesus, habe meinen Engel gesandt, euch dies zu bezeugen über die Gemeinden*. Gott und Jesus bilden für die Offenbarung eine Einheit im Handeln. Mit *euch* könnte wie in V. 6 und 9 eine Gruppe von Propheten gemeint sein, die die Botschaft des Johannes mitträgt, sonst aber nicht erwähnt wird; vielleicht ist aber doch die gesamte Leser- und Hörerschaft des Buchs angeredet (vgl. 1,3). Ungewöhnlich ist auch die Formulierung *über die Gemeinden*. Ist gemeint *für die Gemeinden* (LÜ, REB) oder *das, was die Gemeinden betrifft* (EÜ)? Die griechische Formulierung spricht für Letzteres. Die Ge-

meinden sind nicht nur Adressaten des Briefes, ihr Geschick ist auch Inhalt der Offenbarung, die *über* sie Zeugnis ablegt.
Ein weiteres Mal stellt sich Jesus mit zwei Motiven aus dem Alten Testament vor: *Ich bin die Wurzel und das Geschlecht Davids.* *Wurzel* (oder präziser *Wurzelspross*) *Davids* wurde Jesus schon in 5,5 genannt und damit auf dem Hintergrund von Jes 11,1.10 als der kommende messianische König identifiziert. Hier tritt noch die Herkunftsbezeichnung *das Geschlecht Davids* hinzu, das Jesus als Nachkommen Davids ausweist. Die davidische Herkunft Jesu gehört zum Grundbekenntnis der frühen Christenheit (vgl. Röm 1,3; Mt 1,1–17; Lk 2,4).
Als zweites nennt sich Jesus *der helle Morgenstern.* Das dürfte auf Num 24,17 anspielen: »Es wird ein Stern aus Jakob aufgehen und ein Zepter aus Israel aufkommen«, eine Stelle, die auch im Judentum auf den Messias gedeutet wurde. Jesu Selbstvorstellung bedeutet also: Ich bin der verheißene Messias, der die Hoffnung Israels erfüllt.
An die Stelle der *Zusage* Jesu: *Ich komme bald* (V. 7.12.20) tritt jetzt die *Bitte* um sein Kommen (**17**): *Und der Geist und die Braut sprechen: Komm.* Der *Geist*, der durch die Worte von Propheten in der Gemeinde spricht (14,13), bittet stellvertretend für sie um das Kommen Jesu (vgl. Röm 8,26f). Aber auch die Gemeinde selbst, *die Braut* Jesu (19,7.9), stimmt in diesen Ruf ein. Das Bild von der Braut ist hier besonders passend: Wie eine Braut auf die Ankunft ihres Bräutigams, so wartet die Kirche auf das Kommen Christi (Satake, 426). Ja, jeder und jede Einzelne in der Gemeinde wird eingeladen, mitzusprechen: *Und wer es hört, sage: Komm.* Das nimmt den Ruf auf, mit dem die Christen in der gottesdienstlichen Versammlung rufen: »Maranata«, d.h. »Unser Herr, komm« (vgl. 1Kor 16,22; Did 10,6).
Aber es bleibt nicht bei dem sehnsüchtigen Ruf. Schon jetzt erklingt eine Einladung an alle, eine Einladung, in der Jesus wieder selbst spricht – vielleicht durch die Stimme eines Propheten: *Und wer Durst hat, komme; wer will, nehme Wasser des Lebens umsonst.* Noch einmal, wie schon in 21,6, wird die Verheißung aus Jes 55,1 aufgenommen: »Wohlan, alle, die ihr durstig seid, kommt her zum Wasser! Und die ihr kein Geld habt, kommt her ... kauft ohne Geld und umsonst«. Damit klingt auch die Einladung Jesu im Johannesevangelium an: »Wenn jemand Durst hat, so komme er zu mir und trinke« (Joh 7,37).
Es ist die Einladung zum himmlischen Mahl, aber zugleich die Zusage, dass schon hier in der Begegnung mit dem lebendigen Christus *Wasser des Lebens* empfangen werden kann, das den Lebensdurst stillt. Und das Überraschende ist die Weite dieser Einladung:

Wer Durst hat, komme, heißt es, und *wer will, nehme Wasser des Lebens.* Plötzlich wird die Not der Menschen zur Qualifikation für das Heil und allein der Entschluss, der Einladung zu folgen, zur Bedingung für seinen Empfang. Im Kontext der Offenbarung mag sich diese Einladung vor allem an die Christen wenden. Und doch lässt der universale Ton aufhorchen, der sich an alle wendet, die unter ihrem Durst nach wahrem Leben leiden, und alle anspricht, die Hilfe annehmen wollen. Das ist die andere Seite der Gnadenverkündigung der Offenbarung!
Ein letzter Abschnitt sichert den Text des Buches gegen jede Veränderung ab (**18f**): *Ich bezeuge jedem, der die Worte der Prophetie dieser Buchrolle hört: Wenn jemand ihnen (etwas) hinzufügt, wird Gott ihm alle die Plagen hinzufügen, die in dieser Buchrolle geschrieben sind, und wenn jemand (etwas) wegnimmt von den Worten der Buchrolle dieser Prophetie, wird Gott seinen Anteil vom Buch des Lebens und von der heiligen Stadt, von denen in dieser Buchrolle geschrieben ist, wegnehmen.* Wie V. 20 zeigt, ist es Christus selbst, der diese Worte spricht und für ihre Gültigkeit bürgt (sie *bezeugt*). Vorbild für diese Aussage ist eine Aussage in Dtn 4,2 (ZB): »Ihr sollt nichts hinzufügen zu dem, was ich euch gebiete, und sollt auch nichts davon wegnehmen, sondern ihr sollt die Gebote des HERRN, eures Gottes, halten, die ich euch gebe« (vgl. auch Dtn 13,1; 29,19f). Noch einmal wird damit die Autorität der Botschaft des Johannes und ihr Anspruch, das von Gott durch Christus gewirkte Heil zu verkünden, eindrücklich festgeschrieben.
Jesus, *der dies bezeugt,* wiederholt zum dritten und letzten Mal die entscheidende Zusage (**20**): *Ja, ich komme bald.* Das ist in wenigen Worten die tröstliche Botschaft Jesu in diesem Buch: *Ja, ich komme bald.* Und die Gemeinde antwortet: *Amen,* ja, so sei es, *komm, Herr Jesu.* Das *Maranata* der urchristlichen Gemeinde (vgl. V. 17; 1Kor 16,22) wird zum letzten Wort im christlichen Kanon.
Das Buch der Offenbarung ist ein Brief an die Gemeinden (1,4–6). Darum schließt es mit einem brieflichen Segenswort (**21**): *Die Gnade des Herrn Jesus sei mit allen* (vgl. 2Kor 13,13; 1Thess 5,28; 2Thess 3,18). Noch einmal wird die universale Perspektive des Heils in der Offenbarung sichtbar. Das ist in den Handschriften nicht eindeutig belegt. Statt *mit allen* schreibt der Codex Sinaiticus *mit den Heiligen,* die Mehrzahl der späteren Handschriften: *mit allen Heiligen.* Das ist nicht unbedingt eine Verfälschung, denn tatsächlich ist wohl zunächst an die gedacht, die im Gottesdienst der Gemeinde versammelt sind und denen der Segen zugesprochen wurde. Aber es ist doch bemerkenswert, dass hier am Schluss jedes einschränkende Element auf die, die Jesus die Treue halten oder die ins Buch des Lebens geschrieben sind, fehlt. Gerade weil das für die

Offenbarung eine überraschende Aussage ist, dürfte *mit allen* die ursprüngliche Lesart sein, obwohl sie von den griechischen Handschriften nur durch den Codex Alexandrinus vertreten wird. Es bleibt dabei: *Die Gnade des Herrn Jesus gilt allen!*

Mit freundlichen Grüßen und der Versicherung, die Adressaten zu besuchen, oder der Einladung an sie, möglichst bald zu kommen, enden viele Briefe. Dieser Brauch wird auch in diesem Brief aufgenommen, aber in geistlicher Verwandlung und Vertiefung.

1. *Komm, Herr Jesus, Maranata*, ist ein zentrales Gebet der Urchristenheit. *Ja, ich komme bald*, ist die Antwort des erhöhten Herrn in Offb 22. Die Erwartung der nahen Wiederkunft Jesu und des baldigen Kommens des Reiches Gottes war ein Grundzug des Glaubens und der Hoffnung urchristlicher Gemeinden (vgl. Mt 3,2; 4,17; 10,7; Phil 4,5). Man hat sich diese Nähe sicher auch chronologisch vorgestellt (vgl. Mk 9,1; 1Thess 4,15-17; 2Petr 3,1-13). Aber was *Nähe* bedeutet, wurde nicht nur in der Dimension von Verlaufszeit gedacht. In seiner Vollmacht, Dämonen auszutreiben, sah Jesus das kommende Reich Gottes schon jetzt in der leidvollen Wirklichkeit dieser Zeit am Wirken (Mt 12,28; Lk 11,20). In den Griechisch sprechenden Gemeinden wurde das aramäische Wort *Maranata* auch mit: *Der Herr ist gekommen* übersetzt. Und wahrscheinlich haben die paulinischen Gemeinden den Zuruf: »Der Herr ist nahe« (Phil 4,5) nicht nur in zeitlichem Sinn verstanden, sondern als Zusage, dass Jesus Christus gerade in schwierigen Zeiten und Situationen ganz nahe ist.

Die Frage: Haben sich die Christen damals – oder auch in späteren Zeiten – getäuscht, wenn sie erwartet haben, dass Jesus bald kommt? ist also zu simpel gestellt. Sie mögen sich in ihren zeitlichen Vorstellungen geirrt haben, nicht aber in der Überzeugung, dass ihre Zeit in besonderer Weise Zeit der Entscheidung und der Bewährung ist. Gottes Zeit und der Zeitpfeil, in dem wir die Wirklichkeit erleben, sind nicht identisch.

2. Ein Gruß mit eigner Hand dokumentiert in den Paulusbriefen Authentizität und Autorität des Schreibens (vgl. Gal 6,11; in 1Kor 16, 21-24 ebenfalls mit einer »Scheideformel«, dem Ruf Maranata und dem Gnadenwunsch verbunden). So stehen auch im Schlussabschnitt der Offenbarung noch einmal der Name des menschlichen Verfassers und die Autorisierung und Textsicherung ihres Wortlauts durch den erhöhten Christus nebeneinander (V. 8f.18f). Gottes Wort im Menschenwort!

Was aber kann das Verbot, im Text etwas hinzuzufügen oder zu streichen, für unseren Umgang mit dem Buch bedeuten? Niemand wird eine revidierte Ausgabe der Offenbarung veröffentlichen wollen, in der die unbequemen Aussagen gestrichen sind und manches, was uns

zu fehlen scheint, ergänzt ist. Doch ist damit auch die kritische Auseinandersetzung mit ihrer Botschaft verboten? Ist Buchstabentreue verlangt? Was hieße das bei einem Text, der so stark von Bildern bestimmt ist und auch innere Widersprüche aufweist?
Wie immer das der Seher selbst verstanden haben mag, für heutige Auslegung sollte gelten, dass sie auch diesem Buch der Bibel mit großem Respekt begegnet und es ohne Vorzensur im Blick auf das, was unserer Meinung nach ins Neue Testament gehört und was nicht, liest. Es könnte sein, dass es uns gerade da etwas zu sagen hat, wo es uns fremd scheint. Das schließt freilich nicht aus, dass an bestimmten Stellen von der Gesamtbotschaft des Neuen Testaments her Fragen gestellt werden oder auch Sachkritik formuliert wird, ohne damit die neutestamentliche Botschaft auf ein »Standardniveau« einebnen zu wollen.

3. *Wer Durst hat, komme; wer will, nehme Wasser des Lebens umsonst.* Dass diese bedingungslose Einladung einer der letzten Sätze der Offenbarung ist, das ist ein Signal. Die notwendigen Abgrenzungen gegen das Missverständnis einer »billigen Gnade« sind gezogen, aber das letzte Wort hat die dringende und herzliche Aufforderung, seinen Lebensdurst, die Ursache so vielen Unrechts und Leids, in der Begegnung mit Gott und Christus zu stillen. Darum heißt das allerletzte Wort dieses Briefs: *Die Gnade des Herrn Jesus sei mit allen.*

Die Botschaft der Offenbarung – eine Zusammenfassung

Die Offenbarung des Johannes hat eine Botschaft – klarer, eindeutiger und direkter als jede andere Schrift des Neuen Testaments. Über die äußeren Umstände ihrer Entstehung wird wenig erzählt, alles ist darauf konzentriert, die Botschaft weiterzugeben, die dem Schreiber aufgetragen ist. Der Anspruch lautet: In dem, was Johannes sieht und hört, kommt Christus selbst zu Wort. Und doch bleibt klar: Auch diese Botschaft wird durch menschliche Worte und Bilder vermittelt.

Die Adressaten sind ebenfalls klar definiert. Es sind sieben namentlich genannte Gemeinden in der römischen Provinz Asia im Südwesten der heutigen Türkei. Ihnen gilt die Botschaft ganz aktuell. Nicht nur die sieben sog. Sendschreiben, sondern das ganze Buch ist als Brief an sie gestaltet. Aber schon die Siebenzahl macht deutlich: Diese sieben Gemeinden stehen stellvertretend für die ganze Christenheit. Und der Inhalt zeigt: Die Botschaft dieses Briefs wird für die christliche Kirche auf ihrem Weg durch die Zeit immer wieder neu aktuell werden. Dabei kann man nicht einfach trennen: Was galt den Gemeinden damals und was ist zeitlos gültig? Im Hören auf die ursprüngliche Botschaft erschließt sich auch ihre Aktualität für unsere Zeit. Wir werden deshalb zunächst versuchen, das Zeugnis des Johannes in seiner Zeit zu erfassen, um dann zu bedenken, welche Herausforderungen für uns heute in seiner Botschaft liegen. Den Schluss bildet ein kurzer Vergleich mit den Aussagen des übrigen Neuen Testaments.

I. Was der Geist den Gemeinden sagt – das Zeugnis des Johannes

1. Ein prophetischer Brief

Das Buch der Offenbarung ist als Brief verfasst. Das zeigt der stilgerechte Briefkopf am Anfang mit Absenderangabe, Adresse und Friedensgruß (1,4–8) und der Gruß am Schluss (22,21). Aber es ist kein gewöhnlicher Brief. Das zeigt die Überschrift (1,1–3), in der der Anspruch erhoben wird, dass hinter dem menschlichen Verfasser als eigentlicher Autor Jesus Christus steht, dem das, was er in dieser Schrift enthüllt, wiederum von Gott selbst gegeben ist. Das ist ein hoher Anspruch, den so keine andere neutestamentliche Schrift erhebt.

Umso bescheidener ist die Selbstvorstellung des menschlichen Verfassers: *Johannes* nennt er sich kurz und knapp in 1,4.9 und noch einmal am Schluss in 22,8. Er rechnet damit, dass man ihn kennt, und verwendet keine Ehrentitel, um seine Autorität zu stützen. In der Überschrift wird er *Diener* bzw. *Sklave Gottes* genannt, was ihn nach dem Sprachgebrauch der Offenbarung als Propheten ausweist (vgl. 22,9). Doch in 1,9, wo er sich etwas ausführlicher vorstellt, stellt er sich ganz bewusst an die Seite der Adressaten und nennt sich: *Johannes, euer Bruder und Teilhaber in der Bedrängnis und der Königsherrschaft und im Ausharren bei Jesus.* Das heißt: Ich bin einer von euch und teile mit euch Würde und Last der Zugehörigkeit zu Jesus.

Johannes beansprucht also keine andere Autorität als die Autorität seiner Botschaft. Dass es sich bei ihm um Johannes, den Sohn des Zebedäus, einen der zwölf Apostel, handelt, ist ganz unwahrscheinlich. Der Verfasser will auch nicht den Eindruck erwecken, dieser zu sein. Die zwölf Apostel sind für ihn schon eine heilsgeschichtliche Größe, das Fundament der Mauer um die neue Stadt Gottes (21,14; vgl. Eph 2,20). Aus sprachlichen und theologischen Gründen ist auch nicht anzunehmen, dass es sich um denselben Verfasser wie den des Johannesevangeliums und der Briefe des Johannes handelt, auch wenn es Berührungspunkte mit diesen Schriften gibt. Der Verfasser ist ein judenchristlicher Prophet, der möglicherweise erst nach der Zerstörung Jerusalems 70 n.Chr. nach Kleinasien gekommen ist und in den dortigen Gemeinden gewirkt hat (vgl. 2,21).

Die einzige konkrete Angabe über ihn besteht in der Information, dass er bei der Abfassung der Schrift auf Patmos war, und zwar *um des Wortes Gottes und des Zeugnisses für Jesus willen*. Was das bedeutet, ist nicht ganz klar. Entweder handelt es sich um eine zeitweilige Verbannung durch die römischen Behörden, weil er durch sein Wirken die öffentliche Ordnung gefährdete, oder er hat sich angesichts einer drohenden Festnahme freiwillig für gewisse Zeit auf die Insel zurückgezogen. Gerade in diesem Zusammenhang betont er, dass er die Bedrängnis und die Hoffnung der Christen in den Gemeinden teilt (1,9).

Das Schreiben aber geht an *die sieben Gemeinden in (der Provinz) Asia* (1,4). Diese Gemeinden werden etwas später auch mit Namen genannt: *Ephesus, Smyrna, Pergamon, Thyatira, Sardes, Philadelphia und Laodizea*. Die genannten Städte bilden einen weiten Halbkreis um Ephesus, das wohl das Zentrum der Arbeit des Johannes war. Doch gab es in dieser Provinz noch andere christliche Gemein-

Die Botschaft der Offenbarung – eine Zusammenfassung

den. Deshalb stellt sich die Frage, warum nur diese sieben genannt und als *die* Gemeinden in der Provinz Asia bezeichnet werden. Sie lässt sich nicht mit Sicherheit beantworten. Wahrscheinlich sind es die Gemeinden, mit denen der Prophet in Verbindung stand, und werden deshalb beispielhaft genannt.
Dafür spricht auch die Beobachtung, dass einerseits die Situation der Gemeinden sehr genau und lebendig beschrieben wird, aber andererseits das Ensemble als Ganzes ein sehr differenziertes und durchkomponiertes Gesamtbild ergibt. Auch die Siebenzahl weist darauf hin, dass diese Gemeinden repräsentativ für alle christlichen Gemeinden angeschrieben werden. Aber nicht nur die Sendschreiben gehen an diese Gemeinden, sondern ausdrücklich das ganze Schreiben mit seinem Ausblick auf Gottes Handeln an dieser Welt und den Weg derer, die ihm die Treue halten. Auch das spricht dafür, dass die ganze christliche Gemeinde als Adressatin im Blick ist. Was hier beschrieben wird, müssen alle wissen.
Für ein Werk dieser Art ist die Briefform einzigartig. Zwar ist durch das Gewicht der Paulusbriefe die Form des Briefes generell zum theologischen Kommunikationsmittel der frühen Christenheit geworden. Aber im Fall der Offenbarung soll das signalisieren: Die Botschaft ist aktuell, sie soll jetzt die Gemeinden erreichen. Doch wie für die Paulusbriefe gilt auch hier: Solche Briefe sind nicht nur für den Augenblick geschrieben, sie gewinnen immer wieder neu Bedeutung.
Auch die Sprache des Buches ist eigenartig. Sie weist eine Reihe von Verstößen gegen die Regeln der griechischen Grammatik und Syntax auf. Man hat darin den Hinweis gesehen, dass der Verfasser als Judäer kein griechischer Muttersprachler war und diese Sprache noch nicht ganz beherrschte. Aber genauere Untersuchungen haben gezeigt, dass die Inkongruenzen nur in bestimmten Zusammenhängen vorkommen, und zwar vor allem in der Rede von Gott und Christus. Offensichtlich sollen die sprachlichen Härten signalisieren, dass die Majestät Gottes alle menschlichen Regeln sprengt und sich nicht den Gesetzen menschlicher Grammatik beugt.
Eindrücklich ist auch die Art der Verwendung des Alten Testaments. Die Offenbarung enthält kein einziges Zitat aus dem Alten Testament, das als solches eingeführt wird. Aber in keiner anderen Schrift des Neuen Testaments finden sich so viele Anspielungen und verborgene Zitate aus dem Alten Testament wie in ihr. Der Verfasser lebt in diesen Schriften, sie liefern ihm Bilder und theologische Motive und verleihen seinen Visionen ein Stück Autorität und Glaubwürdigkeit.
Johannes kennt auch Worte aus der eschatologischen Verkündigung Jesu und ist mit vielen Motiven aus der zeitgenössischen jüdischen

Apokalyptik vertraut, wie sie aus den Schriften von Qumran, der Henochtradition (1Hen) und dem 4. Esrabuch bekannt sind.
Deshalb stellt die Frage, ob die Visionen so wie beschrieben geschaut wurden oder am Schreibtisch entstanden sind, eine falsche Alternative dar. Johannes lebt in den Bildern der prophetischen Schriften und der apokalyptischen Tradition. Angesichts der bedrängenden Situation verdichten sie sich ihm zu einer neuen Schau des Handelns Gottes. Mit der Kraft ihrer Bilder erschließt die Offenbarung eine neue Dimension des Wirkens Gottes in dieser Welt.
Wir sollten auch damit rechnen, dass in diesen Bildern noch mehr und Tieferes liegt, als der Autor selbst sich vorgestellt haben mag. Es gehört zum Wesen jeder echten Inspiration, dass sie die Inspirierten mehr sagen lässt, als ihnen selbst bewusst ist.

2. Der Betreff: Warnung und Ermutigung

Worum geht es in diesem Brief? Klar ist: Hier wird keinem interessierten Publikum in weichen Kinosesseln ein spannender Film über den baldigen Weltuntergang vorgeführt, der sie dann mit wohligem Gruseln in einen gesicherten Alltag entlässt. Seine Adressaten sind unmittelbar von dem betroffen, was hier geschildert wird.
Es ist vor allem die Voranstellung der Sendschreiben, die unmissverständlich deutlich macht, dass die Gemeinden und ihre Glieder nicht auf den Zuschauerrängen der Arena sitzen, in der das Gericht über ihre Feinde vollzogen wird. Sie stehen selbst vor ihrem Herrn, der sie prüft und sein Urteil über sie spricht. Es ist eine Zwischenbilanz: Noch ist das Lob verbunden mit der Mahnung, treu zu bleiben, und der Tadel mit dem Ruf zur Umkehr und Ratschlägen zu durchgreifender Veränderung. Allen aber wird in den Überwindersprüchen mit unterschiedlichen Bildern die Verheißung der endgültigen Gemeinschaft mit Gott und Christus zugesprochen – wenn sie treu bleiben und den Sieg behalten.
Die Situation der Gemeinden wird sehr verschieden gezeichnet. Aber es gibt gemeinsame Probleme. Da ist einerseits der Druck von außen. Römische und städtische Behörden und das gesellschaftliche Umfeld erwarten mit immer größerem Nachdruck, dass sich alle an der Verehrung der Staatsgötter und des vergöttlichten Kaisers beteiligen. Es ist in der Forschung umstritten, wie groß diese Bedrohung zur Zeit der Offenbarung schon war. Aber es hat offensichtlich erste Märtyrer gegeben, weil sich manche Christen standhaft weigerten, an den Opfern für den Kaiser teilzunehmen. Hier galt es fest zu bleiben.
Aber daneben steht die Gefahr von innen, die Versuchung, durch Kompromisse den Erwartungen der Gesellschaft nachzugeben. Ver-

mutlich versuchten manche, durch subtile theologische Interpretation die Teilnahme an Opfermahlzeiten und ähnlichen Zeremonien für unbedenklich zu erklären. Die Offenbarung leistet entschiedenen Widerstand gegen solche Tendenzen, obwohl eine solche Symbiose mit der herrschenden Kultur missionarische Erfolge und gesteigertes Ansehen versprach.
Doch es bleibt nicht bei der Abwehr von Gefahren. Der Christus der Offenbarung ruft die Gemeinden zurück zu der Liebe und dem Feuer, das ihre Anfänge gekennzeichnet hat. Nicht der äußere Erfolg ist entscheidend, sondern die Intensität der Beziehung zu Christus. Es sind darum gerade die Gemeinden, die klein sind und arm scheinen, die um ihre Abhängigkeit von ihm wissen und ganz von seiner Gnade leben.
Auf dieser Grundlage werden die Linien im zweiten Hauptteil weiter ausgezogen. Es kommt zur radikalen prophetischen Kritik an einem totalitären System und einer politischen Theologie, in denen menschliche Macht und Größe religiös überhöht und in Gestalt des Kaisers vergöttert werden. Die Unmenschlichkeit und der teuflische Charakter eines solchen Systems wird entlarvt und trotz der tödlichen Bedrohung für alle, die sich ihm widersetzen, eindringlich vor jeder Komplizenschaft gewarnt.
Daneben tritt die Schilderung einer sich steigernden Bedrohung der Menschheit durch eine Reihe von Plagen, die die Betroffenen zur Umkehr bewegen sollen. Den Adressaten aber soll diese Schilderung die Gewissheit schenken, dass auch hinter tiefen Erschütterungen des Weltgebäudes und der menschlichen Gesellschaft Gottes Wille steht, der der Gerechtigkeit zum Sieg und den Seinen zum Heil verhelfen wird.
Sowohl in den Sendschreiben als auch in den Visionen geht Johannes von der aktuellen Situation aus. Sein visionäres Erleben führt ihn aber weit über diese zeitgeschichtlichen Hintergründe hinaus. Vermutlich erwartet er selbst den baldigen Einbruch der von ihm geschauten Katastrophen in die reale Geschichte. Aber die Weise, wie er diese Visionen auf der Grundlage alttestamentlicher Vorgaben schildert, öffnet einen sehr viel weiteren Horizont des Geschehens: Hier entfaltet sich unabhängig von den chronologischen Abläufen unserer Zeit die Wesensgeschichte des Handelns Gottes und seiner Auseinandersetzung mit den gegnerischen Mächten. Die drei großen Plagenreihen schildern nicht dieselben Ereignisse. Aber wie bei der Besteigung eines Berges der Gipfel immer wieder neu und in veränderter Perspektive in den Blick kommt, so zeigen sie in immer dramatischeren Ausblicken Gottes Weg zum Ziel mit der Welt.
Der Betreff des Briefes lautet also kurzgefasst: Mahnung und Ermutigung für die Gemeinde Jesu Christi.

3. Das Thema: Gott und seine Gerechtigkeit

Trotz allem, was an faszinierenden Katastrophenschilderungen unser Bild von der Offenbarung beherrschen mag, das eigentliche Thema der Offenbarung ist Gott und die Durchsetzung seiner Herrschaft. Die Wendung *der auf dem Thron sitzt* ist die zentrale Bezeichnung für Gott (4,2f.9; 5,1.7.13; 6,16; 7,10.15 u.ö.). Sie wird fast zum Namen Gottes und zeigt mit aller Deutlichkeit: Hier geht es um Gottes *Herrschaft*. Das unterstreicht auch der zweithäufigste Titel, mit dem Gott sich vorstellt oder angeredet wird: *Allherrscher* (1,8; 4,8; 11,17; 15,3 u.ö.). Dieses Wort ist im griechischen Alten Testament Wiedergabe für *Herr Zebaoth* (*Herr der Heerscharen*) und kommt im Neuen Testament nur noch in 2Kor 6,18 vor. In der Offenbarung aber wird es zum Schlüsselbegriff für Gottes Wesen und Handeln. Er ist der Herrscher über alles und alle.

Gottes Sein umspannt und durchdringt alles. Fünf Mal wird Gott *als der Seiende und der (immer) war und der Kommende* vorgestellt (1,4; 1,8; 4,8; ohne *der Kommende* 11,17; 16,5). Diese Formel greift die Selbstvorstellung Gottes in Ex 3,14 auf, die in der griechischen Übersetzung lautet: *Ich bin der Seiende*. Für die Offenbarung bedeutet das, dass Gott immer *war* und von Anfang an alles geschaffen und bestimmt hat, vor allem aber, dass er *kommt* und diese Welt nicht sich selbst und der Herrschaft des Bösen überlässt.

Dass Gott die Geschichte dieser Welt umspannt, wird auch durch die Wendung ausgedrückt, mit der sich Gott in 1,8 selbst vorstellt: *Ich bin das Alpha und das Omega*, in 21,6 ergänzt durch die parallele Aussage: *der Anfang und das Ende*. Gott ist vor allem Anfang; er ist der Schöpfer, der alles geschaffen hat (4,11), und darum ist er auch der Vollender und das Ziel allen Geschehens, an dessen Ende eine neue Schöpfung und die bleibende Gemeinschaft Gottes mit den Menschen stehen werden (21,1–8).

Wichtig ist für die Offenbarung, dass dem Seher immer wieder der Blick in den »Himmel« geschenkt wird, d.h. in die Dimension der Wirklichkeit, in der Gottes Herrschaft schon ungebrochen gilt. Der Lobpreis Gottes, der dort erklingt, die Hymnen, die dort gesungen werden, nehmen die, die hier noch unter der Herrschaft fremder Mächte leiden, schon in diese Wirklichkeit hinein. Sehr deutlich wird durch diese Visionen auch: Gott ist einzigartig, aber er ist nicht einsam. Seine Majestät und Heiligkeit, seine Gerechtigkeit und sein Heil werden schon jetzt von den vier Wesen und den 24 Ältesten, den himmlischen Repräsentanten alles Lebendigen und des Volkes Gottes, und von den Engeln, seinen himmlischen Boten, erkannt und anerkannt.

Die Botschaft der Offenbarung – eine Zusammenfassung

Diese himmlische Welt wird mit vielfältigen Bildern beschrieben, um diese verborgene Dimension der Realität anschaulich zu machen. Für Gott aber gibt es kein Bild. Gelegentlich wird versucht, für den Glanz dessen, der auf dem Thron sitzt, einen Vergleich zu finden (4,3). Aber das ist die Ausnahme. Die Rede von Gott bleibt ganz bewusst unanschaulich. Nur zwei Mal hören wir, dass Gott selbst spricht – am Anfang und am Schluss (1,8; 21,5–8). Gott ist fern und nah zugleich.

Die Visionen berichten auch nie von einem direkten Handeln und Eingreifen Gottes. Von ihm geht alles aus, selbst seinen Gegenspielern *wird gegeben*, was sie tun. Sie handeln nur in dem Spielraum, den Gott ihnen zugesteht. Doch in den Lauf dieser Welt greift Gott durch Beauftragte ein; durch seine Engel, vor allem aber durch Christus, der die zentrale Rolle als Vollstrecker des göttlichen Willens einnimmt.

4. Der Vollstrecker: Christus – Richter und Retter

Die Offenbarung ist sehr zurückhaltend im Gebrauch der üblichen Ehrentitel für Jesus. Der Name *Jesus Christus* bezeichnet ihn in 1,1f als den eigentlichen Autor der Schrift und steht auch im Friedensgruß in 1,5. Von *Christus* im Sinne von *Gesalbter, Messias* wird in 11,5 und 20,4.6, wo von seiner Herrschaft die Rede ist, gesprochen. Die Bezeichnung *Sohn Gottes* kommt nur einmal in einer Selbstvorstellung in den Sendschreiben vor (2,18). Ansonsten spricht die Offenbarung von *Jesus* vor allem in der Wendung *Zeugnis Jesu* (1,9; 12,17; 17,6 u.ö.). Eindrücklich ist der Schluss, wo die Gemeinde ruft: *Komm, Herr Jesu*, und ihr *die Gnade unseres Herrn Jesus* zugesprochen wird (22,21f).

Das Bild Jesu in der Offenbarung wird entscheidend von drei Motiven geprägt: a) dem Erscheinen dessen, der *einem Menschensohn gleicht* (1,13; 14,14), b) der Gestalt des *Lammes, das aussah wie geschlachtet* (5,6 u.ö.; 28-mal in der Offenbarung) und c) sein Kommen als *Reiter auf dem weißen Pferd* mit dem Namen *Wort Gottes* (19,11–21).

a) Johannes scheint den Begriff *Menschensohn* ganz bewusst nicht als Titel, wie er in den Evangelien erscheint, zu gebrauchen. Er greift zurück auf den Ursprung des Begriffs in Dan 7,13, wo geschildert wird, wie *einer wie ein Menschensohn* mit den Wolken vom Himmel kam. Bei Daniel wird damit das Reich Gottes als eine Herrschaft mit menschlichem Gesicht gekennzeichnet im Gegensatz zu den vier Weltreichen, deren bestialischer Charakter durch ihr Auftreten als Raubtiere veranschaulicht wird.

So sieht auch Johannes den Repräsentanten der Herrschaft Gottes als menschliche Gestalt, freilich ausgestattet mit allen Insignien göttlicher Vollmacht. Er greift dabei Vorbilder aus dem Alten Testament auf, spielt aber auch auf Würdezeichen aus hellenistischen Herrscher- und Götterdarstellungen an. Merkmale der irdischen Existenz des *Menschensohns* Jesus fehlen fast ganz. Nur die Aussage: *ich war tot, und siehe, ich lebe* (1,18) ist ein eindeutiger Hinweis auf das Geschick Jesu. Schon in 1,7 hieß es von dem, *der auf den Wolken kommt*, dass ihn alle sehen werden, *die ihn durchbohrt haben*. Sein gewaltsamer Tod und das Zeugnis, dass er lebt, identifizieren den, der einem Menschensohn gleicht, als den gekreuzigten und auferstandenen Jesus von Nazareth.
Wie der Menschensohn in den Evangelien, so erscheint auch der, der einem Menschensohn gleicht, als Richter. Aber anders als in Mk 13,26f; Mt 24,30f wird zunächst nicht vom Weltgericht berichtet. Es sind die Gemeinden, die in ihm ihrem Richter begegnen (Kap. 2 und 3). Erst in 14,14–20 und dann in 19,11–21 wird er zum Vollstrecker des göttlichen Gerichts über die Feinde Gottes.

b)   Noch sehr viel prägender für die Theologie der Offenbarung ist das Motiv des *Lammes*. 28-mal kommt dieser Titel für Jesus in der Offenbarung vor (sonst im Neuen Testament nur in Joh 1,29.34, aber mit einem anderen griechischen Begriff). Besonders eindrücklich ist die Einführung des Bildes in Kap. 5. Nachdem niemand gefunden wurde, der würdig gewesen wäre, das Buch mit den sieben Siegeln zu öffnen, kündigt einer der Ältesten an, dass *der Löwe aus dem Stamm Juda*, d.h. der Messias, den Sieg errungen habe und deshalb das Buch öffnen könne (5,5). Doch anstelle eines Löwen sieht der Seher *ein Lamm, wie geschlachtet*, inmitten der himmlischen Thronversammlung stehen. An der Stelle des siegreichen Löwen zeigt sich das geopferte Lamm.
Die Botschaft ist eindeutig: Nur der kann in Gottes Namen die Welt durch Kampf und Gericht an das von Gott gewollte Ziel führen, der bereit war, sein Leben hinzugeben. Die Machtfrage kann nur lösen, wer die Schuldfrage bewältigt hat. Der Opfertod des Lammes, symbolisiert durch die Schächtwunde am Hals, ist das entscheidende Identifikationsmerkmal mit dem Geschick Jesu. Zugleich ist das Erscheinen des Lammes vor Gottes Thron Zeichen dafür, dass Jesus den Tod überwunden und den Sieg über Sünde und Tod errungen hat.
Was dieser Tod für die Menschen bedeutet, wird im Lobpreis der himmlischen Thronversammlung benannt: *Du wurdest geschlachtet und hast für Gott durch dein Blut (Menschen) aus jedem Stamm und (jeder) Sprache und (jedem) Volk und (jeder) Nation losgekauft*

(5,9). Das Bild vom Loskauf beschreibt im Neuen Testament die befreiende Kraft des Todes Jesu, die die Menschen aus der Gefangenschaft von Schuld und Sünde herausholt (vgl. Mk 10,45; Mt 20,20; 1Kor 6,19f; 7,22f; 1Petr 1,18f; Offb 14,3). Dem entspricht, was in 1,5 über die Bedeutung des Geschicks Jesu gesagt wird: Er ist der *Erstgeborene von den Toten, der uns liebt* – im Neuen Testament oft Ausdruck für die Lebenshingabe Jesu (vgl. Gal 2,20; Eph 5,2; weiter Joh 10,11; 13,1; 15,13). *Durch sie hat er uns von unseren Sünden durch sein Blut befreit.* Durch Jesu gewaltsamen Tod (*durch sein Blut*) ist die Last menschlicher Schuld verarbeitet und sind die Menschen aus ihrer Gefangenschaft unter der Macht der Sünde befreit worden (vgl. Röm 3,24f; 5,9; Eph 1,7; Hebr 9,12; 1Petr 1,18f, 1Joh 1,7; Offb 7,14; 12,11). Sie sind dazu befreit, Gottes Königsherrschaft zu repräsentieren und als Priester ganz für Gott da zu sein (1,5; 5,9f). So entsteht das neue Gottesvolk inmitten von Anfeindung und Verfolgung.

c) Der so gehandelt hat, ist befähigt und beauftragt, Gericht über eine feindliche Welt zu halten und Gottes Herrschaft über die ganze Schöpfung aufzurichten. Wie das geschieht wird allerdings mit äußerst blutigen und gewalttätigen Bildern geschildert. Hier erscheint nicht das Lamm, sondern der *Reiter auf dem weißen Pferd,* der das siegreiche *Wort Gottes* verkörpert (19,11–21). In dieser Vision des kämpfenden und siegenden Christus werden auch Elemente der Menschensohn-Vorstellung aufgenommen. Das gilt vor allem für das Bild des zweischneidigen Schwertes, das aus dem Mund Christi hervorgeht und mit dem er die Völker schlagen wird (19,15; vgl. 1,16).
So siegt Jesus letztlich durch das Wort – die grausamen Details der Vision sind bildhafte Veranschaulichung der Totalität des Sieges des Beauftragten Gottes. Darum nehmen viele Ausleger an, dass das Gewand des Siegers nicht vom Blut der Feinde, sondern vom Blut des Lammes gerötet ist, das sich geopfert und so den Sieg errungen hat (19,13). Jedenfalls ist für die Offenbarung der Kreuzestod Jesu kein vergangenes Ereignis, das durch die Auferstehung überholt wäre, sondern bleibt in der Gestalt des Lammes präsent und gültig (19,7; 21,22f; 22,1.3; vgl. auch 1,7). Der endzeitliche Richter und Sieger ist kein anderer als der Gekreuzigte.
Christus ist der Beauftragte Gottes und hat als solcher Teil an seiner Autorität und Vollmacht, ja an Gottes Gottheit. Viele Prädikate Gottes werden auch von ihm ausgesagt: Wie Gott ist er *der Erste und der Letzte, Alpha und Omega* (1,17; 2,8; 22,13; vgl. 1,8; 21,6) und *der Heilige und Wahrhaftige* (3,7; 19,11; vgl. 6,10). Ihm gebührt dieselbe Verehrung wie Gott (vgl. 5,12f mit 4,11), und er teilt

mit ihm seinen himmlischen Thron (3,21; 21,22f; 22,3f). Gott und das Lamm erscheinen gleichrangig nebeneinander. Und doch bleibt alles auf Gott ausgerichtet. Christus bleibt Beauftragter Gottes, und die göttliche Vollmacht und Würde, die ihm zukommt, dient allein dazu, Gottes Willen zum Ziel zu bringen und seine Herrschaft aufzurichten. Nicht das Bild von der Hochzeit des Lammes und seiner Braut wird am Ende weiter ausgemalt. Es ist vielmehr die innige Gemeinschaft der Menschen mit Gott, die in bewegenden Worten als Ziel beschrieben wird (21,3–7).

Sehr viel seltener sind die Aussagen der Offenbarung über das Wirken des *Geistes Gottes*. Die merkwürdige Wendung von den *sieben Geistern Gottes* (1,4; 3,1; 4,5; 5,6) beschreibt das vielfältige Wirken des Geistes, das von Gott und von Christus ausgeht. Im Wort des erhöhten Christus, das der Prophet den Gemeinden übermittelt, spricht der Geist zu ihnen (vgl. 2,7.11.17 u.ö.). Es ist Gottes Geist, der den Propheten ergreift, ihm die Wirklichkeit aus der Perspektive Gottes zeigt (1,10; 4,2; 17,3; 21,10) und die zwei Zeugen wieder zum Leben erweckt (11,11). Es ist der Geist, der zur Gemeinde und für sie spricht (14,13; 22,17), und durch den Geist der Prophetie wird das Zeugnis Jesu für sie lebendig (19,10). Obwohl in der Offenbarung trinitarische Wendungen selten sind (doch vgl. 1,4f), wird in ihr Gottes Handeln als Schöpfer, im Sohn und durch den Geist als eine drei-faltige innere Einheit beschrieben, wie es dann die Trinitätslehre systematisch zu entfalten sucht.

5. Die Gegenspieler – Satan und Imperium

Keine andere Schrift der Bibel widmet sich so intensiv der Realität und der Macht des Bösen wie die Offenbarung. In der Gestalt des Drachen wird sie durch eine eindrückliche symbolische Gestalt personifiziert und mit fast allen Bezeichnungen identifiziert, die die Bibel für den Gegenspieler Gottes kennt: *die alte Schlange, die Teufel genannt wird, und der Satan, der den ganzen Erdkreis verführt* (12,9; vgl. 20,2).

Auch inhaltlich bietet Johannes ein kleines Kompendium biblischer Satanologie: Ursprünglich gehörte auch der Satan zur himmlischen Welt; seine zunächst legitime Rolle als Ankläger wird andeutungsweise erwähnt (12,10; vgl. Hiob 1,6–11; 2,1–7). Doch ohne dass erklärt wird, wie es dazu kam, verwandelt sich sein Wirken in reine Destruktivität. Er wird zum *Drachen*, dem Repräsentanten des Chaos, und verfolgt das Messiaskind, den von Gott bestimmten Hoffnungsträger (Kap. 12). Deshalb wird er mit seiner Gefolgschaft von Michael bekämpft und aus dem Himmel hinab auf die Erde geworfen, wo er nun in seinem Zorn die verfolgt, die zu Gott gehö-

ren. Dass der Satan mit dem Kommen Jesu seinen Platz im Himmel verloren hat, also jede Zweideutigkeit im Gottesbild ihr Ende hat, ist eine Aussage, die sich auch in der Jesusüberlieferung findet (Lk 10,18; Joh 12,31; 16,11).
Auf der Erde entfaltet der Drache mit Hilfe zweier machtvoller Kreaturen ein unheilvolles Regiment (Kap. 13; 17; 19,19–21), bis er zunächst für tausend Jahre gefesselt und nach einem letzten Aufstand gegen Gottes Leute (»die Heiligen«) endgültig vernichtet wird (20,7–10). Eigentümlich für die Offenbarung ist, dass der Teufel sich irdische Statthalter schafft: *das Tier aus dem Meer*, Symbolgestalt für das Römische Reich und seine gotteslästerliche Praxis der kultischen Verehrung der Kaiser, und das *Tier vom Land*, das als Prophet wirkt und dessen zeitgeschichtliche Entsprechung wohl die Priesterschaft der Tempel für die Göttin Roma und den Kaiser darstellt.
Insbesondere das Tier aus dem Meer, das an manchen Stellen auch als einzelne Person beschrieben wird, weist eindrückliche Analogien zur Gestalt des Lammes auf: Einer seiner Köpfe trägt eine tödliche Wunde, die heil wurde (13,3), und *es ist gewesen, ist jetzt nicht und wird wieder aufsteigen* (17,8). So entsteht das merkwürdige Bild einer satanischen Trinität: der Drache ist als Verkörperung des Satans der Urgrund alles Bösen, das Tier aus dem Meer stellt seine irdische Inkarnation dar, die das Todesgeschick überwindet, und das Tier vom Land inspiriert als Geist des Bösen die Menschen und ihre Idole.
Theologisch hat diese Darstellung einen doppelten Effekt: Einerseits wird Gott von seinem »Schatten« befreit. Im »Himmel«, also bei Gott, ist kein Platz mehr für das Böse, für das grundsätzliche Nein zur Schöpfung Gottes. Doch andererseits geschieht auch das, was der Satan und seine Geschöpfe tun, unter dem Zulassen Gottes, es ist ihnen *gegeben* (vgl. 13,7). Deshalb kennt die Offenbarung keinen echten Dualismus, in dem zwei Mächte mit ungewissem Ausgang miteinander ringen. Gott sitzt im Regiment, trotz aller Machenschaften des Teufels, das gehört zur tröstlichen Botschaft der Offenbarung für die Christen ihrer Zeit.
Damit scheint das Rätsel des Bösen gelöst und auch erklärt, warum sich Menschen immer wieder von menschenverachtenden Ideologien verführen lassen. Die Gefahr aber besteht, dass sie damit von ihrer persönlichen Verantwortung entlastet und bestimmte Gruppen oder Systeme verteufelt werden. Zwar bleibt auch in der Offenbarung klar, dass die Macht des Bösen nicht unwiderstehlich ist und es teilweise sogar der vorlaufende Gehorsam der Menschen ist, der sie unter seine totale Herrschaft bringt (vgl. 13,16f). Aber dass das Römische Reich nichts anderes als ein Geschöpf des Teufels ist,

scheint doch eine einseitige Betrachtung zu sein. Paulus hat in Röm 13,1–7 – vielleicht nicht weniger einseitig – auch seine mögliche positive Funktion als von Gott gegebene Ordnungsmacht dargestellt.
Aber die Bedeutung dieser visionären Darstellung eines widergöttlichen, totalitären Systems erschöpft sich nicht in der Identifizierung mit dem Imperium Romanum. Blickt man auf die jüngste Geschichte, stellt man fest, dass es im 20. Jahrhundert eine Reihe solcher Systeme gab, bei denen das Ineinander von absolut gesetzter Ideologie (teilweise mit humanitärem Anspruch) und Personenkult zu einem unmenschlichen Unrechtsstaat mit diabolischen Zügen geführt hat. Von den christlichen Kirchen wurde das zum Teil nicht oder zu spät erkannt.
Gerade im Licht dieser Erfahrungen ist freilich die Bezeichnung einer gegnerischen jüdischen Gruppe als *Versammlung* oder *Synagoge des Satans* problematisch (vgl. 2,8; 3,9). Auch wenn wir die Hintergründe der Auseinandersetzung nicht kennen, die zu dieser Aussage führten, und berücksichtigen, dass solche polemischen Titulierungen in der damaligen Zeit nicht ungewöhnlich waren, scheint hier eine Grenze überschritten. Wird der Gegner so disqualifiziert, dann ist die Möglichkeit verspielt, aufmerksam auf seine Argumente zu hören und ihr Recht zu prüfen.
Aber hängt diese Problematik unter Umständen damit zusammen, dass Johannes auch bei der Darstellung der Menschheit zu einem schematischen Schwarz-Weiß-Denken neigt?

6. Die Menschen – Sieger oder Besiegte?

Kann man das, was die Offenbarung über die Menschen sagt, in einem Abschnitt zusammenfassen? Muss man nicht zwei Rubriken bilden, weil Johannes so klar zwischen Erwählten und Verworfenen, Erlösten und Verdammten, Siegern und Besiegten unterscheidet?
Schon am Anfang, im Briefkopf des Schreibens, treffen wir auf diese klare Unterscheidung. Johannes fasst sich und seine Adressaten zu dem *Wir* derer zusammen, die von der Zuwendung Jesu Christi leben. Lob und Ehre gebühren *dem, der uns liebt und uns von unseren Sünden durch sein Blut befreit hat* (1,5). Dem wird im nächsten Satz die Menge der anderen gegenübergestellt: *Es wird ihn sehen jedes Auge und die ihn durchbohrt haben, und es werden über ihn alle Stämme der Erde wehklagen* (1,7). Der Lobpreis für die Befreiung durch Jesu Tod steht neben der Klage derer, die in der Begegnung mit dem Gekreuzigten die Verlorenheit ihres Lebens erkennen müssen.

Die Botschaft der Offenbarung – eine Zusammenfassung

Auf den ersten Blick scheint die Offenbarung die Menschheit also sehr schematisch in zwei Gruppen aufzuteilen: auf der einen Seite die Guten, auf der anderen die Bösen. Für die einen steht der Weg in den Himmel offen, für die anderen bleibt nur die ewige Verdammnis im feurigen Pfuhl. Aber ist der Seher wirklich einer solch einfachen Schwarz-weiß-Denkweise verhaftet?
Zugegeben: Weithin herrscht eine scharfe Gegenüberstellung: Da sind die, deren Namen ins Buch des Lebens geschrieben sind, die das Wort Gottes und das Zeugnis Jesu bewahren und Gott und Jesus die Treue halten – selbst wenn es sie das Leben kostet. Ihnen gelten die Verheißungen der Überwindersprüche, sie werden in die Gemeinschaft mit Gott aufgenommen, und sie werden mit ihm herrschen.
Und da sind die anderen, deren Namen nicht im Buch des Lebens stehen – und zwar *seit Grundlegung der Welt* (13,8; 17,8) –, die sich von dem Tier und seinem Propheten verführen lassen, die trotz der Alarmzeichen der Plagen nicht bereit sind umzukehren und stattdessen Gott lästern. Sie bestehen nicht im Gericht, sondern werden *zum zweiten Tod* verurteilt, der qualvollen endgültigen Trennung von Gott.
Und doch sind die beiden Gruppen nicht so homogen und so klar voneinander geschieden, wie das auf den ersten Blick der Fall zu sein scheint. Im Grunde schildert die Offenbarung, wie Gott um *beide* Gruppen ringt.
Das geschieht freilich bei der ersten Gruppe sehr viel unmittelbarer und unter völlig anderen Voraussetzungen als bei der zweiten. Zu ihr gehören die Menschen, die ihr Leben für Gottes Handeln in Jesus Christus geöffnet haben. Er hat sie durch seinen Tod aus der Macht der Sünde befreit, sie haben ihre Kleider im Blut des Lammes gewaschen, sie leben durch den und mit dem, der sie liebt (1,5; 7,14). Dass ihre Namen im Buch des Lebens geschrieben stehen (3,5; 21,7), ist Ausdruck dafür, dass Gottes gnädiger Wille sie schon immer gemeint hat. Sie wissen, dass sie allein von Gottes Gnade leben, und die Liebe, mit der sie geliebt sind, prägt auch ihre Gemeinschaft. Es ist Jesu Liebe, die ihr Leben neu gestaltet und bestimmt und die an ihnen auch für ihre Gegner erkennbar wird (3,9). Durch diese Liebe werden sie *zur Königsherrschaft und zu Priestern für Gott* gemacht, zu Menschen, die ganz zu ihm gehören und für ihn leben (1,5; 5,9).
Aber dieser Weg ist nicht unangefochten. Auch Christen sind gefährdet. Die Sendschreiben sind Ausdruck des vielfältigen Ringens Christi um die Treue und Bewahrung seiner Gemeinde. Wenn denen, die ihm die Treue halten, zugesagt wird, dass ihr Name nicht aus dem Buch des Lebens getilgt werden wird (3,5), dann setzt das

voraus, dass es diese Möglichkeit gibt. Die Eintragung ins Buch des Lebens ist keine Garantie für das »Überleben«. Die Mahnung, Treue zu halten und von gefährlichen Wegen umzukehren, die Warnung davor, sich auf problematische Kompromisse einzulassen, und der Ruf, zur ersten Liebe zurückzukehren, sind deshalb dringend nötig. Und je gefährlicher die Situation, umso dringender und herzlicher die Einladung zu einem Neubeginn (vgl. 3,20).
Einerseits fragt dieser Ruf nach der Bereitschaft zum Martyrium, andererseits ist er aber gerade nicht Ansporn zu religiösen Höchstleistungen, sondern fordert einfach dazu auf, sich von Christus stärken und ausrüsten zu lassen. Es gilt immer wieder neu, sein Wort zu hören und zu bewahren – mehr nicht, aber auch nicht weniger. Und neben der Gewissheit, dass Gott die Seinen bewahren und ans Ziel bringen wird, steht die realistische Einsicht, dass das die Einzelnen nicht vor Verfolgung schützen wird (12,13–17). Beides aber ist umschlossen von dem Horizont der Hoffnung auf die Bewahrung für die vollendete Gemeinschaft mit Gott und die Berufung in die Mitverantwortung für Gottes Schöpfung, das *Mitherrschen*, das immer wieder verheißen wird (5,10; 20,6; 22,5; vgl. 2,26f; 3,21).
Zwei paradoxe Sachverhalte sind noch zu notieren:
a) Die Christen werden als Gemeinschaft gesehen. In den Sendschreiben werden die Gemeinden auf ihre Verantwortung angesprochen, und es wird zugleich von ihnen erwartet, dass sie als Gemeinde handeln. Dass in 19,7; 21,2.9; 22,17 diejenigen, die zu Christus gehören, als *Frau* bzw. *Braut des Lammes* bezeichnet werden, zeigt eindrücklich: Sie bilden eine Gemeinschaft, die als Ganze mit Gott und Christus verbunden ist.
Und doch wenden sich die konkreten Mahnungen und Verheißungen immer an die Einzelnen, und auch die Schilderung der endgültigen Gemeinschaft mit Gott wird in sehr persönlichen Zügen beschrieben. Der Begriff *Gemeinde* kommt nach Kap. 2 und 3 nicht mehr vor, und vom Volk Gottes spricht die Offenbarung nie! In ihr sind Situationen im Blick, wo jeder und jede für sich selbst einstehen muss! Gerade das aber führt zum Werden einer neuen Gemeinschaft, die weniger die Strukturen und Charakteristika einer »Kirche«, sondern die einer neuen Menschheit aufweist.
b) Was Christus den Seinen abverlangt, weist sie auf einen schmalen Weg, auf dem nur wenige gehen. Wie viele »Sieger« wird es geben? Und doch gibt es aus jedem Stamm, jeder Sprache, jedem Volk und jeder Nation Menschen, die Jesus durch sein Blut losgekauft hat (5,9)! Die 144 000 sind Inbegriff der übergroßen Fülle der Bewahrten und Erlösten (7,4–8; 14,1–5). Dass sie aus allen zwölf Stämmen Israels kommen, hält fest, dass die Erwählung Israels auch für

Die Botschaft der Offenbarung – eine Zusammenfassung

die Offenbarung Wurzel und Herzstück des erlösenden Handelns Gottes bildet. Aber es beschränkt sich nicht auf das Gottesvolk des Alten Bundes. Vor Gottes Thron erscheint eine große Menge von Menschen, die niemand zählen kann, aus jeder Nation und allen Stämmen, Völkern und Sprachen (7,9). Hier bietet sich ein umfassender Blick auf eine gerettete Menschheit, und die Schilderung des neuen Jerusalem als einer offenen Stadt wird diese universale Perspektive bestätigen. Was bedeutet das für den anderen Teil der Menschheit?

Gottes Ringen um diese Menschen wird ab Kap. 4–5 geschildert. Das Lamm, das geschlachtet wurde, hat die befreit und erlöst, die zu ihm gehören. Es soll nun die Buchrolle öffnen, die Gottes Plan mit der ganzen Menschheit enthält. Die sieben Siegel und später die sieben Posaunen und die sieben Schalen führen zu einer Fülle von Erschütterungen der menschlichen Lebenswelt. Sie sollen die Menschen zur Umkehr rufen, was aber nicht gelingt (9,20f; 16,9.11). Im Gegenteil: Die Menschen erliegen dem Zauber des Tieres und lästern schließlich Gott, statt ihm die Ehre zu geben.

Auffallend ist, dass gerade von ihnen gesagt wird. Sie seien *seit Grundlegung der Welt nicht* im Buch des Lebens geschrieben (13,8; 17,8). Können sie gar nicht anders, weil sie schon immer nicht im Buch des Lebens geschrieben stehen, oder stehen sie nicht im Buch des Lebens, weil Gott, der über der irdischen Zeit steht, schon immer wusste, dass sie die falsche Entscheidung treffen würden? Diese Frage bleibt offen. Das gilt auch von anderen Hinweisen, die andeuten, dass die beiden Gruppen doch nicht hermetisch voneinander abgeschlossen sind.

Was z.B. bedeutet die späte Erkenntnis derer, die sich seiner Botschaft verschlossen haben (1,7)? Was bedeutet es, dass die Überlebenden des großen Erdbebens nach der Auferweckung der beiden Zeugen Gott die Ehre geben (11,13)? Wie ist zu verstehen, dass die Könige der Erde und die Völker ihre *Herrlichkeit* in die neue Stadt Gottes bringen und dort im Licht der Herrlichkeit Gottes wandeln werden (21,23–26)? Welche Rolle spielt es, dass die Blätter vom *Baum des Lebens* in der Stadt Gottes zur *Heilung der Völker* dienen (22,2)? Was bedeutet es, dass die Wendung *aus jedem Stamm, jeder Sprache, jedem Volk und jeder Nation* entweder für die Erlösten (5,9; 7,9), den Einflussbereich des Tieres (13,7) oder die Adressaten des Evangeliums (14,6) verwendet wird? Eigentümlich ist auch, dass mit *die auf der Erde wohnen* zunächst alle Menschen bezeichnet werden (3,10; 8,13), während später nur noch die gemeint zu sein scheinen, die sich der Botschaft verschließen (6,10; 11,10; 13,8.14), obwohl auch die Gläubigen sich immer noch auf der Erde befinden! Nun wird man kaum vermuten, dass Johannes die Christen damit als »Gerechte und Sünder zugleich« beschreibt, und wird von ihm auch keine verborgenen Hinweise auf eine Allversöhnung erwarten. Aber offensichtlich will er zwei Anliegen miteinander verbinden: die Stärkung der Identität derer, die Jesus die Treue halten – auch auf dem dunklen Hintergrund derer, die verloren gehen –, und den Kampf gegen ein allzu selbstsicheres Erwählungsbewusstsein. Wer wirklich das Ziel erreichen wird, bleibt offen, und zugleich gibt es Andeutungen eines universalen Hoffnungshorizonts. So steht neben dem Ruf zur Umkehr an die Gemeinden am Anfang des Buches an seinem Ende die bedingungslose Einladung an alle: *Wer Durst hat, komme; wer will, nehme Wasser des Lebens umsonst* (22,17; vgl. 21,6).

7. Das Ziel – Gericht und Heil

Gott setzt sich und seine Herrschaft durch. Seine Gerechtigkeit behält den Sieg. Weil Jesus sein Leben hingegeben hat, ist er befähigt, Gottes Handeln zum Heil der Menschen zu vollenden. Damit stellt sich freilich die Herausforderung, wie eine Eschatologie im Zeichen des Kreuzes zu beschreiben ist. Die Botschaft vom Kreuz macht gewiss, dass Gottes Schwäche stärker ist als alle Stärke der Menschen und Gottes Torheit weiser ist als alle ihre angemaßte Weisheit (so Paulus in 1Kor 1,25). Wie lässt sich aber zeigen, dass sich diese Wahrheit gegen allen Widerstand durchsetzen wird? Darf Gottes Stärke für immer schwach erscheinen? Oder muss nicht vor aller Welt sichtbar werden, dass Gottes Gerechtigkeit stärker ist als die Ungerechtigkeit der Menschen? »Nur wenn der Tod vernichtet ist, kann ewiges Leben werden; nur wenn Gericht gehalten wird, kann umfassendes Heil entstehen; nur wer die Folgen der Sünde am eigenen Leib erfährt, kann dem Strudel des Unheils entrinnen« (Söding, Gott und das Lamm 83). Es geht also bei den Gerichtsschilderungen der Offenbarung um den grundsätzlichen Sinn des Gerichtsgedankens: »die definitive Verwirklichung von Gottes Gerechtigkeit, die das Gute ins Recht setzt und dem Bösen das Recht auf Existenz entzieht« (Zager, Gericht Gottes 327).

In der Offenbarung wird das Gericht auf doppelte Weise dargestellt: (1) durch die Schilderung des endgültigen Siegs Christi über die gottfeindlichen Mächte (19,11–21) und (2) durch den Bericht vom letzten Gericht über alle Toten, die endgültige Abrechnung über das Leben der Einzelnen (20,11–15).

a) Über die Problematik der grausamen und gewalttätigen Bilder des Endsiegs des Wortes Gottes über die Feinde Gottes haben wir

Die Botschaft der Offenbarung – eine Zusammenfassung 313

schon mehrfach gesprochen. Im Ruf zur Bereitschaft für den Glauben zu leiden, unter Umständen bis zum Martyrium, teilt die Offenbarung grundsätzlich das Ethos der Gewaltlosigkeit der entsprechenden Weisungen Jesu. Das wird im Grunde auch bis zum Schluss bewahrt, denn an keiner Stelle werden die Christen dazu aufgerufen, selbst für das Unrecht Rache zu nehmen, das an ihnen verübt wurde. Aber die Sehnsucht nach einer wirklichen Lösung der Machtfrage, unter Umständen auch mit Gewalt, scheint auf Gott und Christus projiziert. So werden die Bilder des Schreckens zum Ausdruck göttlicher Souveränität.
Doch im größeren Zusammenhang gelesen wird klar, dass es bei den Bildern von der letzten Schlacht nicht um die Vernichtung individueller Feinde geht, sondern um die endgültige Zerstörung der destruktiven Kräfte des Bösen, unter deren Herrschaft sich die Könige der Erde und die Völker der Welt gestellt haben. So werden auch sie dazu befreit, ihre Herrlichkeit, d.h. das, was Gott ihnen an Gutem und Schönem geschenkt hat, zu ihm in die Stadt Gottes zu bringen (21,24–26). Die vernichtende Niederlage der Mächte des Todes wird zum Tor für die Herrschaft des Lebens.

b)   Sehr viel offener scheint der Ausgang des letzten Gerichts. Verwirrend ist vor allem das Ineinander von Gericht nach den Werken und endgültigem Urteil aufgrund der Eintragung im Buch des Lebens. Offensichtlich soll deutlich werden, dass das Tun der Menschen beim letzten Urteil Gottes über ihr Leben nicht unberücksichtigt bleibt (vgl. Mt 25,31–46; Röm 14,10; 2Kor 5,10). Die *Bücher* werden geöffnet, damit alle Ungerechtigkeit und alles Böse ans Licht kommt, aber auch gewürdigt wird, was gut war. Aber entscheidend ist das Ja Gottes, das durch den Eintrag im Buch des Lebens dokumentiert wird und zu dem sich die Geretteten durch das Ja ihres Glaubens und ihre Treue zu Jesus bekannt haben.
Von den anderen heißt es, dass sie nicht im Buch des Lebens stehen, und zwar seit Grundlegung der Welt. Bedeutet das, dass Gott von Anfang an Nein zu ihnen sagte oder ihr Nein zu ihm voraussehend vorwegnahm, indem er sie nicht in das Lebensbuch schrieb? Die immer wieder neuen Versuche, sie dennoch zur Umkehr zu bewegen sprechen für die zweite Möglichkeit. Die ewige Qual des zweiten Todes, der Schmerz über die endgültige Trennung von Gott, wäre dann nicht der Vollzug eines vorzeitlichen Dekrets Gottes, sondern die Verewigung ihres eigenen Lebensentwurfs. Freilich schreckt uns das schroffe Entweder-oder. Was bedeutet es denn, dass gerade nach der Urteilsverkündung die Zusage erfolgt: *Ich werde dem, der Durst hat, aus der Quelle des Wassers des Lebens geben, umsonst* (21,7) und die herzliche Einladung ergeht: *Wer Durst*

hat, komme; wer will, nehme Wasser des Lebens umsonst (22,17)? Gibt es doch Hoffnung für die Verlorenen?
Auch die Vollendung des Weges Gottes mit den Menschen wird auf zwei sehr unterschiedliche Weisen geschildert. Da ist auf der einen Seite die Beschreibung der neuen Beziehung zu Gott: Gott kommt den Menschen ganz nahe und heilt den Schmerz und das Leid ihres Lebens und nimmt sie hinein in das innige Verhältnis zwischen dem liebenden Vater und dem geliebten und wertgeschätzten Kind. Daneben aber steht das Bild vom neuen Jerusalem, der künftigen Stadt Gottes. Es geht nicht nur um das persönliche Verhältnis der Einzelnen zu ihrem Gott, sondern um eine Gemeinschaft und ein Gemeinwesen, das von der Gegenwart Gottes und des Lammes bestimmt und »erleuchtet« ist. Es wird kein irdisches Paradies gemalt, auch kein endzeitlicher Verfassungsentwurf für eine ideale menschliche Gemeinschaft geliefert. Aber es geht auch nicht nur um die himmlische Seligkeit der Erlösten. Das Bild der Stadt beschreibt einen neuen Lebensraum für eine menschenwürdige Existenz in der Gegenwart Gottes, einen Lebensraum, der hilfreiche Grenzen aufweist, die zeigen, was drinnen und draußen ist, und doch offen ist für alle, die Gott ihr Leben bringen und ihm die Ehre geben. Das sind Bilder der Hoffnung, neben denen Warntafeln stehen bleiben, die deutlich machen, was und wer in der Gemeinschaft mit Gott keinen Platz hat (21,8.27; 22,15). Beide, die Wegzeiger der Hoffnung und die warnenden Verbotsschilder, sollen die Botschaft weitertragen, dass die Zukunft Gott gehört und denen, die zu ihm gehören.

II. Wer ein Ohr hat, der höre – die Herausforderung für uns und unsere Zeit

1. Die Offenbarung verstehen

Vieles ist fremd für uns in den Aussagen der Offenbarung. Um sie zu verstehen, ist es wichtig, sich bewusst zu machen, dass sie aus der Perspektive einer bedrängten Gemeinde geschrieben wurde. Christen, die unter Verfolgung leiden, lesen dieses Buch anders als solche in sog. christlichen Ländern mit wohletablierten Kirchen. Alarmierend ist, dass in der Geschichte der Christenheit es nicht selten Situationen gab, in denen eine mit dem Staat liierte Kirche christliche Minderheitsgruppen verfolgt hat, die für ein entschiedeneres Christsein eintraten. Das 20. Jahrhundert hat dann die bisher schlimmsten Beispiele für eine Verfolgung von Christen durch totalitäre Staaten gebracht. Zumindest in Deutschland haben die Kirchen diese Gefahr teilweise erst spät erkannt, weil sie nicht durchschaut haben, dass Widerstand nicht erst dann nötig ist, wenn die Kirchen direkt betroffen sind, sondern auch da, wo ein totalitäres Regime die Rechte anderer Menschen verletzt und ihnen Lebensmöglichkeiten abspricht. In diesem Sinn hat Allan Boesak in der Offenbarung Trost und Protest für die vom Apartheid-Regime verfolgten Menschen und Gemeinden gefunden und in seinem Buch »Schreib dem Engel von Südafrika« 1987 weitergegeben.

Vor eine ganz neue Herausforderung stellt heute die Verfolgung von Kirchen und Christen im Namen eines extremen Monotheismus durch radikale Strömungen im Islam. Hier scheinen die Entscheidungen an ganz anderen Fronten zu fallen als angesichts von Personenkult und Staatsvergötzung im Römischen Reich und in neuzeitlichen totalitären Regimen. Doch auch hier geht es in Wirklichkeit nicht um den Totalitätsanspruch Gottes, sondern den einer religiösen Ideologie, die sich – wohl zu Unrecht – auf den Koran beruft.

Aber was hat die Offenbarung einer gesellschaftlich angepassten Kirche zu sagen, die zwar im Frieden leben kann, aber möglicherweise blind für faule Kompromisse und stillen Verrat geworden ist, die der Preis für ihre Anerkennung sind? Muss sie z.B. die offene oder schleichende »Selbstsäkularisierung« als Problem erkennen? Um jeden Anstoß zu vermeiden und relevant zu bleiben, verzichtet man darauf, ernsthaft von Gott zu reden, und hat gerade deshalb nichts mehr zu sagen. Welche »Götzen« fordern auch in einem freiheitlich demokratischen System Verehrung und Anerkennung ihrer Macht und reagieren repressiv, wenn diese verweigert werden? Die Offenbarung spricht nicht nur die Probleme des Imperium Romanum an. Sie »ergreift Partei im Streit um die Frage, wie in den Strukturen der Welt der Glaube unter strikter Wahrung der christlichen Identität zu leben ist; wo dieser Streit nicht geführt wird, weil man sich ›arrangiert‹ hat, will sie ihn entfachen« (Taeger, Streitschrift 120).

Die gegenwärtige Auslegung der Offenbarung bietet zu diesen Fragen nur teilweise Hilfe. Vorherrschend ist die zeitgeschichtliche Auslegung, die vor allem an der Identifizierung mit damaligen Ereignissen interessiert ist. In vielen Kreisen – nicht nur in Nordamerika – wird aber nach wie vor die endgeschichtliche Auslegung im engeren Sinn gepflegt. Die Sendschreiben werden dabei als sieben Epochen der Kirchengeschichte gedeutet. Mit den apokalyptischen Reitern beginnt dann die Identifizierung mit Ereignissen der Gegenwart und der nahen Zukunft. Dabei erhalten die Staatwerdung Israels und die darauf folgenden Kriege eine Schlüsselrolle, obwohl gerade das erste Ereignis in der Offenbarung nicht erwähnt wird. Dafür wird dann Ez 38–39 herangezogen. Der Feind aus dem Norden war lange die Sowjetunion, jetzt meist Russland oder auch der Iran. Die Verfallszeiten für solche Interpretationen sind freilich kurz, dennoch bleiben sie populär (als Beispiel vgl. die Titel von A. Fruchtenbaum im Literaturverzeichnis auf S. 331).

Unsere Interpretation ist dagegen von der Überzeugung geleitet, dass sich die Offenbarung trotz deutlicher zeitgeschichtlicher Bezüge nicht nur auf das damalige Geschehen und seine vermutete Fortsetzung bezieht. Sie will aber auch keine Ereignisse voraussagen, die sich erst jetzt, fast zweitausend Jahre später, ereignen werden. Unsere Auslegung hat gezeigt, wie viele Widersprüche sich ergeben, wenn man ihre Aussage auf die chronologisch ablaufende Zeit projiziert. Wir müssen ernst nehmen, dass sie in Bildern spricht, und sollten nicht versuchen, diese in jedem Fall zu entschlüsseln, sondern sie als Bilder wirken lassen. Sie sagen dann sehr viel über eine »Wesensgeschichte« des Handelns Gottes mit dieser Welt aus und führen zu einer *geschichtstheologischen Deutung* der Offenbarung (Stock, 27–30).

2. Sich Gott anvertrauen

Es geht in der Offenbarung um Gott. Friedrich Hölderlin hat in seinem Gedicht *Patmos* die Botschaft der Offenbarung in seine eigene Sprache und Denkwelt übersetzt. Es beginnt: »Nah ist / Und schwer zu fassen der Gott. / Wo aber Gefahr ist, wächst / Das Rettende auch.«

Wo ist Gott? Diese Frage wird bis heute gestellt. Gott: schwer zu fassen und scheinbar so fern – und doch ganz nah. Gerade in Bedrängnis und Not wird seine rettende Nähe spürbar – nicht als Naturgesetz, wie das bei Hölderlin scheint, sondern dadurch, dass in der Gestalt Jesu sein Kommen in diese Welt gewiss wird – wie damals so auch jetzt. Die Ewigkeit bleibt nicht fern, sie kommt auf uns und unser Leben zu.

Das Gottesbild der Offenbarung scheint uns in vielem fremd. Dass auch die zerstörerischen Kräfte von ihm zugelassen werden, ja, von ihm ausgehen sollen, erscheint fast als blasphemisch und nicht vereinbar mit dem Gott, der Liebe ist. Doch gerade dieses Bild Gottes in seiner Widerständigkeit und Widersprüchlichkeit hat immer wieder Menschen angesprochen und eine reiche Wirkungsgeschichte, nicht zuletzt auch in der bildenden Kunst erzeugt. »Wenn Gott als der *eine* Gott sich auf die ganze Wirklichkeit bezieht und diese Wirklichkeit widersprüchlich ist, dann wird sich, wenn von Gott geredet werden soll und muss, der Widerspruch auch in die *Theologie*, das *Reden von Gott*, eingraben« (Wengst, 271). Darin liegt die Herausforderung des Gottesbildes der Offenbarung für uns.

Allerdings vermeidet es gerade die bildfreudige Offenbarung, ein Bild von Gott zu zeichnen. Er ist der, *der auf dem Thron sitzt*, also der, der regiert. Wichtig dagegen ist die Beschreibung des *Himmels* und der dortigen Gefolgschaft Gottes. Diese Bilder sollen die Realität und Wirkmächtigkeit Gottes einschärfen. Für uns ist das Bild vom Himmel als Ort Gottes eher fremd geworden, obwohl es sich selbst in unserer säkularisierten Welt immer noch als symbolkräftig erweist.

Aber gibt es auch neue Vorstellungsmöglichkeiten, mit denen wir die Dimension veranschaulichen können, in der Gottes Wirklichkeit erfahrbar und wirksam ist? Gerade das Gespräch mit neuen Erkenntnissen der Naturwissenschaft könnte die Denkmöglichkeit von Dimensionen eröffnen, die Gott weder in einer Lücke unserer vierdimensionalen Welt ansiedeln, noch in ein fernes Jenseits verbannen, sondern veranschaulichen, wie der unanschauliche Gott den Weg dieser Welt bestimmt und auch in der Bedrängnis und dem Leiden der Gegenwart gegenwärtig ist.

3. Der Gekreuzigte als Sieger

Dass gerade der, der am Kreuz den Tod eines Verbrechers starb, den Sieg über alle feindlichen Mächte davontragen wird, gehört zu den schärfsten Paradoxien der neutestamentlichen Botschaft. Auch Paulus kennt diese Perspektive. Nach 1Kor 15,24 erwartet er, dass Christus »das Reich Gott, dem Vater, übergeben wird, nachdem er alle Herrschaft und alle Macht und Gewalt vernichtet hat«. Wie das geschehen wird, beschreibt er nicht. Die Offenbarung malt das mit Bildern der Gewalt und des Krieges aus. Bezeichnenderweise tritt in diesen Szenen nicht das Lamm als siegreicher Feldherr auf, sondern das Wort Gottes als Reiter auf einem weißen Pferd und mit blutbeflecktem Gewand! Die Niederlage der Feinde aber wird mit den grausamen Bildern eines antiken Schlachtfeldes geschildert. Es ist eine Collage, wie sie Konfirmanden herstellen, wenn wir ihnen eine Illustrierte in die Hand geben und sie bitten, mit den Bildern, die sie dort finden, unsere Zeit zu charakterisieren. Nicht das, was auf den Bildern zu sehen ist, sondern wie sie das Thema deuten, ist die Botschaft.

Für uns Heutige bleibt diese Art der Darstellung schwierig. Wir empfinden sie nicht als geeignet, Jesus als Sieger zu verkünden. Welche Bilder würden die genannten Konfirmanden heute wählen, wenn sie die Aufgabe hätten, Jesus als Sieger darzustellen? Gibt es angemessenere zeitgemäße Motive, die veranschaulichen könnten, was es bedeutet: Es ist gerade der Gekreuzigte, der den Sieg behält!?

4. Der Blick in den Gemeindespiegel

Neben Kap. 21 sind von den Texten der Offenbarung sicher die sieben Sendschreiben am ehesten in der kirchlichen Verkündigung präsent. Bis heute laden sie dazu ein, in ihrem Spiegel die eigene Gemeindewirklichkeit zu überprüfen. Wo das sorgsam geschieht, wird es nicht um die Frage gehen, mit welcher der Gemeinden man sich identifizieren kann oder muss (und welches Etikett man der konkurrierenden Nachbargemeinde verpassen kann), sondern darum, wie die grundsätzlichen Anfragen an das Leben einer Gemeinde zu beantworten sind.

Dabei liegt eines der Probleme dieser Selbstprüfung darin, dass die konkrete Frage, um die es in den Sendschreiben geht, nämlich die Frage des Umgangs mit Götzenopferfleisch und die Teilnahme an der Verehrung von Staatsgöttern, heute so keine Rolle spielt. Man wird also fragen müssen, wo christliche Gemeinden heute in Gefahr sind, sich dem Druck der Gesellschaft anzupassen, faule Kompromisse zu schließen und die »Götzen« unserer Zeit anzubeten. Manche haben hier klare Antworten, die freilich sehr unterschiedlich ausfallen. Sehen die einen in der Anerkennung der Homosexualität als legitime Form menschlicher Sexualität den Sündenfall der Anpassung an den Zeitgeist, so bezeichnen andere die Unterwerfung unter das Diktat des Geldes in Gesellschaft und Kirche als schlimmste Form modernen Götzendienstes. Die Herausforderung wird also darin bestehen, in einem ehrlichen Gespräch herauszufinden, welche problematischen Verhaltensweisen wirklich die Gefahr in sich bergen, dass wir uns als Kirchen und Christen nicht mehr an Christus und seiner Auslegung des Willens Gottes orientieren.

An dieser Stelle ist auch über unsere Art des Umgangs mit problematischen Inhalten von Lehre und Verkündigung zu reden. Die Sendschreiben stellen ja die (zumindest in evangelischen Kreisen) weit verbreitete Meinung entschieden in Frage, in Kirche und Gemeinden müsse man alles sagen und glauben dürfen. Sie bestehen darauf, dass an bestimmten Stellen auch ein klares Nein gesagt wird. Das werden viele auch für heute nicht grundsätzlich bestreiten; die brennende Frage ist freilich auch hier, wo diese Grenze ist, und welche Lehren wirklich gefährlich sind. Der Streit der letzten Jahrzehnte um die sogenannte moderne Theologie hat das zur Genüge gezeigt. Darum werden wir den Sendschreiben auf keinen Fall darin folgen können, dass Personen stigmatisiert und verteufelt werden. Es muss in solchen Auseinandersetzungen immer um die Sache gehen. Dass freilich das Ringen um die rechte Lehre zum Wesen christlicher Existenz gehört, daran werden uns die Sendschreiben immer wieder erinnern.

Am wichtigsten ist aber, dass im Bedenken der Botschaft der Sendschreiben zum Kern ihrer Anfrage an die Gemeinden vorgestoßen wird, nämlich zu der Frage: Wovon lebt ihr? Baut ihr auf eure gesellschaftliche Anerkennung und eure positive Selbsteinschätzung? Resigniert ihr angesichts kleiner werdender Zahlen und mangelnder Wahrnehmung in der Öffentlichkeit? Oder verlasst ihr euch auf die Zusage eures Herrn und lebt von der Gnade, die er Tag für Tag schenkt? Folgt ihr den Trends der Zeit, um *up to date* zu sein, oder lebt ihr in eurer Gemeinschaft ein konstruktives Kontrastmodell zur heutigen Gesellschaft, gleich ob das bewundert, bekämpft oder verlacht wird?

5. Konsequenz oder Toleranz

Die Frage, wie mit der rigorosen Forderung eines »Alles oder nichts« der Offenbarung umgegangen werden kann, hat uns schon bei der Zusammenfassung der Sendschreiben beschäftigt. Gibt es nicht auch legitime Kompromisse? Meine Freunde in der DDR nannten mir als Wahlspruch: »Seid klug wie die Schlangen und ohne Falsch wie die Tauben« (Mt 10,16). Allerdings ist das in der Praxis nicht so leicht. Wir haben in diesem Zusammenhang auf den Versuch deutscher Bischöfe hingewiesen, durch eine kompromissbereite Haltung das Überleben der Kirche im Naziregime zu sichern, und gesehen, wie sehr sie dadurch zu Komplizen des Regimes und seiner Verbrechen wurden. Im Grunde hätte den Verantwortlichen nach den Maßstäben der Offenbarung schon bei der Einführung von »Heil Hitler« als obligatorischem »deutschen Gruß« klar sein müssen, dass hier eine rote Linie überschritten und kein Kompromiss möglich war.
Man kann umgekehrt fragen, ob die Feststellung der Unvereinbarkeit von Konfirmation und Jugendweihe durch die evangelischen Kirchen in der DDR nicht wesentlich zur Entkirchlichung Ostdeutschlands beigetragen hat. Möglicherweise hat die Kirche aber gerade dadurch ihre Glaubwürdigkeit als unabhängige Kraft in der sozialistischen Gesellschaft bewahrt, die sie später zu einem wichtigen Träger der Wende gemacht hat!
Dazu ein letztes Beispiel, das der Situation der Offenbarung sehr nahekommt: Nach der großen Christenverfolgung unter Kaiser Decius (249–251 n.Chr.) wurde die Frage drängend, wie mit denen umzugehen sei, die dem Druck der Verfolgung nicht standgehalten und den Göttern geopfert hatten, danach aber bereuten und um Wiederaufnahme in die Kirche baten. Es gab heftige Meinungsverschiedenheiten darüber, ob die Kirche ihre Buße akzeptieren dürfe oder ob man das dem Urteil Gottes überlassen müsse. Das führte zu

einer Kirchenspaltung, wobei sich letztlich die erste Position durchsetzte. Grundsätzlich war das richtig – aber wie konnte verhindert werden, dass dies als Lizenz zum Verleugnen missverstanden wurde, da Gott und die Kirche doch immer wieder vergeben würden? Wichtig aber ist, dass das konsequente Nein zu den Forderungen einer totalitären Ideologie von dem Ja zu einer besseren Alternative getragen ist: »Das ›neue Lied‹ (5,9), dass es nicht immer so weiter gehen wird, wird schon gesungen, Gottesdienst wird schon gefeiert. Das Miteinander in der Gemeinde wird schon gelebt. Die Verweigerung des Mitmachens bei den Ritualen der herrschenden Macht, des Mitlaufens im allgemeinen gesellschaftlichen Trend ist kein Ausstieg aus der Geschichte, kein Rückzug in einen Raum untätigen Abwartens. Es geht vielmehr darum, dass eine Alternative gelebt wird: eine Prolepse [Vorwegnahme] aus der Kraft dessen, woran geglaubt und worauf gehofft wird, aus der Kraft des kommenden Gottes« (Wengst, Protest 128).

6. Die Botschaft der Katastrophen

»Non vi, sed verbo«, zu Deutsch: »Nicht durch Gewalt, sondern durch das Wort«, war das Motto der Invokavitpredigten Luthers 1522, mit denen er nach seiner Rückkehr von der Wartburg Unruhestiftern in Wittenberg entgegentrat, die die Reformation mit Gewalt durchsetzen wollten. Auch in der Offenbarung ist es das *Wort Gottes*, das *mit dem Schwert seines Mundes* den Sieg gegen die Feinde Gottes erkämpft. Aber der Bericht darüber ist voll von Bildern der Gewalt (19,11–21). Und nicht nur das: Auch die Beschreibung der vielfältigen Plagen ist voll von Gewalterfahrung und Leid. Hier wird eine kleine Theologie der Katastrophen geliefert. Doch die Menschen sind zwar zutiefst erschreckt, aber zugleich auch verbittert und nicht bereit, Buße zu tun. Das mussten schon die Propheten feststellen (vgl. Am 4,4–13!). Braucht Gott eine andere Pädagogik?
Den meisten von uns dürfte der Gedanke fremd sein, dass Gott Katastrophen wie Wirbelstürme, Erdbeben oder Tsunamis sendet, damit die Menschen sich ihm zuwenden. Spätestens seit dem verheerenden Erdbeben von Lissabon im Jahr 1755 führen solche Ereignisse eher zu Anklagen gegen Gott und zur Frage, wie ein gütiger Gott solche Katastrophen zulassen kann.
Doch auch wenn wir nicht glauben, dass Gott sie gezielt sendet: Ist es nicht wichtig, dass wir uns angesichts solcher Ereignisse bewusst machen, dass unsere Existenz ungesichert ist? Wir leben auf einem lebensfreundlichen Planeten, der aber keine absolute Sicherheit bietet. Neben der Aufgabe, solche Katastrophen bzw. ihre tödlichen

Folgen zu verhindern oder zu mildern, stellen sie bis heute die Frage an uns, worauf wir unser Leben letztlich bauen. Die Antwort geben aber nicht die Katastrophen, sondern die Zusage Gottes: »Es sollen wohl Berge weichen und Hügel hinfallen, aber meine Gnade soll nicht von dir weichen« (Jes 54,10).
Fremd scheint uns auch der Gedanke, dass es gerade die endgültige Offenbarung der Herrschaft Gottes ist, die den härtesten Widerstand des Bösen hervorruft. Dazu kommen Bedenken, das Böse in Gestalt des Teufels zu personifizieren, weil das die Menschen verleiten kann, die Verantwortung für das, was an Schlimmem und Bösem geschieht, abzuschieben. Aber die Rede vom Teufel ist eben auch der uralte Versuch, das Rätsel zu ergründen, dass das Böse – trotz aller leidvollen Erfahrungen der Menschen damit – nicht überwunden wird, sondern seine Macht oft gerade dort zeigt, wo das Gute zu siegen scheint.
In der Offenbarung äußert sich dieser Widerstand im Anspruch einer quasireligiösen Ideologie, die nicht nur politische und wirtschaftliche Macht, sondern auch die Herrschaft über die Herzen der Menschen beansprucht und so die Gerechten in größtes Leiden stürzt. Heute empfinden manche Menschen eine solche Bedrohung angesichts der Aktivität von globalen digitalen Netzwerken, inhumanen wirtschaftlichen Strukturen oder transnationalen Konzernen. Auch hier gilt es einen Weg zwischen der Verharmlosung von systemisch Bösem und einer naiven Verteufelung zu finden.
Aber was wie der Sieg der Macht des Bösen und des Todes aussieht, ist nur das Rückzugsgefecht des schon besiegten Widersachers Gottes und erweist sich als notwendige Durchgangsstation auf dem Weg zur Stadt Gottes, die vom Himmel auf die Erde kommt und in der alles Leid ein Ende hat und es Leben in Fülle gibt. So weckt die Offenbarung bis heute bei Menschen, die unter Unterdrückung leiden oder von Naturkatastrophen und Menschen gemachten Desastern bedrängt sind, die Hoffnung, dass in der Katastrophe und im Leid schon der Beginn der Erlösung liegt. Das aber führt zur letzten Frage.

7. Gottes Zukunft und die Zeit dieser Welt

Was dürfen wir hoffen? Das ist die Frage, mit der viele Menschen bis heute die Botschaft der Offenbarung studieren. Was unsere persönliche Zukunft anlangt, lässt sich darüber eine klare Auskunft geben, und man kann es nicht besser formulieren, als das in 1Joh 3,2 gesagt ist: »Meine Lieben, wir sind schon Gottes Kinder; es ist aber noch nicht offenbar geworden, was wir sein werden. Wir wissen aber: Wenn es offenbar wird, werden wir ihm gleich sein; denn wir werden ihn sehen, wie er ist«. Aber die schönste Beschreibung dessen, was diese Begegnung mit Gott, in der unser ganzes Leben mit seinen Freuden und seinem Leiden in ihm geborgen sein wird, für uns bedeutet, findet sich zweifellos in Offb 21,4 im Bild des Gottes, der alle Tränen abwischen wird.

Doch gerade dieses Bild mit seiner Botschaft, dass es dann kein Geschrei über Ungerechtigkeit und Unmenschlichkeit mehr geben wird, macht deutlich: Nach Gottes Willen sollen nicht nur einzelne Menschen gerettet und ihr Leben geheilt werden, sondern auch das System dieser Welt, die Strukturen und Kräfte, die Leid, Elend und Ungerechtigkeit verursachen. Das ist der Sinn der Bilder von der neuen Erde und dem neuen Himmel, dem neuen Jerusalem.

Doch diese Bilder lassen sich nicht so einfach in unsere Erfahrungswelt umsetzen. Klar ist: Nicht wir sollen und müssen diese neue Welt schaffen. Im Gegenteil: Immer, wenn Menschen versucht haben, selbst das Paradies auf Erden zu schaffen, ist noch größeres Leid und Unrecht entstanden, weil dann der Zweck die Mittel heiligte und Menschen sich an Gottes Stelle setzten. Doch es gilt auch das andere: Die neue Erde und der neue Himmel sind nicht die Reservewelt, auf die wir beruhigt zurückgreifen könnten, wenn wir diese Erde vollends ruiniert haben. Aber zu wissen, wie Gott seine neue Schöpfung will, leitet dazu an, die Schöpfung, die uns anvertraut ist, in seinem Sinn zu gestalten – ohne dass wir sie zum Reich Gottes machen können und sollen.

Wie aber wird Gottes neue Welt die erfahrbare Welt, das Universum, in dem wir jetzt leben, ablösen, durchdringen oder verwandeln? Merkwürdigerweise gibt es in der Theologie viele gute Ausführungen darüber, wie sich die Schöpfungsaussagen der Bibel und die Ergebnisse moderner Kosmologie und Evolutionsbiologie zueinander verhalten. Dagegen finden sich nur wenige Versuche, auch die Aussagen biblischer Endzeiterwartung in Beziehung zu den Zukunftsaussagen heutiger Kosmologie zu setzen. Ihre Ergebnisse haben kaum allgemeine Zustimmung gefunden. Das mag auch daran liegen, dass es zwar für die Zukunft unseres Planetensystems recht präzise Voraussagen gibt, nicht aber für die des Universums (siehe die Hinweise im Literaturverzeichnis).

Allerdings sind bis heute nicht wenige Christen davon überzeugt, dass die Geschichte des Universums nicht einfach gemäß solchen Voraussagen weiterlaufen, sondern dass Gottes neue Welt diesen Kosmos an einem bestimmten Punkt unserer irdischen Zeitrechnung ablösen wird. Aber das Ausbleiben dieses immer wieder erwarteten Ereignisses lässt fragen, ob wir nicht auch die Rede vom Ende der Zeit und der menschlichen Geschichte als Bild verstehen und für uns neu übersetzen müssen. Lässt sich das Kommen der

neuen Welt Gottes in einer Weise denken, die unabhängig von unseren Zeitvorstellungen ist und damit auch unabhängig von dem, was kosmologische Hochrechnungen über den Fortbestand dieser Welt sagen?
Der Physiker und Theologe John Polkinghorne sagt dazu: »Obwohl die neue Schöpfung die Neugestaltung der alten Schöpfung darstellt, bedeutet das nicht notwendigerweise, dass Zeit und ›Zeit‹ im strengen Sinn aufeinander folgen und die neue ›Zeit‹ ›nach‹ dem Ende der alten beginnt. Für Leute mit Sinn für Mathematik mag es leichter sein als für andere, sich eine Vielzahl möglicher Beziehungen vorzustellen. ... Die ›Uhr‹ der kommenden Welt muss nicht mit den Uhren der alten Schöpfung synchronisiert werden« (Eschatology 40; Übersetzung WK). Es lässt sich also eine Wirklichkeit des zukünftigen Handelns Gottes denken, die jenseits unserer raumzeitlichen Erfahrung liegt.
Wir können versuchen, das anhand der Bezeichnung Alpha und Omega für Gott und Christus zu durchdenken (1,8; 21,6; 22,13). Teilhard de Chardin hat das auf seine Weise getan, der wir jedoch im Einzelnen nicht folgen. Alpha ist der Anfang. Wir glauben, dass hinter dem, was unsere Naturforscher als Anfang unseres Universums beschreiben, also dem sog. Urknall, der Singularität, aus der sich alles in wunderbarer Gesetzmäßigkeit entwickelt hat, Gott steht und sein Wille, in dieser Welt für sich ein Gegenüber zu schaffen. Und wir hoffen, dass es einen Punkt Omega geben wird, an dem der Wille des Schöpfers und diese Welt wieder in Einklang kommen. Das muss nicht in eins fallen mit dem, was sich heute Kosmologen als Ende dieses Universums vorstellen; aber es wird in einer unsere Realität umgreifenden Wirklichkeit Gottes all das zusammenführen, was in dieser Welt und auf dieser Erde geschehen ist und wird es ganz mit Gottes Gegenwart erfüllen und neu gestalten.
Wenn wir uns die Bewegung von Alpha nach Omega wie eine große Schleife, dem Zeichen für *unendlich*, vorstellen, und als Symbol für die Ewigkeit deuten, dann ergibt sich ein Schnittpunkt der Linien in der Mitte. Hier schneiden sich die Wirklichkeit Gottes, seine Gerechtigkeit und Liebe, mit der Wirklichkeit dieser Welt. Dieser Punkt ist das Leben Jesu, genauer gesagt *Karfreitag*, an dem Gott in Jesus das Leid und das Geschrei, den Schmerz und den Tod dieser Welt auf sich genommen hat, und *Ostern*, an dem seine Liebe über die Todverfallenheit seiner Geschöpfe gesiegt hat. Die Spur dieses Geschehens weist weiter zur Hoffnung auf den Punkt *Omega* als Ziel für uns und für diese Welt. Die Wirklichkeit aber, die es bezeugt, gilt schon jetzt. Für den Glauben hat die Zukunft schon begonnen.

III. Die Botschaft der Offenbarung und das Neue Testament

Zum Schluss soll noch eine kurze Zusammenstellung der Hauptthemen stehen, die die Offenbarung mit dem übrigen Neuen Testament teilt. Wir notieren, wo sie einen wichtigen eigenen Akzent setzt, aber auch wo ihre Botschaft durch Aussagen anderer neutestamentlicher Schriften ergänzt werden muss.

1. »*Stellt euch nicht dieser Welt gleich*« schreibt Paulus in Röm 12,2. Christsein heißt Anders-Sein. Das ist eine Aussage, die das ganze Neue Testament durchzieht. »So ist es unter euch nicht« sagt Jesus in Mk 10,43 (vgl. Mt 20,26). »Was hat Gerechtigkeit zu schaffen mit Gesetzlosigkeit?« fragt Paulus und plädiert für eine klare Unterscheidung der Christen von der Welt (2Kor 6,14–18). Eine Existenz in Treue zu Gott und Christus bedeutet ein Leben im Kontrast zu der Anbetung von Macht und Geld. Nur wenn sie anders sind, können die Christen in der Welt etwas bewirken. Sie können Salz und Licht für die Welt nur dann sein, wenn sie die Energie der Liebe Christi in sich tragen und sie in eine lieblose Welt ausstrahlen (Mt 5,13–16). Jünger und Jüngerinnen Jesu sind in die Welt gesandt, weil sie nicht »von der Welt« sind, sondern die Liebe Gottes in sie hineintragen können (Joh 17,16–19).

Die Offenbarung ist sicher das Buch im Neuen Testament, das diese Forderung nach einer klaren Distanzierung von der übrigen Welt am schärfsten vertritt. Sie ist dabei sehr stark auf die Frage der Teilnahme an der religiösen Verehrung staatlicher und ökonomischer Macht fokussiert. Auch liegt die Betonung sehr viel mehr auf der Bewahrung als auf der Ausstrahlung. Die Vision von den zwei Zeugen stellt die ambivalente Wirkung des Anderssein schmerzlich vor Augen, endet freilich damit, dass die Menschen Gott die Ehre geben werden (11,17; vgl. Mt 5,16: »euren Vater im Himmel preisen«). Auch dass Gegner anerkennen, dass Christus die Gemeinde liebt (3,9), deutet eine solche Wirkung an. Aber erst die Einbettung in die Botschaft der anderen neutestamentlichen Schriften schützt davor, den Ruf in Offb 18,4 »Zieht fort, mein Volk, aus ihr« (vgl. 2Kor 6,17) als Aufforderung misszuverstehen, sich ins selbst gewählte Ghetto zurückzuziehen.

2. »*Wir müssen durch viel Trübsal ins Reich Gottes eingehen*« warnt Paulus nach Apg 14,22 (LÜ[1912]) die Gemeinden in Lykaonien schon am Beginn ihres Weges. Die Nachfolge Jesu führt in Schwierigkeiten und Verfolgung. Das ist ebenfalls ein Grundmotiv urchristlicher Verkündigung, das in der Offenbarung besonders intensiv aufgenommen und entfaltet wird (vgl. Mt 5,11f; 10,17–21;

24,9f.15–22 par; 2Kor 6,3–10; 1Petr 4,12–19). Manche Ausleger sind sogar der Auffassung, dass nach Meinung des Johannes alle Christen, die ihrem Herrn die Treue halten, mit dem Martyrium rechnen müssen.
Auch die Endzeitrede Jesu in den synoptischen Evangelien spricht von Kriegen, Hungernöten und Erdbeben als Vorzeichen des Endes und von der Erschütterung des Weltgebäudes bei der Wiederkunft Jesu (Mt 24,6f.29 par). Eigentümlich für die Offenbarung ist aber, dass daraus drei Reihen mit sieben sich steigernden Plagen werden, die vor allem die Menschen betreffen, die sich nicht zu Christus halten. Dabei sind diese Plagen weniger als Folge künftiger historischer Ereignisse zu verstehen, sondern als Ausdruck für den immer drängender werdenden Ruf Gottes zur Umkehr, der freilich keinen sichtbaren Erfolg hat.
Dass die Christen verfolgt werden, ist kein eigentlich vermeidbares Missverständnis, sondern ergibt sich zwangsläufig aus ihrer Christusnachfolge. Kompromisslos gelebte Liebe provoziert tödlichen Widerstand. Darum prägt das Geschick Jesu auch das seiner Jünger. Die 144 000 »folgen dem Lamm nach, wohin es geht«, eben auch ins Martyrium (14,4). Auch das ist gemeinsame Überzeugung der neutestamentlichen Zeugen, siehe Jesu Wort: »Wer mir nachfolgen will, nehme sein Kreuz auf sich« (Mk 8,34 par) oder die Aussage des Paulus: »Wir werden immerfort in den Tod gegeben um Jesu willen« (2Kor 4,7–12). So sehr die Offenbarung die Heilsbedeutung des Todes Jesu betont (1,5; 5,9 u.ö.), zu ihrer Kreuzestheologie gehört auch die Kreuzesnachfolge.
Dass die Gemeinde unter tödlicher Verfolgung leidet und dass die Menschheit und diese Welt durch katastrophale Ereignisse in ihren Grundfesten erschüttert wird, ist jedoch notwendige Durchgangsstation auf dem Weg zum eigentlichen Ziel, der Durchsetzung der endgültigen Herrschaft Gottes. Darum liegt in der Ankündigung dieses Geschehens trotz ihres bedrohlichen Inhalts Trost und Ermutigung für die bedrängte Gemeinde. Gott ist im Regiment gegen allen Augenschein. Das wird in der Offenbarung vor allem durch die Einblicke in den himmlischen Thronsaal (Kap. 4f.7.14) intensiver und eindrücklicher vermittelt als in verwandten Endzeitaussagen im sonstigen Neuen Testament.
Problematisch ist freilich, dass das Geschick der Gemeinde und das Leiden der übrigen Menschheit unter den sich steigernden Plagen unverbunden nebeneinander herzulaufen scheinen. Die Zusicherung der Bewahrung derer, die das Tier nicht angebetet haben (7,14; 16,2), versetzt diese in eine Zuschauerhaltung und lässt kein wirkliches Mit-Leiden an dem Leid und der Not aufkommen, die die Plagen verursachen (anders bei Paulus in Röm 8,18–27). Hier muss

von Jesus und Paulus her gefragt werden, ob nicht gerade angesichts von Verfolgung das Gebot der Feindesliebe beachtet werden muss (Mt 5,44f; Lk 6,27f; Röm 12,14).

3. »*Gott ist nicht ein Gott der Toten, sondern der Lebenden*« (Mk 12,27 par). Im Glauben an den lebendigen und Leben schaffenden Gott liegt auch der Keim der Hoffnung auf die Überwindung des Todes und den Sieg seiner Gerechtigkeit und Liebe. Auch das ist ein Grund-Satz neutestamentlicher Theologie (vgl. Röm 4,17; 11,36). Die Offenbarung teilt die Inhalte der christlichen Hoffnung wie Wiederkunft Christi, Jüngstes Gericht und Verheißung ewigen Lebens. Diese Hoffnung wird jedoch sehr viel stärker theo-zentrisch entfaltet. Dass die Vollendung der Herrschaft Gottes Ziel seines Handelns in Jesus Christus ist, das ist auch Thema der Reich-Gottes-Predigt Jesu oder der eschatologischen Verkündigung des Paulus (vgl. 1Kor 15,24). Aber in der Offenbarung wird diese Hoffnung noch sehr viel stärker durch den Verweis auf die unangefochtene Souveränität Gottes begründet, die sich dem Blick in die himmlische Welt offenbart (Kap. 4 und 5). Und als Erfüllung dieser Hoffnung wird noch sehr viel intensiver und anschaulicher die ungehinderte Gemeinschaft mit Gott, sein Wohnen unter den Menschen, geschildert (Kap. 21 und 22).

Das mindert nicht die Bedeutung des Christusgeschehens für die Erreichung dieses Ziels. Denn einerseits teilt die Offenbarung mit dem Hauptstrom neutestamentlicher Überlieferung die Botschaft von der Heilsbedeutung des Todes Jesu (vgl. für das Motiv des Loskaufs in 1,5; 5,9; 14,3 vor allem Mk 10,45; Mt 20,20; 1Kor 6,19f; 7,22f; 1Petr 1,18f; und für die sühnende Kraft des Blutes in 1,5; 5,9; 12,11 unter anderem Mk 14,24 par; Röm 3,25; 5,9; Eph 1,7; 1Petr 1,19; 1Joh 1,7; Hebr 10,19). Aber neben diese grundlegende Bedeutung als Bewältigung der verfehlten Vergangenheit tritt ein Hoffnungspotential des Kreuzesgeschehens, das so nur in der Offenbarung entfaltet wird: Nur das Lamm, das geschlachtet ist, kann das Buch mit den sieben Siegeln öffnen. Oder noch einmal schlagwortartig ausgedrückt: Nur der, der die Schuldfrage gelöst hat, kann auch die Machtfrage lösen. Allerdings haben wir an die Art, wie die Erfüllung dieses Programms in 14,14–20; 19,11–21 geschildert wird, heute unsere kritischen Anfragen.

Gesamtneutestamentlich ist auch die Überzeugung, dass Gericht und Heil untrennbar zusammengehören. Nur wenn geschehenes Unrecht aufgedeckt und Gottes Recht durchgesetzt wird, kann sein Reich kommen, in dem Gerechtigkeit und Frieden herrschen. Freilich steht in der Offenbarung neben der Ankündigung eines Gerichts nach den Werken die Aussage, dass für das letzte Urteil allein

der Eintrag in das Buch des Lebens maßgebend ist (20,12–15). Doch findet sich eine ähnliche Spannung auch in der Verkündigung Jesu und in der Theologie des Paulus (siehe oben auf S. 62 und 264).
Sondergut der Offenbarung ist die ausführliche Schilderung der Vernichtung der Mächte des Bösen und ihrer verführerischen Kraft (19,19–21; 20,10). Die Konsequenz, die manche Ausleger daraus ziehen, dass dadurch die von ihnen Verführten und Gefangenen frei werden, sich Gott zuzuwenden, wird aber (leider) nur angedeutet (vgl. 21,24–26).
Gemeinsam sind auch die Bilder der Erlösung: »Gott schauen, wie er ist«, »von Angesicht zu Angesicht«, darin liegt nach 1Joh 3,2 und 1Kor 13,12 die Erfüllung der Hoffnung der Christen. Offb 21,3–7 entfaltet in berührenden Worten, was das bedeutet. Aber mit der Schau des neuen Jerusalems gibt die Offenbarung dieser Hoffnung noch eine andere Dimension. Es ist die Verheißung einer neuen Lebenswelt, die ganz von Gottes Gegenwart bestimmt ist. Es ist eine offene Gemeinschaft, die Gott schafft, erleuchtet und durchleuchtet von seiner Herrlichkeit und belebt von Bäumen, deren Blätter der »Heilung der Völker« dienen.
Ein Letztes: Wie auch andere neutestamentliche Schriften, jedoch konsequenter und schärfer, richtet Johannes Verbotstafeln auf, die klar sagen, wer nicht in diese Gemeinschaft eingelassen wird (21,8. 27; 22,15). Sie warnen davor, sich durch entsprechendes Verhalten aus der Gemeinschaft mit Gott auszuschließen. Aber daneben stehen die Hinweisschilder, die einladen, sich den Weg zu Gott weisen zu lassen. Die Drohbotschaft soll die Frohbotschaft nicht übertönen. So findet sich gerade am Schluss die Zusage: *Ich will dem Durstigen geben von der Quelle des lebendigen Wassers umsonst«* (21,6), und die bedingungslose Einladung: *Wer Durst hat, der komme; wer will, der nehme Wasser des Lebens umsonst«* (22,17).

Weiterführende Literatur

a) *Allgemeinverständliche Auslegungen*

Boesak, Allan, Schreibe dem Engel Südafrikas. Trost und Protest in der Apokalypse des Johannes, Stuttgart 1988
Giesen, Heinz, Johannesapokalypse (Stuttgarter Kleiner Kommentar. Neues Testament 18), Stuttgart ²1989 [wird nicht als *Giesen* zitiert!]
Holtz, Traugott, Die Offenbarung des Johannes (Das Neue Testament Deutsch 11), Göttingen 2008
Lohse, Eduard, Die Offenbarung des Johannes (Das Neue Testament Deutsch 11), Göttingen 1960
Pohl, Adolf, Die Offenbarung des Johannes (Wuppertaler Studienbibel), 1. Teil: Kap. 1–8, Wuppertal 1973; 2. Teil: Kap. 9–22, 1974
Roloff, Jürgen, Die Offenbarung des Johannes (Zürcher Bibelkommentare NT 18), Zürich ²1987
Schüssler Fiorenza, Elisabeth, Das Buch der Offenbarung. Vision einer gerechten Welt, Stuttgart 1991
Stock, Klemens, Das letzte Wort hat Gott. Apokalypse als Frohbotschaft, Innsbruck/Wien 1985

b) *Wissenschaftliche Auslegungen*

Aune, David, Revelation (World Biblical Commentary 52 A-C). Band 1: Kap. 1–5, Dallas, TX 1997; Band 2: Kap. 6–16, Nashville, TN 1998; Band 3: Kap. 17–22, Nashville, TN 1998
Beale, G.K., The Book of Revelation (The New International Greek Testament Commentary 20), Grand Rapids, MI u.a. 1998
Bousset, Wilhelm, Die Offenbarung Johannis (Kritisch-exegetischer Kommentar über das Neuen Testament 16), Göttingen 1906 (Neudruck 1986)
Brütsch, Charles, Die Offenbarung des Johannes. Johannes-Apokalypse (Zürcher Bibelkommentare), Band 1–3, Zürich ²1970
Charles, Robert H., A Critical and Exegetical Commentary on the Revelation of St. John (International Critical Commentary), 2 Bände, Edinburgh 1920 (Nachdruck 1970/71)
Giesen, Heinz, Die Offenbarung des Johannes (Regensburger Neues Testament), Regensburg 1997
Karrer, Martin, Die Johannesoffenbarung. Teilband I: Offb 1,1–5,14 (Evangelisch-Katholischer Kommentar zum Neuen Testament XXIV/1), Ostfildern/Göttingen 2017

Kraft, Heinrich, Die Offenbarung des Johannes (Handbuch zum Neuen Testament 16a), Tübingen 1974
Lichtenberger, Hermann, Die Apokalypse (Theologischer Kommentar zum Neuen Testament 23), Stuttgart 2014
Lohmeyer, Ernst, Die Offenbarung des Johannes (Handbuch zum Neuen Testament 16), Tübingen ²1953
Maier, Gerhard, Die Offenbarung des Johannes (Historisch Theologische Auslegung), Band 1: Kap. 1–11, Witten/Gießen ³2015; Band 2: Kap. 12–22, Witten/Gießen ²2014
Müller, Ulrich B., Die Offenbarung des Johannes (Ökumenischer Taschenbuchkommentar 19), Gütersloh 1984
Prigent, Pierre, Commentary on the Apocalypse of St. John, Tübingen 2001
Satake, Akira, Die Offenbarung des Johannes (Kritisch-exegetischer Kommentar über das Neue Testament 16), Göttingen 2008
Wengst, Klaus, »Wie lange noch?« Schreien nach Gerechtigkeit und Recht – eine Deutung der Apokalypse des Johannes, Stuttgart 2010

c) *Weitere Literatur zur Offenbarung*

Backhaus, Knut (Hg.), Theologie als Vision. Studien zur Johannes-Offenbarung (Stuttgarter Bibelstudien 191), Stuttgart 2001
Ellul, Jacques, Apokalypse. Die Offenbarung des Johannes – Enthüllung der Wirklichkeit, Neukirchen-Vluyn 1981
Frey, Jörg / Kelhofer, James A. / Tóth, Franz (Hg.), Die Johannesapokalypse. Kontexte – Konzeptionen – Rezeption (Wissenschaftliche Untersuchungen zum Neuen Testament 287), Tübingen 2012
Horn, Friedrich Wilhelm / Wolter, Michael (Hg.), Studien zur Johannesoffenbarung und ihrer Auslegung. Festschrift für Otto Böcher zum 70. Geburtstag, Neukirchen-Vluyn 2005
Huber, Konrad, Einer gleich einem Menschensohn. Die Christusvisionen in Offb 1,9–20 und Offb 14,14–20 und die Christologie der Johannesoffenbarung (Neutestamentliche Abhandlungen NF 51), Münster 2007
Huber, Konrad, Jesus Christus – der Erste und der Letzte. Zur Christologie der Johannesapokalypse, in: J. Frey / J.A. Kelhofer / F. Tóth (Hg.), Die Johannesapokalypse, 435–472
Jörns, Klaus-Peter, Das hymnische Evangelium. Untersuchungen zu Aufbau, Funktion und Herkunft der hymnischen Stücke in der Johannesoffenbarung (Studien zum Neuen Testament 5), Gütersloh 1971
Labahn, Michael / Karrer, Martin (Hg.), Die Johannesoffenbarung. Ihr Text und ihre Auslegung (Arbeiten zur Bibel und ihrer Geschichte 38), Leipzig 2012
Maier, Gerhard, Die Johannesoffenbarung und die Kirche (Wissenschaftliche Untersuchungen zum Neuen Testament 25), Tübingen 1981
Roloff, Jürgen, Weltgericht und Weltvollendung in der Offenbarung des Johannes, in: H.-J. Klauck (Hg.), Weltgericht und Weltvollendung. Zu-

kunftsbilder im Neuen Testament (Quaestiones disputatae 150), Freiburg/Basel/Wien 1994, 106–127

Schimanowski, Gottfried, Die himmlische Liturgie in der Apokalypse des Johannes (Wissenschaftliche Untersuchungen zum Neuen Testament 154), Tübingen 2002

Schmeller, Thomas / Ebner, Martin / Hoppe, Rudolf (Hg.), Die Offenbarung des Johannes. Kommunikation im Konflikt (Quaestiones disputatae 253), Freiburg/Basel/Wien 2013

Söding, Thomas, Gott und das Lamm. Theozentrik und Christologie in der Johannesapokalypse, in: Backhaus (Hg.), Theologie als Vision, 77–120

Söding, Thomas, Heilig, heilig, heilig. Zur politischen Theologie der Johannes-Apokalypse, in: Zeitschrift für Theologie und Kirche 96 (1999) 49–76

Söding, Thomas, Heiliger Krieg? Politik und Religion in der Offenbarung des Johannes (Nordrhein-Westfälische Akademie der Wissenschaften und der Künste, Vorträge der Klasse für Geisteswissenschaften G 435), Paderborn 2011.

Stowasser, Martin (Hg.), Das Gottesbild in der Offenbarung des Johannes (Wissenschaftliche Untersuchungen zum Neuen Testament II/397), Tübingen 2015

Taeger, Jens W., Eine fulminante Streitschrift. Bemerkungen zur Apokalypse des Johannes, in: ders., Johanneische Perspektiven. Aufsätze zur Johannesapokalypse und zum johanneischen Kreis 1984–2003, hg. von D.C. Bienert / D.-A. Koch (Forschungen zur Religion und Literatur des Alten und Neuen Testaments 215), Göttingen 2006, 105–120

Wengst, Klaus, Protest als Zeugnis und Widerspruch. Soziale und politische Aspekte im Gottesbild der Offenbarung, in: M. Stowasser (Hg.), Gottesbild, 113–128

Zager, Werner, Gericht Gottes in der Johannesapokalypse, in: F.W. Horn / M. Wolter (Hg.), Studien zur Johannesoffenbarung, 310–327

d) *Werke zu Grundfragen der Eschatologie, der Lehre von den letzten» Dingen*

Benz, Arnold, Die Zukunft des Universums. Zufall, Chaos, Gott, Düsseldorf ²2007
  (Versuch einer christlichen Eschatologie aus naturwissenschaftlicher Sicht)

Berger, Klaus, Wie kommt das Ende der Welt? Stuttgart 1999

Erlemann, Kurt, Vision oder Illusion? Zukunftshoffnungen im Neuen Testament, Neukirchen-Vluyn 2014

Fischer, Klaus P., Kosmos und Weltende. Theologische Überlegungen vor dem Horizont moderner Kosmologie, Mainz 2001

Fruchtenbaum, Arnold G., Handbuch der biblischen Prophetie, Asslar 1993; mit einem Update in: ders., Die Ergänzung zum Handbuch der biblischen Prophetie, Asslar 2007
  (Beispiel für eine endgeschichtliche Auslegung im engeren Sinn; vgl. auch B. Philbert)

Heim, Karl, Jesus der Weltvollender. Der Glaube an die Versöhnung und Weltverwandlung (Der evangelische Glaube und das Denken der Gegenwart 3), Berlin 1937, ⁵1975

Heim, Karl, Weltschöpfung und Weltende (Der evangelische Glaube und das Denken der Gegenwart 6), Tübingen 1952, ³1974

    (Ich nenne diese beiden schon älteren Werke, weil ich dem ersten den Hinweis auf den Zusammenhang von Schuldfrage und Machtfrage verdanke und weil das zweite eine der wenigen älteren Versuche darstellt, Aussagen der Kosmologie über das Weltende mit den biblischen Aussagen über die Endzeit zu konfrontieren.)

Körtner, Ulrich H.J., Die letzten Dinge (Theologische Bibliothek 1), Neukirchen-Vluyn 2014

Moltmann, Jürgen, Das Kommen Gottes. Christliche Eschatologie, Gütersloh 1995 (Sonderausgabe 2016)

    (Moltmann behandelt ausführlicher als viele vergleichbare Darstellungen auch die Texte der Offenbarung)

Mühling, Markus, Grundinformation Eschatologie: Systematische Theologie aus der Perspektive der Hoffnung (UTB 2918), Göttingen 2007

Philbert, Bernhard, Christliche Prophetie und Nuklearenergie, Zürich ³1963

    (Beispiel für eine endgeschichtliche Auslegung im engeren Sinn; vgl. auch Arnold G. Fruchtenbaum)

Polkinghorne, John, Eschatology. Some Questions and Some Insights from Science, in: ders. / M. Welker (ed.), The End of the World and the Ends of God, 29–41

Polkinghorne, John / Welker, Michael (ed.), The End of the World and the Ends of God. Science and Theology on Eschatology, Harrisburg, PA 2000

Schwarz, Hans, Die christliche Hoffnung. Grundkurs Eschatologie (Biblisch-theologische Schwerpunkte 21), Göttingen 2002

Teilhard de Chardin, Pierre, Der Mensch im Kosmos, München 1959 (letzter Neudruck 2010)

Abkürzungen

Altes Testament
Gen	Buch Genesis = 1. Buch Mose
Ex	Buch Exodus = 2. Buch Mose
Lev	Buch Levitikus = 3. Buch Mose
Num	Buch Numeri = 4. Buch Mose
Dtn	Buch Deuteronomium = 5. Buch Mose
Jos	Buch Josua
Ri	Buch der Richter
Rut	Buch Ruth
1/2Sam	Erstes und zweites Buch Samuel
1/2Kön	Erstes und zweites Buch der Könige
1/2Chr	Erstes und zweites Buch der Chronik
Esra	Buch Esra
Neh	Buch Nehemia
Est	Buch Ester
Hiob	Buch Hiob = Ijob
Ps	Buch der Psalmen
Spr	Buch der Sprüche Salomos = Sprichwörter
Pred	Buch des Predigers = Kohelet
Hld	Hohelied Salomos
Jes	Buch Jesaja
Jer	Buch Jeremia
Klgl	Klagelieder Jeremias
Ez	Buch Ezechiel = Hesekiel
Dan	Buch Daniel
Hos	Buch Hosea
Joel	Buch Joel
Am	Buch Amos
Obd	Buch Obadja
Jon	Buch Jona
Mi	Buch Micha
Nah	Buch Nahum
Hab	Buch Habakuk
Zef	Buch Zefanja
Hag	Buch Haggai
Sach	Buch Sacharja
Mal	Buch Maleachi

Apokryphen
Jud	Buch Judith

Weish	Weisheit Salomos
Tob	Buch Tobias
Sir	Buch Jesus Sirach
1/2Makk	Erstes und zweites Buch der Makkabäer

Neues Testament

Mt	Evangelium nach Matthäus
Mk	Evangelium nach Markus
Lk	Evangelium nach Lukas
Joh	Evangelium nach Johannes
Apg	Apostelgeschichte
Röm	Brief an die Römer
1/2Kor	Erster und zweiter Brief an die Korinther
Gal	Brief an die Galater
Eph	Brief an die Epheser
Phil	Brief an die Philipper
Kol	Brief an die Kolosser
1/2Thess	Erster und zweiter Brief an die Thessalonicher
1/2Tim	Erster und zweiter Brief an Timotheus
Tit	Brief an Titus
Phlm	Brief an Philemon
Hebr	Brief an die Hebräer
Jak	Brief des Jakobus
1/2Petr	Erster und zweiter Brief des Petrus
1/2/3Joh	Erster, zweiter und dritter Brief des Johannes
Jud	Brief des Judas
Offb	Offenbarung des Johannes

Andere antike und frühchristliche Schriften

ApkEl	Apokalypse Elias
AssMos	Assumptio Mosis – Die Himmelfahrt Moses
BB	Baba Batra – Traktat im Babylonischen Talmud
Bell	Flavius Josephus, De Bello Judaico – Der jüdische Krieg
BerR	Bereshit Rabba – Midrasch (Auslegung) zur Genesis
Cherub	Philo, De Cherubim – Von den Cherubim
DeIsid	Plutarch, Von Isis und Osiris
Descriptio	Pausanias, Beschreibung Griechenlands
Did	Didache – Lehre der zwölf Apostel
Diss	Epiktet, Dissertationes – Lehrvorträge, hg. von seinem Schüler Arrian
Epist	Plinius der Jüngere, Epistulae – Briefe
4Esr	4. Esra
1Hen	1. (= äthiopischer) Henoch
2Hen	2. (= slawischer) Henoch
Hist	Tacitus, Historien
IgnPhil	Ignatius, Brief an die Philipper
3Makk	Drittes Buch der Makkabäer
4Makk	Viertes Buch der Makkabäer

Abkürzungen

Mor	Plutarch, Moralia
Nero	Sueton, Leben der Cäsaren, Nero
Opif	Philo, De opificio mundi – Von der Erschaffung der Welt
PsSal	Psalmen Salomos
1QH	Die Hymnenrolle von Qumran aus Höhle 1; in [] die ältere Zählung der Kolumnen
1QM	Die Kriegsrolle von Qumran aus Höhle 1
1QpHab	Habakukkommentar von Qumran aus Höhle 1
1QS	Die Gemeinderegel von Qumran aus Höhle 1
1QSb	Segenssprüche von Qumran aus Höhle 1
4QFlor	Florilegium – Zitatensammlung aus Höhle 4 (= 4Q174)
4Q252	Fragmente eines Patriarchensegens aus Höhle 4
4Q385	Fragmente eines Pseudoezechiels aus Höhle 4
ShemR	Midrasch (= Kommentar) zum Buch Exodus (= ExR)
Sib	Die sibyllinischen Orakel
SyrBar	Syrischer Baruch
TJonDtn	Targum Jonathan zum Buch Deuteronomium
TPsJonDtn	Targum Pseudojonathan (= Jeruschalmi I) zum Buch Deuteronomium

Bibelübersetzungen

BasisBibel	Die BasisBibel
EÜ	Einheitsübersetzung in der revidierten Fassung von 2016
GNB	Gute Nachricht Bibel
LÜ	Lutherübersetzung (in LÜ^{2017}, der Fassung von 2016, stimmt die Verszählung in den Apokryphen mit der Einheitsübersetzung überein)
LXX	Septuaginta (»die Siebzig«) – griechische Übersetzung des Alten Testaments
REB	Revidierte Elberfelder Bibel
ZB	Zürcher Bibel

Register wichtiger Begriffe

Es werden vor allem Stellen angeführt, an denen die genannten Begriffe erklärt werden.

Abendmahl   94f.246f
Abgrund   147.149.152.165.173.230.255f
Älteste   11.104.107f.112.114.116f.136.169f.198.213.215.245.302
Allherrscher   31f.106.170.213.245.278.302
Alpha und Omega   31.268.290.302.305.323
Altar   64.108.127.140f.149.159f.209.219.244
Anbetung Gottes/des Tiers   86.107.137.159–161.170.190.192–194.204. 206.208.214.216.218.252.257.288.318.325
Angst   14.21.130.176.185.196.204
Apokalypse   12.19.22.107.126.150.162.288
Apostel   11.19.51f.104.203.241.276f.298
Aposteldekret   66.73.76
Armut   58.62.93
Auferstehung Jesu   27.36.95.188.193.305
Auferstehung der Toten   27.127.166.230.257f.261.263.272

Babylon   165.204f.223f.226.228.234.236–242.266.274
Bedrängnis   29.34.41.58.60–62.73.75.88.136–138.141.166.176f.211.298.316f
Beten, siehe *Gebet*
Blut   28f.82.113.115.127f.136.145.163f.181f.198.201.210f.218f.229.242. 244.250.253.289.290.304f.308–310.317.326
Brüder und Schwestern   19.34.128.181.184.247.288
Buße, siehe *Umkehr*

Christus/Messias   11.18–20.27–33.40–43.51.58.69–71.77.85f.90f.112.123. 170.176–183.249–251.257–260.292.303f

Dienen, Dienst   18.29.72.78.116.137.157.208.228.257f.282
Diener   11f.18f.26.72f.133.156.171f.213.245.282.287f.298
Drache   176f.179f.183–185.188f–192.196.220.307
Doxologie   28–30.117

Ehre, die Gott gebührt   28–30.107f.116–118.136.167–169.203–205.216. 219.246f.279f.291.308.311.324
Engel   19.26f.38.42f.50f.80.105f.113.116.133.141f.150.154–157.179f.202–211.214f.236.247.274f.287f

Erfüllung   116.126.135.262.265.268.282.326f
Erkennen, anerkennen   75f.86.130.152.167.169.188.204.210.214.239.308.
   324
Evangelium   18.41.52.124.156.167.203–205.311
Ewiges Leben   56.312

Finsternis/Dunkelheit   146.219f.242.283
Friede   23–28.60.125.168.208.222.249.258.260.271.315.326
Frucht/Ernte   125.168.208f.281.284

Gebet   114.141.209.219.294
Gebot   55.152.165.184f.207
Geduld, siehe *Standhaftigkeit*
Geist Gottes, Heiliger Geist   26f.32.36.55.80.91.96.103.105.113.166.196.
   207.227.247.270.292
Geister (von Gott)   25–27.79f.105.113.287.306
Geister/Dämonen   149.220f
Gemeinde/Kirche   12.14.19–22.24.32.34.36f.41–43.45–100.115.117f.138.
   152.158.160.163–165.168f.174.178f.182.184f.189.191.196.200f.221.
   245–247.266.274–278.282–284.291–294.297–301–303f.309f.314f.318–
   320.325
Gerechtigkeit   54.93.127–129.131.172f.209.213–215.218f.241.243f.246f.
   249.254f.263f.271.288f.301f.312.324.326
Gericht   31.39.63.68.83.118.124–126.129–131.141.146f.156f.162–164.
   171–173.202–213.215–227.233.236–245.250–264.268.280f.289.304f.
   312f.326
Glaube   14.51.60.65.69.71f.77f.82f.95f.98.207.294.313.326
Götzendienst   67.72–74.134.161.199.205.227.242.280.291.318
Götzenopfer/Götzenopferfleisch   55.66f.73f.91.318
Gottesdienst: 41.108.140.282.293.320

Heiden, siehe *Völker*
Heil   18.22.24.31.50.86.88f.118.131.135–137.141.168.181.190f.197.210.
   215.221.224.244.267f.271.273f.283f.290f.312.326
Heilige, der   85f.137.305
Heiligen, die   29.114.141.149.165.171f.189.191.207.209.219.229.241f.246.
   259.288f.307
Heiligtum, siehe *Tempel*
Herrlichkeit/Ehre/Ruhm   28–30.38.106f.116f.133.172.215.236.244.254.
   266.275–280.284.311.313.327
Herrschaft Gottes, siehe *Reich Gottes*
Herrschen/mitherrschen (der Christen)   29.95.116.257–260.283.309f
Himmel   30.68.89.102f.108f.111.117.129.132.140.146.154–157.161.166f.
   169f.172.175–183.189.197.201.214f.241f.255f.261.265f.282.302.306f.
   317.321f
Hurerei   66f.72–74.152.199.204f.226–228.237–239

Israel   25.29.40.54.59.66.86.115.134f.138.176.178f.183f.200.246.259.267f.
   270.275–279.310f.315

Register wichtiger Begriffe 339

Jerusalem 88f.118.133.137.160f.165.167.210.259.264–266.274–284.291.
  311.314.322.327
Johannes 11f.19–21.24.32.34f.51.276.287.298–300
Johannesevangelium 11.51.60.78.292.298
Juden 58–60.71.86f.135.138.200.276.282
Jünger 34.95.162.324

Kaiser, Kaiserverehrung 13.35.51.57.63–65.69.71.74.77.98.107.174.187–
  189.192–195.203.227.229–232.270.288.300f.307
Kirche, siehe *Gemeinde*
Kinder/Söhne Gottes 18.180.270.282.321
König Israels 18.27.71.112.163.177.232.250.269f.292
Könige (der Erde) 27.129.157.220–222.226f.230–234.239f.251–254.279f.
  284.311
Königsherrschaft (Gottes) 28f.34.115.170.181.213f.245.258.298.305.
  309
Kreuz/Kreuzigung 30–32.40.43.57f.60.110.113.115.133.165.182.193.211.
  253.271.304f.308.312.317f.325f

Lamm 112–117.122–124.127.135–139.197–200.232.251–253.278f.304–
  306.311f.325f
Lehre/Irrlehre 53.55.65–69.73.76f.193.199.291.318
Licht 24.39.42.146f.163.220.236.274.279.283f.311.324
Liebe 24.28–32.53–56.72.81.83.85–89.91.94.96.115.263.271.301.309f.
  323–326
Liebesgebot 53.98.100.326
Lobpreis Gottes/Christi 28.102.107f.110f.113–117.136.141.244.302.304.
  308

Mahl, himmlisches 94–96.246f.253.292
Menschensohn 30.37–40.71.103.123.208.250.303–305
Messias, siehe *Christus*

Nachfolge 56.185.324
Naherwartung 231.294.301
Name 18.27.65.68f.83.88f.190.195.198.226.230.250f.263.282.303.309

Opfer 108.115.117.127.137

Paulus 18f.23f.27f.51f.56.62.66f.73.75.89.95.135.201.203.257.264.268.
  285.308.317.324–327
Plagen 120.123–125.144–152.164–168.212–224.237f.293.301.309.320.
  325
Priester 28f.104.115f.160.257f.305.309
Prophet, Prophetie 11f.18–23.32.54f.72.74–77.97.130.133.153–169.171.
  219f.241f.247.252.260.267.287–293.298f.306f

Reich/Herrschaft Gottes/Jesu (siehe auch *Königsherrschaft*) 27f.31f.34.
  41.43.78.85.95f.107f.113.117f.141.156.168.170f.175.177.179f.185.189f.

196f.201.214.245f.251.253f.278f.282f.294.302–307.312f.317.321.324–326
Reich, römisches, siehe *Rom*
Rein und unrein   37.82.135.199.201.220.228.237.280.289–291
Rettung/Retter/retten   60.135f.141.172.174.178f.181f.199f.213.244.311.313.316
Rom, römisches Reich   13f.61.125.165.187.189.191.194f.199.205.219f.222f.226–230.233f.237–241.274.307.315.322

Satan, siehe *Teufel*
Schöpfer   31.108.152.156.170.204.268.271.288.302.306
Seele   127f.208.219.240.244.257
Sohn (Gottes)   71.77.86.176f.303
Stadt, (die heilige)   101.160f.165.227.264.266.275f.280.293
Standhaftigkeit/Geduld   34.52.72.77f.87.96.191.207.263
Stiftshütte   37.214
Sühne   113.115.326
Sünde   24.27–30.95.115.117.130.136.172.182.211.228.237f.290.304f.308f
Synagoge   59.62.86f.308

Taufe   134.137.290
Tausendjähriges Reich   95.255–260
Tempel   64.88.106.108.127.137.140.159f.172.209.214f.222.276.278
Teufel/Satan   60–62.64f.69.76.86f.100.134.177.180–185.187f.192.196.219–222.230f.252.255f.259f.306–308.321
Tier (aus dem Meer/vom Land)   164f.182.186–191.192–196.200.205f.208.213.220f.227–233.250–252.259f.307.309.325
Tod   40f.61f.75.80.85.95.125–127.148f.182.185.190f.206f.223f.242.252.257.262.267.270–272.309.312f.326
Tod Jesu   27–29.40.43.95f.112f.115–117.182.190.198.207.304f.309.317.323.326
Totenreich   40f.85.125.188.262
Treue   20f.27.61f.65.67–69.77f.82f.86f.90.95.98–100.123f.138.171f.191.199–202.207.213.241.263.269–271.289f.309–313.324f

Umkehr/Buße   31.54.67.75.82f.92.99.145.151–153.164.167.204.214.219f.223.289.300f.311–313
Unzucht, siehe *Hurerei*

Vater (Gott)   28f.78.83.95f.198.270f.282.314
Verfolgung   13.23.34.52.64f.75.127.136.178.185.190f.207.229f.270.310.314f.319.325f
Verleugnen   65.86.206.291
Völker/Heiden   77.86.135.138.157.160f.165.170f.177.200.204f.213f.228.233.237.250f.256.258f.267.276.279–284.311.313.327
Vollmacht   31.38.57.78.85.163f.181.193.198.208.255.294.304–306

Wahrheit   20.27.85.90.123.127.156.249.253.312

Register wichtiger Begriffe

Wasser des Lebens 93.100.137.268f.271.274.280f.292f.295.312–314.327
Werke 51–56.58.71f.75–78.80f.85.91.98.151.208.212f.220.238.246.262f.
269.289f.313
Wesen (am Thron Gottes) 105–107.112.114.116f.123–125.136.170.196.
212.245.302
Wiederkunft Christi 22.32.82.95.166.201.221.257.294.325f
Wille Gottes 22.76.108.111.117f.145.173.184f.260.268.271.289.301.306.
309.318.322f
Wort Gottes/Jesu 20.22.35.83.87f.95.127.184.191.250.254.303.305.309.
317.320

Zeuge, Zeugnis 20.27.35.65.90.127f.159–169.182.184.201.204.229.247.
257.298.303f.306.309.311.324
Zion 86.104.197f.201.266f.279
Zwölf Stämme Israels 95.134f.138.176.178.275–277.310